UMBANDA dO BRASIL

Dados Internacionais de Catalogação na Publicação (CIP)
(Câmara Brasileira do Livro, SP, Brasil)

Silva, W. W. da Matta e

Umbanda do Brasil / W. W. da Matta e Silva (Mestre Yapacany). — 5ª edição — São Paulo: Ícone, 2016.

ISBN 978-85-274-0415-0
ISBN 85-274-0415-X

1. Umbanda (Culto) I. Título.

96-3127   CDD-299.60981

Índice para catálogo sistemático:
1. Umbanda: Religiões afro-brasileira   299.60981

W. W. da Matta e Silva (Mestre Yapacany)

UMBANDA do BRASIL

5ª edição

São Paulo — 2016

© Copyright 2016.
Ícone Editora Ltda

Capa
Richard Veiga

Ilustrações
W. W. da Matta e Silva

Composição e diagramação
Regina Paula Tiezzi

Revisão
Antônio Carlos Tosta

Proibida a reprodução total ou parcial desta obra, de qualquer forma ou meio eletrônico, mecânico, inclusive através de processos xerográficos, sem permissão expressa do editor (Lei nº 9.610/98).

Todos os direitos reservados à
ÍCONE EDITORA LTDA.
Rua Anhanguera, 56 – Barra Funda
CEP 01135-000 – São Paulo – SP
Fone/Fax: (11) 3392-7771
www.iconeeditora.com.br
iconevendas@iconeeditora.com.br

ÍNDICE

W. W. da Matta e Silva. Um Arauto do Além	11
Introduzindo	23

Primeira Parte

Raízes históricas, míticas e místicas da Umbanda — Os cultos africanos e o Muyrakitan — Origem do Culto ou "Adjunto da Yurema" de nossos índios — Fusão misturas, deturpações, confusão	33

Segunda Parte

Origem real, cientifica, histórica e pré-histórica da palavra Umbanda	63
Introdução ao Mapa da Numerologia da Lei de Umbanda	117

Terceira Parte

A destinação da Corrente Astral de Umbanda sobre o Brasil	135
Forma e apresentação dos espíritos na Umbanda	147
Umbanda e o poder da mediunidade — Conserve o seu mediunato — As três categorias mediúnicas — Os itens A-B-C-D-E-F e suas considerações	155
Protetores e médiuns — "Casamento fluídico" — Diferença vibratória entre os médiuns feitos ou manipulados normalmente pelo Astral a função mediúnica na faixa kardecista e os médiuns especialmente manipulados para a corrente ou faixa umbandista	185
Ação cósmica e cármica das linhas de força	189
Quedas e fracassos de médiuns — Causas principais: vaidade, dinheiro e sexo — Horrores que os esperam no Astral pelo que "semearam embaixo colherão em cima"... — As advertências dos guias e protetores — Disciplina, castigo, abandono	207
O que o médium umbandista tem necessariamente que observar, para a boa manutenção de suas condições mediúnicas	219
O que é magia — As forças da magia branca — As forças da magia negra — A necessidade de autodefesa — O ataque infernal dos magos negros das trevas	223

Quarta Parte

O que é um médium magista — A fúria do baixo astral — A Lei de Salva e sua cobrança legal compensação e desgaste — O abuso e as consequências	229
Magia ritualística	239

Sobre os hinos ou pontos cantados como expressão religiosa, mística e mágica 249

Banhos de ervas 251

Um poderoso elemento de autodefesa do "conga" — Na alta magia de Umbanda — O disco de aço polido inoxidável, as agulhas de atração e repulsão, os sete pedaços de carvão virgem, o corpo... Como proceder às indispensáveis imantações astromagnéticas desses elementos 267

Cuidados especiais com as ervas dos chamados "**Amacys**" — a fim de não desequilibrar as linhas de força neuromediúnicas no ato do reajustamento vibratório... nenhuma erva pode ser colhida nem triturada pelo elemento feminino — Como proceder à imantação 271

Os poderosos e sutis efeitos mágicos da luz de lamparinas na alta magia de Umbanda 277

Quinta Parte

Magia cabalística — Os sinais riscados — Lei de Pemba 281

A magia cabalística das oferendas na Umbanda — de acordo com as 7 linhas, discriminação completa — as chamadas "comidas de santo" — Seus elementos materiais nos "Candomblés", em face da quimbanda ou dos "despachos" para Exu — Os sinais ou os pontos riscados de força dos 7 Orixás ou linhas, para as oferendas etc., dentro do aspecto positivo ou da magia branca 287

Elementos de oferendas para a banda dos espíritos de Caboclos 293

Elementos de oferendas para a banda dos espíritos de Pretos-Velhos 295

Elementos de oferendas para a banda dos espíritos de Crianças 297

Colares ou "Guias" cabalísticos 301

Sexta Parte

Segredos da Quimbanda ou planos opostos — A verdade sobre os Exus — As verdadeiras oferendas que Exu — recebe Armas, lutas, prisões e castigos no Astral 319

Sétima Parte

A profunda doutrina interna da Umbanda — O Carma Constituído e o Original ou Causal — A queda — A confusão dos magistas sobre "elementais — espíritos da natureza" — A ficha cármica original 333

Simbologia do Arcano Maior 345

Bibliografia 373

APRESENTAÇÃO DA EDITORA

É com grande júbilo e honra que editamos a obra "UMBANDA DO BRASIL", do saudoso *W. W. da Matta e Silva*, talvez o médium que mais serviços tenha prestado ao Movimento Umbandista em seus cinquenta anos de militância no meio. Escritor erudito e com um estilo ímpar e fiel depositário da Antiga Sabedoria da Umbanda, mostrou a real face deste caminho espiritual, levantando pela primeira vez véus ainda hoje desconhecidos pela maior parte dos Umbandistas e dos praticantes das chamadas ciências ocultas.

Durante sua vida batalhou incessantemente pelo resgate do bom nome da Umbanda nas sagradas areias de Itacuruçá, onde mantinha sua Escola de Iniciação. Escreveu nove livros que revelam seu profundo conhecimento da Umbanda, justificando seu grau de Mestre. Hoje, *F. Rivas Neto*, legítimo sucessor de sua raiz, dá continuidade ao seu ministério, editando várias obras de igual importância no panorama Umbandista do Brasil e do Mundo.

W. W. DAMATTA E SILVA —
UM ARAUTO DO ALÉM (1917-1988)

A pedido da **família Matta e Silva**, que muito nos honra, estamos introduzindo esta portentosa e valiosa obra.

Queremos ressaltar que a família Matta e Silva, liderada por seu **filho carnal** Ubiratan da Matta e Silva, guiada pelas luzes do Astral Superior e, não temos a menor dúvida, por **Pai** Guiné, não pouparam esforços para que estas e outras obras de **Mestre Matta e Silva** fossem editadas pela Editora Ícone, deveras conhecida pelos serviços prestados em favor da educação e da cultura do nosso país.

Assim, **reiteramos** que só aceitarmos a tarefa de introduzir esta e outras obras de nosso Pai, Mestre e Amigo Matta e Silva, por **dois motivos**:

O primeiro deveu-se a insistência por parte da família Matta e Silva, principalmente de seu filho carnal, Ubiratan, ao qual dispensamos profunda amizade e queremos como a um irmão. Igualmente, não poderíamos nos furtar em aquiescer a um pedido de um grande Irmão e Amigo, o **Sr. Fanelli**, Diretor-Presidente da Editora Ícone.

O segundo e principal deveu-se aos **sinais** do Astral Superior. Sim, as obras de **meu Pai** serão editadas na **mesma editora que edita nossas obras**, há vários anos. Por que será?

Sim, tudo é sequencial, e quiseram os desígnios superiores que duas gerações unidas dessem seguimento a um trabalho iniciado há mais de quarenta anos.

Esperamos com isso responder, a **todos os incautos e mal intencionados**, que a justiça sempre se expressa, cedo ou tarde. Eis aí, pois, a sua manifestação...

Após estas ligeiras explicações, pedimos ao Leitor Amigo, simpatizante e interessado nas obras e na pessoa de **Matta e Silva**, que leia atentamente o que se seguirá, pois demonstrará de forma insofismável os porquês de estarmos introduzindo esta e outras obras que virão.

Conheçamos um pouco sobre o homem Matta e Silva e também sobre o **Mestre Espiritual Yapacani**, verdadeiro **Mensageiro do Além**.

Nascido em Garanhuns, Pernambuco, em 28.6.1917, talvez tenha sido o médium que maiores serviços prestou ao Movimento Umbandista, durante seus 50 anos de mediunismo. Não há dúvidas que suas 9 obras escritas constituem as bases e os fundamentos do **puro e real Umbandismo**.

Sua tarefa na literatura Umbandista, que fez milhares de simpatizantes e seguidores, iniciou-se no ano de 1956. Sua primeira obra foi *Umbanda de Todos Nós* considerada por todos a *Bíblia da Umbanda*, pois transcendentais e avançados eram e são seus ensinamentos. A 1ª edição veio à luz através da Gráfica e Editora Esperanto, a qual situava-se, na época, a rua General Argôlo, 230, Rio de Janeiro. O volume nº 1 desta fabulosa e portentosa obra encontra-se em nosso poder... presenteados que fomos pelo insigne Mestre. Em sua dedicatória consta:

Rivas, este exemplar é o nº 1. Te dou como prova do grande apreço que tenho por você, Verdadeiro filho de Fé do meu Santuário — do Pai Matta — Itacurussá, 30.7.1986.

Desta mesma obra temos em mãos as promissórias que foram pagas, por Ele, à Gráfica Esperanto, que facilitou o pagamento dos 3.500 exemplares em 180 dias ou 6 parcelas. Vimos, pois, que a 1ª edição de *Umbanda de Todos Nós*, para ser editada, teve seu autor de pagá-la.

Umbanda de Todos Nós agradou a milhares de Umbandistas, que encontraram nela os reais fundamentos em que poderiam se escudar, normalmente nos aspectos mais puros e límpidos da Doutrina Umbandista. Mas, se para muitos foi um impulso renovador de fé e convicção, para outros, os interessados em iludir, fantasiar pretensões, foi um verdadeiro obstáculo às suas funestas pretensões, tanto que começaram a combatê-la por todos os meios possíveis e até à socapa.

Realmente, foi uma luta Astral, uma demanda, em que as Sombras e as Trevas utilizaram-se de todos os meios agressivos e contundentes que possuíam, arrebanhando para suas *fileiras do ódio e da discórdia* tudo o que de mais nefano e trevoso encontrassem, quer fosse encarnado ou desencarnado.

Momentos difíceis assoberbaram a rígida postura do Mestre, que muitas vezes, segundo ele, sentiu-se balançar. Mas não caiu!

E os outros? Ah! os outros...

Decepcionado com a recepção destes verdadeiros opositores, renhidos e fanáticos, à sua obra, Matta e Silva resolveu cruzar suas armas, que eram sua intuição, sua visão astral, calcada na lógica e na razão, e sua máquina de escrever... Embora confiasse no Astral, obteve Agô para um pequeno recesso, onde encontraria mais forças e **alguns raros e fiéis aliados** que o seguiriam no desempenho da missão que ainda o aguardava.

Na época, não fosse por seu Astral, Matta e Silva teria desencarnado... Várias vezes, disse-nos, só não tombou porque Oxalá não quis... muitas vezes precisou dormir com sua gira firmada, pois ameaçavam-no de levá-lo durante o sono... Imaginem os leitores amigos os assaltos que devem ter assoberbado o nobre Matta e Silva...

Pai Cândido, que logo a seguir denominou-se como **Pai Guiné**, assumiu toda responsabilidade pela manutenção e reequilíbrio astrofísico de seu Filho, para em seguida orientá-lo na escrita de mais um livro. Sim, aí lançou-se, através da Editora Esperanto, *Umbanda — Sua Eterna Doutrina*, obra de profunda filosofia transcendental. Até então, jamais haviam sido escritos os conceitos esotéricos e metafísicos expostos. Brilhavam, como ponto alto em sua doutrina, os conceitos sobre o Cosmo Espiritual ou Reino Virginal, as origens dos Seres Espirituais etc... Os seres Espirituais foram ditos como sendo incriados e, como tal, eternos...

Devido a ser muito técnica, *Umbanda — Sua Eterna Doutrina* agradou aos estudiosos de todas as Correntes. Os intelectuais sentiram pesos em seus conceitos, sendo que, para dizer a verdade, passou até certo ponto despercebida pela grande massa de crentes, e mesmo pelos ditos dirigentes umbandistas da época.

Ainda não se esgotara a primeira edição de *Sua Eterna Doutrina* e Pai Matta já lançava outra obra clássica, que viria a enriquecer ainda mais a Doutrina do Movimento Umbandista. Complemento e ampliação dos conceitos herméticos esposados por *Sua Eterna Doutrina*, o novo livro, *Doutrina Secreta da Umbanda*, agradou mais uma vez a milhares de pessoas.

Não obstante suas obras serem lidas não só por adeptos umbandistas, mas também por simpatizantes e mesmo estudiosos das ditas Ciências Ocultas, seu Santuário, em Itacurussá, era frequentado pelos simples, pelos humildes, que se quer desconfiavam ser o *velho Matta* um escritor conceituado no meio umbandista. Em seu Santuário, Pai Matta guardou o anonimato, vários e vários anos, em contato com a natureza e com a pureza de sentimentos dos simples e humildes. Ele merecera esta dádiva, e nesta doce Paz de seu *"terreirinho"* escreveria mais outra obra, também potente em conceitos.

Assim nasceu *Lições de Umbanda e Quimbanda na Palavra de um Preto-Velho*, obra mediúnica que apresenta um diálogo edificante entre um

Filho-de-Fé (*ZiCerô*) e a Entidade Espiritual que se diz *Preto-Velho*. Obra de nível, mas de fácil entendimento, sem dúvida foi um marco para a Doutrina do Movimento Umbandista.

Após 4 obras, Matta e Silva tornou-se por demais conhecido, sendo procurado por simpatizantes de todo o Brasil. Embora atendesse a milhares de casos, como em geral são atendidos em tantos e tantos terreiros por este Brasil afora, havia em seu atendimento uma diferença fundamental: as dores e mazelas que as humanas criaturas carregam eram retiradas, seus dramas equacionados à luz da Razão e da Caridade, fazendo com que a **Choupana** do *Velho Guiné* quase todos os dias estivesse lotada... Atendia também aos oriundos de Itacurussá — na ocasião uma cidade sem recursos que, ao necessitarem de médico, e não havendo nenhum na cidade, recorriam ao *Velho Matta.* Ficou conhecido como curandeiro, e sua fama ultrapassou os limites citadinos, chegando às ilhas próximas, de onde acorreram centenas de sofredores de Vários matizes.

Como se vê, é total iniquidade e falta de conhecimento atribuir a Matta e Silva a pecha de elitista. Suas obras são honestas, sinceras, reais, e revelam em suas causas o **hermetismo** desta *Umbanda de Todos Nós*.

Continuando a seguir a jornada missionária de Pai Matta, vamos encontrá-lo escrevendo mais uma obra: *Mistérios e Práticas da Lei de Umbanda*. Logo a seguir, viria *Segredos da Magia de Umbanda e Quimbanda*. A primeira ressalva de forma bem simples e objetiva as raízes míticas e místicas da Umbanda. Aprofunda-se no sincretismo dos Cultos Afro-Brasileiros, descortinando o panorama do atual Movimento Umbandista. A segunda aborda a Magia Etéreo-Física, revela e ensina de maneira simples e prática certos rituais seletos da Magia de Umbanda. Constitui obra de cunho essencialmente prático e muito eficiente.

Prosseguindo, chegamos a *Umbanda e o Poder da Mediunidade*. Nesta obra entenderemos como e por que ressurgiu a Umbanda no Brasil. Ela aponta as verdadeiras origens da Umbanda. Fala-nos da magia e do médium-magista. Conta-nos, em detalhes, ângulos importantíssimos da magia sexual. Há neste livro uma descrição dantesca sobre as zonas cavernosas do baixo astral, revelando covas com seus magos negros que, insistentemente, são alimentados em suas forças por pensamentos, atos e até por oferendas grosseiras das humanas criaturas.

Após 7 obras, atendendo a numerosos pedidos de simpatizantes, resolveu o Mestre lançar um trabalho que sintetizasse e simplificasse todas as outras já escritas. Assim surgiu *Umbanda do Brasil*, seu oitavo livro. Agradou a todos e, em 6 meses, esgotou-se. Em 1978 lançaria o Mestre sua última obra: **Macumbas e Candomblés na Umbanda**. Este livro é um registro fidedigno de vivências místicas e religiosas dos chamados Cultos Afro-brasileiros. Constitui um apanhado geral das várias unidades-terreiros, as quais refletem os graus conscienciais de seus adeptos e praticantes. Ilustrados com dezenas de fotografias explicativas, define de maneira clara e insofismável a Umbanda popular, as Macumbas, os Candomblés de Caboclo e dá noções sobre Culto de Nação Africana etc.

O leitor atento deve ter percebido que, durante nossos dezoito anos de convivência iniciática, e mesmo de relacionamento Pai-Filho com o Pai Matta, algumas das fases que citamos nós precisamos *in loco...*

Conhecemo-lo quando, após ler **Umbanda de Todos Nós**, tivemos forte impulso de procurá-lo. Na ocasião morávamos em São Paulo. Fomos procurá-lo em virtude de nosso Astral casar-se profundamente com o que estava escrito naquele livro, principalmente sobre os conceitos relativos às *7 linhas, modelo de ritual* e a tão famosa *Lei de Pemba*. Assim é que nos dirigimos ao Rio de Janeiro, sem saber se o encontraríamos. Para nosso regozijo, encontramo-lo na livraria da rua 7 de setembro.

Quando nos viu, disse que já nos aguardava, e por que havíamos demorado tanto?!

Realmente ficamos perplexos, deslumbrados... parecia que já o conhecíamos há milênios... e, **segundo Ele, conhecíamo-nos mesmo, há várias reencarnações...**

A partir desta data, mantivemos um contato estreito, frequentando, uma vez por mês, a famosíssima **Gira de Pai Guiné** em Itacurussá — verdadeira **Terra da Cruz Sagrada**, onde *Pai Guiné* firmou suas Raízes, que iriam espalhar-se, difundindo-se por todo o Brasil. Mas, voltando, falemos de nosso convívio com o insigne Mestre.

Conhecer *Matta e Silva* foi realmente um privilégio, uma *dádiva dos Orixás,* que guardo como sagrado no âmago de meu Ser. Nesta hora, muitos podem estar perguntando:

— Mas como era este tal de Matta e Silva?

Primeiramente, **muito humano**, fazendo questão de ressaltar este fato. **Aliás, em avesso ao *endeusamento*, mais ainda à mitificação de sua pessoa.** Como humano, era muito sensível e de personalidade firme, acostumado que estava a enfrentar os embates da própria vida... Era inteligentíssimo!

Tinha os sentidos aguçadíssimos... mas era um profundo solitário, apesar de cercarem-no centenas de pessoas, muitas delas, convivendo com Ele por vários anos, não o compreenderam... Seu espírito voava, interpenetrando e interpretando em causas o motivo das dores, sofrimentos e mazelas várias...

A todos tinha uma palavra amiga e individualizada. **Pai Matta** não tratava casos, tratava Almas... e, como tal, tinha para cada pessoa uma forma de agir, segundo o seu grau consciencial próprio!

Sua cultura era exuberante, mas sem perder a simplicidade e originalidade. De tudo falava, era atualizadíssimo nos mínimos detalhes... Discutia ciência, política, filosofia, arte, ciências sociais, com tal naturalidade que parecia ser Mestre em cada disciplina. E era!...

Quantas e quantas vezes discutíamos medicina e eu, como médico confesso, tinha de me curvar aos seus conceitos, simples mas avançados...

No mediunismo era portentoso... Seu pequeno *copo da vidência* parecia uma *televisão tridimensional!* Sua percepção transcendial... Na mecânica da incorporação, era singular seu desempenho! Em conjunto simbiótico com **Pai Guiné** ou **Caboclo Juremá** trazia-nos mensagens relevantes, edificantes e reveladoras, além de certos fenômenos mágicos, que não devemos citar...

Assim, caro leitor, centenas de vezes participamos como 1116diuns atuantes da *Tenda de Umbanda Oriental*, verdadeira **Escola de Iniciação à Umbanda Esotérica de Itacurussá**.

A Tenda de Umbanda Oriental (T.U.O.) era um humilde prédio de 50 m². Sua construção, simples e pobre, era limpa e rica em Assistência Astral. Era a verdadeira **Tenda dos Orixás**... Foi aí, nesse recinto sagrado, onde se respirava a doce Paz da Umbanda, que, em 1978, **fomos coroados como Mestres de Iniciação de 7º grau e considerados representantes diretos da Raiz de Pai Guiné, em São Paulo.** Antes de sermos coroados, é claro que já havíamos passado por muitos rituais que antecedem a "Coroação Iniciática".

É necessário frisar que, desde 1969, tínhamos nossa humilde Choupana de trabalhos umbandísticos, em São Paulo, onde atendíamos centenas de pessoas, muitas das quais enviadas por Pai Matta. Muitos deles, os que vieram, tornaram-se médiuns de nossa Choupana, a **Ordem Iniciática do Cruzeiro Divino**.

Muitas e muitas vezes tivemos a felicidade e a oportunidade ímpares de contarmos com a presença de **Pai Matta** em nossa choupana, seja em rituais seletos ou públicos e mesmo em memoráveis palestras e cursos. Uma delas, aliás, constitui acervo do arquivo da Ordem Iniciática do Cruzeiro Divino: uma fita de videocassete em que seus "netos de Santé" fazem-lhe perguntas sobre sua vida, doutrina e mediunismo... Constam ainda de nossos arquivos centenas e centenas de fotos, tiradas em São Paulo, Rio de Janeiro e em outros e vários locais...

Para encerrar esta longa conversa com o prezado leitor, pois se continuarmos um livro de mil páginas não seria suficiente, relatemos a última vez que **Pai Matta** esteve em São Paulo, isto em dezembro de 1987.

Em novembro de 1987 estivemos em Itacurussá, pois nosso Astral já vinha nos alertando que a pesada e nobre tarefa do Velho Mestre estava chegando ao fim... Surpreende-nos, quando lá chegamos, que ele nos chamou e, a sós e em tom grave, disse-nos:

— **Rivas, minha tarefa está chegando ao fim, o Pai Guiné já me avisou... Pediu-me que eu vá a São Paulo e lá, no seu terreiro, ele baixará para promover, em singelo ritual, a passagem, a transmissão do Comando Vibratória de nossa Raiz...**

Bem, caro leitor, no dia 2 de dezembro, um domingo, nosso querido Mestre chegava do Rio de Janeiro. Hospedando-se em nossa residência, assim como fazia sempre que vinha a São Paulo, pediu-nos que o levássemos a um oftalmologista de nossa confiança, já que havia se submetido sem sucesso a 3 cirurgias no controle do glaucoma (interessante é que desde muito cedo começou a ter estes problemas, devido a...).

Antes disso, submetemo-lo a rigoroso exame clínico, onde diagnosticamos uma hipertensão arterial acompanhada de uma angina de peito, estável. Tratamo-lo e levamo-lo ao colega oftalmologista. Sentíamos que ele estava algo ansioso, e na ocasião **disse-nos que o Pai Guiné queria fazer o mais rápido possível o ritual.** Disse-nos também que a responsabilidade da literatura ficaria a nosso cargo, já que lera *Umbanda — A Proto-Síntese Cósmica e Umbanda Luz da Eternidade*, vindo a prefaciar as duas obras. Pediu-nos que fizéssemos o que o **Sr. 7 Espadas havia nos orientado, isto é, que lançássemos primeiro** *Umbanda — A Proto-Síntese Cósmica*. **Segundo** *Pai Matta*, **este livro viria a revolucionar o meio Umbandista e os que andavam em paralelo, mormente os ditos estudiosos das ciências esotéricas ou ocultas. Mas, para não divagarmos ainda mais, cheguemos já ao dia 7 de dezembro de 1987.**

A **Ordem Iniciática do Cruzeiro Divino**, com todo seu corpo mediúnico presente, se engalanava, vibratoriamente falando, para receber nosso querido Mestre e, muito especialmente, **Pai Guiné.**

Às 20 horas em ponto adentramos o recinto sagrado de nosso *Santuário Esotérico. Pai Matta* fez pequena exortação, dizendo-se feliz de estar mais uma vez em nosso humilde terreiro, e abriu a gira. Embora felizes, sentíamos em nosso Eu que aquela seria a última vez que, como encarnado, nosso Mestre pisaria a areia de nosso *Congá*. Bem... **Pai Guiné, ao baixar**, saudou a todos e promoveu um ritual simples mas profundamente vibrado e significativo. Num determinado instante do ritual, na apoteose do mesmo, em tom baixo, sussurrando ao nosso ouvido, dissemos:

— **Arapiaga, meu filho, sempre fostes fiel ao meu cavalo e ao Astral, mas sabeis também que a tarefa de meu cavalo não foi fácil, e a vossa também não será. Não vos deixeis impressionar por aqueles que querem usurpar e só sabem trair; lembrai-vos de Oxalá, o Mestre dos Mestres, foi coroado com uma coroa de espinhos... Que Oxalá abençoe vossa jornada, estarei sempre convosco...**

Em uma madeira de cedro, deu-nos um Ponto riscado, cravou um ponteiro e, ao beber o vinho da Taça Sagrada, disse-nos:

— **Podes beber da Taça que dei ao meu Cavalo ao beberes, seguirás o determinado... que Oxalá te abençoe sempre!**

A seguir, em voz alta, transmitiu-nos o **comando mágico vibratório de nossa Raiz...**

Caro leitor, em poucas palavras, foi assim o ritual de transmissão de comando, que, com a aquiescência de **Pai Guiné, temos gravado em videocassete e em várias fotografias.**

Alguns dias após o ritual, Pai Matta mostrou-nos um documento com firma reconhecida, no qual declarava que nós éramos seus representantes diretos, em âmbito nacional e internacional (?!). Sinceramente, ficamos perplexos!

Na ocasião não entendíamos o porquê de tal precaução, mesmo porque **queríamos e queremos ser** *apenas* **nós mesmos, ou seja, não ser sucessor de ninguém, quanto mais de nosso Mestre.** Talvez, por circunstância Astral, ele e Pai Guiné não pudessem deixar um hiato, no qual **usurpadores vários** poderiam, como aventureiros, aproveitar-se para destruir o que Eles haviam construído! Sabiam que, como sucessor do grande Mestre, eu não seria nada mais que um fiel depositário de seus mananciais doutrinários!

Quem nos conhece a fundo sabe que somos desimbuídos da tola vaidade! Podemos ter milhares de defeitos, e realmente os temos, mas a vaidade não é um deles, mormente nas *coisas do Espiritual*. Não estaríamos de pé, durante 34 anos de lutas e batalhas, se o Astral não estivesse conosco... Assim, queremos deixar claro a todos que, nem ao Pai Guiné ou ao *Pai Matta*, em momento algum, solicitamos isto ou aquilo referente à nossa Iniciação e muito menos à sua sucessão... foi o Astral quem nos pediu (o **videocassete mostra**) e, como sempre o fizemos, a Ele obedecemos. Mas o que queremos, em verdade, é ser aquilo que sempre fomos: **nós mesmos. Não estamos atrás de *status***; queremos servir. Queremos ajudar, como outros, a semeadura, pois quem tem um pingo de esclarecimento sabe que amanhã...

No mesmo dia que alhures citamos, Pai Guiné pediu-nos que deixássemos em nosso Conga, por um período de sete anos após a passagem de nosso Mestre para outras dimensões da vida, "Sinais de Pemba", as Ordens e Direitos que dera ao seu aparelho.

Após este período de sete anos, que recolocássemos os **Sinais Riscados** das nossas **Ordens e Direitos** estendidas por **Velho Pay**é (Urubatão da Guia) em perfeita incorporação sobre nós há mais de vinte anos. Sim, disse-nos que Ele, Pai Guiné, havia preparado o **Advento do "Velho Payé"**, detentor da Tradição Cósmica velada pela Raça Vermelha, a primeira a habitar o orbe terreno.

Nas obras de Matta e Silva, Ele deixa claro que a Verdadeira Tradição estava de posse da Raça Vermelha e, como sabemos, Pai Guiné era um dos condutores da Raça Negra, a qual vinha parando o ressurgimento, a restauração da Síntese Perdida, que é patrimônio da Raça Vermelha (A Raça Cósmica).

Assim, após nossas elucidações, reiteramos que não somos seu sucessor. Continuamos, sim, onde parou. Transcendemos, segundo suas próprias palavras, no prefácio da obra **Umbanda — A Proto-Síntese Cósmica**.

Seguimos a Raiz de Velho Payé que afirmamos preconizar **Fundamentos Cósmicos de Umbanda, de uma Umbanda Universal, aplicada, vivenciada e ensinada em qualquer região do planeta, e não apenas no Brasil**.

Quanto aos outros Irmãos de Fé Iniciados que se mantiveram-se ortodoxos, sectários e estacionários nos Fundamentos preconizados pelo Mestre, pouco ou nada temos a lhes dizer... Eles já escolheram o caminho... ou se perderam nas ***Encruzilhadas...*** A Eles nosso profundo e sincero respeito e aceitação pelos seus graus conscienciais.

Os Fundamentos por nós atualmente seguidos são os da **Raiz de Velho Payé, que é a Raiz de Pai Guiné revigorada, atualizada com Fundamentos próprios. Isto deve-se à dialética Umbandística, que como sabemos é uma marcha, um processo sem fim.**

Quando conclamamos a todos os Irmãos de Raiz para uma aproximação, para discutirmos os novos, atualizados e revigorados Fundamentos de nossa Raiz, infelizmente, **muitos deles "encolheram-se". Outros,** disseram que iriam reativar a Raiz de Guiné, que segundo os **"Filhos do Mestre"**, havia ficado parada por sete anos, aliás, então é bom corrigir-se, oito anos (?!!). Pode?". É óbvio que o bom-senso refuta tal absurdo. É um acidente aos bons princípios da Lógica e da Luz que norteiam os Mentores Espirituais de Umbanda. Portanto, cremos, tal aberração é escatológica, destituída de qualquer sentido de sanidade e higidez mento-espiritual. Infelizmente, falta-lhe sustentação dialética... que fazer?" Paciência, compreensão...

Não podemos confundir Leis Espirituais sérias, como são as de Umbanda, com vaidades pessoais, inveja, despeito e despreparo para o diálogo calcado na lógica e na razão. Mas a todos respeitamos e achamos justo que sigam os **antigos Fundamentos**, pois para muitos serão novos.

Estamos nos pórticos do III Milênio, o milênio da Grande Confraternização Universal. Urge, pois, que assumamos uma posição madura e não pueril perante a Umbanda. Nós, a pedido do Astral, do próprio Pai Guiné, assumimos a nossa, que queríamos fosse de todos, mas...?!

No final, mais uma vez queremos agradecer a honra a nós concedida pela família de Matta e Silva, enviando um fraternal Saravá à **"Senhora no Santé" Carolina Corrêa** pela sua dignidade, lucidez, profunda simpatia e carinho para com nossa pessoa.

Assim, a todos, esperamos ter ficado claro e patente do por que das obras de W. W. da Matta e Silva terem sido reeditadas na mesma Editora para a qual escrevemos.

As obras portentosas e altamente dignificantes e esclarecedoras de Pai Matta foram a base para a nossa formação de cunho universalista. É de lamentar-se que outros tidos como **filhos do Mestre** não tenham adentrado no âmbito interno de seus ensinamentos de vida, atendo-se apenas a "Umbanda de Terreiro". A verdadeira Umbanda preconizada por Matta e Silva transcendia o visível e sensível, penetrava no âmago, na essência, no **Templo do Eu Espiritual que hoje e sempre será cósmico.**

Com um fraternal e sincero Saravá a todos, do

**RIVAS NETO
(ARAPIAGA)**

A YOSHANAN
(A Transfiguração de Pai Preto)

Senhor dirigente das almas! Eis-me aqui, diante de TI, humilde, beijando o pó do plano terra...

Senhor!, Este pequenino "eu", como bem sabes, deu cumprimento às Tuas Ordens...

Outrora, quando em alertas Tua VOZ lancei, de advertência Teus conselhos espalhei, somente o VAZIO de um silêncio tumular foi a resposta que senti, de Tuas almas chegar...

Mestre meu!, o campo que mandaste semear é o mais agreste de todos os campos...

Senhor! Lidei com as ferramentas que deste:

Verdade — Lógica — Razão e, quantas vezes, ao vibrá-las sem desfalecimento, senti-as "vergar o gume" nas rochas da vaidade e da premeditada incompreensão...

E, muito embora as sementes espalhadas tenham dado seus frutos, pressinto que bem poucos queiram, realmente, provar-lhes o sabor... Senhor! Eu confesso e TU bem o sabes, tenho minh'alma desiludida e cansada pelo entrechoque dos sub-planos... no entanto, aguardarei contrito as Tuas Ordens.

Que determinação o amanhã trará a mais, a um pobre "eu", que geme na penumbra da forma e muito sabe do que foz e pouco do que possa vir a ser?

Senhor — Yoshanan — Mestre meu! Dê-me forças!

Sinto "aquelas" mesmas causas do passado, geradoras da razão de ser do meu presente, precipitarem as mesmas circunstâncias... e terrível dilema do "querer e não poder — poder e não querer", desafiar, tirânico, minhas próprias forças... mas que importa?

Senhor! Talvez que visse Jesus martirizado na cruz de sua infinita dor... e haurisse assim, nesta visão, o alento que me sustém numa missão — ordena, portanto, aqui estou.

Senhor! Vejo panoramas celestes descortinarem regiões do futuro, e, como conter a ansiedade, quando estas coisas fazem sentir a impaciência do presente? Esperar?

Sim...Porque esperando vive "quem foi, é e será"...

INTRODUZINDO

Este livro é, não resta dúvida, uma síntese substancial planificada de todas as nossas sete obras sobre Umbanda. Porém, escoimado, em seu conteúdo doutrinário, daquele "chicote" que existe nos outros e com o qual vergastamos desassombradamente o vigarismo organizado, os vendedores do "conto do orixá", os vaidosos mistificadores e os fanáticos que campeiam por dentro do meio umbandista, criando condições espúrias e denegrindo cada vez mais a consciência religiosa, mística e mediúnica dos seus adeptos ou "filhos-de-fé"...

De há muito que temos sido solicitados, insistentemente, a compor tal obra, de vez que — ponderaram — determinados temas ou assuntos, estando distribuídos por todos, assim como que **espalhados** em suas sequências, acharam nisso dificuldades ou embaraços para entrosar as partes num só conjunto.

Bem — vá lá que seja. Então cada tema que é versado nos outros livros, neste consta numa síntese coordenada. Além disso, fizemos acréscimos imperiosos e que vão causar duros impactos elucidativos; basta que o leitor pretendente dê uma "espiada", já, nas páginas 147 e seguintes.

Nesta obra o estudioso encontrará o todo fundamentado da Umbanda e, se quiser maiores detalhes ou ampliar conhecimentos, é só recorrer às 7 citadas, que são:

$1^{\underline{o}}$ **grau** — *Mistérios e Práticas da Lei de Umbanda;*

$2^{\underline{o}}$ **grau** — *Lições de Umbanda (e Quimbanda) na palavra de um "Preto-Velho";*

$3^{\underline{o}}$ **grau** — *Segredos da Magia de Umbanda e Quimbanda;*

$4^{\underline{o}}$ **grau** — *Umbanda e o Poder da Mediunidade;*

$5^{\underline{o}}$ e $6^{\underline{o}}$ **graus** — *Umbanda de Todos Nós;*

$7^{\underline{o}}$ **grau** — *Sua Eterna Doutrina e Doutrina Secreta da Umbanda.*

(Fizemos esta nova classificação, dado a que escrevemos outras após a última).

Sim! Nós jamais tivemos a pretensão de querer impor uma sistemática doutrinária "de nossa Umbanda de elite" a presunçosos "chefetes-de-terreiro" manipulados por quiumbas e tampouco a "pseudobabalaôs" analfabetos, chafurdados no meio vibratório grosseiro que criaram — cheirando a pipoca, sangue e galo preto. Destes que se multiplicaram por toda parte, ostentando "diplomas" de fontes escusas, a fim de fazerem da Umbanda uma industriazinha rendosa, de conluio com certas "casas que vendem artigos religiosos de Umbanda"...

Tampouco jamais esperamos influir e muito menos aceitar a "linha doutrinária" destas "pseudo-organizações de cúpula" — ditas Uniões, Confederações etc. — pois cada uma tem seu "dono" enquistado e cercado de sua camarilha.

Nós somos, realmente, intransigentes em nosso ideal ou no cumprimento da **tarefa que recebemos de Caboclo e Preto-Velho de verdade**, e estamos dentro de uma conscientização que não teme nada, quando se faz preciso defender a Sagrada Corrente Astral de Umbanda. E não importa continuemos sozinho há mais de 20 anos nesta luta até o fim de nossos dias terrenos. *Outros surgirão e retomarão o encargo*.

Continuaremos escrevendo, elucidando e combatendo a astúcia dos espertalhões e de certos "visionários", uns até de formação iniciática ou esotérica consolidada em outros setores e que pretendem **arreglar** o meio umbandista para fins ocultos... isto é, políticos, arvorando-se até em "juízes" dos fundamentos da Sagrada Umbanda, como se nós — iniciados dela — déssemos "bola" para este tipo de capatazes do "esoterismo, orientalismo e teosofismo" que se achegaram com a tola pretensão de nos dar lições.

E para demonstrarmos a espécie de "idealismo" ou de "consciência umbandista" destes "irmãos", basta que nos reportemos aos seguintes fatos.

Por injunções de nosso astral, estivemos afastados completamente — por uns 8 anos — de movimentos públicos e mesmo de contatos diretos com grupamentos e Organizações quando constatamos, novamente e consternados, que uma indisfarçável covardia espiritual dominava o meio e especialmente tais ou quais Organizações ditas de "Cúpula"...

Isso porque jamais vimos em tempo algum a Umbanda e suas entidades espirituais serem tão ridicularizadas como ultimamente e muito diretamente em certos programas de televisão que surgiram, **sem que nenhum destes tais líderes** desse um "gritinho" que fosse, um "pio" ao menos em sua defesa.

Onde estaria, nesta altura, a MORAL de Certos "presidentes", "diretores" etc., que vivem apregoando esta tal "liderança" e que ainda, pasmem, dizem "receber" Orixás, isto é, "o Caboclo e o Preto-velho sicrano e beltrano, desta mesma Umbanda que estava sendo tão enxovalhada?

Vocês — irmãos umbandistas, querem já uma prova irrefutável disso? Atentem!

As revistas **"Realidade", "O Cruzeiro", "Fatos e Fotos",** durante o ano passado (1967), publicaram reportagem sobre o médium conhecido como Zé-Arigó (de Minas), propalando, decantando suas "maravilhosas" qualidades mediúnicas de operar, curar etc., por força de seu protetor astral, o chamado de Dr. Fritz (que dizem ser um médico alemão, desencarnado etc.).

Até aí, tudo muito bem, levando-se em conta de que não pretendemos aqui entrar no mérito destas repetidas e encomendadas reportagens sobre o tal Zé-Arigó. O **poder financeiro** que passou a envolvê-lo, através de suas milhares de **receitas mensais**, que implicam logicamente num maior consumo de drogas, de tais ou quais laboratórios, são fatores que não devem passar despercebidos pelos que realmente têm "olhos de ver e entender"...

Mas o que vamos ressaltar é o seguinte: vergonhosamente, acintosamente, em todas estas reportagens, além da fotografia do Sr. Arigó, por trás dela, bem visível, ostensivamente, em letras garrafais, aparecia um **cartaz**, bem grande, pregado na parede com estes dizeres:

"Espiritismo de Kardec sim! Umbanda e Macumbas que não curam e causam doenças, não! Nada de terreiros". Ass.: Dr. Fritz.

Ora, isso em revistas de tal porte, de ampla circulação e repercussão, foi crucial! Vergonhoso mesmo!

Pois bem! Que fizeram esses pseudolíderes, esses "donos" de Organizações da "cúpula" umbandista diante disso? Nada! Absolutamente nada! Ficaram a "ignorar", uns cinicamente, outros "inocentemente" semelhante achincalhe. Suportaram tudo, **agachados, de quatro pés, silenciosamente**.

Engoliram a moral umbandista "com Caboclo, Preto-Velho, Orixá e tudo" ...Ah! **Fariseus**! É por esta e por outras que eles não toleram o tal de Matta e Silva...

E quando surgimos (a convite) num famoso programa de televisão — "Show sem limite" — inicialmente na TV-Rio, depois na TV-Tupi (meses outubro e novembro de 1967), debatendo vários assuntos, entrando até na polêmica, pois visava sempre elucidar sobre Umbanda e fizemos a sua defesa, desassombradamente, desafiando duramente o tal Arigó (ou Dr. Fritz) a que viesse provar aquela indignidade (definindo o que ele entendia por Umbanda), agitando e apaixonando o meio umbandista digno, consciente, sincero, foi que **aceitamos** tomar alguns **contatos** no citado meio.

Nesta circunstância recebemos O apoio direto de alguns irmãos umbandistas, que julgamos dignos, sinceros, assim como do Dr. Henrique Landi e outros, e muito especialmente do digno Deputado Átila Nunes.

Com este confrade e valoroso umbandista, através de seu programa "Cânticos da Umbanda — Melodias de Terreiro" pela Rádio Rio de Janeiro, debatemos a questão, em longas entrevistas, intimando os responsáveis para que retirassem dali — do "Gabinete de Curas" do Sr. Arigó — aquela tabuleta, o que foi feito, segundo comunicações e retratações posteriores, por cartas e jornais...

Mas não foi só isso: Certos outros "líderes" que tinham dever moral de já terem feito de alguma forma o que nos coube fazer (pois alguns têm até coluninhas fixas em jornais), em vez de se acercarem neste objetivo, O que acharam de fazer, nesta ocasião, foi babarem a peçonhas da inveja e do despeito, "assombrados", pensando que pretendêssemos tomar de "assalto" a tal "liderança" deles, do dito meio — deste mesmo que jamais tiveram a dignidade, nem a convicção, de defender, mesmo que o fizessem "com pipoca, dendê e galo preto"... que é o que sabem fazer e ensinar.

A estes despeitados tradicionais aqui vai um bom tranquilizante: não se assustem!

Entre o Matta e Silva e eles, nunca haverá um denominador comum. Conhecemos vocês muito bem. Sabemos o que fazem pelo que doutrinam e usufruem. Jamais pretendemos ser o "dono de organizações saturadas do **ebó** e da **menotoxina** destas "babás do santo rebolado" e nem destes "babalaôs deslumbrados", Vigaristas, feitinhos no Kêto filhinhos de Yançã, de olhares de peixe morto... a quem vocês vivem dando diplomas e curso de "sacerdotes"...

Agora, esta que temos há anos de defender — a dignidade da verdadeira Corrente Astral de Umbanda — esta é nossa mesmo. Desta liderança **moral, intelectual, espiritual**, não abrimos mão, nem de uma só vírgula, para arreglos espúrios; nem ontem, nem hoje, nem amanhã...

Portanto, continuaremos influenciando o meio umbandista evoluído, através de nossas obras, conforme já é um fato inegável, na certeza de que cada vez mais crescerá o número dos que estão se elucidando nelas.

Porque, se o meio umbandista, de um modo geral, continua desorganizado, subdividido, corroído pela intriga, pelas briguinhas intestinas, e pela falta de convicção nos fatores mediúnicos, imperando o animismo, pela carência de verdadeiras escolas e da doutrina especializada da Umbanda de fato e de direito... também já é um acontecimento ser bem elevado o número de umbandistas e de Tendas integrados em nossa linha doutrinária.

A Umbanda cresceu muito demais! A massa de seus adeptos é tão grande, que podemos calculá-la já na casa dos milhões...

Todavia, tudo isso é força bruta ainda — porque desentrosada de um verdadeiro núcleo orientador; mas e povo, é alma brasileira que, muito embora a "trancos e barrancos", toma consciência de sua ancestralíssima Religião, sem dogmas importados das outras e que cada vez mais vibra e toma posse por dentro deste Brasil, berço da luz, guardião dos sagrados mistérios da cruz — terra do Cruzeiro do Sul — signo cosmogônico da hierarquia crística!...

Mas é preciso que se entendam **duas** das maiores razões deste apontado desentrosamento, ou seja, deste atraso, desse retardamento de uma grande parte da Massa Umbandista:

Eis a **primeira**: seus milhões de adeptos (ultimamente em todas as categorias sociais), cuja maior parcela se concentra ou está formada das camadas populares mais incultas, por força desta condição, procura praticá-la segundo concebe e alcança.

Isso, naturalmente, se irmana ou entra em estreita relação com o índice de analfabetismo do brasileiro que ainda pode ser estimado na casa dos 70%.

Eis por que ainda existe muita ignorância, fanatismo ou fé cega, práticas confusas, grosseiras etc. Porém, neste paralelo, podemos verificar semelhante misticismo cego dominar os adeptos de outras religiões.

Basta observar os chamados de "bíblias" ou "crentes" da Corrente Protestante, quando reunidos em praça pública ou nos seus templos: cantam, gritam, gesticulam muito com a "bíblia na mão", com os olhos vidrados e muitos até "recebem o espírito santo". Então, analisando. o comportamento religioso deles, em suas reuniões, poderíamos até deduzir que estariam tomados de "alucinações místicas"; para tanto, eles creem no "demônio" e têm verdadeiro pavor dele...

E se observarmos também uma procissão dos católicos veríamos que os religiosos desta Corrente acompanham uma estátua de "Santo ou Santa" (andor), carregada nos ombros de outros, com grande fervor e adorada até por beatos e beatas, e todos cantam, rezam, os padres fazem exorcismos e defumações, outros respondem, tudo enfim, dentro de êxtases e de "compulsões místicas", também que vem dar nas mesmas projeções de fé cega dos ditos como "crentes"...

A esta Corrente dos denominados de **Católicos**, também ensinam a crer num "diabo", céu, purgatório e inferno.

E é por estas e por outras que, de há muito, 60% dos que se dizem Católicos — por tradição familiar — frequentam nossos Terreiros.

Muitos e muitos são médiuns deles. Casam e batizam na Igreja Romana, mas vêm **confirmar tudo** na Umbanda. Quem quiser e puder que explique este fenômeno.

Assim é que inúmeras criaturas ficam espantadas quando afirmamos existir quase 100.000 Tendas ou Terreiros por estes Brasis afora, sem citarmos os grupamentos familiares...

Só na Guanabara temos perto de 22.000, com suas 6 ou 7 Uniões, Federações etc., que disputam entre si a cobiçada liderança do meio umbandista. O Estado do Rio não fica atrás.

No Estado de São Paulo também existem várias Federações, Cruzadas etc., que pretendem representar outras 19.000 Tendas.

No Rio Grande do Sul, um dos Estados em que o umbandismo está mais bem organizado, há cerca de 18.000 Terreiros. Lá, o Movimento umbandista, em eleições anteriores, chegou a fazer deputados, vereadores e prefeitos. Isso tudo são informações parciais, pois não recebemos ainda os dados de outros Estados.

Agora vamos entrar com a **segunda razão**, esta mais delicada de abordar, pois afeta diretamente e particularmente a Umbanda por tudo que comentam, confundem e assacam contra os "macumbeiros", imprimindo neste termo o sentido pejorativo para todos os Umbandistas.

E estes comentários irônicos, carregados de desprezo, quase sempre têm **endereço certo**; assim, geralmente se destinam ao elemento negro, que participa ativamente na Umbanda e nos chamados "Candomblés" ou nos cultos afro-brasileiros...

Realmente não podemos negar que a participação tradicional, atuante e numérica do negro brasileiro (ou do elemento de cor) nos chamados cultos afro-brasileiros — hoje em dia compreendido genericamente como umbandismo — é uma das causas ou um dos fatores que oferece maior resistência aos impulsos evolutivos da Umbanda propriamente dita, pois sendo esta, inegável e essencialmente, um Movimento Astral e humano que **agiu** e **conseguiu** fazer uma **retomada de posse** — com a pura Corrente Ameríndia ancestral por dentro destes citados cultos ou coletividade, deve ser bem compreendida e não apenas condenada (esta resistência, é claro), de vez que ainda e infelizmente encontramos nos irmãos de raça negra (de um modo geral) uma carência quase que total dos fatores que muito poderiam concorrer para que eles se libertassem daquele arraigado fetichismo e daquele seu muito próprio multissecular atavismo.

Esta carência de fatores é, evidentemente, aquela que implica ou está relacionada com suas atuais (e antigas também) condições sociais ou de cultura.

Vejamos nestes singelos informes que colhemos em fontes diversas e causa real dessa dita resistência, alimentada pela atual situação do negro brasileiro.

Se já ressaltamos que o índice de analfabetismo do brasileiro é muito alto e se olharmos e enfeixarmos diretamente os grupamentos negros num só **bloco**, poderíamos constatar que o seu índice de vivência familiar econômica, funcional e especializada é baixíssimo.

A maioria da população negra do Brasil — que ainda pode ser estimada sensivelmente em quase 6 milhões de indivíduos (ou seja, de 7% a 8%) — vive de condições inferiores em todos os sentidos. Sua renda mensal equivalente regula por igual e abaixo do salário mínimo da região.

Desta maioria, tomando como base a Guanabara, não ultrapassam 3% os que conseguem alcançar o nível das Escolas Superiores. No estudo secundário informam serem de 8% a 10%. Nas escolas primárias não devem passar dos 12%.

Nas Organizações de Ensino Militar — fontes bem informadas apontam a participação do negro com apenas 8%.

Nos quadros oficiais das Forças Armadas — informam também — não excedem a 5%. Porém, nos Escalões Superiores categoria de General, Marechal, Almirante, Brigadeiro — sua participação tem sido quase nula, ou melhor, parece ter surgido um ou outro.

Nas categorias profissionais elevadas: médicos, engenheiros, advogados, professores etc., a participação do elemento negro tem sido baixíssima também não excede a 1%.

Todavia, nas artes (rádio, teatro, pintura) e nos esportes, especialmente no futebol, o negro tem-se projetado.

A par com isso, são raros os sacerdotes e os pastores de cor negra, Na política são quase inexistentes. Um e outro lá estão. E como arremate no funcionalismo público sua percentagem de participação (assim mesmo em funções subalternas) não ultrapassou ainda os 2%).

Ora, fica claramente entendido por estes simples dados — que estas **citadas condições** que **cercam e atuam** sobre o elemento negro, vêm fazendo dele um atrasado ou retardado. Ou melhor: são as suas lamentáveis condições de cultura: vivência humana, social, financeira, mística, que pesam sobre seu estado consciencional anímico e religioso, fazendo com que ele dê somente aquilo que tem e que conservou atavicamente.

Por isso é que ele se arraiga aos conceitos tradicionais religiosos e ritualísticos de sua raça, que permaneceram simples, limitados, não ajudando seu espírito a se projetar no descortino de novos horizontes... a fim de romper com os freios da ignorância.

Por todo este conjunto de fatores é que grande parcela do elemento negro (neste caso extensivo a todo elemento de cor: mulatos, mestiços) conservou-se enraizada nos cultos afro-brasileiros — que os depreciadores chamam de "macumbas cariocas, candomblés" etc. — ficando completamente surpreso, aturdido, quando sentiu o impacto deste inegável, porque existente, Movimento Astral e humano que denominamos de Umbanda de fato e de direito, que surgiu, sacudindo este seu tradicional ritualismo religioso (de vez que já estava degenerado) e lutando para reeducar seus impulsos anímicos ao manifestar suas crenças, elucidando e apontando o erro em que incidem com suas práticas ou oferendas que envolvem matança, sangue etc.

A Umbanda, portanto, não discrimina o negro, não tem preconceito, nem de classe, nem de cor. Visa sobremaneira a sua **evolução**.

Mas, o que o leigo não entendeu, e os que pensam entender confundem, foi e é este fenômeno da interpenetração da Corrente Astral de Umbanda, por dentro dos ditos como Cultos Africanos através da Falange dos Caboclos (que são, não os nossos atuais índios ao desencarnarem, e sim os nossos ancestrais indígenas — Magos Payés, Caraíbas, Morubixabas, Tuxabas, Caciques etc. — espíritos evoluídos, plenos de experimentações, já isentos da reencarnação, radicados no campo astral do Brasil) que, secundados pelos Pretos-Velhos (que são, não o espirito de qualquer irmão da raça negra que desencarne e nem de qualquer um outro que venha da África, e sim, dos antiquíssimos Babalaôs, Sacerdotes e espíritos que se sublimaram em reencarnações sacrificiais), também radicados no campo astral do Brasil, que tomaram a tarefa de incrementar a evolução de seus irmãos de raça negra; confundem — dizíamos — porque tudo isso ficou generalizado como Umbanda, isto e, enfeixaram tudo neste termo.

Bem, para que o leigo ou pretenso entendido tenha uma ideia mais clara do que seja a Umbanda, do que é ainda o "candomblé" ou o culto africano misto (puro não há mais), que também chamam de "macumbas", vamos dizer aqui outras duras verdades, pois nos cingimos sempre aos fatores reais e não aos ajeitados ou de "empulhamento", como outros "escritores" fazem por aí.

Quando o leigo visitar um Terreiro e lá verificar que não há tambores, bater de palmas, danças, profusão de colares, roupas vistosas, matanças, ebós, despachos, é porque, ali, está predominando a influência decisiva da Corrente Astral de Umbanda no seu sentido mais correto. Prevalece, portanto, a influência direta do elemento branco, de maior cultura. Há, na certa, doutrina.

Quando o leigo Visitar outra Tenda ou Terreiro e constatar que ainda batem tambores, palmas, mas não usam ebós, matanças, profusão de colares vistosos e usam vestimentas simples brancas, uniformes, é porque ali a influência da Umbanda, sendo grande, não é total. Prevalece bastante a influência do elemento africanista.

E quando o leigo visita mais outro Terreiro, mesmo que digam ser de Umbanda, e vê a usança de tambores, palmas, roupagens vistosas, coloridas, profusão de colares de louça e vidro, danças, aparatos, cocares, muitos fetiches e estatuetas, matanças e despachos grosseiros e se fala de "camarinhas, canoas" etc. — isso ainda não é Umbanda. É culto africano misto. Tem ação predominante, nele, o elemento negro. Ou então pode ser até dirigido por elemento branco (ou mulato), mas debaixo, inteiramente, da influência do sistema africanista.

Nosso caso não é e nunca foi o do ataque ou depreciação a esta ou àquela seita ou sistema religioso! A este ou àquele grupamento, tenham lá a cor que tenham, se de baixo nível cultural ou não. Nós elucidamos sobre a Umbanda do Brasil e apontamos os ângulos de sua incontestável realidade, e atuação no seio do povo brasileiro.

Que não sejamos "crucificados" por dizermos mais esta verdade: além de pesarem sobre estes nossos irmãos que encarnam na raça negra injunções cármicas milenares (tema que pede explicações profundas e que não compete aqui) que atuam sobremaneira nos ajustamentos da individualidade de cada um e que não deixam de ser uma espécie de disciplinação ou polimento de fatores anímicos; haja vista que o irmão negro, quando evolui seu intelecto e desperta sua conscientização e analisa sua situação de **encarnado** numa epiderme negra se torna, sensivelmente, num constrangido. Disfarce como disfarçar, ele assim o é, na convivência do branco. Por causa disso geralmente ele sofre.

Havendo ainda de acrescentar a isso as suas já citadas condições de vivência humana, social, mística ou religiosa, com séculos 6 séculos de compulsões atávicas arraigadas em sua esfera mental. A raça negra vem, desde sua pré-história, ferreteada pela dominação, pela exploração e pelo escravagismo, se bem que em épocas remotas tenha feito o mesmo com os povos de raça branca.

Esta questão da destinação cíclica da raça negra, se teve um ponto inicial, deve ter um ponto terminal. Este aspecto transcende das simples transições sociais, as espirituais, desígnios superiores da Deidade, pela execução da Lei de causa e efeito — dita também como de Consequência, a mesma Cármica dos Hindus.

Compreendamos, portanto, a Umbanda do Brasil, que conserva no seu seio maternal o irmão negro, e contribuamos, honestamente, para sua evolução, ajudando e não depreciando, sem opor obstáculos à sua ascensão.

Nós somos um dos primeiros que vêm lutando para libertar o irmão negro das peias do fetichismo anímico, religioso, elucidando quanto às práticas ritualísticas que retardam e embrutecem por dentro da comunidade umbandista com várias obras, todas neste sentido.

Já fomos combatidos ferozmente, em tempos atrás, e ultimamente "pelos bastidores", à socapa. Nossas obras sofrem pertinaz sabotagem de africanistas inveterados e a maioria das casas comerciais "que vendem artigos religiosos para ritual da Umbanda" não aceitam nossos livros para revenda. Elas se especializaram em alimentar com mil fetiches e bugigangas a ignorância daquela grande parcela retardada do meio. É o vigarismo organizado e arreglado de que já falamos. Não importa! Continuaremos sozinho na seara humana, defendendo os direitos e a verdade da Sagrada Corrente Astral de Umbanda, que se refletem na dignidade de Caboclo e Preto-Velho, que muitos e muitos pretendem ridicularizar sem jamais os ter conhecido através de um bom médium. Então continuaremos com a nossa verdade custe o que custar, doa a quem doer.

PRIMEIRA PARTE

RAÍZES HISTÓRICAS, MÍTICAS E MÍSTICAS DA UMBANDA — OS CULTOS AFRICANOS E O MUYRAKYTAN, ORIGEM DO CULTO OU "ADJUNTO DA YUREMA" DE NOSSOS ÍNDIOS — FUSÃO — MISTURAS — DETURPAÇÕES — CONFUSÃO

Escute, meu irmão em Cristo-Jesus o OXALÁ desta mesma Umbanda de todos nós, que, por certo, é um umbandista tanto quanto quem mais o seja: não importa que você tenha o grau de um médium-chefe, um simples médium, um Diretor de Tenda, Centro ou Cabana ou apenas um filho-de-fé! Você sabe o que é Umbanda? Sabe para você? Sabe para explicar?

Você deve saber, no seu íntimo, para si, para seu entendimento, mas é possível que não saiba explicar para os outros e você tem a obrigação, o dever, de saber isso direitinho...

Façamos um trato (o autor e você que está lendo): vamos recordar, da maneira mais simples possível, as **coisas** de Umbanda...

Comecemos por nos reportar à origem histórica, mítica e mística da Umbanda propriamente dita e, para isso, temos de nos aprofundar no passado de duas "raízes" — uma é a dos cultos afros e a outra é a "raiz" ameríndia ou nossos índios, denominada, de culto ou "Adjunto da Jurema".

Primeiro, vamos qualificar, como culto africano, a todo Sistema religioso que os negros trouxeram para o Brasil, se se subentendem como os vários rituais de suas nações de origem, assim como o nagô, o keto, o gege, o angola, o bantu etc. Isso aconteceu, é claro, logo após o pseudodescobrimento[1] do

---

1 O Brasil não foi verdadeiramente descoberto pelo navegador português Pedro Álvares Cabral, no ano de 1500. Com ele iniciou-se uma era — digamos assim — de intensa colonização. Não queremos debater este tema aqui. Todavia. costumamos distinguir duas fases: a das eras pré-Cabral e a pós-Cabral.

Brasil, quando o lusitano começou a descarregá-los por estas terras brasileiras, como escravos, trazidos de várias regiões da África.

Qual então o sentido religioso, mítico e místico destes africanos através de seus rituais de nação?

De um modo geral eram monoteístas, pois adoravam um DEUS-Único chamado, por exemplo, entre os nagôs, OLORUN, e entre os angoleses, de ZAMBY ou Zambyapongi etc. Veneravam também a "deuses", como emissários deste mesmo Olorun, aos quais denominavam de ORIXÁS (estamos exemplificando **mais** com a predominância nagô[2], pois foi a que dominou positivamente, quer no aspecto religioso, quer no da língua, entre as demais nações africanas aqui Brasil, bem como foi o sistema que mais influenciou tanto quanto o ameríndio por dentro desta corrente humana dita como dos adeptos dos cultos afro-brasileiros).

Os Orixás, para os africanos — eram (e são ainda) considerados como os senhores de certas **FORÇAS ELEMENTAIS** ou dos Elementos da Natureza.

Assim é que ergueram um vasto Panteon de deuses. Eis a discriminação simples destes Orixás, com seus respectivos atributos, para que os irmãos umbandistas tenham a noção clara da questão, a fim de, quando chegar a vez, poderem discernir com facilidade o que é a Umbanda propriamente dita.

OS ORIXÁS OU "DEUSES" VENERADOS
(Concepção dos nagôs)

OBATALÁ — O filho de **OLORUN**. O pai da humanidade (da nossa, é claro). Um **ORIXALÁ**, isto é, aquele que está acima dos Orixás. É um grande deus. Posteriormente, ou seja, aqui no Brasil, recebeu a designação de **OXALÁ** (termo que é uma contração do outro). Obs.: já pela influência do catolicismo, foi "identificado" com **O SENHOR DO BONFIM** da Bahia, o mesmo que JESUS. Isso foi o começo do chamado sincretismo ou similitude.

XANGO — Deus do Trovão, do Raio, ou seja, do fogo celeste. Dentro do sincretismo, passou a ser assimilado a S. Jerônimo da Igreja.

---

2 Repetimos: foi positivamente estudado. reconhecido, constatado que, desde o princípio da escravidão no Brasil, foram os nagôs que dominaram o aspecto religioso. linguístico etc. entre outras nações negras especialmente — como escreveu Nina Rodrigues — "na Bahia. os nagôs assumiram a direção das colônias negras, impuseram-lhes a sua língua e as suas crenças etc.". Citar mais deuses de outros cultos é criar confusão.

OGUM — Deus do Ferro, da Guerra, das Demandas. Dentro do sincretismo passou a ser assimilado, ora a Santo Antônio (na Bahia), ora a S. Jorge (em outros Estados).

OXOSSI — Deus da Caça, dos Vegetais etc. Dentro do sincretismo, passou a ser assimilado a S. Sebastião da Igreja.

YEMANJÁ — Deusa das ÁGUAS (na África e a deusa do rio Oxum). Dentro do sincretismo passou a ser assimilada à Virgem Maria, da Igreja[3].

OXUM — Deusa do rio Oxum. Dentro do sincretismo passou a ser assimilada a Nossa Senhora da Conceição, da Igreja.

IFÁ — O mensageiro dos "deuses". O Oráculo dos Orixás. O Adivinhador.

DADÁ — Deusa dos Vegetais.

OLOKUN — Deus do Mar.

OKÔ — Deus da Agricultura.

OLOCHÁ — Deusa dos lagos.

OBÁ — Deusa do rio Obá.

AGÉ-CHALAGÁ — Deus da Saúde.

OYÁ — Deusa do rio Níger.

CHAPANÃ — Deus da varíola, da peste etc.

OKÉ — Deus das Montanhas.

AGÉ-CHALUGÁ (com outro atributo), **AJÁ** ou **ARONI**, **OXANBY** ou **OXANIN** — os deuses da medicina — os que podiam curar etc.

Bem, meu irmão umbandista, por aí você já pode ir começando a analisar os aspectos desta "raiz" e mesmo por que de somente cinco destes Orixás ou destes termos representativos de Forças ou Potências, milenários, tradicionais, remotíssimos, terem sido conservados no conceito interno, oculto, ou melhor, de adaptação oculta do astral, por dentro da corrente astral de Umbanda, quando chegarmos à questão das verdadeiras Linhas ou das sete Vibrações Originais desta Lei.

---

3 Segundo uma lenda corrente entre os nagôs, dos seios de Yemanjá — a dona das águas — nasceram dois rios extensos, enormes, que se uniram, formando uma monstruosa lagoa. Do ventre desta lagoa, nasceram todos estes Orixás, isto é, menos Obatalá, Ifá e Ibejê, que têm outras lendas, outro conceitos etc.

Assim é que, em seus rituais de nação — estamos exemplificando sempre com nagô — tocavam o adarrum, espécie de toque especial de atabaques, para chamar os seus Orixás. Estes atabaques eram preparados cuidadosamente, dentro de certo segredo, tudo envolvendo cânticos, ervas e certa fase da Lua e tinham a denominação **RUM** (que era o maior), **RUMPI** (que era o de tamanho médio) e o menor dos três, LÉ. Este toque especial com estes três atabaques era para que se desse o transe (o animismo fetichista de Nina Rodrigues) mediúnico, quer no Babalorixá, quer numa filha ou filho-de-santo. Tudo isso era acompanhado de danças expressivas (apropriadas a cada Orixá), palmas, cânticos, ditos também como pontos etc.

E era sempre assim, dentro de um ritual rotineiro, o Babalorixá ou o Babá — depois chamado de "pai-de-santo", e a Yalorixá, também chamada de "mãe-de-santo" ou mesmo uma Yaô, o mesmo que iniciando ou "filha-de-santo" etc., podiam ficar possuídos pelo "seu orixá"...

Todavia, se qualquer um destes "caísse com o santo" (o mesmo que se entender como ficar mediunizado) ou com o "seu orixá", todos sabiam que não era o Orixá ancestral — o deus Xangô, Ogum, Oxossi etc.; era um **enviado** do Orixá, porém representava a sua força.

Quer o Orixá, que para eles era (e é) um **ser-espiritual** altamente situado perante Olorun ou Deus, quer o seu **enviado** (o Orixá intermediário) que, para eles, também era um espírito muito elevado, nunca tinham encarnado, isto é, jamais haviam passado pela condição humana.

Todo este ritual, com suas evocações, suas práticas, era (e ainda deve ser) quase sempre acompanhado de oferendas simples ou especiais — chamadas depois de "comida-de-santo" — tudo de acordo com a ocasião da festa ou da cerimônia que se fizeste necessária. Também era comum, antes de iniciar o ritual propriamente dito, fazer um **ebó**, espécie de despacho, que envolvia desde o sacrifício de animais até o seu aspecto mais simples, com pipocas e outras coisas.

Então cremos ter ficado bem claro, nestas linhas gerais, que os africanos trouxeram suas concepções bem definidas, com seus deuses, seus rituais, suas práticas e, especialmente, todo um sistema de oferendas aos Orixás, que envolviam elementos materiais, inclusive o sacrifício de animais, sangue etc. (esta questão de oferendas ou "comida-de-santo" será analisada e esclarecida na parte que trata de magia e oferendas).

Agora, meus irmãos umbandistas — especialmente a você que se diz ou é Babá, Tata ou médium-chefe, cremos que já chegou ao seguinte entendimento: — No culto africano puro, em sânscrito, só evocavam Orixás, ou seja, os espíritos enviados deles que (estavam convencidos disso) nunca tinham encarnado, porque, aos espíritos ditos como **EGUNS** (ou egungun), eles repeliam, ou melhor, não eram aceitos de forma alguma. Como EGUNS (guarde bem isso), consideravam ou qualificavam a todos os espíritos de seus antepassados, as almas dos mortos, enfim, a todos que já tinham sofrido o processo da encarnação.

PORTANTO, OS ESPÍRITOS DE CABOCLOS, PRETOS VELHOS, CRIANÇAS etc., SERIAM REPELIDOS, PORQUE ERAM EGUNS. Todos estes são "espíritos-velhos", porque passados pelas reencarnações, dezenas, centenas de vezes.

Deixemos de lado, agora, esta "raiz afra" e vamos ao encontro do que é, genuinamente nosso, bem brasileiro — a raiz ameríndia ou de nossos índios, o "adjunto da Jurema"... para que, depois, **possamos encontrar a verdadeira Umbanda**.

Então, vamos recordar, também de uma maneira simples, em linhas gerais, honestamente, sem certas deturpações que nossa história "acolheu" das crônicas dos Jesuítas e outros (interessados em deturpar ou confundir **aquilo** que encontraram em matéria religiosa, na mística ou na tradição de nossos aborígines, particularmente dos tupy-nambá e tupy-guarany), que pretenderam catequizar os negros e nossos índios daquelas épocas.

Saibam vocês, meus irmãos umbandistas, brasileiros ou não, que os nossos ÍNDIOS, especialmente os **TUPY-NAMBÁ** os **TUPYGUARANY** etc.., pelas alturas do ano de 1500, **NÃO ERAM TRIBOS OU UM POVO PRIMITIVO QUE ESTIVESSE NA INFÂNCIA DE SUA EVOLUÇÃO.** Quem supôs isso foram os brancos conquistadores.

Não tiveram capacidade para verificar que, em vez de ser um povo primitivo, era, sim, um **POVO ou uma raça tão antiga, que se perdia por dentro de milhões de anos a sua origem...** Também, eles — os portugueses que aportaram com Cabral e mesmo, posteriormente, nas terras dos Brasis, não vieram para estudar a antiguidade, a cultura, a civilização etc., de nossos aborígines...

Os Tupy-nambá, os Tupy-guarany, como ficou constatado muito depois, por inúmeras autoridades e estudiosos pesquisadores, eram povos que estavam em franca decadência, isto é, no último ciclo de sua involução.

Para que você, meu irmão umbandista, entenda isso de maneira simples, atente a esta verdade: — é "ponto fechado", são fatos históricos, são verdades ocultas ou são ensinamentos dos esotéricos; que toda raça surge, faz sub-raças, evolui sob todos os aspectos e depois entra em decadência para dar lugar a outra nova raça.

É preciso que compreendamos esta questão de decadência das raças. O que tem acontecido é o fenômeno das "migrações espirituais", ou seja: — os espíritos vão deixando gradativamente de encarnar numa raça, ou melhor, na última sub-raça, para irem animar novas condições, em novos movimentos de novas correntes reencarnatórias, para se constituírem em nova raça. Assim, o que os espíritos abandonam, obedecendo às diretrizes de uma Lei Superior Cármica, são os caracteres físicos de uma raça, e sua espécie vai diminuindo, diminuindo, por falta do dinamismo das reencarnações, até se extinguir ou, na melhor das hipóteses, conserva os remanescentes atrasados, porque os outros, a maioria, os mais adiantados, não voltam mais.

Portanto, a Humanidade, obedecendo à Lei dos Ciclos e do Ritmo, evolui constantemente, porém através de várias raças. Algumas destas raças já nos precederam e passaram por duas fases: uma ascendente e de progresso; e outra, descendente ou de decadência.

Foi dentro deste critério, deste conceito, desta verdade, que a antiga tradição de todos os povos atesta a passagem pela face da Terra de raças assim qualificadas:

1ª — a Pré-Adâmica;

2ª — a Raça Adâmica;

3ª — a Raça Lemuriana;

4ª — a Raça Atlantiana;

5ª — a Raça Ariana, que é a nossa atual, no inicio de sua 5ª Ronda Cármica etc.

Porque 7 são as Raças-Raiz, 7 são as Rondas Cármicas, 7 são os Ciclos evolutivos, pelos quais, terá de passar toda a Humanidade. Portanto, já passou por 4 destas condições e está na 5ª, falta ainda passar por mais 2 Raças, 2 Rondas e 2 Ciclos, que virão no futuro, daqui a milhões e milhões de anos...

Foram diversos os fatores ou as causas que contribuíram para a decadência e consequente desaparecimento destas raças pré-históricas, com suas civilizações: — causas psíquicas ou morais, físicas, cósmicas (cataclismos), biológicas, mesológicas etc.

As suas civilizações — todos os documentos, todos os códigos, todos os ensinamentos da antiga tradição o atestam — foram adiantadíssimas, sob todos os aspectos.

Foi, portanto, um povo, os tupy-nambá, os tupy-guarani etc., — já na última fase de acentuada decadência da raça, ou seja, dentro das condições acima citadas, porém com os vestígios positivos de uma avançada civilização, que os portugueses encontraram no Brasil no ano de 1500...

O povo dos tupy-nambá, dos tupy-guarany, da área pré-cabralina, era tão adiantado, tão civilizado, quanto os outros povos que habitaram a América do Sul — na época deles — assim como os Maias, os Quíchuas etc.

Suas concepções, sua mística, enfim, sua Teogonia, era de grande pureza e elevação, somente alcançada pelos que já vinham dentro de uma velhíssima maturação espiritual.

E a prova insofismável disso era a sua língua — o nheengatu, o idioma sagrado, a língua boa, incontestavelmente, um idioma polissilábico.

O nheengatu — o idioma sagrado dos tupy-nambá, dos tupyguarany — revela claramente, em sua morfologia, em seus fonemas, no seu estilo metafórico etc., ter sido uma língua-raiz, polida, trabalhada através dos milênios. Foi tão bem trabalhada esta língua polissilábica, que se presta às mais elevadas variações ou interpretações poéticas. Dela derivaram diversos idiomas, também considerados antiquíssimos.

Vamos, então, verificar por dentro de sua teogônia, a pureza de suas concepções sobre as coisas Divinas etc., pois os tupy-nambá, os tupy-guarany eram, sobretudo, um povo monoteísta.

Adoravam a um Deus-Supremo e acreditavam Nele sobre todas as coisas, a quem chamavam com muita veneração de **TUPAN**.

TUPAN ou **TUPÃ** — de **tu**, que significa ruído, estrondo, barulho, e pan, que significa ou exprime o som, o estrondo, o ruído feito por alguém que bate, que trabalha, que malha etc.

TUPAN era, portanto, o Supremo Manipulador, isto é, Aquele que manipula a natureza ou os elementos. É o Divino ferreiro que bate incessantemente na bigorna cósmica. Era considerado, sem dúvida alguma, o Supremo Poder Criador.

Veneravam a **GUARACY, YACY** e **RUDÁ** (ou **Perudá**), como a tríplice manifestação do poder de Tupan. Eram atributos externos.

GUARACY — o SOL — de **guará**, vivente, e **cy**, mãe. Davam esta dupla interpretação: Pai ou mãe dos viventes (no sentido correto de que o Sol era (6 é) o princípio vital, que animava todas as coisas da natureza, o mesmo que a luz que criava a vida animal etc. Guaracy era, sem dúvida, a representação visível, física, do Poder Criador que, através dele, criava, nos elementos da própria natureza, as coisas, os seres etc. Enfim, era o elemento ígneo o Pai da natureza.

Por isso — diziam — dele, Guaracy, saía **tatauy**, as flechas de fogo de Tupan, os raios do céu que se transformavam em **tupacynynga**, o trovão. Por causa disso é que certos interpretadores "ligeiros" deram Tupan como sendo puramente, o "deus do trovão"...

YACY A LUA de **ya**, planta, e **cy**, mãe ou progenitora: — era a mãe dos Vegetais ou ainda a mãe natureza.

RUDÁ ou **Perudá** — o Deus ou Divindade que presidia ao **AMOR**, à reprodução. Rudá era evocado pelas cunhã (mulheres), em suas saudades, em seus amores, pelos guerreiros ausentes, para que eles só tivessem pensamentos e coração para recordá-las.

E para reafirmar este tríplice conceito teogônico, os *payé* (sacerdotes) ensinavam mais que Guaracy representava o **Eterno Masculino**, o princípio vital positivo quente de todas as coisas. E Rudá era o intermediário, isto é, o amor que unia os dois princípios na "criação da natureza".

Acreditavam mais em **MUYRAKYTAN** ou **Murayrakitan**, termo oriundo de uma língua matriz de tal antiguidade, que somente "Eupan era quem podia tê-la ensinado à raça mais antiga de toda a terra". Esta língua era o **ABANHEENGA**, que surgiu com a primeira raça que nasceu na região de Brazilian[4], conforme reza o TUYABAÉ-CUAÁ, a Sabedoria dos Velhos Payés (do que falaremos adiante).

Muyrakytan ou Murayarakitan sé decompõe assim: de **mura**, mar, água; **yara**, senhora, deusa, e **kitan**, botão, flor. Portanto, pode ser interpretado

---

4 Não pretendemos, nesta obra, nos estender com estudos ou provas sobre a antiguidade do Brasil — e das Américas — os Brasis, o Brazilian dos primitivos morubixabas. Todavia, os que quiserem ver como a História do Brasil — e da América — está "incerta", adulterada, podem recorrer às obras de reconhecidas autoridades, cientistas internacionais, assim como: Lund, Ameghino, Pedberg, Gerber, Hartt, H. Girgois etc., bem como, às obras de Alfredo Brandão, Domingos Magarinos e outros. Através de toda esta literatura, científica, histórica etc., se comprova que: a primeira região a emergir do pélago universal — das águas oceânicas — foi o Brasil; que o homem surgiu na era terciária — e não na era quaternária como é do ensino clássico — **aqui** no Brasil; que a escrita mais antiga de toda a Humanidade tem sua origem na 1ª raça que surgiu na 1ª região do planeta Terra, que adquiriu as condições climatéricas para isso o Brasil, isto é, o seu Planalto Central... escrita esta, do homo-brasiliensis — da Lagoa Santa, a qual consta na página 61. Outrossim, ver nossa obra "Doutrina Secreta da Umbanda", que defende e comprova, largamente, esta tese.

corretamente assim: **Deusa que floriu das águas, Senhora que nasceu do mar, Deusa ou Senhora do mar**.

Veneravam muito esta Divindade, a quem prestavam um culto todo especial. Acreditavam em seus poderes mágicos e terapêuticos, através de seu **itaobymbaé** — espécie de argila de cor verde, uma substância nativa, colhida no fundo de certos lagos, a qual transformavam num poderoso amuleto que adquiria a forma de um disco.

Os itaobymbaé só podiam ser colhidos e preparados pelas **ikannyabas** (as **cunhãtay** ou moças virgens que eram votadas, desde a infância, como **sacerdotisas** do culto **Muyrakitan**, o qual era vedado aos homens. Posteriormente, isto é, no período da decadência, se transformou no culto da Yurema, dito na adaptação do elemento branco como "adjunto da Jurema").

Estas sacerdotisas eram as únicas criaturas entre os **tupy-guarany** que podiam preparar este talismã e o faziam assim: — esperavam sempre que YACY, a lua, estivesse cheia, estendendo a sua luz sobre a placidez das águas do lago escolhido pelas ikannyabas, que, dentro de uma severa preparação ritualística e mágica, para ele se dirigiam. Este preceito implicava na passagem pela árvore da Yurema verdadeira, onde invocavam ou imantavam os fluidos magnéticos da lua, através de cânticos e palavras especiais sobre determinado número de folhas, para serem mastigadas por elas na ocasião de mergulharem no lago.

Assim, enquanto algumas destas ikannyabas mergulhavam, as outras ficavam cantando certas melopeias rítmicas acompanhadas — do termo mágico **ma-ca-uam**. Quando uma ou outra emergia com a substância maleável — a argila verde — as outras colocavam-na em pequeninas fôrmas, já com o formato de um disco, com um orifício no centro.

Depois de recolhida a quantidade necessária, todas ficavam à beira das águas em cerimônia especial, uma espécie de encantação mágica, toda dedicada às forças das águas — a **Muyrakitan**, até que **Guaracy**, o Sol, começasse a nascer, a fim de endurecer com seus raios de luz a dita substância, para ficar como **itaobymbaé**. Estes talismãs tomavam uma consistência tão rija, que nada mais poderia ser feito ou talhado sobre eles.

Estes amuletos de Muyrakitan eram verdes, verde-claros e os mais preciosos eram os de cor branca e todos eram de uso exclusivamente feminino e usados na orelha esquerda das cunhãs ou mulheres.

O seu equivalente para os homens era o **TEMBETÁ**, um talismã de nefrita verde, em forma de T, que os índios traziam pendente no lábio inferior, através de uma perfuração.

Tembetá, que se originou de **tembaeitá**, de **Tê** ou **T**, signo divino (gravado nas pedras sagradas) da cruz (de **curuçá**); de **mbaé**, objeto; e de **itá**, pedra. Pode ser interpretado corretamente assim: — cruz feita de pedra (em sentido sagrado).

O Tembetá era um talismã, de Guaracy — o sol preparado pelos **Payé** ou pelos **Karayba**, para que imantasse o raio, o fogo do céu, enfim, a energia solar. Era o símbolo mágico do "deus-sol".

Também preparavam outros amuletos que tomavam a designação de **itapossangas**, inclusive os que eram feitos ou que recebiam a força de **YARA** — a mãe d'água.

A muyrakytan ou o itaobymbaé e o tembetá juntos representavam a força mágica de TUPAN — o Deus Único.

Agora, meu irmão umbandista, você já deve estar entendendo melhor a questão da "raiz" Ameríndia ou de nossos índios. Mas vamos prosseguir, vamos ver o que significava, entre os tupy-nambá e os tupy-guarany, daquele glorioso passado, o **TUYABAÉ-CUAÁ**.

Tuyabaé-cuaá — **a sabederia das velhos payé**, era, precisamente, a tradição mais oculta, conservada através dos milênios, de payé a payé, ou seja, de mestre a mestre, de mago a mago, a qual conjugava todos os conhecimentos mágicos, terapêuticos (o caa-yary), fenomênicos, espiríticos, ritualísticos, religiosos etc..

Esta tradição, estes ensinamentos, estas práticas mágicas, terapêuticas, o mistério das plantas na cura, a interpretação misteriosa sobre as aves, tudo isso era tuyabaé-cuaá.

O **PAYÉ** era, justamente, o mago mais elevado dentro da tribo. Conhecia a magia a fundo, praticava a sugestão, o magnetismo, o hipnotismo e, sobretudo, era um mestre no uso dos mantras.

O **Karayba** não tinha a categoria de um **Payé**; era tratado mais como feiticeiro, isto é, aquele que se dava à prática de fundo negro etc. Posteriormente, confundiram um com o outro.

Todo movimento espiritual, mágico ou de fenômenos astrais que pudesse afetar a vida da tribo era coordenado pelos Payé, que influenciavam diretamente; o **morubixaba**, que, como chefe da tribo, praticamente nada fazia sem consultar o payé, que por sua vez também ouvia os anciãos.

Esses velhos magos da sabedoria — os pagés, como se grafou depois — conheciam o Mito Solar, ou melhor, os Mistérios Solares (simbolizados no

Cristo-Cósmico) ou seja a **Lei do Verbo Divino**; tanto é que jamais se apagou nos ensinamentos de tuyabaé-cuaá o que a tradição remotíssima de seus antepassados havia legado sobre **YURUPITÃ, SUMAN** e **YURUPARY** e exemplificavam tudo, revelando o mistério ou o sentido oculto da flor do **mborucayá** (o maracujá), a par com a interpretação que davam à **curuçá** — a cruz.

Dentro da tradição, se recordava que, num passado tão longínquo quanto as estrelas que estão no céu, surgiu, no seio da raça tupy, iluminada pelo "deus-sol", uma **criança** loura, que disse ter sido enviada por Tupã. Falava de coisas maravilhosas e ensinava outras tantas. Recebeu o nome de **YUPITAN**.

Assim, cresceu um pouco entre eles e, um belo dia, também iluminada pelo sol, desapareceu. Porém, antes disso, disse que noutra época viria **SUMAN** e depois **YURUPARY**. Realmente o termo **yupitan** tem um significado profundo.

YUPITAN — de **yu**, louro, dourado, e **pitan**, criança, menino, significa, na antiquíssima língua matriz, o **Abanheenga**, criança ou menino louro iluminado pelo sol.

Davam-lhe também o nome de **ARAPITÃ** — de **ara**, luz, esplendor, e **pitã**, criança, e significa, o **filho iluminado de Aracy**, de **ara**, luz, e **cy**, mãe ou progenitora, origem etc.

Depois, muito depois (reza a tradição) de terem passado algumas gerações, vindo do **lado do Oriente,** apareceu um **velho de barbas brancas**, entre os tupy-nambá, dizendo-se chamar **SUMAN** (ou **SUIMÉ**), que passou a ensinar a Lei Divina e muitas coisas mais, de grande utilidade.

Ele diria, também, que foi Tupan que o tinha mandado.

Suman também, certo dia, se despediu de todos e pôs-se a caminhar para o lado do Oriente até desaparecer, deixando, entre os payé, todo o segredo de Tuyabaé-cuaá e assim ficou lembrado, como o "pai da sabedoria"...

Entre os tupy-guarany, também foi constatada a tradição viva, positiva, sobre **YURUPARY** — o seu Messias (possivelmente, uma das encarnações do Cristo-planetário).

Yurupary: de **yuru**, pescoço, colo, garganta ou boca, e **pary**, fechado, apertado, tapado, significa o mártir, o torturado, o sofredor, o agonizante. Yurupary, na teogonia amerígena, foi o filho da virgem **CHIÚCY** (de chiú, pranto, e **cy**, mãe), a mãe do pranto, uma máter dolorosa que viu seu filho querido ser sacrificado porque pregava (tal e qual JESUS) o amor, a renúncia, a igualdade e a caridade.

YURUPARY foi, portanto, entre os tupy-guarany, um MESSIAS e não o que os jesuítas daqueles tempos interpretaram o "diabo"[5]. Tanto é, que se perde no passado de sua remotíssima tradição este tema de um Messias, da cruz e de seu martírio. Por isso é que veneravam a **curuçá** — a cruz — de **curu**, fragmento de pau ou pedra, e çá, gritar ou produzir qualquer som estridente. Curuçá, em sentido místico, significa cruz sagrada, porque recebeu o sofrimento, o grito do agonizante ou a agonia do mártir. Em certas cerimônias, os payé, depois de produzirem o fogo atritando dois pedaços de pau, os cruzavam (para formar uma cruz) para simbolizar o Poder Criador o FOGO SAGRADO.

E foi por causa disso, deste conceito, deste conhecimento, que eles — os índios — receberam com alegria, como amigos, como irmãos, aos portugueses de Cabral, porque nas velas de suas naus estava desenhada uma espécie de cruz. Pensaram que — segundo uma antiga profecia — eles vinham para ajudá-los... e como se enganaram...

Mas, voltemos a falar sobre os conhecimentos dos payé. Como já dissemos, eram tão profundos os conhecimentos destes magos, tinham conservado tão bem dentro da tradição a sabedoria de Sumé que, quando queriam simbolizar para os mborubixabas, para os guerreiros, para as cunhãs etc., a "divina revelação da natureza", isto é, a eterna verdade **sobre Aquele enviado de Tupã**, que vinha sempre, desde O princípio da raça e que entre eles veio como Yurupary, exemplificavam este mistério, tomando de uma flor de mborucayá...

O mborucayá (ou maracuyá — maracujá, a passiflora coerulea) revela em sua flor a coisa sagrada; ela obedece a Guaracy — o sol — que é filho de Tupã. Quando ele nasce, ela vive, se abre e mostra seus mistérios e quando Guaracy morre (se esconde no ocaso), ela se enluta, se fecha (é a questão que a ciência denomina de Heliotropismo ou tropismo pelo Sol).

Vejam (continuava dizendo), a flor do maracuyá guarda a paixão, o martírio de Yurupary; ela tem os cravos, a coroa, os açoites, a coluna e as chagas... E assim, reavivava na lembrança de todos os conselhos de seu Messias, de seu Reformador — o filho da virgem Chiúcy (o próprio termo

---

5   Tal e qual fez com os africanos, a Igreja também quis fazer assimilações entre os nossos índios com seus "santos": Os jesuítas fizeram uma tremenda força, para "identificar" Suman ou SUMÉ com o "santo Thomé ou Tomé" deles. Mas não "pegou" de jeito algum. Sobre a tradição de Yurupary, o Cel. Sousa Brasil, no tomo 100 do v. 154 da "Revista do Instituto Histórico" — 2º, 1926, dá testemunho irrefutável desta venerada tradição que ainda encontrou entre os nossos índios.

Mborucayá diz tudo em seu significado: **mboru**, que significa tortura, sofrimento, martírio, e **cuyá**, o mesmo que cunhã, mulher. Então temos: martírio da mulher).

Assim eram os payés daqueles tempos. Conhecedores da magia, praticavam também todas as modalidades da mediunidade. E eram mais **seguros** — sabiam o que faziam e por quê — do que os "pretensos" "pais-de--santos" ou os tais "médiuns-chefes" de hoje em dia...

Tomavam precauções especiais sobre os médiuns e "quando queriam que as mulheres que tinham o dom profetizassem, isto é, caíssem em transe--mediúnico, primeiro, envolviam-nas no mistério do **caatimbó** ou timbó, isto é, nas defumações especiais de plantas escolhidas, depois emitiam o mantra próprio para as exteriorizações do corpo astral — o termo **ma-ca-uam**, dentro de vocalizações especiais e rítmicas. Logo, aplicavam sobre as suas frontes o mbaracá. Elas caíam como mortas, eles diziam palavras misteriosas e elas se levantavam, passando a profetizar com os **Rá-Anga** — os espíritos de Luz...

Mas o que era o **Mbaracá**? O mbaracá ou maracá era um instrumento que produzia ruídos ou sons especiais. Ele **falava**, respondia, sob a ação mágica dos payé. Enfim, era um instrumento dotado de um poder magnético e era, positivamente, um canal mediúnico[6].

Jamais explicaram ao branco como procediam para comunicar estes poderes aos mbaracá, em suas cerimônias de bênção, batismo e imantação...

Testemunhou estas cerimônias e estes poderes Hans Staden, um alemão que foi aprisionado pelos tupy-nambá durante muitos anos e que pôde assistir a estes fenômenos produzidos pelos payé.

Uma outra testemunha insuspeita também presenciou os poderes mágicos de um karayba e este foi o **padre** Simão de Vasconcelos, que relata no Livro II das Crônicas da Companhia de Jesus do Estado do Brasil o caso da clava sangrenta. Disse ele: — "um tal caraíba fixou duas forquilhas no chão, a elas amarrou uma clava enfeitada de diversas penas e depois andou--lhes em torno, dançando e gesticulando num cerimonial estranho, soprando e

---

6 Afirmamos que era um instrumento de poder magnético, porque tinha seu preparo feito sob as forças da magia dos astros. O maracá em si era uma espécie de chocalho, manipulado do fruto conhecido como a cabaceira — a cucurbita-lagenaria — e dentro deste fruto (desta cabaça) eram colocadas certas pedrinhas ou seixos. Estas pedrinhas eram amuletos ou itapossangas especiais, inclusive o talismã de muyrakitan (o itaobymbaé), bem como o tembetá. Tanto empregavam este maracá para os efeitos mágicos, como para os fenomênicos ou da mediunidade para fins hipnóticos, isto é, para ativar o ardor dos guerreiros, no combate.

dizendo-lhes frases. Logo depois deste cerimonial, a clava desprendeu-se dos laços e foi levada pelos ares até desaparecer no horizonte, voltando depois, pelo mesmo caminho, à vista de todos, visando colocar-se entre as forquilhas, notando-se que estava cheia de sangue".

Isso no terreno da magia. Na terapêutica eram mestres na arte de curar qualquer doença — muitas das quais, até o momento, a medicina oficial tem considerado incuráveis, pelo emprego das plantas, ervas ou raízes. Ao segredo mágico e astral de preparar as plantas curativas denominavam de **caa-yary**.

Caa-yary também era o espírito protetor das plantas medicinais e aquele que se votava a ele, na arte de curar, não podia nem ter relações com mulher, tal o formidável compromisso que assumia.

Quando o branco ambicioso quis saber o segredo de caa-yary, os payé, os karayba, diziam que era o avô da erva o mate; para despista.

Os payé (convém repisarmos) faziam constantemente uma espécie de sessão para fins mediúnicos; ou seja, para evocarem Rá-Anga — os espíritos de luz, a qual denominavam de **GUAYÚ**, que se processava sob cânticos e danças rítmicas (completamente diferentes destas batucadas que brancos civilizados que se dizem "babás e tatas" fazem, hoje em dia).

Antes deste ritual mediúnico, tinham um particular cuidado no preparo dos timbós a serem usados, isto é, faziam os defumadouros propiciatórios para afastar **ANHANGÁ**, que era o espírito das almas penadas, atrasadas, etc; era, enfim, "mal comparando" 0 mesmo que o tal "diabo" dos católicos e o exu-pagão da quimbanda.

Esta cerimônia ou ritual dito Guayú era sempre feita, para tirar **guayupiá** a feitiçaria, de alguém...

Bem, meu irmão umbandista, cremos já ser o suficiente o que acabamos de recordar sobre a "raiz" **AMERÍNDIA**. Pelo que você acabou de ler, deve ter-se inteirado de seus aspectos essenciais.

Então, vamos agora verificar o que aconteceu com estas duas "raízes" aqui, no Brasil, isto é, a RAIZ AFRO e a RAIZ AMERÍNDIA ou de nossos índios, com a "FUSÃO" ou a mistura de uma com a outra.

O Culto Banto dos africanos foi o que trouxe uma tendência mais livre. Começou por receber — já no Brasil — as influências dos outros e principalmente do culto nagô.

Já por efeito desta influência, já por esta tendência mais liberal, pelas alturas do ano de 1547 foi constatado, positivamente, a existência de uma espécie de "fusão", de mistura de práticas, de ritos, com o cerimonial que os nossos índios vinham praticando e denominado pelo branco como o **"adjunto da Jurema"**.

É importante lembrarmos que este "adjunto da Jurema", que foi interpretado como uma espécie de sessão, de reunião, de agrupamento, já era, por sua vez, uma degeneração do verdadeiro **CULTO DA YUREMA** que foi um dos aspectos puros que ficou do primitivo **CULTO DE MUYRAKITAN**, que foi sendo esquecido ou se apagando dentro dos ritos sagrados dos tupy-nambá, dos tupy-guarany e outras tribos, após a era cabralina, ou seja, já no período de acentuada decadência deste povo...

Desta "fusão" entre o culto dos bantos e o dito como "adjunto da Jurema" surgiu, depois de alguns anos, outra espécie de rito, com práticas mistas que ficou conhecido ou que foi chamado **depreciativamente** de "**CANDOMBLÉ DE CABOCLO**", onde a par com a evocação e a crença nos "orixás", predominava mais a influência ameríndia, com seus "espíritos de caboclos, seus encantados" etc. Dentro deste aspecto ainda existe em alguns Estados, particularmente na Bahia.

Porém, por outro lado, este aspecto, esta fusão, degenerou mais ainda, porque certas práticas do elemento negro, netos de africanos etc., de cunho **nitidamente** baixo, ditas como **pura feitiçaria**, prevaleceu mais. .

Assim, viu-se surgir mais uma "retaguarda negra", nefanda e que ficou denominada de "**CATIMBÓ**".

Por que "catimbó"? Porque, nas primitivas práticas do "Candomblé de Caboclo", dado a influência ameríndia, se usavam muito os timbó ou os catimbó, cujos termos significam defumação, a par com o uso exagerado de muita fumaça de cachimbo...

Então, a esta degeneração negra, por uma questão de associação de ideias, de correlação, passaram a chamar de "catimbó"...

Neste "catimbó", que ainda hoje em dia existe (infelizmente) e em muitos Estados e que, por aqui, pela Guanabara, já incrementaram como uma espécie de apêndice de muitos "terreiros", o qual fazem funcionar depois de meia-noite. Isso é o que há de mais escuso, trevoso e prejudicial.

Logo depois, esta "fusão" que gerou "candomblé de caboclo" acolheu, também, a forte influência dos "santos" da Igreja Apostólica Romana. Daí é que veio o aspecto dito como sincretismo, similitude etc.

Toda esta complexa mistura, que o leigo chama de "macumba, candomblé, baixo-espiritismo, magia negra" e em certos Estados de "canjerê, pajelança, batuque ou toque de xangô, babassuê, tambor de mina" etc., recebeu ainda, nos últimos 50 anos, mais uma acentuada influência — a do Espiritismo dito como de Kardec.

Então, temos, há mais ou menos 414 anos, todos estes ASPECTOS, místico, mítico, religioso, fenomênico, sincrético, espirítico etc., de MISTURA e envolvendo PRÁTICAS, as mais CONFUSAS, fetichistas, materialmente grosseiras, de ritualísticas barulhentas, pelos tambores ou atabaques, triângulos, cabaças e outros instrumentos exóticos e primitivos, tudo isso em pleno SÉCULO VINTE, norteando as linhas afins de uma IMENSA COLETIVIDADE ou massa-humana, já na casa dos milhões, com seus milhares e milhares de Tendas, Cabanas, Centros, "Terreiros" etc.

Esta coletividade religiosa, mística, foi denominada, nos últimos anos como dos ADEPTOS DOS CULTOS AFRO-BRASILEIROS ou AFRO-ABORÍGINES...

Esta era (e ainda é, em grande parte) a situação existente, quando SURGIU UM VIGOROSO MOVIMENTO DE LUZ, ORDENADO PELO ASTRAL SUPERIOR QUE ABARCOU TUDU ISSO, NUMA TREMENDA E PODEROSA INTERPENETRAÇÃO HUMANA E ASTRAL...

ESTE PODEROSO MOVIMENTO DE LUZ, dentro desta Coletividade dita como dos adeptos dos Cultos Afro-Brasileiros, FOI FEITO PELOS ESPÍRITOS QUE SE APRESENTARAM COMO "CABOCLOS, PRETOS-VELHOS E CRIANÇAS".

E quem são estes ESPÍRITOS? Vamos explicar... Estes espíritos são, justamente, os dos antiquíssimos **payé, caraíbas, morubixabas, tuxabas** ou **caciques** e outros mais, da primitiva **RAÇA TUPY** ou dos tupy-nambá, tupy-guarany etc., radicados no "campo-astral" do Brasil (pois o tronco racial deles era um só), bem como pelos também antigos ou primitivos sacerdotes do povo africano, ditos como **babalawôs, babalaôs, tatas** etc., a par com os espíritos de crianças, que foram ordenados para esta missão dado a mística desta coletividade sobre eles, pela derivação da crença dos **Ibejis** dos africanos e dos **curumins** dos índios, assimilados, posteriormente, pela massa, com os santos católicos Cosme e Damião.

Por que surgiram estes Espíritos, dentro desta Coletividade?

Ora, pelo que acabamos de explicar sobre os fatores fusão e degeneração e consequentes misturas etc., cremos que ficou patente que esta massa, esta coletividade, não podia continuar assim, dentro das condições expostas.

Era (e ainda é, em 90%) de ausência absoluta, nestes ambientes, a Doutrina, especializada, o estudo da mediunidade etc.[7].

Práticas as mais confusas, desordenadas, baixas — por envolverem oferendas com sacrifício de animais, sangue etc., ainda são fatores comuns nos "candomblés" que dizem praticar algum ritual de nação e que, por cima de tudo isso, ainda afirmam ser de "umbanda".

Pois bem, era impossível que a PROVIDÊNCIA DIVINA deixasse de AGIR...

E foi por causa disso tudo que se fez imprescindível um novo MOVIMENTO dentro destes Cultos Afro-Brasileiros ou de sua imensa massa de adeptos.

E este MOVIMENTO DE LUZ — feito pelos espíritos carmicamente afins a esta massa e pelos que, dentro de afinidades mais elevadas ainda, se pautam no Amor, na ajuda, na RENÚNCIA em prol da EVOLUÇÃO DE SEUS SEMELHANTES — foi lançado através da mediunidade de uns e outros, pelos "caboclos", "Pretos-velhos" etc., com o NOME DE UMBANDA...

Daí, então, começaram a surgir por dentro da Corrente Astral e humana, as Falanges dos Caboclos e dos Pretos-Velhos, todos, é claro, radicados no campo-astral do Brasil.

E também vieram, acompanhando os Pretos-Velhos e os Caboclos, as Falanges dos espíritos de crianças, como os Cosme, os Damião, os Doum, os Tupãzinho, os Crispim, os Joãozinho, os Duquinhas, os Simeão, as Mariazinhas, as Manuelinhas e um sem-número mais deles e delas...

Todas estas Entidades — e outras mais aos milhares — desceram como pontas-de-lança, ordenadas pelo Tribunal Planetário, a fim de incrementar por todos os meios e modos, a EVOLUÇÃO da massa dita como dos adeptos dos cultos afro-brasileiros.

Foi então que surgiram as primeiras manifestações dos **cacarucaio** — os Pretos-velhos, dos primeiros **caboclos**, nos **terreiros**, através da mediunidade de uns e de outros, os chamados de médiuns, aparelhos ou veículos dos espíritos...

---

7 Diziamos assim, há 7 anos. Posteriormente verificamos com ampla satisfação que houve um surto de progresso extraordinário no meio umbandista e dos cultos afro-brasileiros. Nossas obras foram tão intensamente procuradas, assimiladas e seguidas, que logo surgiram definições, classificações etc., enfim, estabeleceram uma escola. Cremos que aqueles 90% caíram para 40%.

E como legítimos trabalhadores da seara do Cristo-Jesus, foram logo ensinando a Sua Doutrina, isto é, as Leis do Pai-Eterno...

Muito embora lutassem com a dificuldade do material humano-mediúnico, mesmo assim conseguiram firmar ideias e princípios, estabelecendo REGRAS, e fizeram um vasto trabalho de ADAPTAÇÃO de conceitos sobre Linhas etc...

O termo UMBANDA que eles implantaram no meio para servir de BANDEIRA a este novo MOVIMENTO, identifica, positivamente, a força e os direitos de trabalho desta poderosa CORRENTE, que assim passou a se denominar Corrente Astral de Umbanda.

Ensinaram, mais, que Umbanda representa, dentro da coletividade dita como dos adeptos dos Cultos Afro-Aborígines, as Leis de DEUS, pela palavra do Cristo-Jesus — o Regente de nosso Planeta Terra.

E estes "caboclos", estes "Pretos-velhos", dado a confusão reinante sobre a questão das **linhas**, todas fortemente enxertadas de "santos e santas" da Igreja Romana, embaralhando cada vez mais os entendimentos, conseguiram firmar doutrina sobre as Linhas, as Legiões, as Falanges, etc:..

Portanto, sempre ensinaram que Umbanda é um termo litúrgico, sagrado, vibrado, que significa, num sentido mais profundo — **Conjunto das Leis de Deus**, porque tem por escopo, dentro do meio que atualmente se diz como umbandista, implantar no coração de seus filhos-de-fé estas citadas leis...

A Corrente Astral de Umbanda reconhece 7 Potências Espirituais que têm comando direto sobre o Planeta Terra e também no sistema planetário de que ele faz parte, sendo que a principal destas Potências é o Cristo-Planetário, que supervisiona as outras seis, as quais, por efeito desta adaptação, tornam o nome de ORIXÁS.

Estas Potências ou estes Orixás fazem-se representar através de LINHAS, cada Linha tendo 7 Legiões e cada Legião 7 Falanges... Linha significa a Faixa-Vibratória em que estão situadas, por afinidades as Entidades Mentoras. ou seja, os GUIAS, os PROTETORES e todas as humanas criaturas, dentro, é claro, desta mesma lei de afinidade[8].

---

8 Aos que se interessarem por maiores fundamentos, quer no aspecto científico, filosófico, metafísico, religioso, místico, mágico ou cabalístico, ritualístico, mediúnico etc. recomendamos nossos livros — "Umbanda de Todos Nós" — a lei revelada num compêndio de fôlego com 350 páginas, todo ilustrado com mais de 100 clichês e mapas diversos. alguns até policrômicos, de 60 x 40, 50 x 30 cm. E ainda a nossa obra mediúnica, em forma de diálogo, com revelações inéditas, intitulada "Lições de Umbanda (e Quimbanda) na palavra de um Preto-Velho".

Devemos lembrar a todos os nossos irmãos umbandistas, estudiosos etc., que o nome ou os NOMES pelos quais as Escolas, os sistemas filosóficos, as religiões, ou os cabalistas, os magistas, os esoteristas, os teosofistas, os gnósticos etc., identificam as Potências Divinas, não altera a razão de ser destas Potências e tampouco a sua essência... Portanto, é Brahma, é Olorum, é Zamby, é Deus, é Jesus, é Buda, é Mitra, é Osíris etc. No fundo de tudo estão sempre e inalteravelmente o Pai-Eterno e o Cristo-Planetário.

AS CAUSAS MORAIS QUE PRECIPITARAM O GENUÍNO MOVIMENTO UMBANDISTA

É de justiça reconhecermos que as primitivas práticas nos Cultos africanos não se caracterizavam pelos interesses escusos, tampouco pela pecúnia... Inúmeros autores afirmam da pureza com que faziam seus rituais e suas oferendas. Não se revestiam das tendências e objetivos, pelos quais derivaram até nossos dias.

Houve uma degeneração tremenda no decorrer dos tempos de mistura com as influências do meio aborígine. Uma das principais degenerações surgiu logo como uma variação, uma mescla de africanismo e pajelança praticada pelos netos de africanos que veio a ser denominada de "catimbó"[9].

Mesmo os "candomblés" conhecidos como "modernos", em maioria ainda não dispensaram estas práticas.

Pois bem, quem tem peregrinado através dos anos por quase todos os setores que atualmente estão vulgarizados como de Lei de Umbanda, vendo as diferenças sensíveis de um para outros, porém se exprimindo sempre em nome desta Lei, há de ter sentido logo o' seguinte: se todos os viventes têm o sagrado direito de interpretar o Deus sob vários nomes e conceitos, desde o simples operário ao comerciante, professor, médico, sacerdote, cientista etc., variando entre eles o alcance ou a forma de Concebê-LO, é lógico, é justo, que isso também aconteça com a Umbanda, ou seja, com os seus aspectos relativos; mas, deve-se ter sentido também, claramente, que a razão de ser de tudo e de todos é a Evolução e, naturalmente, o dever daqueles que já estão em certo grau de adiantamento é impulsionar os seus Irmãos na ascensão dos Planos.

Justamente, coerente com este modo de ver e sentir, chegamos a compreender por que se precipitou dentro destes setores ou agrupamentos afins a Umbanda, este Movimento de escoimação, este processo de renovação

---

9 Ver "Maleagro", de Câmara Cascudo.

espiritual, tão necessário, encetado pelos Espíritos de "Caboclos e Pretos--Velhos", ao implantarem a Luz nas Trevas em nome desta mesma Umbanda.

Sim, não neguemos a verdade em face dos fatos, na ação dos efeitos.

Umbandismo não é africanismo, isto é: não é e jamais o foi, como muitos versejam doutrinariamente — como pura e simplesmente sendo culto africano, chamado de "candomblé"! Definamos posições. Analisemos as causas!

Vinha de longe a ausência quase que total nestes agrupamentos ou "candomblés" (depreciativamente dizem "macumbas"), ditos também como cultos afro-brasileiros, de qualquer aspecto doutrinário que se paute no relevo moral-espiritual-mediúnico, em face das práticas e oferendas que se deturparam nos objetivos escusos que norteiam, ainda hoje em dia, grande parte destes ambientes...

Mas, que vinham e vêm fazendo, além do exposto, há dezenas de anos, a maioria dos irmãos em Oxalá, que praticaram e praticam estas modalidades religiosas ou ritualísticas? Podemos resumir em poucas palavras: cantando, dançando, batendo tambores, agogôs, caxixis, palmas, fumando charutos, fazendo oferendas, sob forma e fins diversos, inclusive alimentando o fetichismo e o fanatismo, na bizarria do colorido das "gangas" que despertam a vaidade dos simples e ignorantes.

Muitos podem dizer que eles vêm praticando, segundo a tradição religiosa ou ritual africano... Não! Não é verdade! A deturpação destes princípios é um fato comprovado, de há muito. Mesmo porque, hoje em dia, são raros os que seguem o puro ritual africano e inumeráveis os que pretendem seguir a Umbanda como ela é, isto é, como se revelou através destes eguns, ditos espíritos de "caboclos e Pretos-velhos", que confirmaram alguns elos-afins que encontraram, pela adoção de certos termos milenários, incrementando a evolução destes agrupamentos, debaixo das mais ásperas condições, pois que só pela mediunidade de certas criaturas podem-se fazer ouvidos...

Portanto, vejamos os fatos na elucidação abaixo que, cremos, esclarece definitivamente as dúvidas quanto ao que se deve encarar ou identificar como o genuíno Processo que revelou o umbandismo no Brasil:

UMBANDA, como Lei, Expressão e Regra, é a força mágica que abarca ou enfeixa todo este tremendo e crescente Movimento Religioso, já alcançando milhões de criaturas, através de milhares e milhares de agrupamentos afins (Tendas, Cabanas, Terreiros, Centros, Templos, Ordens, Fraternidades, Casas etc.), existentes por quase todos os Estados do Brasil...

O vocábulo Umbanda (que dá margem a uma série de controvérsias) somente pôde ser identificado — até o presente — dentro das qualificadas de línguas mortas, assim como no sânscrito, no pelevi, nos sinais Védicos e, diretamente, na língua ou alfabeto adâmico ou vatânico dito como um dos primitivos da humanidade, quando entre este e aqueles, a tônica dá as variações próprias desde o AUM-BAN-DAM, OM-BANDA, UM-BAN-DÃ, AUM-BAN-DAA, OM-BAN-DHÃ etc.

Todavia, entre os angoleses, existe o termo forte de KIMBANDA — kia kusaka ou kia dihamba — que significa sacerdote, feiticeiro, o que cura doenças, invocador dos espíritos etc., firmando no radical MBANDA (parte inflexível) conservado através de milênios, legado da tradição oral da raça africana, o qual é uma corruptela do original UMBANDA ou AUM-BAN-DHAM, conhecido de seus primitivos sacerdotes (que também foram depositários do mistério ou da síntese religiosa que esta palavra traduz), quando seus Templos se erguiam, imponentes, no Alto Egito e na lendária Índia, em remotas épocas[10]. Fazemos notar também, que, deste vocábulo--trino, os Brahmas identificam apenas uma expressão — o AUM védico...

O valor real desta palavra transcende da maneira comum pronunciada por nós à própria magia do som, isto é, das vibrações. Ela tem uma vocalização especial, usada na parte esotérica, pois se transforma em poderoso mantra que corresponde ou provoca certas correntes fluídicas de harmonia, no psiquismo, pelo chacra ou Plexo Frontal...

Então, comprovamos que Umbanda é um termo litúrgico, místico, sagrado, vibrado, suscitado há 70 anos e definitivamente IMPLANTADO de 50 anos para cá (depois de 1917), pelos espíritos que se apresentam como "Caboclos e Pretos-velhos", dentro dos Cultos afro-brasileiros, quando estes ambientes alcançaram uma certa tônica espiritual e quando se fez necessário traduzirem por ele (o termo), uma coordenação de Princípios, Fundamentos, Sistemas e Regras e significa, de acordo com a lei do Verbo — CONJUNTO DAS LEIS DE DEUS-UNO.

ELUCIDAÇÃO NECESSÁRIA: Devemos esclarecer, para que se compreenda bem o exposto, que os nossos irmãos africanos, apertados ao Brasil como escravos, já tinham os seus cultos e, como elemento básico, impulsionando a razão de ser dos rituais, a invocação de Orixás, como

---

10 *Apud* E. Schure "Os Grandes Iniciados" a Ver os historiadores árabes, assim como Abul Ghazi, "História Genealógica dos Tártaros" e Mohamed-Moshen, historiador dos persas — William Jones "Asiatic Researches 1... Discursos sobre os Tártaros e os Persas"...

manifestação espirítica: era o decantado "estado de santo" transe mediúnico para eles e excitação ou "L'animisme fetichiste" de Nina Rodrigues onde os "pais-de-santo" e respectivas "filhas e filhos" ficavam "possuídos pelos Orixás"...

Nem "força divinizada da natureza", que também não "incorpora", nem o "santo do catolicismo"[11] e muito menos um Anjo, tampouco podia ser Egun (caboclo e Preto-velho), nem ainda: alemão, francês. inglês, japonês, malaio etc.

Mas, vejamos o conceito ou concepção fundamentada entre os Sacerdotes ou Babalaôs do passado, em relação com o exposto (para maior clareza da análise acima), que foi e continua sendo o seguinte: os Orixás-ancestrais — os originais-virginais, que interpretaram, ora como Força Divinizada da Natureza, ora como "Espíritos" Superiores desta mesma Natureza (intrínsecos a esta, é claro) ora como "deuses" da mesma categoria dos anjos do cristianismo — não "baixam", isto é, não se manifestam no sentido de transe mediúnico — não incorporam; os que baixam são os supraditos como Orixás-intermediários. Estes na variação do conceito de modernos Babalaôs não devem ser confundidos (entenda-se esta "mironga") com os espíritos elementais (o elemental), tampouco são "santos católicos" que vêm a ser para eles EGUNS (espirito de desencarnado ou que passou pela vida terrena). Devemos frisar que fora da cerimônia do "candomblé funerário", na qual invocam a alma do "pai-de-santo" falecido os praticantes do puro culto africano não aceitam os ditos eguns nos seus rituais religiosos[12].

Esclareçamos estes pontos para o leitor e para eles: os ORIXÁS-intermediários devem ser, positivamente pela lei de afinidades, espíritos de certas categorias ou graus, cuja evolução ainda os inclinam ao carma coletivo e mesmo individual... Foram, necessariamente, encarnados passaram pela vida terrena — e são incontestavelmente EGUNS. Estes, segundo os ensinamentos, são considerados como almas de desencarnados... Portanto, a condição dos espíritos que se manifestavam nos seus "cavalos" ou médiuns era uma incógnita para os praticantes dos cultos africanos do passado...

Mas o que também devemos salientar, foi que este costume ou fenômeno de Babalaôs receberem espíritos de "Caboclos e Pretos x Velhos" — que são desencarnados, Eguns, estabeleceu-se, ou melhor, tornou-se em REGRA,

---

11 O chamado S. Jorge. S. Jerônimo. S. Sebastião e outros também não são orixás nem na Umbanda, nem no Culto Africano.
12 Ver "Os Africanos no Brasil" de N. Rodrigues e outros...

depois, muito depois, quando se firmou completamente o entrelaçamento com o meio aborígine e subsequentes mesclas. De fato, a atuação destes espíritos deu-se como processo ou MOVIMENTO EVOLUTIVO, imperativo, gerado ou nascido aqui, nas boas terras brasileiras, sob a vibração do Cruzeiro do Sul, ao findar a Era de Peixes... Foi este PROCESSO o fixador da influência e respectiva CONSOLIDAÇÃO do que, conscientemente, afirmamos como Lei de Umbanda...

É absurdo e ridículo supor-se que Seres desencarnados do estado de índios-calapalos ou xavantes ou de africanos destas tribos ou nações, ainda existentes em condições primitivas, lhes seja facultado pelos Orixás Regentes (conhecidos no ocultismo oriental como os Senhores do Carma — os Lipikas — pois que o nome não altera a essência ou a constituição da Hierarquia), atuarem pela manifestação mediúnica, a fim de ensinarem aquilo que eles não sabem, isto é, ministrarem conhecimentos profundos, movimentarem forças sutis da magia, com alto discernimento de causas e efeitos etc., conhecimentos estes somente adquiridos em sucessivas provas ou experiências, por intermédio de outras condições humanas...

É ponto fechado nos ensinamentos ocultos que os Seres retardados de nossa atual humanidade continuam encarnando em povos ou tribos, que ainda representam períodos do passado, como sejam os ditos aborígines da África, certos ramos asiáticos e ainda nos da América, devido justamente a seus estados de consciência ou de pouco adianta mento. Todavia não está fora de razão, que muitos destes, desencarnados, possam atuar em ambientes e criaturas afins aos sub-planos, porém nunca como os que conhecemos e se identificam como Protetores, Guias e Orixás-intermediários da Grande Lei de Umbanda.

Reajustemos, para fechar o exposto, os argumentos definitivos para os que querem "africanizar" a Umbanda de qualquer forma, contestarem dentro da lógica, análise ou pesquisas, se não são absolutamente CERTOS os itens abaixo:

1º Os Cultos religiosos da África, no presente e no passado, JAMAIS sofreram quaisquer influências nossas, isto é, quer do que surgiu como Umbanda, quer do que por volta de 1547 já existia como expressão religiosa de nossos ÍNDIOS, denominada como "adjunto da Jurema" que significava: "sessão, reunião, agrupamento".

2º Nos Cultos Africanos puros, quer os de África ou Colônias, inclusive os que estes mesmos africanos trouxeram primitivamente para o Brasil — quando escravizados, NUNCA se admitiram EGUNS em seus rituais e

JAMAIS invocaram espíritos ditos como CABOCLOS (em África nunca existiram índios como nativos), tampouco estes que chamamos de "Pretos--Velhos e crianças" que nunca entraram também em suas cogitações religiosas ou ritualistas de invocações, pois são eguns, espíritos de desencarnados, muito embora NÃO como desencarnados recentes, mas, indubitavelmente, desencarnadas há séculos, milênios (quem sabe?). Única exceção sobre eguns era quando "invocavam" numa cerimônia especial ou funerária a alma do "pai-de-santo" morto ou o "Orixá" a quem ele era votado, para ditar sua última vontade...

3º Há séculos que estes Cultos africanos primitivos — no Brasil — degeneraram seus rituais em consequência das misturas e adaptações com o elemento aborígine, e foram absorvidos completamente, nesta metamorfose, pelos ditos espíritos de "Caboclos, Pretos-Velhos e Crianças", que precipitaram um MOVIMENTO de caráter religioso-moral-espiritual diferente do que EXISTIA e possa existir fora do Brasil. como culto africano ou rituais de nações...

4º JAMAIS nos Cultos africanos primitivos se manifestou um MOVIMENTO igual a este que surgiu, primeiramente como uma "linha branca de Umbanda" e depois consolidou-se como LEI DE UMBANDA — cujas Entidades militantes, estes "caboclos e Pretos-velhos", adotaram certos ELOS ou Termos com os respectivos significados relativos, quer Afro quer Indígena (ou ameríndio como se diz impropriamente)...

5º NENHUM Ritual ou Culto dito como africano puro, ATUALMENTE, conserva esta pureza, pois 5% do que existe como "candomblé , mesmo não aceitando Caboclos, Pretos-Velhos e Crianças" (eguns) estão degenerados com as práticas do chamado como "catimbó" ou, confundidos com as práticas provenientes do sincretismo católico e espiritismo particularizado por Kardec.

6º 95% dos chamados Cultos afro-brasileiros usam práticas modernas e diferentes, mas, positivamente, DOMINADOS pelos tão citados Espíritos de "Caboclos, Pretos-Velhos e Crianças" e estes mesmos 95% se EXPRIMEM EM NOME DA LEI DE UMBANDA...

7º JAMAIS o termo UMBANDA foi conhecido, tampouco usado, no passado, como EXPRESSANDO LEI ou Linhas e muito menos como simples expressão religiosa, dentro dos Cultos afros puros, trazidos pelos escravos...

8º Um FATO que comprovamos e OUTROS também, através de dezenas e dezenas dos chamados "'TERREIROS" entre centenas de aparelhos, em observações meticulosas, que, quando entre estas centenas de aparelhos ditos como médiuns ou "cavalos", aparece um ou outro que realmente tenha contato-mediúnico-direto com estes positivos espíritos de "Caboclos e Pretos--velhos", estas Entidades se adaptam ao que encontram, mas podem influir diretamente no "movimento espiritual do "terreiro", Tenda ou Centro. VÃO ABOLINDO SISTEMATICAMENTE estas práticas primitivas e superadas...

9º A Umbanda Ancestral Pré-histórica e da necessidade de sua adaptação ou "tomada de posse" sobre o sistema africano retardado, imperante, dito como dos cultos afro-brasileiros.

Irmão leitor, em realidade, esta nossa humanidade pouco evoluiu pela senda moral-espiritual-religiosa... para não admitirmos diretamente que estacionou.

Se você é lido, versado, na história da Humanidade, das religiões, da filosofia, verá que, em matéria de concepções, praticamente são as mesmas do passado, com novas cores e nomes, no presente.

Enfim, o que os Doutrinadores, Reformadores e Iniciados da antiguidade concebiam, diziam e ensinavam no "círculo interno", aos selecionados, às elites pensantes da religião, da filosofia e do esoterismo, do presente, concebem, dizem, ensinam e escrevem para os de mais adiantamento mental ou intelectual.

E toda religião sempre teve uma sub-religião e toda filosofia uma subfilosofia... esta então foi e tem sido a sub-regra, que vem pautando e alimentando a massa na trilha da evolução, através dos milênios.

Á massa cega, ignara, sempre lhe foi dado a comer o "prato feito", volumoso, grosseiro, como o mais adequado à sua "digestão mental", enquanto as elites pensantes alimentavam-se do "leite e do pão" que não sobrecarregam o estômago e não embrutecem o cérebro. Comparando assim, terra-a-terra, queremos dizer que estados de consciência, alcance mental e intelectual são graus diferenciados, distintos em cada criatura, que tendem a se adaptar, naturalmente, às coisas ou com os fatores que lhes são afins.

Estados de consciência são fatores da alma, que permanecem, mudam ou sobem, lentamente, os degraus da escada da "vida-evolutiva"... é uma escala que aponta os fatores consciencionais na balança dos méritos e dos deméritos, tudo bem medido, pesado e contado.

Queira o leitor, naturalmente, não misturar a evolução moral-espiritual com o processo material, industrial, científico etc. Uns são realidades da alma ou do espirito, inerentes, indestrutíveis, eternos, e os outros são elementos perecíveis, que a inteligência vai alcançando, criando, produzindo, porém sempre largando, deixando, como aquele lastro pesado a que tanto se aferra, mas que não pode levar, quando volta matematicamente à sua "habitação permanente" o mundo astral...

E vamos convir mesmo, logicamente, friamente, que a evolução moral-espiritual desta humanidade tem sido bem pouca pelos milênios que vem arrastando desde que passou das cavernas aos arranha-céus, haja vista a terrível ambição da criatura, sua inesgotável sede de gozo material, pois no pequeno prazo que lhe é dado de vida terrena (a criatura vive em média normal digamos uns 60 anos e dorme uns 20; descontemos o período da infância, juventude ou puberdade, para entrar na fase de sua vida em que começa a querer mesmo, digamos ainda, lá para os seus 20 anos. Assim o que resta mesmo. de atividade consciente, produtiva, ambiciosa, são uns míseros 20 anos também), ela se agarra, se aferra mais na linha do egoísmo e enceta uma luta intensa, não somente para sobreviver, mas para alcançar o conforto e usufruir dos gozos materiais que a condição humana pode oferecer-lhe, os quais são, via de regra, os mais visados.

A maioria das criaturas nasce e morre sem cogitar do por que vieram e do por que estão por aqui neste plano terráqueo. A maioria continua no primeiro degrau daquela escada, na qual outros estão mais para cima e por onde alguns estão subindo, ansiosos para chegar no último degrau para entrar no "caminho do infinito".

Portanto, leitor, você sabe perfeitamente que certos fatores regulam o estado concepcional de uma minoria e outros fatores regulam também o estado concepcional de uma maioria... e por causa disso é que sempre existiram os ensinamentos exotéricos — aquilo que podia ser ensinado, adaptado, para os de fora, o povo, a massa, que são a sub-religião, a subfilosofia, as subinterpretações; eis o porquê real do "não atireis pérolas aos porcos", uma advertência atribuída ao próprio Jesus; e os ensinamentos esotéricos, aquilo que somente se podia ensinar, discutir, analisar, para os de dentro, isto é, para os esclarecidos, espiritual, mental ou intelectualmente poderem pautar sua conduta moral, conscientemente, na Senda da Iniciação, que implica no entendimento superior pela sabedoria das coisas.

Então, irmão, agora estamos mais seguros de que vai entender muito bem nossa doutrina quando definirmos para Você dois aspectos reais e paralelos desta mesma Umbanda: o que é a manifestação da Cora rente Astral de Umbanda, através de seus Guias e Protetores, nossas ditas falanges de Caboclos, Pretos-velhos, Crianças etc., por dentro desta massa de crentes dos chamados de cultos afro-brasileiros, do que seja a manifestação desta massa humana através de seus estados de consciência, de alcance mental, arraigados ao fetichismo grosseiro, ainda presos aos cordéis do atavismo milenar, massa humana esta apontada como umbandista, de um modo geral. Uma coisa é ver a luz solar e outra é ver a claridade lunar.

Leitor, existem milhares e milhares de Tendas, Cabanas, Centros, Terreiros e grupamentos familiares, por estes Brasis afora, em quantidade superior à das Igrejas dos padres e à dos Templos ou Casas da Oração dos pastores da corrente Protestante.

E o número de crentes, simpatizantes e frequentadores, se fosse realmente computado, iria à casa dos milhões. A corrente de adeptos e frequentadores assíduos dos terreiros de Umbanda é bem maior mesmo do que a kardecista, e se formos mesmo levar na devida conta, é igual ou maior do que a dos católicos, pois 60% dos que se qualificam no censo como tal, o fazem apenas por conveniência social ou por tradição de família e frequentam os terreiros, e inúmeros deles são "médiuns", além de vez por outra irem à missa e casarem ou batizarem na Igreja, por vaidade ou pró-forma social, porém fazem questão da posterior "confirmação na corrente de seu terreiro".

Isso não são cálculos sectários, é observação fria, serena, de quem milita há mais de trinta anos em "terreiros" e analisou o movimento dos outros e do meio umbandista em geral.

Pois bem como poderia vir esta massa, esta coletividade, assim, se arrastando, se alimentando de concepções mistas, confusas, de práticas esdrúxulas, em ritmos barulhentos, dentro de manifestações espíritas e mágicas, segundo a linha deixada pelo africanismo e pela pajelança, que é outra prática degenerada das sub-raças indígenas, tudo imantado na alma destas multidões e consolidado num sistema ritualístico de oferendas ideal às atrações do astral inferior, pela magia negra...

Então, o fator essencial que desejamos apontar é o de que esta imensa coletividade vinha calcando a sua mística e as suas práticas, muito mais por dentro da linha africanista — o mesmo que dizer, taxativamente, das subcondições decorrentes da degeneração do culto africano puro (que nem puro mesmo chegou ao Brasil através dos escravos) e ainda sendo mais dilatadas e deturpadas, com as novas aquisições introduzidas ou assimiladas do culto dos santos católicos e da influência do Espiritismo.

Tudo isso assim vinha (e ainda vem com menos intensidade), arrastando-se, gemendo, penando, gritando, pulando e dançando, quando a misericórdia divina houve por bem promover os meios de ir "apascentando estas ovelhas" do Grande Rebanho do Pai... e mesmo porque esta coletividade está ligada ao carma da Raça, aos elos da Tradição e da corrente genuinamente ameríndia, que, no astral, é guardiã dos "sagrados mistérios da cruz", corrente esta, "nascida, criada e vibrada" pelo Cruzeiro do Sul o Signo Cosmogônico da Hierarquia Crística.

Havia que socorrer estas ovelhas, este rebanho. Havia que incrementar a sua Evolução, preservando e reimplantando a Doutrina Una, a Lei, pois já estava sendo prevista a sua eclosão ou o seu crescimento desenfreado...

Foi quando os guardiões da raça, do carma e da doutrina, aqueles misteriosos e antiquíssimos payés (pajés) foram ordenados a agir, pelo Governo Oculto do Mundo.

Daí é que nasceram as primeiras providências de ordem direta e mui especialmente através dos fatores mediúnicos, quando surgiram as primeiras manifestações dos caboclos, para depois puxarem a dos Pretos-Velhos e outros, visto ter havido, necessariamente, uma adaptação mais pendente ao dito africanismo do que para o indígena. Sobre esta adaptação havida é que vamos tecer ligeiro comentário.

Ora, irmão leitor, se você for designado para consertar alguma coisa ou objeto, tem que o fazer sobre a coisa que encontrou; tem que usar os elementos dela, com aquilo que estava ou está fazendo parte dela...

Se você, para consertá-la, tiver de extirpar ou alijá-la de todos os elementos que a compõem ou estruturam, Você não a consertou, fez outra coisa completamente nova... isso é possível, em se tratando de coisa natural, porém impossível, a curto prazo, em se tratando de fatores estritamente ligados à alma, ao espírito, à conceptualização, ao psiquismo etc.

Esta a questão do porquê de a Corrente Astral de Umbanda ter ressurgido e se definido como tal, há mais ou menos uns setenta anos, por dentro dos chamados cultos afro-brasileiros, aferrados ao Panteon dos deuses africanos, no sentido direto de sua mitologia, calcada nas concepções grosseiras e limitadas da massa, não podendo assim, a curto prazo, nem destruir, queimar ou apagar, de seus psiquismos, o dito sentido fetichista, atávico e concepcional, nem as práticas ou os ritos de correntes disso tudo, e tampouco alimentá-los tal e qual vinham processando.

O que restava fazer? O que foi feito: ressaltar lenta e seguramente o sentido oculto, interno ou esotérico, a fim de promover a elucidação, única via por onde se impulsiona uma consciência, uma alma, para o caminho certo ou na Senda da Sabedoria relativa aos fatores reais.

E eis ainda por que nos foi mandado inicialmente escrever a obra "**Umbanda de Todos Nós**", livro lido e relido, de consulta, propagado, por todo o Brasil e em algumas partes do estrangeiro[13], obra esta em que cuidamos, especialmente, de esclarecer essencialmente o lado oculto, esotérico, ligado aos Orixás, isto é, tratando de consertar aquela coisa, sem alijar os elementos com os quais se compunha.

Assim dissemos, não por vaidade, tanto é que preferimos viver isolado de movimentos de cúpulas, sem querer ostentar um "*droit de conquête*" que outros teriam trombeteado aos "quatro cantos do mundo" e sem aparecermos por onde dezenas e dezenas de convites nos chamam, insistentemente.

Quando se alcança, mesmo que seja um pequenino grau, está-se definindo nele aquilo que já se deixou para trás e aquilo que não interessa mais. Somos alguém despido das ambições mundanas, terrenas e mesmo intelectuais.

Na Corrente Astral de Umbanda identificamos a ancestralidade do Brasil e da sua original Religião, como a verdadeira Guardiã dos "Sagrados Mistérios da Cruz", ligada àquela mesma corrente de Altos Mentores Astrais, que expressa e relaciona o mesmo Tuyabaé-cuaá — a Sabedoria do Velho Sumé ou dos antiquíssimos payés.

Então, Irmão Iniciado, é facílimo você entender que havia necessidade de uma adaptação ou tomada de posse àquele sistema africano retardado, imperante e já mesclado. Todavia, deve notar que 5 são as Vibrações de Caboclos, 1 de Preto-Velho e 1 de Crianças. Portanto a supremacia do núcleo vibratório genuinamente ameríndio ou indígena se impôs, pois a linha-mestra saiu daqui, não veio de lá...[14].

---

13 Nesta altura (dia 8.11.1966), nossa Editora nos fez ciente de que havia recebido uma solicitação da *Seabury Western Theological Seminary* da América do Norte, para que lhe remetessem esta obra e "Umbanda e o Poder da Mediunidade". Estamos sempre recebendo pedidos de livros nossos, dos E.U.A. quer de organizações religiosas. espiritualistas, teológicas. etc.

14 Nós já provamos isso. Exaustivamente, em obras anteriores. Não nos fundamentamos na corruptela de vocábulos, pois o leitor arguto, ao terminar a leitura deste livro, deve ficar convencido de que corruptelas, inversões de valores, transposições, derivações etc. de termos litúrgicos, sagrados foram uma constante na política religiosa dos povos, quando não eram esquecidos ou postergados, de acordo com as cisões ou conveniências, tão comuns após o Cisma de Irschu, no Oriente — pois daí é que surgiu o advento das chamadas "ciências ocultas". O que encontramos na Bíblia e nos chamados Evangelhos é uma série de interpolações, adaptações, erros e mais erros de interpretação e tradução. Portanto, quanto ao vocábulo Umbanda, fomos buscar seu conceito litúrgico, sagrado, vibrado, cabalístico e religioso, em suas raízes ideográficas, gráficas ou alfabéticas, e sonométricas, pelo exclusivo conceito

E é por isso, por causa destes fatores de relação e adaptação, que muitos escritores umbandistas teimam furiosamente na afirmação de que a Umbanda é de origem africana como se tiveste existido alguma seita ou culto religioso dito mesmo como de Umbanda na África, e que, neste culto, tenha acontecido manifestação mediúnica e domínio de eguns do tipo caboclos, como representantes de seus Orixás.

Não nos consta e nem consta em história secreta ou doutrina de povo algum que o elemento amerígino ou ameríndio seja originário da África, Índia etc... e muito menos o legítimo caboclo ou indígena nosso, o brasileiríssimo tupy-namba, tupy-guarany. tamoio, goitacaz ou tupiniquim...

---

surgido e fundamentado no Brasil — e não na África. Haja vista que, no próprio sentido raso, histórico, foi uma fusão de degenerações ritualísticas e concepcionais. Porque, Umbanda, mesmo, só surgiu e cimentou-se como religião brasileiríssima, após a tomada de posse da Corrente espirítica genuinamente ameríndia ou de nossos "caboclos ou pajés do astral", através do elemento mediúnico, por dentro desta citada fusão, em que esta corrente humana de adeptos vinha calcada e a "trancos c barrancos", pois este fenômeno espirítico-astral não tem 400 anos, isto é, este Movimento Novo, de reimplantação da nossa ancestral Corrente Religiosa, tem apenas uns 70 anos. Não há assim usurpação; há lógica, ciência e adaptação aos fatores da base, e não um "nacionalismo" que pretende arvorar a "bandeira fetichista, atávica, de nações ou povos com um atraso cármico de milênios"...

Segunda Parte

ORIGEM REAL, CIENTÍFICA, HISTÓRICA E PRÉ-HISTÓRICA DA PALAVRA UMBANDA

O Alfabeto Adâmico ou Vatan, que originou todas as grandes grafias e fonetizações dos outros ditos também como primitivos da humanidade, bem entendido: o primeiro que teve sua grafia e fonetização calcadas, trabalhadas e organizadas de signos ou sinais básicos, originais, tais como os do signário sabeano, que, por sua vez, se filiam à Escrita Pré-histórica do Brasil e que, evidentemente, são signos cuja fonetização foi espontânea, isto é, obedeceram à natural relação onomatopaica, mnemônica, ideográfica, do primitivo terrícola do Brasil (ver adiante nosso Quadro Geral), tem sua própria base nas Cinco (5) figuras geométricas fundamentais, ou sejam: o PONTO, a LINHA, a CIRCUNFERÊNCIA, o TRIÂNGULO e o QUADRADO, que, em suas correspondências essenciais, FORMAM e SIGNIFICAM: ADAM — EVA — ADAMA ou Adão-Eva-Lei ou Regra, de acordo com os valores e a própria expressão fonética dessas 5 figuras no dito alfabeto Adâmico, que se pronunciam precisamente como se formam, da seguinte maneira, em linha horizontal (ou em linha vertical, lendo-se debaixo para cima, conforme era escrita a língua):

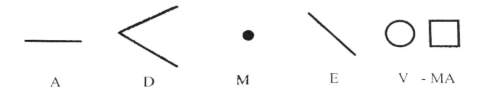

Isto é, o mesmo que ADÃO — EVA — LEI ou REGRA, ou seja ainda, por analogia, PAI — MÃE — FILHO, ou mais explicitamente: o Princípio Absoluto (ADÃO) que atuou na Natureza (EVA) gerando o Mundo da Forma (REGRA).

Essas citadas Figuras fundamentais dão a base para a formação de TRÊS (3) CONJUNTOS GEOMÉTRICOS.

1º)

Essa figuração geométrica é a correspondência fonética de AUM (ÔM) ou UM (que significa Deus ou o Supremo Espírito) assim subdivididas:

  O (circulo) correspondente à U ou v no alfabeto Adâmico;

A——— (linha singela): correspondente ao A simples e o ● (ponto), corresponde ao M ou O no citado alfabeto;

2º)

A (linha), encerrada no círculo, servindo-lhe de diâmetro (que é a forma gráfica do B ou BA no Adâmico ou no Ariano) cuja correspondência é A ou AN ou BAN, que significa originalmente — CONJUNTO — PRINCÍPIO — LIGAÇÃO;

3º)

(Linha singela e ângulo), que correspondem a A e D ou ADAM ou ADA ou AD ou, por metátese, DA, que significa LEI no sentido de Lei Universal.

Formaremos então, a seguinte figuração geométrica:

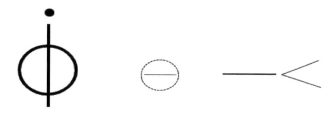

que é igual a DEUS — CONJUNTO — LEIS, ou seja, CONJUNTO DAS LEIS DE DEUS ou ainda ADAM — EVA — LEI.

Essa figuração é a representação MORFOLÓGICA e GEOMÉTRICA ORIGINAL DO VOCÁBULO UMBANDA, cujos sinais se aglutinam em sentido vertical ou horizontal e traduzem a forma real da palavra "perdida" — UMBANDA — que a tradição e os Iniciados falam, mas que não dizem como "se perdeu", isto é, foi esquecida a sua grafia, origem e significado Assim, representamos melhor as suas correspondências fonéticas:

UMBANDA

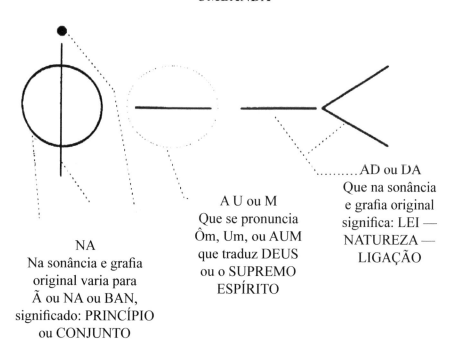

NA
Na sonância e grafia original varia para Ã ou NA ou BAN, significado: PRINCÍPIO ou CONJUNTO

A U ou M
Que se pronuncia Ôm, Um, ou AUM que traduz DEUS ou o SUPREMO ESPÍRITO

AD ou DA
Que na sonância e grafia original significa: LEI — NATUREZA — LIGAÇÃO

Estes caracteres são encontrados ainda no alfabeto Ariano e nos sinais védicos (os Brahmas conservaram apenas a primeira representação gráfica, o AUM, que dizem ser a "palavra impronunciável" que invocam nos mistérios dos seus cânticos litúrgicos, sagrados) 6 SÃO EXATAMENTE como estão formados acima a mesma palavra UMBANDA na GRAFIA DOS ORIXÁS Os Sinais Riscados da Lei de Pemba.

A verificação da eufonia destes caracteres pode ser feita também através do Arqueômetro, quer no próprio aparelho quer na figura, bem como na própria lexiologia que é dada no livro.

Na Federação Espírita Brasileira, deve existir um aparelho arqueométrico doado por A. Leterre, onde os estudiosos e duvidosos poderão comprovar a veracidade de nossas asserções. Devemos, desde já, avisar a todos os leitores e pesquisadores que desejarem investigar este aparelho, o fazerem munidos de conhecimentos hermenêuticos ou de alguém portador dos mesmos, pois assim procedemos quando procuramos averiguar essa Revelação, que originalmente nos foi feita pelo Astral Superior da Lei de Umbanda.

Obs.: O som original do "B" sempre existiu em sua origem, com sua própria representação gráfica. Essa, no Vatan ou no Ariano, mudava de posição de acordo com a vogal que lhe desse o som; era BA, ou BB etc., quando a vogal dava sons labiais. Porém, quando a vogal que lhe desse o som formasse uma sílaba ou fonema nasal era, de conformidade com a Lei do Verbo, representada numa esfera ponteada e assim traduzia exatamente o som de BAN.

Essa sonância constituía a ligação fonética da verdadeira pronúncia, representada pela junção de três sons em uma só palavra, que expressava, por si só, a própria Regra do Verbo (a forma de aglutinar estes sinais, sons ou fonemas — do termo Umbanda — era guardada hermeticamente e de uso exclusivo dos magos e sacerdotes primitivos. Dentro dessa aglutinação a linha singela e o triângulo se pronunciavam também como ADA ou DA).

Mais tarde, quando dos últimos cataclismos históricos e naturais, houve necessidade de transmitir este som às gerações vindouras, e, para isso, impôs-se nova criação gráfica que o representasse isoladamente, criação essa traduzida mais tarde, pelo advento das línguas greco-latinas, para a grafia moderna, na letra que conhecemos como o "B".

Cremos, e nada nos contesta, que o maior depositário destes conhecimentos teria sido JETRO, sábio sacerdote de pura raça negra, sogro de Moisés, conhecedor profundo das quatro ciências hierárquicas, e onde o dito

Moisés bebeu os conhecimentos mágicos e religiosos, inclusive o significado real dessa palavra UMBANDA, que mais tarde, na sua Gênese, traduziu por ADÃO — EVA — LEI que nada mais são que os princípios fundamentais da própria Lei de Deus.

Antes de prosseguirmos em nossa dissertação, devemos mencionar também o "X", como letra oculta ou Hermética, de uso dos sábios e Iniciados, cuja designação identificava, para eles, a Revelação da Verdade.

Temos assim que as quatro hierarquias das ciências originais eram representadas pelas QUATRO LETRAS DO NOME DE DEUS: IEVE (segundo a pronúncia, IEOA), ou seja, JEHOVAH, que, por sua vez, era representado pelo "X" algébrico, que constituía a VERDADE OCULTA.

Este SINAL era a CHAVE de identificação entre si, de uma Lei (Carmânica), que ligava as Causas aos Efeitos entre as Sete Variantes da Unidade, ou seja, o chamado Setenário.

Vamos então demonstrar, com mais uma prova. o TRIGRAMA PERDIDO, que a LEI DE UMBANDA REVELOU dentro de suas SETE VIBRAÇÕES OU LINHAS, que se traduzem da seguinte forma.

O Y Y X O O Y que é igual a O X Y, que ainda é o próprio PRINCÍPIO DO CÍRCULO CRUZADO.

Ora, todos os estudiosos sabem que nas antigas Academias a letra inicial era a que tinha correspondência mais direta nas figuras geométricas originais e dava a base para a composição dos termos litúrgicos e sagrados. Essas 7 letras ou caracteres são as primeiras nos termos que identificam as 7 Linhas da Lei de Umbanda, que se reduzem a 3, por serem, somente essas, as diferentes entre si.

Assim temos o "O" como Círculo, o "X" como Linhas Cruzadas (como a cruz deu a vibração principal na era cristã), e o "Y" como Triângulo aliado à linha vertical, 0 que, por assimilação, ou seja, por transposição de sinais ou figuras representativas, deu a seguinte composição:

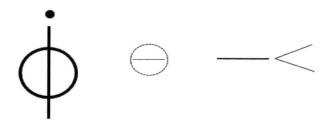

Que é igual a:

Temos assim, exatamente, as mesmas figuras do diagrama original: um Circulo, três Linhas, um Ângulo e um Ponto.

Figuremos melhor, agora, a dita correspondência num simples esquema:

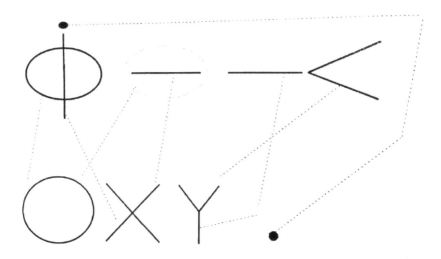

Devemos esclarecer mais ainda ao leitor que OXY são as três figuras ou os três caracteres ou LETRAS que dão a BASE (como dissemos acima) para a formação dos termos litúrgicos, sagrados, vibrados, místicos, que identificam as SETE VIBRAÇÕES ORIGINAIS ou as SETE LINHAS em relação com os SETE ORIXÁS que chefiam cada uma das ditas Linhas.

E desde já queremos que o leitor fique ciente de que essa figuração geométrica UMBANDA, por sua vez, foi trabalhada, ou extraída dos signos originais do vocábulo TUPAN, questão que provaremos já, pois como acabamos de ver, pelos fatores lógicos linguísticos, ideográticos, científicos, metafísicos, religiosos e... geométricos fundamentais, tudo vai-se prender, ligar, filiar, ou melhor, cimentar-se numa base trina a partir, principalmente, da grafia do vocábulo Umbanda, essencialmente composto de três figuras geométricas: círculo, linhas e triângulo ou ângulo, assim:

ou

que são iguais a:

que por sua vez é igual a:

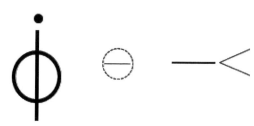

figuração geométrica ou gráfica do vocábulo UMBANDA, que, ainda por sua vez, volta a centralizar-se em suas raízes fundamentais geométricas ou gráficas, iguais aos:

Da Escrita Pré-histórica do Brasil — que são duas figurações numa tríplice expressão do vocábulo TUPAN, com todos os seus valores mnemônicos, ideográficos, onomatopaicos, teogônicos, cabalísticos etc., essencialmente ligados a Divindade Suprema, pois são signos divinos, cosmogônicos, os quais não precisam de maiores detalhes aqui, visto o leitor encontrá-los nos Quadros Mnemônicos numerados, nas páginas posteriores.

Interpretação cabalística, metafísica. Expressão hierática: o Infinito da Natureza onde se manifesta a Divindade sobre os Elementos. Manifestação da Luz, do Fogo, das Águas pela Voz (o som) da Divindade.

Basta, leitor? Não. Dissertemos mais sobre a coerência cabalística e científica ou geométrica. Provar é comprovar.

A Geometria é uma Ciência Divina: Tem seus elementos fundamentados na Cosmogonia e na Cosmologia, ou seja, no próprio processo de criação do Universo-Astral pela Divindade.

Portanto, a Geometria como ciência humana, decorrente, foi ideografada e estruturada de um Signário Divino, cosmogônico, teogônico, sagrado, mágico, cabalístico, composto dos três signos — a cruz, o triângulo e a círculo — que geraram ou foram desdobrados nas suas cinco figurações básicas, como sejam:

Então a geometria propriamente dita como um sistema científico, humano, é posterior, estruturado, baseado no signário pré-histórico Divino.

E tanto é uma ciência de origem divina, cujos fatores cabalísticos — conforme revela o Arcano Maior — vão-se unir à própria matemática quantitativa e qualitativa celeste (mecânica e dinâmica cósmica); basta ressaltarmos simplesmente que essas cinco formas ou figurações básicas, estão na simetria essencial de todos os organismos, inclusive nas 3 divisões simples do corpo humano — cabeça, tronco e membros — e ainda nas 5 extremidades dele, 2 pernas, 2 braços, 1 cabeça e ainda nas extremidades de cada membro, pelos 5 dedos de cada um, e nos 5 movimentos simples e conjugados deles, ao andarmos, em sintonia com a própria lei de gravidade.

Não nos vamos alongar em dissertações ou estudos analógicos sem fim; basta que o leitor se vá lembrando de tudo o que já vem lendo e relacionado com círculo, triângulo, cruz etc., para verificar que estes signos divinos foram perpetuados, quer no conceito místico, metafísico, cabalístico, mágico, teogônico, sagrado, quer no conceito estritamente científico ou linguístico, sonométrico etc., que se ligam ao que, agora, acabamos de ressaltar.

Mas ainda temos de levá-lo a outra comprovação importante, oh! leitor amigo e paciente:

Essa figuração cabalística não tem princípio nem fim; sua origem se perde na estrutura íntima da natureza ou da substância.

Vejamos, apenas, O sentido oculto, mágico e metafísico perpetuado até os dias atuais, com a mesma força de expressão e uso, por dentro de tudo quanto seja Escola Iniciática, Esotérica e até Religiosa.

Já dizia Agripa (pela voz de Maxwell, *La Magic*, Paris, 1922) que: "as figuras geométricas são regidas por números; o círculo representa a unidade e a unidade representa o infinito. A circunferência é uma linha que não tem fim e portanto é a imagem do infinito".

As antigas Academias, os "chamados Colégios de Deus", a Tradição e a Cabala consolidaram, sintetizaram e expressaram os mistérios dos arcanos, "dividindo" metafisicamente o Circulo em 12 partes (coerência ou analogia com os 5 sinais geométricos, ou as 5 extremidades do corpo humano já citadas e as 7 cavidades ou aberturas da cabeça, assim 5 + 7 =12 = 3 = 1) compreendidos como Signos Zodiacais, em correspondência sonométrica e ideográfica com as 12 Vogais simples e duplas do alfabeto Vatânico ou da Cabala (filiada ao planisfério astrológico de Rama, em cima do qual o alfabeto adâmico foi trabalhado) para uso mágico dos mantras, entre os antigos sacerdotes brahmânicos. Ei-las:

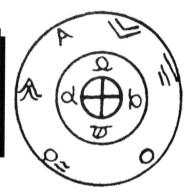

Note o leitor que o 3º círculo, o do centro, é a grafia exata de um dos principais signos da Escrita Pré-histórica do Brasil e ligado diretamente em grafia, sonância e concepção à Divindade Tupan — Senhor do abismo, do céu ou do espaço infinito. Era dessa raiz sonométrica ou: sonância central que partia o som dos mantras.

Mas para que o leitor tenha um entendimento mais seguro deste empolgante tema, veja o que diz o Professor A. Brandão: "Para explicarmos como a cruz é a imagem da divindade, vamos primeiro procurar demonstrar que o homem pré-histórico sintetizava, encarnava, integralizava essa divindade no fenômeno mais admirável da natureza, no fenômeno físico a que, realmente, ainda hoje, a ciência atribui a origem da vida o fenômeno da luz".

"A divindade suprema, a luz, por sua vez, era figurada na cruz; essa seria o espírito, a forma transcendental daquela."

"Newton, Huygens, Descartes e mais os sábios e físicos modernos, que estudaram o fenômeno luz e lhe determinaram o espectro, mal sabiam que o homem pré-histórico já lhe havia procurado a forma e a tinha pictografado no sinal da cruz."

"Um simples fato provará o que adiantamos: se olharmos, com as pálpebras semicerradas, um foco luminoso, veremos que este foco representa um todo constituído por quatro feixes de luz: um superior, outro inferior e dois laterais, formando este conjunto uma perfeita cruz."

"Deste fato o pré-histórico deve ter concluído que a cruz era o **substractum**, a essência, o espírito da luz. Essa seria, pois, a manifestação da Divindade, uma forma sob a qual a mesma se mostrava."

"Por outro lado, a cruz, de quando em quando, se acha ligada a fenômenos luminosos celestes."

"Em nossas zonas tropicais, principalmente nas horas da tarde, quando o sol se inclina para o Ocidente, os raios deste astro, refletindo-se nas nuvens, afetam, às vezes, a forma de um grande cruzeiro."

"Fitando-se o céu estrelado nas noites de estio, as constelações, os grupos de estrelas, são vistos, em regra geral, dispostos em forma de cruz."

"Historiadores antigos nos falam de cruzes aparecidas no céu, em rastilhos luminosos."

"Principalmente nos meses de agosto e novembro, o fenômeno luminoso das estrelas cadentes e dos bólides, muitas vezes, se entrecorta, traçando cruzes na abóbada celeste."

"Diversos cronistas, e entre eles, Plínio, o antigo, citam o aparecimento, em diferentes épocas, de meteoros, durante a produção dos quais viam-se cruzes na terra sobre as pessoas e sobre os animais."[15]

"A vista dessas considerações, parece-nos ficar demonstrada a causa de o homem pré-histórico representar a luz na cruz..."

"É por isso que se encontra a cada passo, gravada ou pintada, nos rochedos do Brasil ou desenhada nos produtos cerâmicos de Marajó."

"É ela o signo primitivo que deu origem a todos os outros signos; é ela a imagem da divindade, que encerra em si todas as outras divindades... É a representante do verdadeiro Deus Universal que os nossos antepassados do Brasil adoravam, os filhos da infeliz Atlântida, que foi adorada pelos povos do antigo continente."

"O homem é o animal religioso", disseram, mas todas 'as religiões, todos os cultos, mesmo os mais estranhos e diversos, são todos formas de adoração a "Deus pai todo poderoso, criador do céu e da terra", o Deus único, que foi, que era figurado na luz.

"Procurando estudar qual o som, qual a palavra com que o pré-histórico designava a cruz, chegamos à conclusão de que, no princípio, era Tzil, ou Tizil."

---

15 Dalet — *Etude historique et critique sur les étoiles filantes.*

"O que firmamos não é uma fantasia de nosso espírito; é uma dedução de fatos que se prendem ao estudo da linguística e da mitologia."

"Tizil é um vocábulo onomatopaico, é o ruído da estrela cadente ou do bólide ao atravessar as camadas atmosféricas. É o que se poderia chamar o som da luz. É a voz da divindade em estado de calma, assim como o estampido do trovão é a voz da divindade em estado de irritação."

"Esse ruído do bólide, que é acompanhado de um rastilho luminoso, vai de um simples ciciar até o estampido. No primeiro caso é semelhante ao ruído do diamante sobre o vidro. Não se trata de um som da luz; é devido ao deslocamento do ar pelo meteorólito. Pode-se ainda comparar ao som da zorra ou piorra e é semelhante também ao ruído do fio do bonde elétrico, quando se dá a descarga e o veículo se põe em movimento."

"É um tizil ou tzil prolongado, podendo ainda se estender tzil, thrili e até tzul, trul e tilu."

"Ao homem pré-histórico não passou despercebido este ruído do bólide, e como o fenômeno se acompanhava de luz, essa teve a designação onomatopaica."

"Portanto, dzil ou tizil foi a primeira denominação da luz, e sendo figurada na cruz, segue-se que tizil ou dzil foi também a primeira denominação da cruz, e como por sua vez era a representação da divindade suprema, segue-se que o nome de Deus entre os homens pré-históricos era Tzil.

"Por outro lado, verifica-se que a raiz **tz** ou **ts**[16] faz parte de vocábulos que significam Deus, luz, estrela, sol, cruz, fogo, dia e claridade em muitos dialetos americanos e especialmente brasílico e, ainda mais, essa mesma raiz, em natureza ou modificada, se encontra em vocábulos do velho continente, vocábulos que possuem mais ou menos a mesma significação. Em primeiro lugar convém citar a palavra hebraica **Tzedek**, estrela."

"O signo fenício idêntico ao que hoje se denomina cruz papal tinha o som ts (atenção, leitor, ao som ts), igual ao **sh** e ao **y**, básicos do nome Jesus ou **Y-sh-o** de que trataremos oportunamente)."

"Tzil contrai-se com o som **MU** (signo que representa o espaço) e forma o vocábulo **TU**, que reunido a **PAN**, onomatopaica do trovão, forma a divindade brasílica Tupan (entre os pré-históricos Tuplan) que traduzida ao

---

16 O leitor deve guardar já este som ou essa raiz tz e ts; pois é fundamental para a explicação que vamos dar, baseada na Lei do Verbo, descoberta por Saint-Yves e definida em seu L'Archeométre.

pé da letra significa luz, estampido no espaço. E como luz é a representação de Deus, vê-se por que Tupan é o deus do raio, do trovão e dos temporais."

"Ás vezes, de tizil nota-se apenas a contração tl que figura então como raiz em muitas palavras originárias talvez da Atlântida e dos povos que lhe continuaram a civilização, tais como os Astecas do México e os Toltecas."

"A raiz tl aparece nos vocábulos Atlântida, Atlas e Quatzacoal, nome de um deus da mitologia mexicana.

"Tzil decompôs-se mais tarde em ti e zil, transformando-se em TÉ, que no velho mundo é mudado em Teo, Deus. Dzi, que é o mesmo onomatopaico Tzil, altera-se em Dzeus, que dá origem a Zeus, o Júpiter grego, o qual dá origem à palavra Deus."

"O elemento Tê se encontra também na Escandinávia onde se vê THOR, que, como Teo, como Zeus, como Tupan, é divindade dos raios e dos temporais..."

"Também derivados do mesmo vocábulo, embora já muito modificados, são os nomes greco-latinos Júpiter e Yupiter, nomes que na Itália antiga serviram para designar o deus tronitruante do raio, o fulminador dos homens..."

"Pelo menos nestes vocábulos, notam-se as raízes iu e té, sendo a primeira uma contração de ilu. Ainda derivada de ti, é a divindade brasílica Jacy ou Yacy, a Lua — a senhora da Luz; aqui, como se vê, o ti foi transformado em cy."

"A partícula **zil** contrai-se ainda com o signo **mu**, formando **ilu**, designando ainda a luz. Ilu aparece na Gália pré-histórica sob a forma da divindade Lu. Simplifica-se em **Il** e gera na Caldeia e em Israel Os vocábulos **El, Elle** e **Elloim**, nomes da divindade suprema. Como **al**, aparece em Nínive no ídolo **Baal**. Em Babilônia nota-se **el** em **Bello** e **Babel**; **el** aparece ainda entre as divindades sabeanas. De relance notamos ainda a igualdade de nomes entre as divindades brasílicas e a deste misterioso povo sabeano que deve ter sido um dos intermediários entre as civilizações pré-históricas do Ocidente e do Oriente."

"O elemento **il**, que aparece no velho continente designando divindades da luz, encontra-se também no Brasil pré-histórico na própria palavra Brasil."

"De tudo que acabamos de expor se compreende o papel fundamental de **Tzil** ou **Dzil**. O fato dos desdobramentos e modificações na palavra, no vocábulo, é correlativo não somente ao poder funcional da divindade e ao próprio desdobramento da mesma em múltiplas pessoas, mas ainda ao desdobramento do signo que a representa em outros signos que significam outros deuses, que afinal se fundem no primitivo deus."

"Diz o Marquês de Vogue que toda divindade semítica se desdobra. Aliás este fato é peculiar aos povos da antiguidade. O Egito apresenta nos seus deuses o tipo destes desdobramentos, os quais se notarrl num grau muito acentuado em nossa divindade Tzil."

E, prosseguindo com a palavra, ainda acrescenta e arremata A. Brandão: "A cruz, dissemos, é a imagem da luz e a luz é a essência da divindade. Logo podemos estabelecer a seguinte fórmula: Divindade é igual a luz; luz é igual a cruz. O valor gráfico da cruz, na escrita pré-histórica, era puramente mnemônico. Fitando este signo, toda uma série de fatos era invocada, desenvolvida no espírito do homem antediluviano. A ideia de Tzil arrastava ao misticismo. Todo um tema divino desdobra-se no espírito; depois passa-se para outro tema humano ou então. descia-se a coisas. E assim se explica como uma simples cruz gravada num rochedo podia encerrar em si toda uma história."

Bem, irmão leitor, agora vamos facilitar mais para Você, ou para seu entendimento geral o seguinte:

a) Estudiosos e autorizados pesquisadores de linguística, especialmente os da corrente de Flinder e Clodd, chegaram à conclusão da existência de um remotíssimo Signário (conjunto de sinais) espalhado entre os antigos povos do Mediterrâneo e que se ligavam à civilização pelásgica que, por sua vez, teria vindo da Ibéria, e que, daí, fora difundida pelos fenícios nas ilhas do mar Egeu, no Egito, na Ásia Menor e na região dos Hititas.

b) Que este Signário foi transformado pelos ditos fenícios em caracteres alfabéticos.

c) Que este dito Signário continha ipso facto os elementos geradores de uma verdadeira escrita primitiva.

d) Portanto, concluíram, após acurados estudos comparativos e interpretativos, que o dito como alfabeto grego não derivou do fenício, nem este do egípcio, que por sua vez, não se tinha originado dos chamados de caracteres cuneiformes. Todos estes alfabetos haviam derivado daquele Signário, o qual tinha sido baseado e composto dos velhíssimos sinais pré--históricos, encontrados nas várias regiões pesquisadas...

e) Os sinais pré-históricos que foram sendo descobertos e estudados nessas diferentes regiões pesquisadas no mundo, assim como dos dólmens e das grutas de França, as inscrições da Etrúria, de Creta etc., iam todos se filiar aos chamados textos nabatheanos (considerados como intermediários entre as inscrições palmirianas e as sabeanas) e até as ditas inscrições palmirianas e sabeanas, encontradas aos milhares nos desertos da Síria central, nos Ridjims, espécie de monumentos feitos de pedra, onde estes caracteres estavam gravados.

O Marquês de Vogué — "Inscriptions Sémitiques" — estudou profundamente essas inscrições palmirianas, as quais conseguiu decifrar, só não conseguindo interpretar as sabeanas, visto não ter encontrado lenda, nem tradição ou nenhum informe sobre elas, naquela região.

Nessas condições apontadas, resta-nos apenas, baseados trabalhos e nos Quadros elucidativos de A. Brandão, constantes de sua obra "Escrita Pré-histórica do Brasil", demonstrar para o leitor a perfeita analogia destes sinais sabeanos com os signos pré-históricos do Brasil, de variação maior e com interpretações teogônicas bem definidas. Eis, portanto, no QUADRO GERAL, indicados pelas letras A e B, essa analogia, essa derivação, essa filiação desse Signário Sabeano com os Signos Pré-históricos do Brasil.

Verá também, neste QUADRO GERAL (letras C, D e E), o chamado de alfabeto Adâmico ou Vatan, considerado como o primitivo da Humanidade, por Saint-Yves d'Alveydre, outra autoridade, citado, por outras autoridades, dentro de uma outra linha de fatores científicos e linguísticos correspondentes à **LEI DO VERBO**...

Logo após analisar e meditar sobre este QUADRO GERAL[17], o leitor vai ver os Seis Quadros Mnemônicos, pelos quais passará a entender melhor,

---

17   1ª observação sobre o Quadro Geral: Como se pode ver, em meticulosa observação e comparação, tudo deriva ou se filia aos Signos pré-históricos do Brasil — uma escrita esotérica e sagrada. Veja-se, portanto, que o supradito, como alfabeto adâmico, considerado por outros como o primitivo da Humanidade, são sinais já trabalhados, obedecendo a uma articulação silábica. bem particular. Neste alfabeto adâmico, todos os sinais se assemelham. são idênticos ou derivam dos Signos pré-históricos do Brasil.
Pela numeração de 1 a 22, vejam-se os números correspondentes, em cada conjunto de nossa escrita pré-histórica.
Outrossim, quando o leitor chegar à pág. 105 encontrará a grafia dos Orixás (os 7 da Lei de Umbanda). Pode então comprovar que essa grafia está fundamentada no dito alfabeto adâmico Letra F — Quadro Geral.
2ª observação sobre o Quadro Geral (apud pág. 48 de "A Escrita Pré-histórica do Brasil" — A. Brandão). "Do quadro acima (identificado por nós com a letra A), verifica-se que em 75 signos do Brasil pré-histórico se encontra a seguinte relação, em signos do velho mundo: Caracteres Sabeanos — idênticos 40; semelhantes 8. Caracteres de Creta — idênticos 15; semelhantes 19. Caracteres Megalíticos — idênticos 23; semelhantes 19. Caracteres Etruscos — idênticos 11; semelhantes 19. Caracteres pré-históricos do Egito — idênticos 10; semelhantes 3. Caracteres alfabéticos Gregos — idênticos 14; semelhantes 3. Caracteres alfabéticos Fenícios — idênticos

claramente, os significados profundos e transcendentais destes caracteres mágicos e sagrados da escrita pré-histórica de nossos payés estes mesmos caboclos de nossa Umbanda... Verá como eles se projetarão em sua mente vivos, atuantes, com todos os seus valores originais e decorrentes...

QUADRO MNEMÔNICO Nº 1
Correspondência e significados por ordem
Onomatopaica — Ideográfica — Teogônica

Figurações gráficas do som onomatopaico TIZIL ou TZIL. Decomposto em TI e ZIL, contraiu-se em Tê. TZIL contraiu-se ainda com o som onomatopaico MU (espaço), formando o som TU, que ligando-se ao som PAN, gerou TUPAN. Estes signos têm a valor mnemônico ligado à Luz, Cruz, Cruzeiro do Sul, Sagrado, Senhor, Criação, Deus. Concepção fundamental ou interpretação ligada à Teogonia: Luz, Divindade, Sagrado, Venerado, Senhor do Céu que produz ruído, TUPAN Senhor dos raios, das tempestades, dos trovões; TZIL é TUPÃ, Tupan, Tuplan, Tupana, consolidados no Tembetá.

Elucidações decorrentes: "A Constelação do Cruzeiro do Sul" revel Cruz + Luz, Luz ligou-se a som e este gerou a onomatopaica TIZIL ou Tzil,

---

10; semelhantes 9. Caracteres alfabéticos Hebraicos — idênticos 6; semelhantes 9. Caracteres Sumerianos — idênticos 12; semelhantes 6. Caracteres Ibéricos — idênticos 16; semelhantes 9."
NOTA: Só extraímos do Quadro de A. Brandão os signos pré-históricos do Brasil e os signos Sabeanos, o suficiente para o nosso objetivo. Porém, para todos os sinais ou caracteres citados, é só procurar na obra acima apontada os Quadros demonstrativos — págs. 42 e 43. Outrossim, na linha B — dos signos Sabeanos, os assinalados com a letra A são megalíticos e cretenses, visto nos ditos sabeanos não haver correspondentes nos do Brasil. Nos signos do Brasil, identificados pela linha da letra A, o conjunto assinalado com a letra B vai-se corresponder com os sinais Oghâmicos que foram estudados e admitidos como a "escrita nacional dos gauleses". Quem primeiro deu notícias oficiais dele foi Holder, que os encontrou na Escócia e na Irlanda. Consta de um sistema de riscos, semelhantes ao já citado como assinalado pela letra B. Cremos que no princípio foram um esboço de escala numérica, tal e qual o nosso o Indica...

Tizil e igual a Constelação + Cruz: som e cruz consolidou-se no T básico de Tupan e Tembetá.

QUADRO GERAL

A — SIGNOS DO BRASIL PRÉ-HISTÓRICO (Escrita Cosmogônica Teogônica).

B — Caracteres SABEANOS ou do SIGNÁRIO (Universal — apontado como gerador dos Alfabetos do Ocidente e Oriente).

C — Letras do Alfabeto Latino

D — Sinais ou Signos Astronômicos ou Astrológicos

E — Sinais ou Letras do Alfabeto ADÂMICO, na correspondência fonética, pelas vogais.

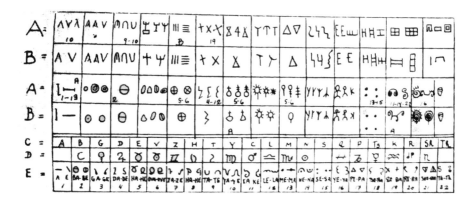

Anotação especial: Nestes signos, sinais e alfabeto Adâmico estão as **chaves-preciosas**; dos sinais riscados da Alta Magia da Umbanda, que nossos Guias usam (Caboclos e Pretos-Velhos **neste grau**) ditos como da Lei de Pemba. São os mesmos que constavam no planisfério astrológico de Rama; e os mesmos da **Kabala Ária** que os sacerdotes brahmânicos copiaram e tinham como: "sagrados; são os mesmos do "Livro Circular" do Apocalipse de João e do Ezequiel Bíblico. Enfim, são Sinais morfológicos que, no astral, permaneceram imantados e se correspondem com forças elementais — chamadas de espíritos da natureza"; únicos pelos quais os espíritos elementares se ligam, atendem e trabalham, porque as letras modernas não têm força de expressão, reação imantação, para efeitos de Magia, porque os sons dessas letras obedecem à vibração sonora de nosso metro-musical incompleto, por isso dito como **temperado**. Assim, que o Iniciado, de fato, procure aqui, aquilo que o seu merecimento facultar.

TÊ — raiz e concepção fundamental do vocábulo Tupã — concretizou-se do TI ou TZ, com o poder funcional e valor concepcional de principal Divindade (masculino), representado graficamente pelo signo T (a cruz simples diminuída da haste superior vertical), para representar a "forma" da divindade suprema, materializada num amuleto talhado do jadeíte verde e assim designado especialmente no vocábulo tupy-guarany como tembetá...

Este vocábulo passou, posteriormente, a elemento da escrita calculiforme. Aparece ainda na Etrúria, Creta, entre os povos sabeanos e do Egito pré-histórico e no alfabeto grego arcaico, como signal gráfico...

O TAU grego é o mesmo T latino nosso. Portanto temos: T (latino) = T (tau grego) = T (tau grego arcaico) = (tau fenício) = (tau hebraico arcaico) = T do TI ou TE do TU de Tupan, Tuplan, Tembetá, "da escrita pré-histórica do Brasil".

Este T, este TE, este TU de Tupan; com essa original concepção, deu raiz, base, através de toda América pré-histórica, Ásia, África, Oceania e Europa etc., ao TAU ou TAO da cruz fálica, em que aparece o T, simbolizando o Eterno Masculino, e o A, simbolizando o Eterno Feminino; e o O, simbolizando o Eterno Neutro (ou o vazio neutro do espaço), consubstanciando o Eterno Poder Criador...

Foi o THOT dos Egípcios; foi o Thiah dos Hebreus; foi o Tah dos Gauleses; foi o Thôr dos Germanos, foi o TEO ou Zeus dos Gregos. Enfim, o Tao, Teo, Theo, ou Thôt-Pan — significando o Deus — Único — todos se originaram da grafia onomatopaica e conceituação fundamental sobre TUPAN.

E ainda no intuito de elucidar mais o entendimento do leitor: uma das três seitas oficiais da China é o TAOÍSMO. Lao-Tsé, chefe dessa seita, já pelas alturas do ano 1122 A.C. ensinava que TAO era o VERBO, que tudo produziu pelos números. O termo chinês Tao se traduz por VIA, CAMINHO. É igualmente a mesma letra do alfabeto hebraico e fundamentava o "grande mistério", o mesmo já ensinado por SUMÉ e YURUPARY e pelo mesmo JESUS quando exclamava "Eu sou o primeiro, o último, eu sou o alfa e o Tao; eu sou a VIA".

Agora falemos diretamente do TEMBETÁ, propriamente dito: o Tembetá foi (e ainda é) um amuleto (talismã), de jadeíte verde, trabalhado na forma de um T, que também designava um culto masculino (vedado às mulheres) e para perpetuar os "sagrados mistérios da cruz" CURUÇÁ — com os significados profundos e já estabelecidos sobre os futuros martírios e missões de um "salvador ou messias" traduzidos posteriormente pela interpretação oculta na "flor do Mborucayá" — maracuyá ou maracujá...

O vocábulo tupy-guarany **Tembetá** primitivamente era **Tembaeitá** e se formou de **T** — o signo glitográfico da cruz — e **Mbaé**, objeto ou coisa, e **Itá**, pedra, e podem traduzir e interpretar na expressão hierática: cruz feita de pedra ou sagrada cruz de pedra, ou então, ainda de **Temubeitá**: **Tê** — Deus, **MU** — abismo do espaço ou do mar, e Beitá pedra. Assim a tradução literal será: Divindade do mar feita de pedra; 6 na dita expressão hierática pode ser interpretado como Sagrada Pedra de **TUPAN** ou Sagrada Cruz de Tupan e, ainda, Sagrada pedra da Divindade do espaço e do mar...

O culto e o amuleto de Tembetá eram ligados também diretamente ao Sol — GUARACY, representando o Poder Criador, o Princípio Fecundante viril, do fogo, da luz, do calor: o Eterno Masculino de todas as coisas.

QUADRO MNEMÓNICO Nº 2
Correspondência e significados por ordem Ideográfica — Onomatopaica — Teogônica

Figurações gráficas do som onomatopaico **Mú Mu u u...** Valor mnernônico de abismo do espaço e das Águas. Águas do céu que caíam no mar e nos rios etc.

Interpretação fundamental e ligada à Teogonia: representação da Divindade do Princípio Feminino (obs. especial: note-se que o tembetá, forma de T, também expressava natureza onde tudo se processava ou manifestava). Consolidou-se no culto do **Muyrakytan**.

Elucidações decorrentes: o vocábulo **MUYRAKYTÃ** decompõe-se em **MÚ, YARA, KY** e **TAN**. MU sugere o tema mnemônico de abismo, espaço, céu, mar, águas, ligados à concepção de Divindade no feminino, e yara e ky — pessoa, ser inteligente etc., e ita, pedra.

Portanto a tradução literal e hierática daria: imagem em pedra da Divindade do espaço e do mar ou das águas ou, ainda, Divindade ou Deusa do Céu, do Mar, das Águas.

O Muyrakytã, propriamente dito, era o itaobymbaé, representado no objeto de pedra idêntico ao acima grafado — um círculo dentro de outro maior, indicando, pela perfuração, a condição do feminino, ou seja, um objeto ou talismã que designava o culto de **Muyrakytã**, ligado diretamente à **LUA** e exclusivo das mulheres iniciadas, que não podiam ter relações sexuais.

E se ainda buscarmos o significado deste termo pela sua origem no abanheenga, a língua primitiva do homem pré-histórico do Brasil, pelo vocábulo **Murayarakytan**, temos: **mura** — água, mar; **yara** — senhora ou deusa, e **kytan**, botão de flor, que pode perfeitamente traduzir na expressão hierática, "Senhora ou Deusa do abismo que floriu no mar ou nas águas".

Enfim, como valor mnemônico, Muyrakytan desenvolvia um tema ligado diretamente a Divindade (no Feminino) que presidia no céu, no mar, as águas, a terra, o luar, a chuva etc. Era mesmo para simbolizar o Eterno Feminino, o princípio úmido passivo. Note-se que o tembetá, na forma de T, também se relacionava com a natureza do sexo — o pênis e o itaobymbaé, na forma redonda e perfurada, indicava a natureza do sexo — assim como a vagina e o clitóris.

De Muyrakytã ainda extraiu-se **Yara** — a mãe das águas, e **Yacy** — a filha da Lua e ainda por extensão a "mãe dos vegetais".

Passou para o "velho mundo" como a Vênus ou a Diana (a caçadora) dos Romanos; Artemisa ou Afrodite dos Gregos; a Ísis dos Egípcios; a Ione dos Indianos; a Astarteia ou Tanit dos Fenícios; a Freyer ouThridit dos Nórdicos da Europa; a Ogh-Am dos Gauleses; a Kita dos Quíchuas; a Maia dos 'Maias; tudo isso simbolizando o Eterno Feminino da Natureza...

QUADRO MNEMÓNICO Nº 3
Correspondência e significados por ordem
Ideográfica — Onomatopaica — Teogônica

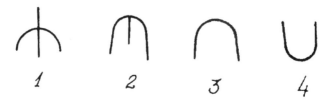

Figurações variadas e gráficas da onomatopaica **MU**. Valores mnemônicos e gráficos para indicar particularidades: (1) a chuva — imagem pictórica; (2) *idem*; (3) o horizonte; o céu, as nuvens, o espaço cheio de nuvens; (4) as águas do fundo do abismo do mar...

Concepção fundamental ou interpretação ligada à Teogonia: manifestações dos elementos vitais de Mu — já como a divindade da reza no feminino etc...

QUADRO MNEMÔNICO Nº 4
Correspondência e significados por ordem
Ideográfica — Onomatopaica — Teogônica

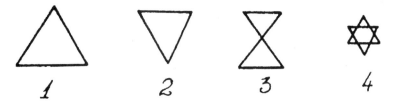

1-2) Figurações gráficas (da classe dos signos divinos) das variações onomatopaicas do TA fogo da terra, o RA ou rã, ran, rão — fogo do céu. Valores mnemônicos ou teogônicos da Divindade irritada — como o Deus da morte e da destruição. Em suma, representações, gráficas, mnemônicas, ligadas essencialmente a trovão, tempestade, raios, relâmpagos etc., como efeitos diretos da Divindade TUPAN.

3) Signo divino ligado a estes mesmos sons, com todos os seus valores mnemônicos como a dupla manifestação da ação da Divindade Suprema: é TA-RA, TU-RÃ, TUPÃ. Representam, portanto, uma fusão de valores = expansão do poder da Divindade, tanto para cima, como para baixo. Deste signo nasceu o 4º = isto é, o hexagrama que foi, nada mais, nada menos, do que o entrelaçamento ou o cruzamento dos dois triângulos simples. O hexagrama dito como místico de Salomão é a mesma estrela (tzedec) Davídica dos Judeus.

Portanto, o Triângulo conservou todos os seus valores mnemônicos: concepcional, mágico, sagrado, cabalístico, até os dias atuais, por dentro de quase todas as correntes iniciáticas do mundo.

QUADRO MNEMÔNICO Nº 5
Correspondência e significados por ordem
Ideográfica — Onomatopaica — Teogônica

Figuração das variações onomatopaicas do som **TIZIL** ou **TZIL**. É foneticamente o som **ILU**: indicam, pelo valor concepcional e mnemônico, Luz da criação do mundo de Tupan. Sentido de luz criadora do mundo e ainda por extensão: felicidades, bom tempo, boas colheitas etc...

QUADRO MNEMÔNICO Nº 6
Correspondência e significados por ordem
Ideográfica — Onomatopaica — Teogônica

Figuração gráfica do som onomatopaico **ILAN** que se decompõe em **IL** e **AN**. **IL** é uma simplificação de **ILU** — luz, e AN ou PAN é a onomatopaica do trovão.

Interpretação fundamental ligada à Teogonia: o Poder do Senhor da Luz e do Trovão, Luz de Tupan, Raios da Divindade...

QUADRO MNEMÔNICO Nº 7
Correspondência e significados por ordem
Ideográfica — Onomatopaica — Teogônica

(a)

Derivação da grafia de Tizil (cruz e cruzes). Variação onomatopaica do som **ILAN**. Corresponde à luz do relâmpago, do trovão, do raio, do sentido de força, movimento. Valor mnemônico ligado à força e poderio da cólera da Divindade ou, ainda, à força destruidora da Divindade. Este Signo, superposto ou cruzado, deu formação, no velho mundo, à **swástica** (letra a).

CONSIDERAÇÕES E COMPROVAÇÕES PELA LEI DO VERBO

Cremos ser desnecessários maiores detalhes sobre os outros signos da escrita pré-histórica do Brasil.

O que já demos sobre os signos essenciais é suficiente para que o leitor compare e confronte a fim de tirar deduções lógicas, racionais, para chegar à conclusão de que: o BRASIL é, realmente, o berço da luz da primitiva Revelação da Lei Divina; a "Constelação do Cruzeiro do Sul" foi, e é, o Signo Cosmogônico da Hierarquia Crística apontado, marcado, e por onde foram revelados "os sagrados mistérios da cruz"; terra onde se deram as primeiras encarnações do **Cristo-Jesus** e do **Moisés** bíblico — patriarca e legislador; primeira porção de terra firme a emergir do pélago Universal e, naturalmente, por onde se manifestou o Reino Hominal propriamente dito, na era terciária; pelo Homo-brasiliensis, da Lagoa Santa; berço também, do **Tuyabaé-cuaá** — a primitiva ordem Espiritual, Patriarcal, que foi o facho conservado entre todas as raças e sub-raças do Ocidente e do Oriente, consubstanciada através de uma sólida Tradição; dita e reconhecida como fundamentada numa Cabala Ária (Tradição do Verdadeiro Saber), oriunda do planisfério-astrológico do patriarca Rama, o mesmo "livro circular" apresentado, pelos altos Mentores Astrais, ao João e ao Ezequiel bíblico...

O Brasil é, portanto, o berço original da Sagrada Corrente Astral de Umbanda, composta de todos os magos e taumaturgos do passado, que foram os nossos remotíssimos **PAYÉS** — iniciados-guardiães — que têm a honrosa tarefa de zelar, propagar e reimplantar a Lei Divina, contida e expressa no **TUYABAÉ-CUAÁ** — a Sabedoria do Velho Sumé pela **MAGIA**, mãe de todas as ciências, nessa mesma terra da **Santa Cruz**, vibrada continuamente pelo **Cruzeiro do Sul**, chamada mesmo, desde sua eclosão física e humana, de **Brazilian** ou **Brasil**.

Tudo isso que acabamos de ressaltar, baseado na revelação mediúnica e nos fatores lógicos da ciência (comprovados na farta literatura especializada, e autorizadíssima, que apontamos em nossa obra "Doutrina Secreta da

Umbanda", foi encontrado já, no ano de 1500, vivo, isto é, ainda profundamente atuante, arraigado. numa Raça, ou pelas nações tupy-guarany, tupy-nambá, tamoyos e outras, no ciclo milenar de uma acentuada decadência geral...

Uma raça que, mesmo na decadência, ainda conservava atuantes tais fatores concepcionais, religiosos e transcendentais, isto é, Teogônicos, Mágicos, Cabalísticos, Ritualísticos etc., como os mesmos que ainda não foram ultrapassados, essencialmente, nas concepções de uma elite religiosa e iniciática, de nenhum povo ou raça do Mundo, até os dias presentes, não poderia jamais representar apenas "uma raça de bugres e canibais"... Digamos como disse o sábio alemão Von Martius botânico e etnólogo — "Os indígenas brasileiros não são uma raça que começa, mas uma raça que acaba".

Agora, leitor ou irmão Iniciado, que Você já se inteirou de uma série de fatores e detalhes importantes de nossa revelação, isto é, daquilo que nos vem através da palavra de "caboclo velho payé"[18], principalmente quando disse que o som original, proferido pelo terrícola primitivo e naturalmente relacionado com o Ser Supremo, foi produto de uma sonância diretamente ligada ao fenômeno Luz, claridade, clarão, Constelação do Cruzeiro da Sul e Cruz, para se consolidar nó vocábulo **TUPAN** e para cuja sonância onomatopaica nos valemos, também, dos estudos linguísticos, científicos, do Professor A. Brandão, queremos lembrar-lhe de que este som, essa sonância foi, com ligeiras variações, a que correspondia aos tsicyo, thyciiu, thisil, tisil, tsil, tzil etc., que em realidade foi a mesma vibração sonora fundamental ou a mesma vibração mágica existente como raiz-sonométrica do mantra divino, base do vocábulo Deus (releia o Quadro Mnemônico nº 1) pela Ciência do Verbo, onde as letras sagradas A.S.Th. identificam-se com o valor correspondente ao Deus Único e Supremo e cuja sonância básica vem dar nos mesmos sons onomatopaicos acima ressaltados...

Isso é uma ciência profunda; não vamos entrar em detalhes que implicariam tivéssemos altos conhecimentos de linguística, sonometria cronometria e outros e outros mais...

Basta dizermos que essa Lei ou Ciência do Verbo (da Palavra, da Maestria do Som) está pautada no verdadeiro Metro Musical, descoberto e provado por Saint-Yves em seu "L"Archeomêtre" e com as ditas provas científicas arquivadas no Conservatório de Música de Paris e magistralmente descritas, comentadas e comprovadas por Ch. Gougy, em sua obra "L'harmonie des

---

18 Estamos fazendo referência direta, aqui. ao que consta em nossa obra "Doutrina Sé ereta da Umbanda", sobre os ensinamentos dessa entidade astral.

proportions et des formes en architeture, d'aprês les lois de l'harmonie des sons", Editora Massin-Paris.

Todavia vamos tentar esclarecer ao leitor da maneira mais simples possível sobre essa delicada questão, que envolve diretamente o "segredo dos mantras" intensamente citados na literatura esotérica, dentre a qual ressaltam até vários termos, inclusive o famoso AUM (que mandam pronunciar ÔM), como um mantra poderoso, mas que ninguém o sabe vocalizar direito, dentro da regra, isso é que é um fato... e por quê?

Porque este ÔM, este AUM, para produzir força, efeitos, correspondências, teria que ser vocalizado dentro da sonância da Ciência do Verbo (ciência da palavra) e de acordo com as regras do verdadeiro metro musical, e não por este ÔM, relativo a este metro musical nosso, modulado, temperado, ainda incompleto...

Vamos basear-nos na obra citada — "L'Archeometre" de Saint Yves e para isso diremos quem foi e o que fez, ligeiramente.

Saint-Yves d'Alveydre — Francês, discípulo do famoso Fabre D'Olivet foi poliglota, de elevadíssima cultura interna e geral, dedicou sua vida aos profundos estudos da linguística, da religião, e das ciências psicúrgicas, ditas atualmente como ciências ocultas ou esotéricas.

Autor de obras famosas — rigorosamente pautadas numa linha científica, não — sectária e em consequência das quais existiu até uma Sociedade, criada para fins de altos estudos e pesquisas, denominada de "Amigos de Saint-Yves", em Paris.

Dentro dessa linha de estudo e pesquisa, Saint-Yves aprofundouse tanto, que aprendeu até as chamadas de línguas mortas, assim como o Zende, o Aramaico, o Siríaco, o Assírio, o Sânscrito, o Hebraico antigo etc., e para isso foi até à Índia, onde conviveu e pesquisou entre os Sacerdotes brahmânicos.

Desses profundos estudos, estritamente científicos, redescobriu a Própria Ciência do Verbo — a sonometria e cronometria fundamentais, inclusive o alfabeto adâmico e escreveu a sua portentosa obra supracitada, livro raríssimo, somente consultado pelos que têm acentuada cultura esotérica, iniciática, filosófica etc., quando querem definir as origens reais, das verdades históricas, esotéricas e religiosas...

Em suas pesquisas entre os brahmânicos, foi-lhe apresentado um alfabeto dito como ariano ou vatan (originário dos árias invasores, o mesmo povo de Áries, os celtas europeus que vieram com o patriarca Rama), os quais não conheciam mais a sua essência, isto é, a sonometria básica completa, porém o traziam inscrito num peitoral (ver Figuras 10 e ll do "L'Archeométre" e de onde extraímos os sinais constantes de nosso Quadro Geral, nas letras C-D-E) com alto respeito e dizendo mais que remontava à primeira humanidade da Terra.

Saint-Yves aprofundou-se nele e comprovou que era oriundo mesmo da Cabala Ária, isto é, derivava ou se filiava àquele mesmo planisfério-astrológico deixado pelo dito Legislador Rama, assunto já debatido por nós, e este alfabeto constava de sinais astronômicos ou signos astrológicos.

Foi o único que conseguiu interpretar e decifrar cientificamente aqueles sinais ou símbolos herméticos e reconstituiu o denominado de alfabeto adâmico e que consta em farta lexicologia em seu "L'Archeométre"... E, ainda na sequência desses estudos, conseguiu mais restabelecer as bases sonométricas da supracitada Ciência do Verbo e consequentemente a Arquitetura Musical do verdadeiro Metro Musical e da verdadeira Cronometria.

Nessa sua obra, faz figurar um planisfério, todo composto de formas triangulares, rigorosamente assimétricas, cheio de signos, sinais e letras no Adâmico, no Zende, Siríaco, Aramaico, Assírio. Sânscrito, Hebraico antigo etc., tudo matematicamente situado e nas correspondências equivalentes, em valores sonométricos, cronomáticos, litúrgicos, sagrados, cabalísticos. Ali está a proto-síntese relígio-científica do passado, presente e futuro.

Naturalmente, os que chegaram a ler toda essa parte com atenção devem ser os que já estão familiarizados com estes fatores históricos e científicos, pelo menos através da excelente obra de Leterre ("Jesus e Sua Doutrina"), outra obra rara, profunda e autorizadíssima, outra verdadeira fonte de verdades históricas, religiosas e científicas.

Portanto, não vamos entrar em maiores detalhes, senão vai-nos custar a chegar aonde desejamos; digamos sobre este "L'Archeométre" o mesmo que disseram os "amigos de Saint-Yves": "É um verdadeiro aparelho de precisão das altas ciências e das artes, seu transferidor cosmométrico, seu estalão cosmológico, seu regulador e seu revelador homológico.

"Ele trá-las todas ao seu princípio único e universal, à sua concordância mútua, à sua síntese sinárquica."

"Essa síntese, que nada mais é do que o Gênese do Princípio, é o VERBO mesmo, e ele autografa seu próprio nome sobre o primeiro triângulo do Arqueômetro: S.O.Ph.Ya. Sabedoria de Deus."

"Mas para fazer compreender as aplicações possíveis do Arqueômetro, como revelador e regulador experimental dessa gênese e dessa síntese, seria preciso entrar em considerações sem fim."

Assim, levemos o leitor apenas a verificar em nosso Quadro Geral, na linha E do alfabeto Adâmico, que a 1ª a 15ª e a última ou 22ª letras não têm correspondência com os sinais astronômicos — linha D, tal o mistério e o alto valor sonométrico que tinham, pois com elas, segredaram os altos sacerdotes brahmânicos a Saint-Yves — essas três letras, "no mistério do êxtase e do mantra" pronunciava-se o verdadeiro nome de Brahma...

Veja ainda o leitor-iniciado que essas três letras são o:

os

e o

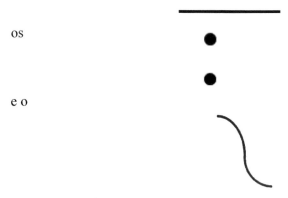

que correspondem:

1ª (linha horizontal) som do **a** ou é e ainda se na vertical, ao som de **u** ou ôm, de acordo com as regras da Ciência do Verbo, pela mudança ou posição do Sinal; para identificar o som Silábico pela vogal a que se associou:

2ª (os dois pontos na vertical) sonância de Se ou Sa ou SI;

3ª (na forma de um s invertido); Th, na sonância repercutida do Tê ou Ty...

Isso conferido e entendido, digamos agora por que tinha e tem tão alto valor este A-S-Th

— iguais a:

Damos a palavra agora a Leterre: "É a primeira e última e a do meio do Alfabeto Adâmico, e ainda são as do Hebraico, as quais, como Vimos há pouco na figura II, são as únicas que não têm correspondência com os sinais astronômicos".

"São o diâmetro, os pontos centrais de dois hemisférios e a circunferência desdobrada nestes dois hemisférios."

"E o sinal que Moisés, por ordem de Jeová, levantou no deserto, significando que ele possuía a ciência dos patriarcas (Éxodo, IV, 3.) e que os tradutores e interpretadores transformaram em uma serpente de bronze que, afinal, nada exprime e nunca mais foi levantado." Ei-lo:

É o Aleph hebraico:

(A) do alfabeto que Moisés organizou pelo do Aramaico, alfabeto Siríaco, com o qual ele compôs a Gênese.

"É o Caduceu imaginado por Orpheu, condiscípulo de Moisés e cuja manifestação na Grécia foi artisticamente feita por uma mitologia, em que ele procurou materializar as ciências divinas, dando-lhes formas humanas e materiais, para melhor impressionar o espírito público; o que, com efeito, produziu o resultado que esperava e que toda a História da Grécia nos relata. Daí ter sido essa nação o berço da Arte e do Belo."

"Era o símbolo de Esculápio, o Pai da Medicina."

"É o AUM védico, de onde partiram os sinais alfabéticos das primitivas línguas Zene, Pelevi etc. É a palavra mística, impronunciável, com a qual os brahmas exteriorizam nos mistérios do **instase**."

"É, como se vê, o A, o U e o O do alfabeto adâmico, de onde Moisés tirou sua Serpente de Bronze."

"No evangelho se lê em Siríaco: 'Eu sou o Aleph e o Thau', que se traduziu em grego por Alpha e Omega, o primeiro e o último dos Sinais Adâmicos."

"Na escrita morfológica adâmica, o traço indica o raio ou o diâmetro e é a letra A; os dois pontos indicam uma circunferência desdobrada em dois meios-círculos invertidos: S."

"Essas três letras adâmicas **ASTh**, essas duas letras assírias ATh significam, pois, a tríplice potência divina constitutiva do Universo tipo; o Círculo significa o Infinito; o Centro, o Absoluto; o Raio ou o Diâmetro, sua manifestação, sua relação."

"Essas três letras são as que **JESUS** pronunciou quando disse: 'Eu sou o primeiro e o último — eu sou o Verbo (a palavra, o alfabeto); eu sou o **ATh** (em Sânscrito), o espírito constitutivo, a alma, a razão viva'."

"**EU** sou o **A Ma Th**, que encerra por metátese."

"**A Th** — a alma das almas."

"**A Th Ma** — a Existência infinita da essência absoluta."

"**Tha Ma** — o Milagre da Vida, sua manifestação na essência Universal."

"**Ma Th A** — a Razão Suprema de todas as Razões. A Eudóxia de todas as Doutrinas"...

"Ora, tudo isso é mais transcendente e mais científico do que as ingenuidades interpretativas dos evangelhos, feitas por certas doutrinas, em que é digno de admiração o fantástico esforço mental para materializar o que é espiritual e espiritualizar o que é material, é um verdadeiro jogo malabar de palavras. São outras tantas Charadas para explicar logogrifos..."

"Pelo Arqueômetro não há interpretações; lê-se o verdadeiro sentido da palavra na sua pureza originária, organizada pela Ciência do Verbo que encerra, em si toda matemática divina"...

Bem, irmão leitor, agora que Você já deve ter entendido todo valor deste ASTh, vamos lembrar-lhe de que essas três letras, ou melhor, estes três sinais fundamentais, se bem que conservados em seus valores litúrgicos, sagrados, mágicos, vibrados e concepcionais, identificados como o da Deidade ou da Divindade Suprema, pela sonometria da Ciência do Verbo, foram invertidos; sem que, com isso, tenham perdido, essencialmente, os citados valores... isto é, os sons básicos que os brahmas (sacerdotes) vocalizavam no êxtase do mantra, para invocar o sagrado nome, ou o primeiro nome de Brahma, eram outros obedeciam a uma sonância inversa; houve uma transposição de letras.

Se bem que não caiba aqui detalhar tema tão amplo e de difícil entendimento para os não versados na antiga história religiosa dos povos do Oriente, vamos tentar dar uma ideia singela ao leitor, do porquê dessa inversão ou dessa transposição de letras.

O leitor deve estar lembrado de que já falamos naquele famoso Cisma de Irschu, havido na Índia há 3.600 anos mais ou menos antes de Cristo... e nas consequências dessa luta religiosa e política, de onde surgiu o Ionismo; para combater e dividir a Ordem Dórica reinante, deixada justamente pelo patriarca Rama.

Nessa época, a Índia já tinha várias sínteses religiosas, inclusive a brahmânica concordatária de Krishna, fonte do abrahamismo, que era a que pontificava e sustentava a síntese relígio-científica, expressa no Princípio Individual, monoteísta, tudo fundamentado no valor litúrgico, sagrado, vibrado, de certos termos ou letras, pela Ciência do Verbo.

A Tradição Iniciática e Patriarcal adotava a proto-síntese relígio--científica revelada, conforme prova Saint-Yves em seu Arqueômetro, pelo planisfério triangulado (Fig. 1) que provava o valor das letras **ISh-O** e **M-R-H** e **T h-S-A**, sendo que, da letra Y ou da sonância básica repercutida sobre os **ii, ys, sii, cy, ti, thi, tsi**, é que partia todo movimento emissivo e remissivo, para a formação dos termos científicos, litúrgicos, sagrados.

E essa sonância, essa raiz sonométrica e cronométrica, era a base para um "**makrôn**"', isto é, uma encantação mágica do mantra divino do Princípio Indivisível (Deus) e era, como dissemos, a raiz silábica, sonométrica, que fazia parte daqueles três conjuntos de letras.

O **Y-Sh-O** que na raiz sonométrica ou pelo módulo verdadeiro vinha a ser **tysiio** ou **ysiiu, yciiu** ou **ysio, ycio** ou mesmo **zciiu** — se pronunciava no adâmico, védico, sânscrito e outras línguas, como **Yesu**, que gerou o **Yeshua**, e o nosso **JESUS**, e ainda o **EVE +Y**, que gerou, por sua vez o **Yehovah** bíblico; o **M-R-H** — vinha a ser pronunciado **maraham** ou **marayahôm** ou ainda **maryhôm** ou **maryam** — no adâmico, védico, sânscrito etc., veio a ser o **Myriam** ou **MARIA**; e o **Th. S-A** (ou ASTh) que na raiz sonométrica original, ou pelas regras do modulo verdadeiro, era o mesmo **têsyio, tysiiu, tyciio, iisil** ou **tsil**, isto é, os mesmos sons onomatopaicos do terrícola do tempo de Sumé, que foi incutido e ensinado como expressando Luz, Divindade Suprema e Cruz, e de onde saiu a raiz sonométrica básica que deu formação e valor teogônico ao vocábulo TUPÃ ou TUPAN se pronunciava no adâmico, védico, sânscrito, e outros, como AMATH que encerra por metátese — conforme já transcrevemos de Leterre o **A-Th A**, a alma das almas; **A-Th-Ma**, a Existência infinita da Essência Absoluta; **Th-Ma**, o Milagre da Vida etc., e **Ma-Th-A**, a Razão Suprema de todas as Razões...

Assim, rematemos agora para dizer por que se deu essa inversão ou essa transposição de letras...

Já dissemos que Krishna pontificava há 3600 a.C. na Índia, e que sofreu o impacto daquele cruento Cisma de Irschu. Ele foi pressionado pela política religiosa e teve de concordar nessa transposição de valores, surgindo disso a inversão de todo sistema Dórico, pela substituição destes termos **Y-Sh-O** e **M-R-H**, pelos de **B-R-M** e **Sh-Y-Va**, impostos pelo Ionismo, com o **Ba-Ra-M — Sh-I-Va**, isto é, a concepção decorrente fundamentada no Brahma-Shiva.

Daí a origem do brahmanismo, de onde nasceu, por sua vez, o abrahamismo, religião caudatária da de Rama, Abrahão, Moisés, Mahomet etc...

Dividida, portanto, a antiga síntese Divina, Krishna fez notar que, da bipartição concepcional sobre o Princípio Individual, surgiria função ou valor decorrente do **Brahma-Shiva**; daí veio o termo **V-Y-Sh-N** ou **Vishnu**, e consequentemente uma nova trilogia sagrada: o **Brahma-Vishnu-Shiva**, que veio atravessando tudo até dar nas **três pessoas da Santíssima Trindade da Igreja Apostólica Romana o Pai, o Filho e o Espírito Santo...**

E aí está, caro leitor; em linhas gerais, ou em síntese, como se lança mão de fatores lógicos, religiosos, científicos e históricos, para provar a ancestralidade, também histórica e científica, de nosso **TUPAN**... e do **Tuyabaé-cuaá** — a Sabedoria dos velhos payés — e das razões e do por que o Brasil é o berço da Luz Iniciática — Guardião dos Sagrados Mistérios da Cruz — Pátria vibrada pelo Cruzeiro do Sul — Signo Cosmogônico da Hierarquia Crística.

Agora, vamos entrar com a classificação, identificação e definição sobre os 7 Orixás, aceitas pela Corrente Astral de Umbanda, dando a interpretação interna (esotérica), quer a popular (exotérica), quer a grafia dos mesmos, pelo citado Alfabeto Adâmico (ver no **Quadro Geral** a letra E).

Começaremos, então, por dar a identificação nominal das Sete vibrações Originais que **IRRADIAM E ORDENAM OS SETE ORIXÁS DE CADA LINHA**:

1 — VIBRAÇÃO DE ORIXALÁ

2 — VIBRAÇÃO DE YEMANJÁ

3 — VIBRAÇÃO DE XANGÓ

4 — VIBRAÇÃO DE OGUM

5 — VIBRAÇÃO DE OXOSSI

6 — VIBRAÇÃO DE YORI

7 — VIBRAÇÃO DE YORIMÁ

Desdobraremos seus reais valores em relação aos 7 Mediadores Siderais, aos 7 planetas, às 7 cores, às 7 notas musicais, às 7 vogais e aos 7 dias da semana — de acordo com os 7 Orixás das 7 Linhas... valores estes desdobrados de sua origem fundamental.

Os Valores Significativos destes Termos litúrgicos, mágicos, sagrados, vibrados, ou seja, a sua lexiologia está baseada e extraída TAMBÉM, segundo "chaves próprias" que nos foram reveladas, do inigualável estudo de Saint-Yves d'Alveydre, em sua obra "L'Archeomètre", termos estes cujas correspondências são encontradas, por suas figurações "morfológicas e falantes", em Sílabas, sonância ou fonemas, expressando valores Sagrados nas antigas línguas como sejam: a Vatânica (Watan ou Adâmica), nos Sinais Védicos, no Sânscrito e, ainda, no Hebraico, Árabe etc.

No entanto, chamamos a atenção para o que diz A. Leterre[19], que muito se aprofundou nestes estudos: "O Arqueômetro encerra, embora velado, o verdadeiro esoterismo e a chave de todas as religiões da humanidade e de todos seus conhecimentos científicos".

---

19 Ver a obra "'Jesus e Sua Doutrina", de Leterre, e ver também "L'Archeométre", d6 Saint-Yves.

Mas, não nos iludamos, ele (Saint-Yves) o diz claramente: "O Arqueômetro não fornece uma casa pronta; mas, sim, todo o material necessário para construí-la, a cada um, o mérito de o conseguir".

Mas, para que comprovem as bases de nosso estudo, mostraremos as **CORRESPONDÊNCIAS GRÁFICAS E FONÉTICAS** dos Sinais Riscados da Lei de Pemba, que compõem e dão a sonância e os significados a CADA UM DOS SETE TERMOS litúrgicos, sagrados, vibrados, que identificam as Sete Vibrações Originais (**ORIXALÁ — YEMANJÁ — XANGÓ — OGUM — OXOSSI — YORI e YORIMÃ**), nas 22 letras ou caracteres do alfabeto mágico da escrita secreta dos Brahmas, que dizem ignorar a sua essência, mas Saint-Yves afirma ser um alfabeto **ARIANO** (que não temos afirmar ter sido **REVELADO** à primitiva raça humana), e que também correspondem aos 22 Arcanos Maiores, escrita essa que, por sua vez, corresponde no alfabeto Adâmico ou Vatânico, que originou as letras Sânscritas.

Daremos estes **CARACTERES GRÁFICOS** no original, ou seja, na Grafia Celeste dos Orixás e em suas já citadas correspondências na escrita secreta dos Brahmas, que são semelhantes às letras Adâmicas.

Eis, portanto, a PROVA, nestes caracteres, obedecendo à posição horizontal, para melhor assimilação, pois que a Academia Adâmica os escrevia de baixo para cima e em sentido vertical[20]:

1º) GRAFIA DE ORIXALÁ

---

20 Na raça branca ou setentrional, a escrita começou a ser feita da esquerda para a direita, assim que ela adotou sinais próprios, pelo despertar da consciência, orgulho de raça etc. (Ver "Os Grandes Iniciados", de Ed. Schuré).

que exprime na própria sonância a palavra **ORIXALÁ**, ou **ORISHALÁ**, que os africanos pronunciavam sensivelmente igual e dos quais colhermos a fonética, adaptando-a aos nossos caracteres gráficos.

A correspondência em sonância e sinais dos Orixás (os sinais riscados, secretos, mágicos da Lei de Umbanda) é:

que é igual, na sonância, à **ORIXALÁ**.

2º) **GRAFIA DE YEMANJÁ:**

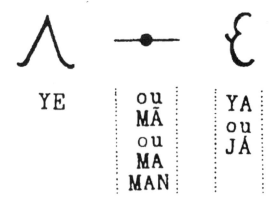

que exprime na própria sonância a palavra **YEMANJÁ** e que corresponde, na grafia dos Orixás, a:

que é igual, na sonância, à mesma de **YEMANJÁ**.

3º) GRAFIA DE XANGÔ:

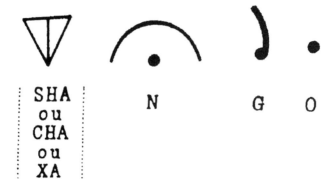

que exprime, na própria sonância, a palavra **XANGÔ** que corresponde, na grafia dos Orixás, a:

que é igual, na sonância, à mesma de **XANGÔ**.

4º) GRAFIA DE OGUM:

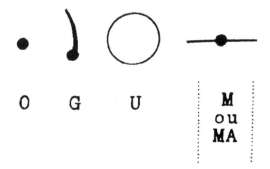

que exprime na própria sonância a palavra **OGUM** e corresponde, na grafia dos Orixás, a:

que é igual, na sonância, à mesma de **OGUM**.

5º) GRAFIA DE OXÓSSI:

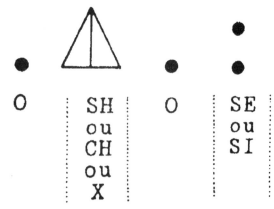

que exprime na própria sonância a palavra OSHOSE ou OCHOSI ou OXOSSI e que corresponde, na grafia dos Orixás, a:

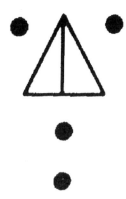

que é igual, na sonância, à mesma de **OXOSI**.

6º) GRAFIA DE YORY:

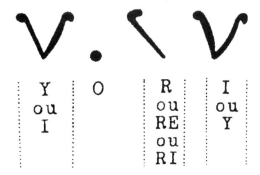

que exprime na própria sonância a palavra **YORY** e corresponde, na grafia dos Orixás, a:

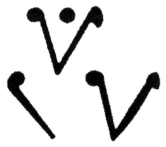

que é igual, na sonância, à mesma de **YORY**.

7º) **VIBRAÇÃO DE YORIMÁ:**

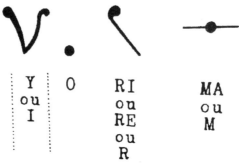

que exprime na própria sonância a palavra **YORIMÁ** e se corresponde, na grafia dos Orixás, a:

que é igual, na sonância, à mesma de **YORIMÁ**.

OBSERVAÇÃO IMPORTANTE

Os termos **ORIXALÁ, YEMANJÁ, XANGÔ, OGUM** e **OXÓSSI**[21] foram implantados no Brasil pelos africanos, segundo a sua FONÉTICA, e nós, então, lhes demos as características gráficas de nosso idioma, ou seja, os da língua portuguesa.

---

21 Estes dois termos YORY e YORIMÁ, que identificam espíritas em "forma" de crianças e pretos-velhos, foram revelados, pois com eles estão completas as "7 Palavras da Lei", expressões do próprio Verbo.

Tanto isso é verdade que estes termos estão dicionarizados como "brasileirismos", expressando tão somente os significados religiosos que os povos de raça negra lhes emprestaram através de seus cultos.

No entanto, nem como "brasileirismos", no sentido intrínseco que dão a este substantivo, podemos considerá-los, pois, segundo os próprios léxicos, "brasileirismo" (abreviação "Bras.") traduz: locução própria do brasileiro; modismo próprio do linguajar dos brasileiros; (Bras.): caráter distintivo do brasileiro e do Brasil; sentimento de amor ao Brasil, brasilidade[22].

Também não temos conhecimento de qualquer enciclopédia, dicionário ou gramática de língua africana onde se possa comprovar a etimologia destes termos como pertencentes originariamente à raça negra.

Podemos afirmar que, através dos séculos, esta raça conservou apenas a fonética dos citados vocábulos, transmitidos de pais a filhos por tradição oral.

Não nos consta, outrossim, a existência de quaisquer documentos compilados pelos negros em sua própria linguagem ou expressões gráficas, ou seja, nas centenas de idiomas e dialetos falados pelos povos da África.

É, portanto, perfeitamente lógico, que de uma época para outra, e de um ambiente para outro, estes vocábulos tenha sofrido ligeira variação na sonância, mas conservando sempre as suas origens fonéticas. Este fato ocorre em qualquer país do mundo e dentro dele próprio, pois essas variações do linguajar são encontradiças do norte ao sul do mesmo.

Assim, jamais poderíamos pesquisar a origem real destes termos na África, na China e no restante asiático, no Oriente Próximo, ou em qualquer outro lugar, uma vez que, sendo ORIGINAIS, pertencem às línguas-mães e não às suas derivadas e compostas, como jamais poderíamos encontrar a origem da língua portuguesa em Portugal, da gaulesa na França, da ibérica na Espanha, mas sim todas na Língua-Máter, o Latim, que lhes deu vida e que por sua vez já vinha de outras fontes, em retrospectos, até chegar à Matriz única, fundamental, o Vatan.

Não devemos esquecer que são as línguas que fazem as ciências e não o inverso. Muito antes de o homem procurar estabelecer uma ciência, ele tem de encontrar uma forma de sua expressão.

Em suma: o que os africanos trouxeram para o Brasil foi uma herança verbal que, através das gerações, chegou-lhes já deturpada em seu real

---

22 Ver "Pequeno dicionário brasileiro da Língua Portuguesa".

W. W. da Matta e Silva

valor, isto é, conseguiram guardar a sonância destes termos litúrgicos que seus primitivos Sacerdotes, também por tradição iniciática, receberam dos depositários originais, os povos de raça vermelha e particularmente de Rama, que a difundiu pelo Egito, Índia etc., quer no lado exotérico ou religioso, quer no esotérico ou litúrgicos, este, através das antigas academias de seu ciclo.

Pois bem, foi a sonância destes Termos Sagrados que nós captamos, formando vocábulos com a nossa própria grafia, e cuja etimologia não pode ser procurada em gramáticas ou vocabulários, visto terem entrado para o português como expressões posse de uma religião trazida até nós pelos irmãos africanos escravizados.

Eis por que todos os pesquisadores, até hoje, têm procurado, em vão, as origens destes termos nas palavras: "em banda", "um-banda", "embanda" etc., palavras essas talvez de voz corrente entre a raça negra.

Além disso, nenhuma outra origem foi pesquisada, nem mesmo uma origem real dos dialetos e idiomas africanos.

Queremos dizer que vários etnólogos, em excursões históricas científicas através dessas raças, conseguiram apurar apenas os vocábulos Orixá, Yemanjá, Xangô, Ogum, Oxossi etc. Na falta de outro apoio, os escritores do assunto neles se pautaram, "esquecendo" a fonte orientadora, as nossas Entidades Superiores da Grande Lei de Umbanda.

Mas tudo vem na sua devida época; "os tempos ainda não tinham chegado"...

Desdobremos, agora, seus significados por Vibrações ou Linhas, mostrando ainda que, silabicamente, ainda se conservam na maior parte das línguas templárias, expressando valores litúrgicos, sagrados, vibrados:

1ª) VIBRAÇÃO ORIGINAL OU LINHA DE ORIXALÁ

Essa palavra **ORIXALÁ**, convém repisar, tem sua correspondência fonética na dita original **ORISHALÁ** ou **ORISÁ-NLA** ou **ORICHAALAH**, conhecida como de **Oxalá** (contração da primeira) e traduz o seguinte:

PALAVRA	SIGNIFICADO	SILÁBICO
ORISHALÁ	A Luz do Senhor Deus	Oori-Luz-Senhor

ORIXALÃ ORISÁ-NLÁ	A luz do Fogo Divino Clarão do Fogo Divino	Sá-Chan ou Xá: Fogo, Raio — Senhor
ORICHA-MALLAH	A luz do Senhor Oculto	Alah-Nla ou Lá: Deus
ORICHALAH	Reflexo da Luz do Senhor	Divino ou aquele em sentido místico

Essa linha tem a supervisão de **JESUS**, o Cristo, e representa o Principio, o Incriado, o Reflexo de Deus, o Verbo Solar. É **a Luz** Refletida que coordena as demais Vibrações Originais, NÃO em seus PONTOS INICIAIS e sim em suas "exteriorizações" que se fixam no nosso Mundo, e que dão a MAGIA aos Orixás que integram e dirigem na prática a Lei na dita Linha...

Na adaptação popular dos terreiros, diz-se como "linha de Oxalá" mesmo.

Tem seu Ponto intermediário no Mediador Gabriel, de todas as religiões. Vejamos o significado REAL dessa palavra nas línguas antigas ou templárias, isto é, GABARAEL:

GA — Movimento em harmonia desde as das **VOZES**

BARA — Palavra

EL — Deus[23]

...foi o portador da palavra de Deus na Bíblia; o mesmo que falou a Mahomet e a Maria Sacerdotisa e Iniciada dos Templos Mosaicos.

O ASTRO que corresponde a essa Vibração ou Linha é o **SOL**;

A nota musical é **MI**;

A vogal, **Y**;

A cor é a **BRANCA** e **AMARELO-OURO**;

O dia, **DOMINGO**.

Essa Vibração Original ou Linha tem como Chefes Principais, não incorporantes e dirigentes de suas 7 Legiões, os seguintes:

---

23 Estes significados silábicos, bem como todos os que se seguem sobre Mediadores, nas demais Linhas ou Vibrações, estão dentro da "obs." anterior, e, em todos, a letra "L" significa DEUS, principalmente nas língua Vatânica, Zende, Sânscrito etc.

1 — Caboclo Urubatão da Guia

2 — Caboclo Ubirajara

3 — Caboclo Ubiratan

4 — Caboclo Aymoré

5 — Caboclo Guaracy

6 — Caboclo Guarany

7 — Caboclo Tupy

Estes têm como seus prepostos 49 Orixás Chefes de Falanges e 343 Orixás Chefes de Subfalanges, que tomam seus nomes para dirigirem, na prática, os demais componentes da Linha.

Os componentes imediatos são classificados como Guias e Chefes de Agrupamentos e os outros, em sentido descendente, são chamados Protetores (ver o Mapa nº 3).

As 7 Variantes da Unidade, Vibrações Originais ou Linhas têm, entre si, um "entrelaçamento coordenado", através de seus militantes afins; que se chamam "intermediários diretos".

Passemos a classificá-los na seguinte ordem:

1 — Caboclo Urubatão da Guia (os deste nome não são intermediários);

2 — As 7 Entidades que tornam o nome do **Caboclo Ubirajara** são os "intermediários" para a Linha de Yemanjá;

3 — As 7 Entidades que tomam o nome do **Caboclo Ubiratan** são os "intermediários" para a Linha de Yori;

4 — As 7 Entidades que tomam o nome do **Caboclo Aymoré** são os "intermediários" para a Linha de Xangô;

5 — As 7 Entidades que tomam o nome do **Caboclo Guaracy** são os "intermediários" para a Linha de Ogum;

6 — As 7 Entidades que tomam o nome do **Caboclo Guarany** são os "intermediários" para a Linha de Oxossi;

7 — As 7 Entidades que tomam o nome do **Caboclo Tupy** são os "intermediários" para a Linha de Yorimá.

Obs.: Os Espíritos militantes da Lei de Umbanda só usam os mesmos nomes dos seus Chefes de Legiões, quando são, exclusivamente, do 1º Plano, ou seja, até a função de Chefes de Subfalanges. Dai para bango, não se pautam mais por essa regra, variando, embora, na mesma ligação afim.

2ª) VIBRAÇÃO ORIGINAL OU LINHA DE YEMANJÁ

A palavra Yemanjá também pode ser pronunciada como yemanyá, por troca do J pelo Y.

A essa Linha dão inúmeros qualificativos, como sejam: Linha de Nossa Senhora da Conceição, de Oxum, do Povo D'Água, do Povo do Mar etc. Estes dois últimos têm analogia, por intermédio dos Orixás, Guias e Protetores, com o sentido real da palavra, que passamos a analisar:

PALAVRA	SIGNIFICADO	SILÁBICO
YEMANJÁ	Princípio Duplo Gerente	YE — Princípio ou Ordem Gerante
Ou	A Energia Geradora; os elementos geradores; o Eterno Feminino	Mã ou Man — o Mar, a Água JÁ ou Yá — A Maternidade, a Matriz, a Potência Criadora;
YEMANYÁ	O Princípio das Águas	O Movimento Criador

E, como vimos por comparação, a Divina Mãe do Universo, a Mãe Sofia dos Teosofistas... é a DIVINA MÃE NA UMBANDA e traduz: o Princípio que atua na Natureza, ou seja, o Eterno Feminino, a Divindade da Fecundação, da Gestação etc.

O Planeta que corresponde à Yemanjá é a **LUA**;

A vogal, **A**;

A nota musical, o **SI**;

A cor, o **AMARELO** e o **PRATEADO**;

O dia, **SEGUNDA-FEIRA**.

E o mediador é **RAFAEL** ou **RAPHAEL**, que significa:

RA — Movimento determinado atingindo seu fim. A Palavra em ação.

PHA — O órgão do Pensamento vivo do Criador. O Sopro Vital e Potencial.

EL — DEUS.

Essa Vibração Original de Yemanjá tem, como dirigentes principais, 7 Chefes de Legiões, Falanges e Subfalanges, com seus Grupamentos etc.

Os nomes dos Orixás Chefes de Legiões são:

1 — Cabocla Yara ou Mãe D'Água

2 — Cabocla Indayá

3 — Cabocla Naná-Burucun

4 — Cabocla Estrela do Mar

5 — Cabocla Oxum

6 — Cabocla Inhaçã

7 — Cabocla Sereia do Mar.

A Linha de Yemanjá determina 42 Orixás Chefes de Falanges para "intermediários" entre as demais Linhas, conforme a descrição abaixo:

1 — **Cabocla Yara ou Mãe D'Água** (as deste nome não são intermediárias);

2 — As 7 Entidades que tomam o nome da **Cabocla Indayá** são "intermediarias" para a Linha de Oxossi;

3 — As 7 Entidades que tomam o nome da **Cabocla Nani-Burucun** são as "intermediárias" para a Linha de Yorimá;

4 — As 7 Entidades que tomam o nome da **Cabocla Estrela do Mar** são as "intermediárias" para a Linha de Orixalá;

5 — As 7 Entidades que tomam o nome da **Cabocla Oxum** são as "intermediarias" para a Linha de Yori;

6 — As 7 Entidades que toma o nome da **Cabocla Inhaçã** são as "intermediárias" da Linha de Xangô.

7 — As 7 Entidades que tomam o nome da **Cabocla Sereia do Mar** são as "intermediárias" para a Linha de Ogum.

3ª) VIBRAÇÃO ORIGINAL OU LINHA DE XANGÓ

Essa Linha ou Vibração que, na concepção popular dos Terreiros diz-se como "linha do povo" (ou dos espíritos) das cachoeiras, dá ainda mística ou similitude para "dividirem-na" por três Santos da Igreja Romana: S. Jerônimo,

S. Pedro e S. Paulo, nos dias dos quais festejam "Xangô-Kaô, Xangô-Agodô e Xangô-Alafin; isto, porém, nos setores que seguem mais a linha africanista, ou seja, nos subgrupamentos da Lei de Umbanda...

Sobre o termo **XANGÓ** ou **CHANGÓ**, vamos tecer maiores considerações, visto sua primeira "sílaba mágica" estar também compondo a palavra Orixalá, em sua sonância original. Eis, portanto, a palavra certa, **CHANGO**, que gerou:

PALAVRA	SIGNIFICADO	SILÁBICO
SHANGÔ		SHAN ou CHAM
CHAMGÔ	Movimento de Vibração da	O Fogo Subterrâneo
CHANGÔ	Energia Oculta, o Raio Oculto, a Alma ou o Senhor do Fogo, o Dirigente das Almas	Xá — Senhor, Dirigente ANGÔ — O Fogo Oculto
XA-ANGÔ		ANGÔ — O Fogo Oculto
XANGÔ		GÔ — Raio, Fogo, Alma

...ora, como dissemos que teceríamos maiores considerações sobre a sílaba **CHAM** ou **SHAN**, que é de muita força para certas invocações da magia celeste, vamos **dar** uma busca, então, na própria Gênese de Moisés. Estudemos o Capítulo VI, 10, no sentido real, que é o cosmogônico e não o cosmográfico.

De acordo com a verdadeira grafia, lê-se, então, em sua pureza, o genuíno sentido da palavra **GHAM**, que deturparam para Caim e daí para Cão. Vamos ler que "**NOÉ** gerou **SEM**, **CHAM** e **JAFÉ**". Bem, todas as Escolas Iniciáticas ensinam que Noé é o princípio biológico do nosso sistema solar. **NOÉ**, por metátese, **EON**, é o conjunto de vibrações elétricas deste princípio. São os ÍONS que ocupam todo o espaço interplanetário[24][25].

SEM corresponde a **JAFÉ** ou **JAPHET**, que é o princípio da força expansiva evolutiva, destruída por Cham, que é o princípio da força compressiva adstringente, gerando o termo **SETH**, isto é, o resfriamento do Globo...

Em síntese, Cham é o Fogo subterrâneo; **SEM**, o Fogo Etéreo.

---

24 Ver George Lakworski — "L'Universíon".
25 Ver "A Pequena Síntese" — J. C. Ramalho.

Como podemos verificar, essa sílaba que compõe duas palavras, Orixalá, e Xangô, tem ciência e fundamento em várias línguas de onde Moisés extraiu o alfabeto dito Aramaico...

O Planeta que corresponde à Vibração de Xangô é **JÚPITER**;

A cor é **VERDE**;

A nota musical, o **SOL**;

O dia, **QUINTA-FEIRA**;

A vogal, **Y**.

O mediador é **MIGUEL**, cuja grafia correta é **MIKAEL**, que traduz, silabicamente:

MI — O Centro Vibratório;

KA — O Céu, o Eter, que cobre e protege;

EL — DEUS.

XANGÓ E o SER EXISTENTE que coordena toda Lei Carmânica; e, ainda, o Dirigente das Almas, o Senhor da Balança Universal, que afere nosso estado espiritual.

Essa Vibração Original tem Chefes de Legiões, Falanges, Subfalanges, Grupamentos etc. Os nomes dos Chefes de Legiões são:

1 — Xangô-Kaô

2 — Xangô Sete Montanhas

3 — Xangô Sete Pedreiras

4 — Xangô da Pedra Preta

5 — Xangô da Pedra Branca

6 — Xangô Sete Cachoeiras

7 — Xangô-Agodô.

A Linha de XANGÓ determina 42 Orixás Chefes de Falanges para "intermediários" às demais Linhas, na seguinte classificação:

1 — **Xangô-Kaô** (os deste nome não são intermediários);

2 — As 7 Entidades que tomam o nome de **Xangô 7 Montanhas** são as "intermediárias" para a Linha de Ogum;

3 — As 7 Entidades que tomam o nome de **Xangô 7 Pedreiras** são as "intermediárias" para a Linha de Yemanjá;

4 — As 7 Entidades que tomam o nome de **Xangô da Pedra Preta** são as "intermediárias" para a Linha de Yorimá;

5 — As 7 Entidades que tornam o nome de **Xangô da Pedra Branca** são as "intermediárias" para a Linha de Orixalá;

6 — As 7 Entidades que tomam o nome de **Xangô 7 Cachoeiras** são as "intermediárias" para a Linha de Yori;

8 — As 7 Entidades que tornam o nome de **Xangô-Agodô** são as "intermediárias" para a Linha de Oxossi.

4ª) VIBRAÇÃO ORIGINAL OU LINHA DE OGUM

A Linha ou Vibração de Ogum é conhecida como Linha de São Jorge, **OGUM** é a correspondência fonética da palavra **AGAUM** ou **IGAUM** ou **IGOM** ou **IGOM**: é o Agni dos hindus, é a misteriosa Palavra mística de evocação sagrada, já citada: **AUM (OM), UM.** As duas, afinal, vêm a ser a mesma... Ela está contida na palavra **UMBANDA**, donde foi extraída. Vejamos o seu significado:

PALAVRA	SIGNIFICADO	SILÁBICO
AGAUM	O Fogo Sagrado	AG — Fogo
AGOM		O Fogo Subterrâneo
CHANGÔ	O Fogo da Salvação ou da Glória	IG — Fogo
IGOM		UM, AUM (OM) — Inova-
OGUM	A Inovação Mística	ção, Glória, Salvação

Vibração de Ogum é, portanto, o **FOGO DA SALVAÇÃO OU DA GLÓRIA,** o Mediador, o Controlador dos Choques consequentes ao Carma. É a Linha das Demandas da Fé, das aflições e das lutas, batalhas etc. É a Divindade que, no sentido místico, protege os guerreiros. Exemplo: as Cruzadas, que foram a Guerra Santa aos Infiéis, pelo menos para os que assim pensavam.

O Planeta correspondente a **OGUM** é **MARTE**;

A cor, a **ALARANJADA**;

A vogal, o **U**;

Anota musical, o **FÁ**;

O dia, a **TERÇA-FEIRA**.

E o mediador, **SAMUEL**, que traduz o Esplendor de Deus:

SA — Esplendor

MU — (DELE)

EL — DEUS.

Tem Chefes de Legiões, Falanges, Subfalanges e Grupamentos: Os nomes dos Chefes de Legiões são:

1 — Ogum de Lei

2 — Ogum Yara

3 — Ogum Megê

4 — Ogum Rompe-Mato

5 — Ogum de Malê

6 — Ogum Beira-Mar

7 — Ogum Matinata

A Linha de Ogum apresenta 42 Orixás Chefes de Falanges como "intermediários" para as demais Linhas. São eles:

1 — **Ogum de Lei** (os deste nome não são intermediários);

2 — As 7 Entidades que tomam o nome de **Ogum Yara** são as "intermediárias" para a linha de Yemanjá;

3 — As 7 Entidades que tomam o nome de **Ogum Megê** são as "intermediárias" para a linha de Yori;

4 — As 7 Entidades que tomam o nome de **Ogum Rompe-Mato** são as "intermediárias" para a linha de Oxossi;

5 — As 7 Entidades que tomam o nome de **Ogum de Malê** são as "intermediárias" para a linha de Yorimá;

6 — As 7 Entidades que tomam o nome de **Ogum Beira-Mar** são as "intermediárias" para a linha de Xangô;

7 — As 7 Entidades que tornam o nome de **Ogum Matinata** são as "intermediárias" para a Linha de Orixalá;

5ª) VIBRAÇÃO ORIGINAL OU LINHA DE OXOSSI

Há vários qualificativos para ela: o de Linha de S. Sebastião ou Jurema, dos Caboclos etc., mas são interpretações errôneas que os crentes, em sua fé, lhes dão.

A Vibração de Oxossi significa: **AÇÃO ENVOLVENTE OU CIRCULAR DOS VIVENTES DA TERRA**, ou seja, o Caçador de Almas, que atende na doutrina e na Catequese. Por sílabas, temos:

OX — Ação ou Movimento

O — Círculo ou Circular

SI — Vivente da Terra.

E ainda, na concepção, **OXOSSI** é a vibração que influência no misticismo das almas, que doutrina e interfere nos males físicos e psíquicos.

O Planeta correspondente é **VÊNUS**;

A cor, **AZUL**;

A nota musical, o **RÉ**;

Sua vogal, **H**;

O dia, **SEXTA-FEIRA**.

E o mediador, **ISMAEL** ou **ISHMA-EL**, o **PRINCÍPIO FLUÍDICO DE DEUS**.

IS — Princípio

MA — Fluídico

EL — DEUS.

Tem seus Chefes de Legiões, Falanges e Subfalanges, Grupamentos etc. Os nomes dos Chefes de Legiões são:

1 — Caboclo Arranca-Toco

2 — Cabocla Jurema

3 — Caboclo Arariboia

4 — Caboclo Guiné

5 — Caboclo Arruda

6 — Caboclo Pena Branca

7 — Caboclo Cobra Coral.

A Linha de OXOSSI dá 42 Orixás Chefes de Falanges como "intermediários" para as demais Linhas. São eles:

1 — **Caboclo Arranca-Toco** (os deste nome não são intermediários);

2 — As 7 Entidades que tomam o nome da **Cabocla Jurema** são as "intermediárias" para a Linha de Yori;

3 — As 7 Entidades que tomam o nome do **Caboclo Arariboia** são as "intermediárias" para a Linha de Orixalá;

6 — As 7 Entidades que tomam o nome do **Caboclo Pena Branca** são as "intermediárias" para a Linha de Yemanjá;

7 — As 7 Entidades que tomam o nome do Ca**boclo Cobra Coral** são as "intermediárias" para a Linha de Xangô;

6ª) VIBRAÇÃO ORIGINAL OU LINHA DE YORI

É grande o número de designações populares para essa Linha: São Cosme e Damião, Ibeji ou Ibejê e Beijada, Linha das Crianças, dos Candengos, de Curumis, de Oriente etc., e está apenas em analogia com seu princípio básico nas comparações e concepções das massas, em sua singela ignorância ou na expressão da forma dos espíritos que militam na Lei de Umbanda.

Essa vibração tem como nome verdadeiro o de **YORI**, que se desdobra da seguinte forma silábica:

YO ou **Y** — A Potência Divina Manifestando-se;

Deus em Ato por seu Verbo;

O Santo Sacrifício;

A Ação de sacrificar-se;

A Vitalidade saindo da luz ou da Energia;

RI — SER REI, REINAR;

ORI — A Luz. O Esplendor.

Conjuguemos o significado do termo **YORI: A POTÊNCIA EM AÇÃO DA LUZ REINANTE** ou **A POTÊNCIA EM AÇÃO PELO VERBO**, que traduz a Potência da luz do Verbo ou do Reino de Deus.

O Planeta correspondente a **YORI** é **MERCÚRIO**;

A cor, a **VERMELHA**;

A vogal, o **E**;

A nota musical, o **Dó**;

O dia, **QUARTA-FEIRA**.

E seu mediador,

YORIEL[26] que significa Potência Reinante de Deus.

Devemos lembrar aos que estranharem estes significados, que eles são antiquíssimos, porque se regiam pela supremacia do Y ou I ou J, que era considerada, por todas as Academias da antiguidade, como pertencendo a Jesus, Verbo Criador. Ela compõe a palavra Jesus em todas as línguas básicas da humanidade e o próprio nome de Jehovah (Deus).

Agora, a titulo de lembrete, vejamos a concepção dos africanos para melhor esclarecimento dos perspicazes: eles não tinham o termo Ibeji (que significa gêmeos) no sentido de divindade que curava as enfermidades e sim no de fecundidade, vitalidade geradora. Os deuses dos Nagôs, por exemplo, que presidiam à Medicina, eram três: Agê Chaluga, Ajá e Ochambin[27].

A Linha de Yori tem seus Chefes de Legiões, Falanges e Subfalanges, Grupamentos etc.

Os nomes dos Chefes de Legiões são os seguintes:

1 — Tupanzinho

2 — Ori

3 — Yariri

4 — Doum

5 — Yari

6 — Damião

7 — Cosme

A Linha de Yori faz 42 Orixás Chefes de Falanges, como "intermediários" para as demais Linhas. São eles:

1 — **Tupanzmho** (o deste nome não são intermediários);

---

26 Ver o significado silábica de YO, RI e EL nas páginas anteriores.

27 Ver págs. 363-364 de "Os Africanos no Brasil".

2 — As 7 Entidades que tomam o nome de **Ori** são as "intermediárias" para a Linha de Yemanjá;

3 — As 7 Entidades que tomam o nome de **Yariri** são as intermediárias" para a Linha de Yemanjá;

4 — As 7 Entidades que tomam o nome de **Doum** são as "intermediárias" para a Linha de Xangô;

5 — As 7 Entidades que tomam o nome de **Yary** são as "intermediárias" para a Linha de Ogum;

6 — As 7 Entidades que tomam o nome de **Damião** são as "intermediárias" para a Linha de Oxossi;

7 — As 7 Entidades que tomam o nome de **Cosme** são as "intermediárias" para a Linha de Yorimá.

7ª) VIBRAÇÃO ORIGINAL OU LINHA DE YORIMÁ

É uma Linha a que quase maioria absoluta dá vários nomes, como sejam: Linha dos Pretos-Velhos, dos Africanos, de S. Cipriano e até das Almas. Tem o seu mistério e significado real, na palavra **YORIMÁ**, que traduz: **POTÊNCIA DA PALAVRA DA LEI, ORDEM ILUMINADA DA LEI,** ou ainda, **PALAVRA REINANTE DA LEI.**

Silabicamente:

YO — Potência ou Princípio, Ordem

RI — Iluminado, Reinante

MÁ — Lei.

Essa Linha, como os próprios valores expressam, é Composta dos primeiros Espíritos que foram ordenados a combater o **MAL** em todas as suas manifestações.

São os Orixás velhos, verdadeiros Magos Que, velando suas for mas Cármicas, revestem-se das roupagens de Pretos-velhos, distribuindo e ensinando as verdadeiras "milongas", sem deturpações.

São os Senhores da Magia e da experiência adquirida através de seculares encarnações.

Eles são a **DOUTRINA**, a **FILOSOFIA**, o Mestrado da Magia em fundamentos e ensinamentos, e representam os primeiros que adquiriram a forma na humanidade e no sacrificial.

O Planeta correspondente a **YORIMÁ** é **SATURNO**;

A cor, **VIOLETA**;

A nota musical, **LÁ**;

A vogal, a **O**;

O dia, **SÁBADO**.

O mediador que afere na Vibração Original é **YRAMAEL**, que se traduz como: **POTÊNCIA OU MOVIMENTO REAL DA LEI DE DEUS**.

Assim, temos silabicamente:

Y — Potência ou Movimento

RA — Ser Rei, Reinar

MA — Lei

EL — Deus.

Tem seus Chefes de Legiões, Falanges, Subfalanges. Grupamentos etc. Os nomes dos Chefes de Legiões são:

1 — Pai Guiné

2 — Pai Tomé

3 — Pai Arruda

4 — Pai Congo de Aruanda

5 — Maria Conga

6 — Pai Benedito

7 — Pai Joaquim

Essa Linha ou Vibração Original de Yorimá apresenta 42 Orixás Chefes de Falanges como intermediários entre as demais Linhas, na seguinte classificação:

1 — **Pal Guiné** (os deste nome não são intermediários);

2 — As 7 Entidades que tomam o nome do **Pai Tomé** são as "intermediárias" para a Linha de Orixalá;

3 — As 7 Entidades que tomam o nome do **Pai Arruda** são as "intermediárias" para a Linha de Yemanjá;

4 — As 7 Entidades que tomam o nome do **Pai Congo de Aruana** da são as "intermediárias" para a Linha de Yori;

5 — As 7 Entidades que tomam o nome de **Maria Conga** são as "intermediárias" para a Linha de Xangô;

6 — As 7 Entidades que tomam o nome do **Pai Benedito** são as "intermediárias" para a Linha de Ogum;

7 — As 7 Entidades que tomam o nome do **Pai Joaquim** são as "intermediárias" para a Linha de Oxossi.

Vimos, portanto, a descrição das 7 Vibrações Originais. Assim, pela maneira clara e acessível por que foi exposta, poderão comprovar todas as demonstrações e identificações reais, simples e compreensíveis, no mapa nº 2 e dos 3 planos conjugados.

Conforme dissemos, os Termos, Sílabas etc., e respectivos significados Litúrgicos, Sagrados, Vibrados, estão dentro das Antigas línguas templárias, oriundas do primitivo alfabeto Ariano denominado Vatan ou Adâmico, inclusive no Sânscrito atual. Este, apesar de reformado há 400 anos a.C., é um idioma onde muitos destes "valores significativos" ainda se refletem ou são encontrados.

Estes Termos e Significados foram coordenados na própria Lei do Verbo, na Magia dos Sons e dos Números, de acordo com a matemática quantitativa e qualitativa a própria Lei Matemática do Criador[28], ou seja, as "figuras-chaves" originais representativas, que deram, por correspondência fonética, os sons ou figuração de letras, isto é, as Sete Variantes representativas da Magia do Verbo. Omitimos apenas a "real posição" dos caracteres gráficos dos Orixás por injunção superior, a fim de evitar sua posse e mau uso, por espíritos menos esclarecidos, em prejuízo dessa Umbanda de todos nós, bem como estendemos um fino "véu" sobre os referidos caracteres sagrados, expressões do Verbo, eterno, absoluto, mas que não dificulta a "visão" dos realmente capacitados.

Essas "posições" estão dentro da chamada "Lei de Pemba", que é o controle da magia pelos Orixás. Essa é a razão de não expô-las, preferindo conservá-las em posição hermética, revelável apenas através da parte esotérica ou Iniciática...

---

28 Ver as obras de Saint-Yves d'Alveydre, inclusive o "Arqueômetro", onde poderá ser achada a Chave de toda essa Lexiologia.

INTRODUÇÃO AO MAPA DA NUMEROLOGIA DA LEI DE UMBANDA

Quase todas as "Escolas ou Academias", pelo menos as mais conhecidas dos últimos séculos, que se "refletem" atualmente, perderam a **CHAVE-MESTRA** que abre a "**PORTAS MISTÉRIOS**", do encadeamento das "causas e dos efeitos", oriundos de uma **LEI** que gerou o **MOVIMENTO EVOLUTIVO** das "substâncias" **CRIADAS** e **INCRIADAS** do ilimitado **COSMOS**...

Talvez que tenham esta CHAVE "trancada a sete chaves"... que seus expoentes tratem de "movimentá-la", porque a **UMBANDA**, esta **ANCIÃ** que perdeu o dia do seu nascimento nas noites da Eternidade, já começou "chamando a si" Iniciados de todos os graus, para levantar-lhes o **VÉU DE SUAS MENTES ESPIRITUAIS**...

Eles, os grandes "mestres", pensam que a **LEI** é uma balela, fruto de "acanhadas concepções"... só enxergam aquilo que traz a linguagem "fria" dos textos e das "fórmulas", ou "isso" que os grandes Templos espelham nas roupagens místicas, ou ainda, no multicor das sedas e no batuque dos tambores; porém, como se enganam...

Assim, vejamos os **PRINCÍPIOS** e as **VIBRAÇÕES** como se revelam e "vivem" na Lei de Umbanda, pela sua **PRÓPRIA NUMEROLOGIA**; que traduz e encerra todos os "mistérios", desde os tempos primitivos até **RAMA** e deste a **MELCHISEDEC**, que, temendo a confusão da época, ocultou-a (Melchisedec ou **MILLIKSHADAI-KA**, que significa **REI DE JUSTIÇA** e foi o último Pontífice da Ordem de Rama).

Inicio, portanto, **DIZENDO E PROVANDO** que o "número-chave" na Umbanda é o 57, que encerra o 1, o 7 e o 49, e gera o famoso 399, que ainda contém e produz a numerologia 3-4-3, isto é, do Ternário, Quaternário e do Sagrado Setenário.

Este número, 57, somado nos seus algarismos gera o 12 e este, o 3, e este, o **TRIÂNGULO**, que está contido na **UNIDADE** ou no **CÍRCULO**, que é a **LEI**, e multiplicado por 3 e seu produto ainda por este, e assim, sucessivamente, encontramos, se somarmos os algarismos de cada **UM** destes produtos, **UMA** soma ÍMPAR que gera o 9 ou que, somada ainda, gera este mesmo 9, que, centralizando-se em sua **RAIZ**, revela o 3 ou o **TRIÂNGULO**... isto 7 vezes, 49, 57 e daí ao infinito...

Então para melhor esclarecer, pois estamos no plano de Umbanda, vamos transcrever de nosso artigo "Orixá, Quem És?", a parte do desdobramento destes números.

"Comecemos pelo UM de UMA LINHA que fixa suas VIBRAÇÕES em mais 7, desdobremos estes 7 vezes mais 7 e encontramo-los 'vivendo' em mais 49 coordenadas..."

"Somemos estes 3 'totais' e a soma 57, multipliquemo-la por 7, e verificamos que sua expansão gerou um TOTAL de 3-9-9 'ORIXÁS' componentes da dita LINHA."

"Centralizemos" este TOTAL em seu significado no DIVINO; a soma dos números 3, 9, 9, é igual a 21, que dividida ainda pelo 3, gera um 7, ou por este, que gera um 3, isto é, as **LINHAS**, as **LEGIÕES** e as **FALANGES**...

O primeiro número 3, que se compõe de três partes, forma **UM TRIÂNGULO**; o segundo número, o 9, compõe-se de três partes três vezes, forma **TRÊS TRIÂNGULOS**; o terceiro número, ainda um 94 original **TRÊS TRIÂNGULOS**, cuja soma TOTAL dá os **SETE TRIÂNGULOS DAS SETE VIBRAÇÕES ORIGINAIS**.

A condensação destas **VIBRAÇÕES** em seus **PONTOS INICIAIS** "forma" **CÍRCULOS** que são as **SETE ESFERA**S "girantes em si" e traduzem a **UNIDADE** ou UM, que é a **LEI** e **NÃO** o próprio **DEUS**, pois este é **INDIVISÍVEL**, "não é somado, nem subtraído nem multiplicado".

Este **TOTAL DE UMA LINHA** em "expansão" de SETE gera o TOTAL DA LEI, com suas **LINHAS** ou Vibrações Originais, com 2.793 ORIXÁS ou Guias Chefes.

A soma de cada um destes DOIS NÚMEROS TOTAIS 3-9-9 e 2-7-9-3, pelos algarismos entre si; (3 + 9 + 9) é (2 + 7 + 9 + 3) gera um só número, o 21, que se pode dividir em SETE e TRÊS, e estes centralizam-se no UM ORIGINAL... pois somente os SETE ORIXÁS PRINCIPAIS DE CADA LINHA são não INCORPORANTES, mas, excepcionalmente, confere suas Vibrações diretas sobre um aparelho...

Inúmeros Livros Sagrados, representando sistemas religiosos ou Filosóficos, ou mesmo Cursos de Iniciação de vários povos, que há séculos servem de "base" aos ensinamentos a dezenas de "Escolas ou Academias", foram dados à tradução SOMENTE NAQUILO que os VERDADEIROS

MESTRES acharam conveniente, pois iriam a PÚBLICO, ao alcance de qualquer UM... e as verdades REAIS sempre FORAM VELADAS de acordo com as inteligências e o GRAU EVOLUTIVO das coletividades.

Assim, vêm ensinando que o UM é a unidade, isto é, DEUS, de onde partem todas as coisas... porém esqueceram que o UM ou a UNIDADE já se limita e se concebe na nossa MENTE, a um princípio Cosmogônico...

Ora, Ele, DEUS, É ESPÍRITO e a "substância" dos Espíritos, deste PRINCÍPIO INCRIADO, jamais pode ser concebida ou analisada, pois **JESUS**, o maior dos **INICIADOS** de todos os tempos, o **CONSIDERAVA UMA ABSTRAÇÃO ESPIRITUAL**...

Assim, só pela Mente Espiritual nos chega uma "visão" **DESTE SER ESPIRITUAL**, desta **POTÊNCIA EXISTENTE** que é maior, muito maior, que esta pobre concepção dos "textos e das fórmulas".

Portanto, esta visão nos mostra o **ABSOLUTO, REVELANDO A UNIDADE**, que se traduz na **LEI**, que coordena o **MOVIMENTO NO ILIMITADO COSMOS** e é a expressão de **SUA** vontade... mas AINDA NÃO É "**ELE EM SI**"...

É é por "isso" que certos "iniciados" estranharam que na NUMEROLOGIA DE UMBANDA pudéssemos SOMAR o UM ou a UNIDADE...

Portanto: cremos e afirmamos que o homem não "criou" a Religião. Fez transformações nela, daí surgirem as religiões de acordo Com os interesses e as "concepções viventes em seus evolutivos", pois que, conforme já o dissemos, Ela foi revelada ou instituída por injunção DIVINA aos Predestinados.

Afirmamos ainda que esta Revelação Original do próprio Verbo foi, pelos seus primitivos depositários, autenticada na Ciência dos Números, que traduz em suas "operações de base, ou em seus números-chaves", Princípios, Fundamentos, Sistema e Regras, para, em qualquer época, poder ser identificada.

Foi esta própria IDENTIFICAÇÃO que nos foi REVELADA como a NUMEROLOGIA DA LEI DE UMBANDA.

Assim, convidamos o leitor, adepto, iniciado, de qualquer corrente, a pegar no lápis e papel e verificar como estes Números entram em "analogia, expansão e centralização", como se vê no Mapa nº 2 (extraído do livro "Umbanda de Todos Nós"), entre as páginas 108 e 109, e no Mapa dos três planos conjugados, logo adiante do Mapa nº 2.

Outrossim: todos os nomes pelos quais se apresentam as Entidades Superiores militantes da Lei, são "nomes de guerra", adaptações, para melhor penetração e compreensão no seio da massa humilde.

A Umbanda tem por objetivo levar o esclarecimento, a Luz e o conforto moral e espiritual a TODOS, e, principalmente, aos deserdados da sorte, que são a maioria.

Assim sendo, os Orixás e os Guias se colocam em posição de serem compreendidos; eis por que "velam" também seus nomes litúrgicos, sagrados, vibrados.

Quanto aos Protetores, em maior parte, conservam os "nomes próprios" que os identificaram no último estádio no "mundo da forma".

E, para que surja melhor compreensão sobre o assunto, devemos esclarecer que a Umbanda, por intermédio de seus expoentes, isto é, de suas Entidades militantes, faz-se representar em TRÊS PLANOS de atividades que CONJUGAM SETE GRAUS ou Vibrações descendentes.

No 1º PLANO (1º 2º 6 3º Graus), representam-se 399 Entidades, que, em cada LINHA, são qualificadas como ORIXÁS, nas seguintes discriminações:

1ª Vibração ou Grau: 7 ORIXÁS Principais, Chefes de Legiões não incorporantes;

2ª Vibração ou Grau: 49 ORIXÁS Chefes de Falanges;

3ª Vibração ou Grau: 343 ORIXÁS Chefes de Subfalanges.

Multiplicando-se os Orixás de **CADA LINHA** por 7 ou somando-se 7 vezes, encontraremos 2.793 dos qualificados, assim, em toda a Lei. Na modalidade, porém, que chamamos de "mecânica de incorporação", subtraem-se 49 desta quantidade, restando, portanto, 2.744 Entidades com funções de Chefia (Orixás) e incorporantes. Somados entre si, os algarismos deste total, teremos: 2 +7 + 4 + 4 : 17 = 1+ 7 É 8, ou seja, "o duplo máximo da década".

No **2º PLANO**, vêm os qualificados como **GUIAS** de 4ª Vibração ou Grau, Chefes de Grupamentos em número de 2.401 limitações de 343 x 7.

No **3º PLANO**, situam-se os que são qualificados como **PROTETORES**, que aferem na 5ª, 6ª e 7ª Vibrações ou Graus. São limitados em 957.999 Espíritos militantes da Lei, para cada LINHA.

Daí, ainda pela multiplicação ou "expansão" do 7, encontram-se as situações afins de todos os Seres do Mundo Astral ao Mundo da Forma, bem como dentro da Numerologia da Lei de Umbanda (ver Mapa nº 2), que pode coordenar maiores quantidades de Espíritos militantes, propagadores de uma só Lei, de uma só Religião, imagem, direta da própria Unidade.

Verifica-se, então, existirem na Umbanda, 3 Planos ou 7 Graus, por onde a mediunidade impulsiona veículos afins, para entrarem em sintonia com os Orixás, Guias e Protetores. No mapa dos 3 planos conjugados o leitor poderá ver a coordenação destes números e ainda analogia com os Princípios.

Referência: Deve-se notar no mapa dos 3 planos conjugados que a "terceira chave" da Lei só se revelou no 343 porque sua expansão partiu do número básico 57. Este 57 pode "revelar" ainda, dentro de certas operações, a "segunda e a primeira chave da Lei".

Basta lembrar que este número é composto de 2 algarismos: o primeiro, o 5, representa as 5 Forças Vitais ou os 5 Pranas etc.; O segundo, o 7, representa as 7 Forças Fenomênicas etc. A soma dos dois nos dá os 12 Signos do Zodíaco ou 12 Anciãos do Templo etc...

Mapa Quantitativo e Qualitativo dos Espíritos Militantes da Lei de Umbanda, Dentro dos seus 3 Planos Conjugados em 7 Graus ou Vibrações Descendentes, sob o Comando das 7 Vibrações ou dos 7 Orixás Ancestrais			
Em cada Linha			Nas Linhas
1º Plano	Orixás Intermediários	de 1ª Vibração ou Grau: Chefes de Legiões............................7 de 2ª Vibração ou Grau: Chefes de Falanges: (7 x 7)............................49 de 3ª Vibração ou Grau: Chefes de Subfalanges: (49 x 7)..........................343 Soma.............................399	2.793 (399 x 7)
2º Plano	Guias	The 4ª Vibração ou Grau: Chefes de Grupamentos: (343 x 7) 2.401	16.807 (2.401 x 7)
3º Plano	Protetores	De 5ª Vibração ou Grau: Integrantes de Grupamentos: (2.401 x 7)... 16.807 De 6ª Vibração ou Grau: Integrantes de Grupamentos: (16.807 x 7).. 117.649 De 7ª Vibração ou Grau: Integrantes de Grupamentos: (117.649 x 7) ....823.543 SOMA...................... 957.999	6.705.993 (957.999 x 7)
Esses 6.705.993 podem ser multiplicados por 7, e o produto ainda por 7 e assim sucessivamente, apontando os subgrupamentos afins.			

ANALOGIA DOS PRINCÍPIOS

Partindo do **TERNÁRIO SUPERIOR** onde se encontram os **ORIXÁS**, vamos encontrar a quantidade que os limita no total de 2.793. Este número manifesta-se na seguinte operação:

2 + 7 + 9 + 3 = 21 = 2 + 1 = 3

ou seja o Ternário que, na sua forma expansiva determina os **GUIAS** no produto 16.807 que, dentro de sua própria manifestação, isto é, pela soma de seus algarismos:

1 + 6 + 8 + 7 = 22 = 2 + 2 = 4

revela o **QUATERNÁRIO**.

Pela junção dos dois produtos (2.793 + 16.807) obtemos o resultado 19.600, que, somados seus algarismos:

1 + 9 + 6 = 16 = 1 + 6 = 7

dá-nos o **SETENÁRIO**.

Se partirmos do Quaternário compreendido no produto 16.807, vamos encontrar por expansão em 7 três vezes o produto[29] 6.705.993, que determina os **PROTETORES**, produto este que somado entre si revela o **TERNÁRIO INFERIOR**, do seguinte modo:

6 + 7 + 5 + 9 + 9 + 3 = 39 = 3 + 9 = 12 = 1 + 2 = 3

Este Quaternário, expresso pelo número 16.807, somado ao Ternário Inferior (6.705.993) gera o produto 6.722.800, que tendo seus algarismos somados entre si, nos revela novamente o Setenário:

6 + 7 + 2 + 2 + 8 = 25 = 2 + 5 = 7

Os produtos dos **TRÊS PLANOS** novamente **SOMADOS** fornece-nos a "terceira chave da Lei", assim:

---

29 Esta expansão é encontrada pela soma de todos os produtos dos espíritos qualificados como PROTETORES, compreendidos na 5ª, 6ª e 7ª Vibrações ou graus, conforme a soma do 3º plano do mapa dos três planos conjugados. que por sua vez é multiplicada por 7, pois que cada unidade da vibração ramifica-se em 7.

2.793 — **TERNÁRIO SUPERIOR:**   3

16.807 — **QUATERNÁRIO:**   4   343

6.705.223 — **TERNÁRIO INFERIOR:**   3

6.725.593   10

cujos algarismos ainda somados entre si:

6 + 7 + 2 + 5 + 5 + 9 + 3 = 37 = 3 + 7 = 10 = 1

nos dá a **UNIDADE** ou a **LEI**...

Devemos ainda salientar que o vértice ou "razão de ser" da Umbanda do momento está apoiado na manifestação das Entidades pela incorporação mediúnica, situação que se justifica na percentagem de 80% de aparelhos que estão situados no 3º Plano (5ª, 6ª e 7ª Vibrações ou Graus), razão pela qual, diretrizes superiores fazem estender sobre este setor imediatos esclarecimentos e, para os outros, "certas chaves" que, possivelmente, abrirão novos horizontes aos que, em verdade, procuram o caminho reto de uma Iniciação positiva que os possa levar à desejada ascensão.

Agora, prezado irmão umbandista, que você já leu a classificação das Linhas de Umbanda e projetou-se em sua Numerologia Sagrada, deve ter entendido também que os espíritos ditos como de "Caboclos, Pretos-Velhos e Crianças" (considerados como **eguns** e, portanto, **repelidos** nos cultos afros puros), foram quem implantou a **nova corrente**, isto é, um **movimento novo**, a que deram o nome de Umbanda...

Deve ter compreendido mais que, nem a "raiz" africana, nem a "raiz" ameríndia ou de nossos índios, são ou foram a Umbanda propriamente dita...

Deve ter ficado bem claro, também, que a degeneração das duas **RAÍZES**, pela **FUSÃO**, pelas misturas geradoras de RAMOS negativos, complexos, confusos etc., foi que deu margem a que houvesse uma intervenção do Astral-Superior, dentro destes citados ramais ou degenerações que enfeixaram com a denominação de culto afro-brasileiros e, posteriormente, passaram a considerar como Umbandista ou dos adeptos da Umbanda...

Como se vê, o que tem causado a maior confusão nos entendimentos, na questão de Umbanda *versus* Candomblés, é o aspecto relativo ao sincretismo Orixás x Santos católicos, na interpretação dada pelos adeptos...

Conforme acabamos de definir no conceito interno da Corrente Astral de Umbanda sobre as 7 Linhas dos Orixás ou Vibrações Originais e abaixo ou no fim da descrição de cada Linha, acentuamos o aspecto sincrético ou de assimilação popular nos terreiros daqui do Estado do Rio, inclusive a atual Guanabara, vamos acentuar e repetir, também, mais algumas variações do citado sincretismo, ainda na interpretação dos crentes ou adeptos, em mais alguns Estados de nosso Brasil, a fim de que os estudiosos possam analisar, comparar etc., pois esta questão ou este estudo sobre Umbanda é algo de difícil, complexo e demanda pesquisa profunda e conhecimentos vários.

Sincretismo Afro-Católico que ainda influencia e confunde bastante os entendimentos no meio umbandista...

Orixá africano	Santo Católico	Interpretação por estado ou cidade
Exu	São Bartolomeu	Bahia
Ogum	Santo Antônio	Bahia
Ogum	São Jorge	Rio-Recife
Obaluayê	São Francisco	Bahia
Obaluayê	São Sebastião	Recife-Rio
Omulu	São Bento – São Caetano	Bahia-Recife
Omulu	São Roque – São Lázaro	Rio-Recife
Nanã	Sant'Ana	Rio-Bahia-Recife
Oxum	N. S. das Candeias	Bahia
Oxum	N. S. da Conceição	Rio
Oxum	N. Senhora do Carmo	Recife
Yemanjá	N. S. da Conceição	Bahia-Recife
Yemanjá	N. S. da Glória	Rio
Yansã	Santa Bárbara	Rio-Bahia-Recife
Oxalá	N. Senhor do Bonfim	Rio-Bahia-Recife
Oxossi	São Sebastião	Rio
Oxossi	São Jorge	Bahia
Ibeji	São Cosme-Damião	Rio-Bahia-Recife
Ossãe	Santa Luzia	Vários Estados
Xangô	S. Jerônimo	Vários Estados

Todavia, ainda para facilitar mais os entendimentos sobre todos estes fundamentos históricos e suas decorrências, compomos este organograma da Origem Histórica, Mítica e Mística da La de Umbanda, pelo qual se toma mais fácil, ao estudante, concatenar, revisar, claramente, tudo que leu sem maiores detalhes até agora.

Portanto, irmãos umbandistas, a UMBANDA é, não resta a menor duvida, um poderoso movimento religioso, uma autêntica RELIGIÃO, que influencia milhões de pessoas ou adeptos, visto não faltar nela nenhuma das condições ou atributos que compõem uma religião propriamente dita no conceito dos doutos ou teólogos a respeito e para isso vamos ver o que ensinam as Entidades Espirituais sobre a Umbanda e Sua Doutrina Secreta.

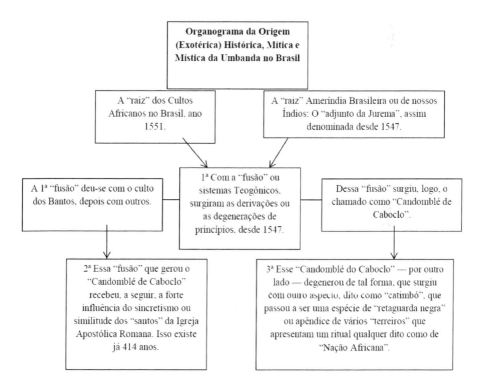

> Toda esta complexa "mistura" (que o leigo chama de "macumba", candomblé, baixo espiritismo, baixa magia e em certos Estados de "canjerê", pajelança, batuque ou toque de xangô etc.) recebeu nos últimos 50 anos a influência acentuada do Espiritismo dito como de Kardec.
>
> Então, temos: o 1º aspecto, o 2º e o 3º, esse como um apêndice, tudo junto, se misturando, norteando as linhas-afins de uma grande coletividade religiosa, atualmente, já na casa dos milhões de adeptos. Esta massa humana ou coletividade religiosa foi denominada, ultimamente pelos interessados, como dos adeptos dos Cultos Afro-Brasileiros.

> ### 5º
>
> Este é o da UMBANDA propriamente dita — vigoroso Movimento de Luz que abarcou tudo isso, numa poderosa interpenetração astral e humana, a fim de incrementar a evolução desta massa, dita como dos adeptos dos Cultos Afro-Brasileiros, generalizada de umbandistas. Esse Movimento de Luz foi feito, diretamente, pelos espíritos de "Caboclos, Pretos-Velhos e Crianças" — considerados como **EGUNS** e, portanto, repetidos nos cultos afros puros.

> ### 6º
>
> A plena retomada de posse da Corrente Ameríndia, ou seja, das entidades com a forma perispirítica de "Caboclos", radicados no "campo--astral" do Brasil, secundada pela dos "pretos-velhos"' (africanos) também nas mesmas condições de radicação. Domínio frontal por dentro dos cultos afro-brasileiros. Modificações profundas, na estrutura mística, religiosa, vibratória, mediúnica, teogônica etc. Constituição de milhares de organizações umbandistas (Tendas, Terreiros etc.), integrados na pura Corrente Astral de Umbanda. Reintegração de outros milhares, nesta linha mestra. Consolidação de uma Vanguarda e de uma sistemática: evolutiva, moral, mediúnica, intelectual. Definição da literatura e da Doutrina.

E no impulso desse arremate a esta série de elucidações, convém ressaltarmos o que disse "**Preto-velho**", em seu diálogo com um "filho-de-fé" (um médico, estudioso, pesquisador, chamado **Cícero**), que extraímos de nossa obra "Lições de Umbanda e Quimbanda"...

Cícero: — "Pai-Preto", como você sabe, venho girando nestas "umbandas" e estou cansado de ver tanta confusão. De um lado, ignorância rude, através de práticas mistas, fetichistas. De outro, ainda a mesma ignorância travestida na astúcia dos espertalhões e sempre 'na mesma confusão. E de mais outro, ainda, pude ver e sentir a sinceridade dos simples de espírito e de fé, em busca da luz, que por certo há de existir na seara umbandista e que eles tanto buscam... Diga-me, meu bom irmão, afinal o que este seu filho-de-fé pode ficar sabendo como Umbanda, Caboclos, Pretos-Velhos, Crianças etc.?

Preto-velho: — Para que responda às suas perguntas, devo explicar muito. Assim, preste atenção, porque você vai compreender. Comece a imaginar que toda esta humanidade todos esses seres carnados e desencarnados que moram ou habitam sobre o Planeta Terra sejam, como são, o **REBANHO DO PAI**, de que falou **JESUS**, afirmando, ainda, que nenhuma dessas ovelhas do Rebanho do **PAI** se perderá... Você vê então que esse Rebanho é dividido em outros rebanhos, segundo os gostos, as tendências, os graus de alcance ou de evolução espiritual, daqueles que se juntam por afinidades ou conveniências, no mesmo plano de atividade religiosa ou espiritual etc.

Enfim, para dar exemplo, veja as criaturas que se agrupam na faixa religiosa da Igreja Católica Apostólica Romana, nas Igrejas Protestantes, na Corrente dita como kardecista etc. São ou não ovelhas do Pai, dentro de seus rebanhos, em seus caminhos ou em suas faixas afins, todos, porém, se dirigindo, desta ou daquela forma, à compreensão das Leis do Pai-Eterno?...

Portanto, essas criaturas essas ovelhas, que formam uma coletividade, chamada agora de Umbandista, também são um desses rebanhos e estão dentro de sua faixa-afim e também buscam chegar ao Pai-Eterno... E, como nos outros rebanhos, há os que procuram estabelecer como regra básica a moral, a doutrina que o Cristo-Jesus, dito por nós de Oxalá, veio lembrar e ensinar...

Pode imaginar ainda cada uma dessas coletividades religiosas (os rebanhos) como tendo sua cor própria e, pela diferença de cores, você pode perceber como são diferentes os graus de entendimento entre elas. Acresce dizer-lhe que na dita cor que é própria a cada uma, há variação de tonalidades, revelando, mesmo dentro de cada uma, existir variação nos entendimentos — para maior, ou melhor, alcance espiritual.

Ora, isso compreendido, você pode ver que a coletividade chamada umbandista vem, de há muito, dentro de sua cor, que é a sua faixa-afim. No entanto, a tonalidade real dessa cor não se revelou ainda em toda a sua beleza, porque vinha e vem-se ajustando lentamente, devido a citada variação de entendimentos ou graus de alcance entre grupos e indivíduos, dando margem a que explorações várias dificultem mais ainda a questão.

Cícero: — Um momento, meu bom "Preto-velho"! Pode então explicar-me a origem ou a causa dessa confusão de rituais que persiste até hoje? Ou melhor dessa mistura de concepções, fazendo com que se tenha dificuldade em se distinguir a cor certa, verdadeira, tal a variação de suas tonalidades?

Preto-velho: — Sim. A causa ou causas são complexas, exigiriam um estudo amplo, mas vou fazer o possível.

Nestas conversas, tentarei deixar bem definida, pelo menos, uma questão que foi e é o marco que separa a Umbanda propriamente dita, das consideradas como suas ramificações históricas, religiosas e místicas.

Ora, meu filho, você bem sabe que uma das principais confusões se prende ao fato de os "filhos-da-terra", quererem ligá-la, indefinidamente, aos cultos africanos trazidos pelos primitivos escravos aportados ao Brasil. É necessário que entenda bem essa questão. Há que situá-la em suas linhas simples, porque esse movimento de Umbanda surgiu, exatamente, para sanar, corrigir as danosas consequências provenientes da mistura desses cultos, com certas práticas religiosas ou melhor, mágicas, dos índios, ditas como "adjunto da Jurema", que foram, posteriormente, denominadas pelos brancos, como "pajelança", porque estas práticas (que eles não entenderam) envolviam ervas, rezas, exorcismos ou invocações com oferendas, cânticos etc.

Tendo muito de semelhante, na prática vistosa da apresentação exterior, ou seja, no ritual, houve a natural atração entre os citados cultos, principalmente do dito Banto, com este "adjunto da Jurema", cerimonial dos índios. Desta fusão, surgiu depois o que veio a ser conhecido como "candomblé de caboclo", ou seja, ainda, o que se diz como "catimbó", espécie de degeneração destes dois citados sistemas de cultos, rituais ou cerimônias — o africano e o indígena[30].

Toda esta mesclagem de práticas e concepções vinha e vem sendo executadas através de variados e estranhos rituais. Acrescente-se a isso a influência do catolicismo mediante alguns de seus santos, que foram identificados (sincretismo) com certos Orixás.

Depois, com o advento do Espiritismo — dito kardecista — nova influência. Tudo isso, não esqueça, filho, norteando as linhas de afinidades dessa imensa coletividade que se conhece hoje como umbandista.

---

30 O termo catimbó é uma corruptela de timbó ou caa-timbó — do idioma Nheengatu, a língua boa sagrada, dos tupy-nambás ou tupy-guarany, e significa defumação.

Todos esses fatores causaram e causam variações nos ritos e nas concepções, as quais definem, positivamente, os graus de alcance ou os entendimentos que regem cada um dos agrupamentos (Centros, Tendas, Terreiros etc.) de Umbanda.

Cumpre agora assinalar certos pontos básicos, para sua melhor compreensão, filho.

Cícero: — Pode prosseguir, meu velho, sou todo atenção.

Preto-velho: — Há séculos que não existem mais no Brasil cultos africanos puros. Neles, a razão de ser ou a força de seus rituais se fumava na invocação de Orixás — que é o aspecto fenomenológico, o contato com o sobrenatural — que eram considerados como Espíritos Superiores, "deuses", Senhores dos Elementos da Natureza etc., e que nunca passaram pela condição humana. Era Xangô, deus do trovão, do raio; Ogum, deus da guerra; Yemanjá, deusa das águas etc., que eram agraciados com oferendas diversas e apropriadas. As invocações, digo eu, eram feitas em seus rituais e acreditavam que os Orixás-ancestrais, os ditos como "donos dos elementos", não podiam "baixar" — incorporar em um médium — chegar ao "reino", mas mandavam seus enviados, em seus nomes, representando suas forças. Eram os Orixás intermediários. Ora, filho, pense bem: quem, eventualmente, podia mesmo "baixar", levando-se em conta que sempre houve médiuns ou mediunidade em toda parte ou em todos os agrupamentos?

Eu respondo: — Os seres desencarnados e afins a seus graus de entendimento, ou seja, de atração mental. Quais seriam então, logicamente, os espíritos que poderiam "baixar" representando os Orixás? Na certa, filho, você está com esta pergunta na ponta da língua, não é mesmo?

Bem, por força da lei de atração ou de afinidade, só poderiam, mesmo, "baixar" os espíritos afins às suas práticas ou ritos. Neste caso, eram os desencarnados de sua raça antigos sacerdotes, babalaôs e mesmo espíritos dos que foram seus chefes e outros que tivessem condições para se aproximar dizendo-se enviados de Ogum, Xangô, Inhaçã, Yemanjá etc., a fim de não serem repelidos, caso se identificassem como um desses desencarnados, pois nos cultos africanos todos os espíritos considerados como **eguns** eram e são repelidos. Por eguns identificam os espíritos dos desencarnados, almas dos antepassados, enfim, todos os que já se tinham ido, ou que passaram pela vida terrena...

Cícero: — Então, "Pai-Preto", o que se pode deduzir ou concluir disso?

Preto-velho: — É claro, filho, que não era do conhecimento consciente dos irmãos africanos, que invocavam em seus rituais os orixás a verdadeira qualidade ou classe dos espíritos que "baixavam" nas "filhas ou filhos-de-santo", dizendo-se ou se identificando como Inhaçã, Xangô etc. E foge também ao conhecimento dos que ainda praticam atualmente muito de culto africano, embora misturado, essa questão dos espíritos que eles dizem "receber" como os seus orixás.

Cícero: — Dê licença, meu bom "**Preto-velho**": dentro dessa explicação, lógica, sensata, pois se firma na lei de afinidades, começo a penetrar cada vez mais na questão. Assim é que tenho presenciado em vários "terreiros" os ditos como "pais-de-santo" receberem, por exemplo, Inhaçã, que é muito festejada. Eles se paramentam todos quando ela "baixa", em saias rendadas, colares etc. Queira repisar este ponto. Quem estará mesmo "baixando"?

Preto-velho: — Foi bom mesmo você ter insistido neste ângulo. Aí, filho, há dois aspectos a considerar: no primeiro, pode ser que o "pai-de-santo" tenha mesmo mediunidade ativa e dê passividade para um espírito feminino que esteja na sua faixa vibratória e afim às suas práticas e rituais. Posso assegurar, entretanto, que na maioria dos casos, o que se passa e está dentro do segundo aspecto é o seguinte.

Comumente, o dito como "babalaô" ou "pai-de-santo" cria em si uma condição anímica, plasmando em seu campo mental as "qualidades" do Orixá que ele pretende personificar e que, geralmente, é o daquele a quem se devotou. Entendeu, filho? Mesmo porque esta questão de mediunidade, nos agrupamentos que ainda conservam alguma coisa de culto africano puro — que praticam algum ritual de nação, não é levada tão a sério, não é tão importante assim...

Cícero: — "Pai-Preto", diante de suas explicações, já compreendi o porquê de tanta confusão. Já assimilei a concepção sobre Orixás dos africanos e já verifiquei qual o ponto fundamental que define o movimento genuinamente umbandista do que se possa entender ou praticar como culto africano puro. Comprove se entendi bem toda sua explicação: este ponto é a concepção de orixá, em relação ao aspecto fenomênico, invocatório, digamos, mediúnico. Orixás-ancestrais ou intermediários são seres ou espíritos superiores, nunca passaram pela forma humana, portanto nunca encarnaram, únicos invocados em seus rituais de nação, nos quais não se admitiam os ditos como eguns, ou seja, quaisquer espíritos dos antepassados ou qualquer um que tivesse passado pela vida terrena humana.

Assim, devo entender claramente que os espíritos chamados de Caboclos, Pretos-Velhos etc., tendo passado por inúmeras encarnações, são *ipso facto,* todos eles eguns; estes mesmos que estabeleceram a nova corrente já firmada como de Lei de Umbanda?

Preto-velho: — Perfeitamente, filho. Ora, acha você, meu filho, que esse rebanho que vinha e vem, dentro dessa faixa de afinidades complexas, se arrastando dentro dessas práticas, desses ritos, dessas oferendas, dessas misturas de concepções que envolvem misticismo, fetichismo, espiritismo, catolicismo etc., sujeito a influências do "baixo mundo astral", que o cerca vorazmente, vampirizando-o, por via das ditas práticas que envolvem certas oferendas, "despachos" etc., podia, repito eu, esse rebanho, essa coletividade, vir rolando assim, às cegas, em meio a esse mar de confusões, sem ouvir os ensinamentos de Nosso Senhor Jesus Cristo na adaptação a seus entendimentos? Por certo que não, filho! A Sabedoria Divina achou por bem, então, processar um movimento novo, dentro desses cultos, destes agrupamentos, no sentido de canalizá-los para esta nova corrente que veio a se denominar de Umbanda.

Cícero: — Pode ser mais claro ou dar maiores detalhes do porquê dessa canalização e quem agiu diretamente na formação desse movimento?

Preto-velho: — Esse movimento foi feito você já o disse atrás diretamente pelos espíritos de "Caboclos, Pretos-Velho e Crianças", obedecendo, é claro, a ordens superiores, de cima. Veja, para compreender melhor, acompanhe com o raciocínio, o seguinte: — a Sabedoria Divina, através dos Espíritos Mentores, vendo essa coletividade dita já como umbandista e analisando suas concepções, seu alcance espiritual, pelas tendências, pelo misticismo, pela religiosidade, pelo atavismo forte que nela imperava e ainda impera, estudou a melhor maneira de incrementar a sua evolução...

De forma que, por ordem de cima, os Espíritos Mentores chamaram os espíritos de Pretos-Velhos, de Índios[31] de Crianças, todos esses cuja matriz--perispirítica[32] ou astral conserva ou dá condições a essas formas (por serem os espíritos-afins, é claro, a essa coletividade e com ligações cármicas) para trabalharem esse Rebanho, incrementar a evolução desta coletividade...

Bem como chamaram também espíritos elevados[33] de outras condições — com um carma individual e grupal já superado, para ajudarem, em missão, aqueles. Todos se lançaram como "pontas-de-lança" dentro desse

---

31 O termo Caboclo genérico: serve para qualificar todo espírito que quis conservar o corpo astral de Índio.

32 Vejam na parte que trata de mediunidade na Umbanda, explicação e fundamento inédito sobre esta matriz-perispirítica, na obra "Lições de Umbanda".

33 Estes espíritos elevados e Mentores, como Guias e Orixás intermediários, ao penetrarem na faixa-astral umbandista, tomam a "roupagem-fluídica" de Caboclos, Pretos-Velho, Crianças etc.

meio, ou seja, na corrente astral e na humana dessa coletividade umbandista, aproveitando, de imediato, a mediunidade dos encarnados, escolhidos para esse mister...

Esses espíritos de Pretos-Velhos foram requisitados dentre os antigos **Babalawos** ou primitivos sacerdotes de muitas encarnações, experimentados e de grande conhecimento, bem como os de índios, dentre os primitivos **Payé** e caciques dos tupy-nambá e dos tupy-guarany etc., de comprovado saber e experiência, todos com encarnações da era pré-cabralina, quando essas tribos ou nações estavam no apogeu de seus ciclos evolutivos... Porque é sabido que a degeneração das raças é um fato... e é assim que a verdadeira tradição se perde na sombra dos séculos... e com isso a história oficial não dá testemunho preciso de sua antiga sabedoria, de seu primitivo apogeu...

E foi assim que, repentinamente, surgiram esses Caboclos, esses Pretos-Velhos, acompanhados de falanges de espíritos de Crianças, por ali e acolá — nos "terreiros", enfrentando a ignorância dos encarnados e dos desencarnados, esses como enxames, envolvendo aqueles. E começou a nossa gigantesca luta. Batalha da luz contra a sombra, silenciosa, firme, incansável, tão grandes são os obstáculos de ordem astral, moral, espiritual e, sobretudo, de material humano mediúnico.

Cícero: — E como surgiu o termo Umbanda, servindo de bandeira a esse movimento novo?

Preto-velho: — A palavra Umbanda foi **revelada** (e não criada pelos humanos) por esses espíritos de Caboclos, Pretos-Velho etc.; primeiro, através de certos cânticos ou hinos (que se diz como pontos cantados), para firmar com a força mágica de seus sons ou sílabas, certas correntes vibratórias e, mesmo, como você diz, para servir de Bandeira a esse Movimento.

E logo foi sentida a magia que ela despertava nos filhos dos "terreiros". Cícero: Realmente, "Pai-Preto", tenho eu mesmo sentido isso.

Porém, há mais algum significado profundo neste vocábulo Umbanda?

Preto-velho: — Há... A palavra Umbanda representa ou simboliza a "chave" das antiquíssimas iniciações ou ordens. É a única chave, atualmente, que abre "portas" aos verdadeiros conhecimentos da perdida Lei do Verbo. Isso, bem entendido, pelo caminho da Sabedoria oculta, interna. Não confundi--la com o aspecto externo, esse que alimenta o grosso da massa humana, pela senda religiosa, na doutrina ou na evangelização simples.

Então, filho, o termo **UM-BAN-DA**, contendo em si um sentido tríplice--oculto, traduz, de acordo com a Lei do Verbo, o seguinte: Conjunto das Leis de Deus... Em linhas gerais, portanto, Umbanda representa as Leis Eternas que atuam na coletividade umbandista, a fim de regular e impulsionar sua ascensão, tudo sob a guarda direta dos espíritos escolhidos para esse mister: os chamados de "Caboclos, Pretos-Velhos e Crianças", também..

Cícero: — Sabe, "Pai-Preto", já estranhava não ouvir referência a estes espíritos (de Crianças). Como surgiram na corrente astral de umbanda?

Preto-velho: — Surgiram também pela necessidade, em virtude do fortíssimo arraigamento dessa mesma coletividade aos Ibejis (divindades protetoras do parto duplo, dos gêmeos) do culto africano, os quais se confundiram, isto é, foram assimilados aos dois santos católicos: S. Cosme e S. Damião. Bem como, e a par com esse aspecto, deu-se o entrosamento com as concepções sobre os Curumins (espíritos de criança, de nossa Corrente Indígena ou Ameríndia, também com seus predicados especiais).

Assim, veja a adaptação que fizeram ou que se impôs de forma estranha. Os agraciados tradicionalmente com oferendas doces, manjares etc., eram os Ibejis; transferiram, porém, estas práticas para Cosme e Damião, os santos--médicos da Igreja Católica, que passaram, de há muito tempo, a "receber" estas oferendas, em festejos, muitas das quais como promessas, pedidos ou pagamento de alguma coisa...

Neste caso, os Cosme-Damião (oferendas e festejos) tornaram um caráter genuinamente umbandista, ou seja, de adaptação oculta dentro da nova corrente. Segue-se que havendo a natural atração das falanges de espíritos que ainda conservam os caracteres psíquicos ou anímicos de Crianças, a par também dos espíritos que, além de conservarem esses caracteres psíquicos, têm ainda o corpo astral na forma de criança, havendo, repito, a atuação destes espíritos, de todos os graus, fez-se também sobre eles uma fiscalização, um permanente policiamento. E isso se deu por intermédio das falanges dos espíritos com formas de Crianças de luz, já experimentados nas lides astrais, a fim de ajudarem os irmãos "Caboclos e Pretos-Velhos" nesta caminhada a serviço de Nosso Senhor Jesus Cristo... Não resta dúvida, todos são trabalhadores de sua Seara.

Cícero: — Diga-me, "Pai-Preto" e essa versão de "Doum", também é adotada no meio umbandista?

Preto-Velho: — Há várias versões sobre o assunto; no entanto, a que ensino como correta é a seguinte: — Doum surgiu de uma lenda nos primitivos candomblés da Bahia. Esta lenda foi tomando forma mental, criou sua corrente de pensamentos, foi-se incorporando lenta e seguramente na tradição oral desses candomblés, desses cultos ou agrupamentos até os nossos dias. Tomou até forma material simbolizada na menor das três estátuas juntas, ditas de Cosme, Damião e Doum.

Agora, filho, é preciso que saiba o seguinte: "o que se plasma embaixo surge em cima". Deduz-se que surgindo e passando a existir uma corrente de pensamentos, de caráter religioso, místico e fenomênico a respeito de algo, esse algo se torna uma força e esta tem que ser ocupada espiritualmente, ou seja, passa a ser controlada, passa a ter donos ou controladores Vibratórios: estes são, é claro, os espíritos de luz com os caracteres psíquicos ou anímicos de Crianças e que foram, também, encarregados de reger no astral inferior ou do plano-terra maiô esta faixa, passando a agir em relação com a supracitada corrente inicialmente constituída pelos encarnados.

São, enfim, os inúmeros "Douns" que se apresentam nos "terreiros" através dos aparelhos. Portanto, quanto aos detalhes da lenda, são de menor importância e fogem às finalidades destas lições.

Cícero: — Está muito bem, meu bom "**Preto-velho**"; de tudo que você vem ensinando, vou fazer uma síntese retrospectiva para ver se entendi bem: esta massa, conhecida atualmente como umbandista, vinha e vem-se arrastando dentro da mistura de cultos denominados afro-brasileiros repletos das mais complexas concepções. Houve intervenção do Astral Superior em certa época determinando uma ação conjunta e imediata caracterizada pela presença atuante, direta, quer no ambiente astral desses "terreiros ou candomblés", quer através da mediunidade de seus adeptos por parte dos espíritos de "Caboclos e Pretos-Velho", acompanhados pelas falanges de Crianças.

Estes espíritos podem ser considerados eguns, segundo o genuíno conceito africano, pois passaram pela forma humana, tiveram encarnações e respectivas experiências e foram eles os construtores do verdadeiro movimento ou da nova corrente qualificada como Lei de Umbanda, essa que firmou princípios esquecidos e sabiamente fez as necessárias adaptações... Está correta minha dissertação, "Pai-Preto"?

Preto-velho: — Sim. Vejo que alcançou o assunto muito bem.

Terceira Parte

A DESTINAÇÃO DA CORRENTE ASTRAL DE UMBANDA SOBRE O BRASIL

É necessário, imperioso mesmo, que os irmãos umbandistas mais conscientes (sobretudo aqueles que exercem função doutrinária, em especial os chamados chefes de terreiros) compreendam com clareza que essa questão de Umbanda, Caboclos, Pretos-Velhos e outros não surgiu como mera decorrência das práticas de nossos índios e dos escravos africanos.

Irmãos — a Corrente Astral de Umbanda surgiu como uma providência do Astral Superior, ou seja, dos Mentores do Planeta Terra, na ocasião oportuna, sobre toda essa massa que qualificaram como praticante das seitas afro-brasileiras, hoje em dia já classificada, com mais propriedade, como coletivamente umbandista.

E para que entendam bem isso, vamos elucidar certos ângulos relacionados com um Alto Poder Astral, definido em certas correntes como "O Governo Oculto do Mundo", para que entre em sua justa posição a dita Corrente de Umbanda, e sua missão sobre o Brasil.

Existe um fato, uma verdade que, em certa altura da vida de todo pensador espiritualista, esotérico, magista, ou iniciado de qualquer corrente ou escola, interpenetra sua consciência com tamanha força de convicção que (quer sejam sofrimentos, provações por mais duras) coisa alguma o faz retroceder ou sequer duvidar dessa verdade consciencial: a plena convicção da existência de um Poder Supremo a que denominamos Deus.

E nós, que já sofremos ou passamos por aquelas terríveis tensões morais--espirituais que precedem a posse de certo grau de iniciação dado pelo Astral, bem sabemos avaliar essa condição e o respeito que os Iniciados de fato têm a esse Poder Supremo.

É constante em nossa lembrança e advertência de nosso Mestre Astral, ao nos revelar ao entendimento certo mistério do Arcano Maior, quando, sentenciando a sua regra-master (ao mesmo tempo que nos imprimia o selo), disse: "Ó Deus, Todo-Poderoso, Onisciente e Onipresente, Suprema Consciência Operante, que está por dentro, por fora e acima de todos os Poderes e de todas as coisas por Si mesmo geradas e engendradas" etc...

Portanto, sempre impulsionado pela outorga desse grau, por essa luz, sabemos conscientemente que sua regra é lutar sem desfalecer pelo esclarecimento de nossos semelhantes.

Assim, clareemos também, tanto quanto possível, o ângulo oculto dessa sentença, convencidos de que estamos cumprindo o que se faz necessário, no momento.

Então, não somente a verdade desse conhecimento pode-se apoderar do pensador, do iniciado. Também no íntimo de todas as criaturas existe uma advertência latente sobre esse Poder Supremo — Deus — que cada um concebe segundo seu alcance, ou segundo as ocasiões em que, dentro de certas circunstâncias, seu espírito se dinamiza por vibrações dos próprios pensamentos e tenta pôr-se em relação com as forças de cima, do Alto, em busca de socorro ou de um lenitivo qualquer.

É errada, erradíssima, a suposição de que certas pessoas não acreditam em Deus, fundada apenas no que declaram a esse respeito.

Os que se dizem ateus podem não crer nos conceitos religiosos, místicos, espiríticos, filosóficos e metafísicos sobre Deus, segundo a concepção estabelecida por tais sistemas ou, particularmente, pelo entendimento de um e de outro.

Eles (os que se dizem ateus) estão passando por uma fase de obscurecimento espiritual, mas, mesmo assim, se pudéssemos penetrar, em realidade, o fundo das suas afirmações; veríamos que lá no âmago, mesmo, existe o temor latente por "algo" que tentam abafar continuamente, opondo-lhe a barreira da dúvida ou da negação Sistemática.

Muitos até se armam com o escudo do cinismo para se enganarem a si próprios, porém um analista clarividente verá logo que essas reações não são naturais, não espelham, exatamente, os seus verdadeiros estados conceptuais ou o que deve existir nas suas consciências a esse respeito. Ninguém em verdade é ateu, na acepção da palavra.

Agora, entremos no mérito da questão e levemo-la para a meta a que nos propomos.

E para isso vamos simplificar o mais possível, reafirmando, segundo a regra do arcano, que, se Deus está por dentro de todas as coisas, é porque a

Sua Onipresença, isto é, por força de Suas Divinas Vibrações Volitivas, Ele pode operar em tudo e por tudo que Ele mesmo gerou e engendrou.

Mas não se empreste a isso o sentido terra-a-terra que muitos doutrinadores lhe dão, quando afirmam — "Deus está presente" —, como se Ele realmente estivesse ao lado de cada pessoa ou de cada coisa nesse infinito Cosmos.

Esse conceito, esse fenômeno, não deve ser interpretado assim tão terra-a-terra, pois, se Sua maravilhosa presença acontecesse dessa maneira, é claro que não existiria mais nenhum pecador, visto que a Sua presença, ao lado da criatura, ou de milhões e milhões de seres por certo a todos e a tudo purificaria instantaneamente e todos se transformariam em individualidades sublimadas, portadoras de amor e bondade, pela força atuante, pela Potência de Seu Divino Raio Espiritual Purificador.

Até mesmo a presença direta de Jesus — o Cristo Planetário — já é algo difícil aqui na atmosfera baixa da crosta terráquea, de vez que Ele também age, cria e dirige através de Seu Poder Dirigente, tendo mesmo os seus prepostos ou enviados e suas Congregações (como é o caso da Confraria dos Espíritos Ancestrais, da qual falaremos adiante), precisando cada descida Sua ser precedida de uma operação preparatória, de limpeza, haja vista por ocasião de Sua encarnação, os inúmeros fatores utilizados para isso, quer de influência psíquica coletiva, quer de ordem espirítica, astrológica, cosmogônica etc.

Enfim, nenhum ser "carnado ou desencarnado" jamais viu Deus "face a face", pelo fato de não ter condições tão meritórias, nem jamais ninguém foi à Sua Divina Presença, quanto mais Ele vir à nossa presença, justamente por estarmos, os encarnados, cheios de imundícies psíquicas e físicas, por dentro e por fora.

Agora podemos frisar o sentido oculto da regra do Arcano, afirmando: DEUS é o Supremo Centro Vibratório de Consciência Operante e esse Centro de Poder Supremo não está localizado nessa via de evolução cármica inerente à roda das encarnações, isto é, nesse *modus operandi* próprio de galáxias, vias-lácteas, sistemas planetários ou corpos celestes, inclusive o Planeta Terra.

Com isso, pode-se inferir diretamente da existência de outra via de ascensão ou de evolução o Reino Virginal, o qual é citado veladamente em vários textos sagrados, ou pela tradição oculta, também chamada Cabala.

Esse Reino Virginal, essa outra via de ascensão, independe de energia ou de matéria, sob qualquer forma. Lá só existem mesmo os seres espirituais, em sua pura condição de espíritos, sem veículos corpóreos ou etéricos de espécie alguma, porque a natureza cósmica ali é neutra, é pura, não sofre a interpenetração nem de uma simples partícula do que a ciência física conhece como méson, próton, elétron ou átomo propriamente dito. Apenas toda essa natureza neutra, esse puro espaço cósmico está habitado, digamos assim, pelas infinitas legiões de espíritos virginais, esses que não caíram, não desceram às também infinitas regiões do espaço cósmico que está cheio da energia chamada universal, essa que gera matéria ou dá formação aos elementos etéricos, aéreos ou gasosos, líquidos e sólidos, enfim, a tudo aquilo que forma a natureza física propriamente dita.

Pois bem, segundo o conceito filosófico, metafísico e oculto da Escola Umbandista[34], ainda por dentro, por fora e acima de tudo isso está o poder de Deus, localizado como o Supremo Poder Operante.

Lá, ainda, é que têm formação as primeiras Hierarquias Dirigentes do Cosmos (entendendo-se como Cosmos tudo que existe dentro do infinito e ilimitado espaço).

Finalmente, sintetizemos: DEUS está presente, sim, através de Sua Onipresença, de Sua Onisciência, de Sua Suprema Vontade Operante, que são os Seus atributos externos, que se podem expandir, interpenetrar tudo, operar ou manipular a própria substância da natureza, pela AÇÃO de SUA VONTADE sobre o fluido mágico universal (que é uma espécie de energia que movimenta todas as energias ou pranas do universo), e ainda faz sentir Sua Suprema Vontade Diretora, por via das Hierarquias Operantes, inclusive a Hierarquia Crística, e para isso Ele enviou um Seu filho[35]. isto é, um CRISTO, chamado JESUS, e lhe outorgou o comando do Planeta Terra.

E assim é que qualquer um, numa oração pura, numa prece sentida, num momento de sublimação espiritual, pode falar a Deus. Ele, assim, ouvirá. Sua Onipresença, que está operando por dentro e por fora de todos os poderes e de todas as coisas por SI mesmo geradas e engendradas, registrará o pedido, o brado de socorro, venha de onde vier.

E agora, que acabamos de elucidar certos ângulos da regra do Arcano, dando a entender, claramente, na existência das Hierarquias Superiores, inclusive na Hierarquia Crística, de onde saiu o nosso Jesus, para comandar o Planeta Terra, falemos então da Confraria dos Espíritos Ancestrais, para

---

34 Ver nossa obra intitulada "Doutrina Secreta da Umbanda".
35 Entenda-se o sentido oculto: enviou um ser espiritual da Hierarquia Crística, isto é, um EMANUEL, que significa — "filiado ao pensamento divino", o qual tomou o nome de JESUS.

dizermos algo sobre o Governo Oculto de nosso orbe e como está nele enquadrada a nossa Corrente Astral de Umbanda.

A CONFRARIA DOS ESPÍRITOS ANCESTRAIS é constituída dos espíritos mais antigos e mais elevados do Planeta Terra.

Como mais antigos queremos dizer os espíritos que mais encamaram e que há milênios deixaram de encarnar, porque foram os primeiros a esgotar todo o carma individual pela roda das sucessivas reencarnações.

Foram os pioneiros na formação das primitivas raças, desde a época mais remota de nosso orbe, até o período terciário (quando se deram as primeiras materializações ou encarnações de espíritos, aqui no Brasil — pelo Planalto Central, a primeira região do mundo a emergir do pélago universal), dali, surgindo sempre na vanguarda, até o ciclo da Lemúria dos Atlantes etc.

Esses espíritos conhecidos como Ancestrais acumularam elevadíssimas condições morais-espirituais, inclusive na sabedoria, sob todos os aspectos.

E é claro, portanto, que nessa Confraria se encontram os espíritos condutores de raças, os grandes magos, os célebres taumaturgos, os grandes profetas, os maiores gênios da filosofia, da ciência, bem como os grandes predestinados ou reformadores e condutores das correntes religiosas, iniciáticas, espiríticas, esotéricas, todos dentro de suas respectivas funções e graus correspondentes.

É nessa Confraria que se mantém "a verdade viva", isto é, zelam para que a Lei e a Tradição pura sejam mantidas no seio sagrado de seu santuário.

Dali é que são enviados os mensageiros ou os missionários, para atuarem sobre as coletividades afins às citadas correntes.

E isso o fazem, sempre que necessário, para que, seja qual for o grau ou o plano das ditas correntes, se processe uma chamada para o centro, ou seja, para a Luz, para a Verdade, revivendo no meio afim os textos sagrados, a força viva da Lei, constantemente postergada.

Enfim, procuram sempre, de todas as maneiras, incrementar o estado evolutivo ou moral-espiritual dessas coletividades, lançando em seu meio, através das encarnações, os precursores, reformadores, doutrinadores, os médiuns missionários etc.

A Confraria dos Espíritos Ancestrais está afeta à execução direta do Governo Oculto do Mundo, através de seus departamentos especializados que se ocupam cada um de um País ou das sub-raças que formam, por sua vez, o povo de cada região, e por isso mesmo é que foi denominada pelos setores esotéricos mais adiantados como o "Governo Oculto do Mundo".

Porém, é claro, insofismável, que essa Confraria está sob a chefia do Cristo Planetário, ou seja, sob o comando direto de Jesus.

E quando dizemos que todos estão dentro de suas respectivas funções e graus, é porque permanecem em contato vibratório com as raças é com as correntes religiosas, espiríticas, iniciáticas etc., a que tanto se ligaram no passado e às quais continuam ajudando no caminho íngreme da evolução, sobretudo por força da responsabilidade cármica que assumiram desde o princípio.

Até no seio dessa Augusta Confraria estão, também, os condutores das primitivas raças indígenas e de seus remanescentes, e, no nosso caso (velando através das vibrações eletromagnéticas do Cruzeiro do Sul), os velhíssinos payés (pajés), como guardiães fiéis de **tuyabaé-cuaá**, ou seja, da sabedoria integral, assim como estão, também, os primitivos sacerdotes da Lemúria e da Atlântida, da Índia, do Egito, da China etc., todos zelando pela única e verdadeira Tradição, que é, em substância, a eterna Lei divina que rege todas as correntes.

Dizemos velando pela verdadeira tradição isso não nos cansamos de frisar porque essa tradição, essa cabala que se espalhou do Oriente para o Ocidente após o famoso Cisma de Irschu e pela qual quase todo esoterismo se pauta, é falsa, foi deturpada pelos hebreus que foram tão infelizes, ou melhor, tão castigados, que acabaram deixando cair as 78 lâminas nas mãos dos seus antigos donos os sacerdotes egípcios, que as esconderam, até hoje.

Todavia, o Livro Astral existe, ou seja, o original dessa Cabala Ária ou Nórdica. Está nos arquivos astrais dessa Confraria, aos quais nossos guias têm acesso.

Aqui, vamos levantar uma questão para melhor entendimento de nossos objetivos.

Inumeráveis são os espíritos, carnados ou desencarnados, que permanecem presos, por milênios, aos caracteres psíquicos de uma Corrente racial, ou seja, a todos os seus aspectos morais, religiosos, místicos, sociais, étnicos etc.

Podem reencarnar 100 vezes, entretanto buscam sempre os meios ou os sistemas que lhes são mais afins.

Isso porque na sua matriz perispirítica permanecem indeléveis as impressões e as reações cármicas que, como raízes, firmaram suas linhas de força vibratórias, ou mentais, dentro de uma corrente racial, e essas linhas de força, dando sequência a suas naturais afinidades, procuram sempre sintonizar com os grupamentos ou a coletividade a cujas práticas místicas, religiosas, esotéricas, mágicas, tanto se ligaram no passado.

E por força dessas reações e impressões é que grande número de espíritos recusa o passe para reencarnar, tão-somente porque não os conduzem para os meios humanos afins.

Os mais arraigados são os que só querem encarnar nos grupamentos judeus ou nas raças orientais[36].

Repisemos o conceito: — se legiões de seres espirituais participaram ativamente de uma determinada corrente de raças e sub-raças e, dentro dessas condições ou de seus caracteres psicossomáticos, muito contribuíram para o seu desenvolvimento, é certo que todas as conquistas permanecem vivas, latentes, mesmo que sejam encaminhadas para novas correntes de migração ou de reencarnação.

Eis por que vibram constantemente em cada indivíduo as suas raízes de forças afins (a sua matriz perispirítica ou astral), quando ele se põe em contato com os ambientes religiosos, espíritos, mágicos, aos quais já esteve ligado ou se acostumou, desde suas primeiras encarnações.

Sim, porque os sistemas religiosos de hoje são apenas as novas faces de seus correspondentes do passado. É só comparar.

E dentro dessa lógica é que se pode ver muita **gente boa**, de colarinho duro e gravata, até de elevada categoria social, ficar perfeitamente à vontade nas quimbandas, nos candomblés e macumbas. E quantos não podem dispensar um terreirinho de Umbanda, mesmo que, para o **society**, se apresentem como católicos, apostólicos, romanos (obedientes à tradição familiar).

E ainda em face de todas essas citadas condições é que se podem observar as permutas, isto é, criaturas que, depois de permanecerem longos anos em determinado setor religioso, ingressam na corrente da Umbanda ou na do Kardecismo, e vice-versa.

Em vista do exposto, é fácil entender, agora, por que no Brasil persiste, há séculos, um sistema de concepções e de práticas afro-aborígines.

Persiste porque precisamente aqui, nessas terras do Cruzeiro do Sul, foi centralizada, por alta determinação da Lei Cármica, a mesma corrente

---

36 O Oriente, há séculos, vem servindo para o expurgo reencarnatório dos espíritos atrasados endurecidos, retardados; enfim — dos portadores de um carma pesado, principalmente a Índia, pois ali ainda se conservam quatro classes sociais, uma das quais é a dos párias, espécie de trapos humanos, quase sem direitos.

reencarnatória dos espíritos que, no passado, foram os pioneiros na formação do primitivo tronco racial dos tupi-nambás, dos tupi-guaranis, bem como de toda a vanguarda dos espíritos que deram formação à raça dos lemurianos e dos atlantes.

E é assim que, por força dessas raízes morais-espirituais, místicas, étnicas etc., que animam o psicossomatismo vibratório dessa corrente reencarnatória, existe, há quatrocentos e tantos anos, uma massa humana presa, ou atraída, às práticas dos cultos afro-brasileiros. Muito embora viessem elas se deformando cada dia mais, o fato é que, por dentro de tudo isso, persiste o encanto mágico ou a força vibratória de uma linha-mestra que sustenta o mistério de tuayabaé-cuaá — a sabedoria dos velhos payés (pajés), que é, em síntese, a verdadeira Lei, dada à humanidade, desde o princípio do mundo.

É a legítima Tradição (a essência do saber humano) que os Magos das Raças conseguiram deixar impressa ou grafada nos 78 Quadros Murais que foram achados e identificados na Pirâmide de Mênfis e que as elites sacerdotais ou iniciáticas do antigo Egito decifraram, copiando-os integralmente com 78 lâminas móveis, em forma de Livro, denominando-o Cabala Original ou Ária-Egípcia.

Esse Livro passou a ser a chave integral da Ciência Mágica, de origem divina, e daí é que saiu o conceito geral sobre a Cabala propriamente conhecida e falada, com suas 78 cartas ou Arcanos, também conhecidos por "Taroth"... em forma de baralho.

Agora, essa que o próprio Oriente ficou conhecendo, já estava rota e veio esfarrapada para o Ocidente, pois até o simbolismo dos desenhos de interpretação dos Arcanos não corresponde ao que existe nos originais. Até a divisão dos Arcanos Maiores para os Menores foi alterada, justamente na passagem, que é um dos pontos básicos.

Para isso, deram como sendo 22 os Maiores e 56 os Menores. Não é assim. Os Maiores são 21 e os Menores são 57. Não aprofundaremos aqui a importância disso, porque é assunto secreto, próprio de uma iniciação superior.

Bem, como falamos atrás que, na Augusta Confraria dos Espíritos Ancestrais, existem, ocupando altíssimos postos ou funções, seres espirituais que foram em remotíssimo passado condutores ou ancestrais dessas raças (tupi-nambá, tupi-guarani, lemurianos, atlantes, africanos etc.), é um fato que continuam — por injunção do carma coletivo dessas correntes — como seus mentores espirituais.

Eles também participam do "Governo Oculto do Mundo", porque o Brasil cresce e é até infantil dizê-lo... mas o Brasil faz parte do mundo, também...

E foi precisamente há quase um século (segundo a palavra de um mago do astral que se nos apresentou com o nome de "Caboclo Velho Payé) que houve uma importante reunião nessa Confraria, para serem debatidos certos aspectos sombrios, que estavam influindo negativa e pavorosamente sobre o carma individual, grupal e coletivo das criaturas adeptas ou praticantes das chamadas seitas afro-brasileiras.

Debateram a questão e chegaram à conclusão de que urgiam providências. Um meio foi escolhido como o mais adequado: uma interpenetração, nessa coletividade, de uma nova corrente astral, a fim de opor resistência, combater e entrar com a doutrina, completamente postergada nesse meio.

Como procederam? Ora, ligada ou fazendo parte também dessa Augusta Confraria, existe uma poderosa corrente conhecida em várias escolas como dos Magos Brancos. Urgia sua cooperação imediata para essa missão, pois era a única dotada de certos poderes, de certos meios, de certos conhecimentos apropriados para enfrentar esse dito meio.

Isso porque era patente estar esse meio contaminado pelo que existe de mais escuso no baixo-astral, tudo sob orientação ou comando voraz das legiões negras, ou seja, dos mais conhecidos e endurecidos magos-negros do astral e de todos os tempos, ali atraídos, dada a mistura de ritos fetichistas, aliados a um baixíssimo sistema de oferendas.

Reunida a corrente dos Magos Brancos, debateram a questão e logo foram sendo escolhidos os "pontas-de-lança", os vanguardeiros, para essa nobre e espinhosa missão.

E assim foi que começaram a recrutar os Pretos-Velho, os Caboclos já no grau de Guias (porque, estes, por sua vez, recrutaram outros afins) que, como espíritos velhíssimos — dado o número de reencarnações esgotadas —, acumularam pela experiência, pela sabedoria, os conhecimentos adequados da Magia, pois essa seria, como foi, a "arma" mais indicada para dar início a essa batalha gigantesca da Luz contra as trevas.

Dessa reunião em que se lançou mão de uma antiquíssima e poderosa corrente, e em que se recrutaram outros espíritos elevados e afins ao carma coletivo dessa massa tida como de adeptos dos cultos afro-brasileiros, outra ação também ficou logo assente: incrementar os meios mediúnicos para que essa ação se firmasse com maior força de expressão sobre a credulidade e consequente aceitação dessa massa.

Fizeram ressurgir também um poderoso mantra, ou Nome Sagrado, que identifica essa antiquíssima Corrente dos Magos Brancos do Astral e que, por força dessa adaptação de sons ou de fonemas, em nosso idioma, veio precisamente a ser pronunciado como UM-BANDAM ou Umbanda, para ser, como foi e é, a Bandeira para esse novo Movimento.

Então é de onde ressalta uma verdade — que todos os antigos observadores recordam com saudade: quando surgiram os primeiros médiuns de "Caboclo e Preto-velho" foram veículos de verdade... porque esse movimento firme de médiuns de Caboclos e Pretos-Velhos e outros, de Umbanda, e recente.

Daí para cá é que tudo cresceu demais e descambou, também demais...

Ficou assim formada a Corrente Astral de Umbanda, com a Missão precípua de agir sobre o Brasil e por dentro dessa massa humana dos adeptos dos cultos afro-brasileiros em todos os sentidos, sobretudo com a finalidade de fiscalizar, frenar e sustentar as correntes de fundo esotérico, espiritualista e espirítico.

Portanto, UMBANDA é a Lei Mater que regula os fenômenos das manifestações e comunicações entre os Espíritos do Mundo Astral ao Mundo da Forma. É a **RELIGIÃO ORIGINAL**, o próprio **ELO VIVENTE** revelado pelo **VERBO CRIADOR** que os Sacerdotes e Iniciados das antigas Escolas, em parte ocultaram, em parte ensinaram, perdendo-se depois no emaranhado das ambições e perseguições, confundindo-se, em ramificações, as poucas verdades que se conservam ainda, através de vários setores, ditos espiritualistas, filosóficos e religiosos.

É ainda a **CIÊNCIA-MÃE**, ou seja **A MAGIA GERADORA** a que muitos dão o nome de Teurgia, de onde se originaram as demais, em grande adiantamento, nos tempos presentes.

Assim, UMBANDA é um TERMO Místico, litúrgico, sagrado, vibrado, cuja origem se encontra — conforme já provamos naquele alfabeto primitivo de que os próprios Brahmas desconheciam a essência (a palavra é o som articulado, transcende a própria Sonometria). mas que está dentro da própria CABALA (o mais oculto, o mais secreto), a que deram o nome de Ariano (e cujas raízes gráficas e teogônicas se encontram na Escrita Pré-histórica do Brasil), Adâmico ou Vatan e deve ter vindo da pura Raça Vermelha, cujas letras em conjunto obedecendo a certas regras e posições, formam imagens reveladoras semelhantes aos VERDADEIROS SINAIS RISCADOS, conhecidos, simbolicamente, pelo nome de PONTOS DE PEMBA.

Esse termo Umbanda perdeu seu significado REAL nas chamadas línguas mortas desde o citado "Cisma" de Irschu, quando tudo foi ocultado.

Somente as raças africanas, por intermédio de seus Sacerdotes e Iniciados, como dominadores que o foram da raça branca, GUARDARAM, MAIS OU MENOS, SUA ORIGEM E VALOR.

Porém, com o transcorrer dos séculos, foram dominados e seus ancestrais, que guardavam a CHAVE MESTRA desse VOCÁBULO-TRINO, desapareceram, deixando uma parte VELADA e outra ALTERADA para seus descendentes que, em maioria, só aferiam o SENTIDO MITOLÓGICO, perdendo no FETICHISMO o pouco que lhes foi legado.

FORMA E APRESENTAÇÃO
DOS ESPÍRITOS NA UMBANDA

As formas-astrais ou as "roupagens-fluídicas" com as quais os Espíritos-guias e Protetores se apresentam na Umbanda, quer pela Vidência, quer pela materialização direta, quer através de outros fatores mediúnicos ou sensitivos dos médiuns, são três, e trazem em suas místicas essenciais esses aspectos:

a) a **PUREZA**, que nega o vício, o egoísmo e a ambição;

b) a **SIMPLICIDADE**, que é o oposto da vaidade, do luxo e da ostentação;

c) a **HUMILDADE**, que encerra os Princípios do amor, do sacrificial, e da paciência, ou seja, a negação do poder temporal...

As três formas que simbolizam essas Virtudes são as de CRIANÇAS, CABOCLOS e PRETOS-VELHOS, que ainda traduzem: o Princípio ou Nascer, o Meio ou a Plenitude da Força e a Velhice ou o Descanso, isto é, a consciência em calma, o abandono das atrações materiais... o esquecimento do ilusório para o começo da realidade.

No entanto, o Espírito, o nosso Eu Real, jamais revelou nem revelará sua verdadeira "forma", compreenda-se bem, sua "forma-essencial". Ele externa sua consciência, seu livre-arbítrio, por sua alma, pelo corpo mental, que engendra os elementos para a formação do cognominado corpo astral ou perispírito, que é uma "forma durável", fixa, podemos dizer.

Tentaremos então explicar que o Espírito não tem Pátria, porém conserva em si ou forma a sua alma pelos caracteres psíquicos de vários renascimentos, em diferentes Pátrias.

No entanto, o conjunto desses caracteres psíquicos experimentais contribui para formar a sua personalidade moral e mental, influindo decisivamente na "forma" de seu corpo "astral" e mesmo na física quando encarnado.

Poderá, pelo resgate, elevar-se ou evoluir tanto, espiritualmente, que sua imediata condição, estando de tal forma purificada, anula completamente os caracteres pessoais de sua última encarnação, e o seu corpo astral pode tomar uma "forma etérica" que apaga, em aparência, aquela que caracterizou essa passagem pelo "mundo da forma humana".

Assim, devemos concluir que existe maior quantidade de formas astrais feias, baixas, de aspectos brutais, reveladoras do atraso mental de scus ocupantes espirituais, do que de formas belas que expressam a Luz, a consciência evolutiva.

Os ocupantes das formas que revelam um carma limpo, uma iluminação interior, é que são chamados a cumprir missão na Lei de Umbanda, e, por seus conhecimentos e afinidades, são ordenados em uma das Três Formas já citadas... velando, assim, suas próprias vestimentas carmânicas.

Essa metamorfose é comum aos que tomam a função de Orixás e Guias, que assim procedem escolhendo, por afinidade, uma dessas formas em que muito sofreram e evoluíram numa encarnação passada.

Para os que estão classificados como Protetores, em quase maioria, não se faz necessário essa transformação, porque conservam ainda uma das três formas em seus corpos astrais, quais sejam: Crianças, Caboclos e Pretos--Velhos.

Saibam todos que tudo isso não é mera concepção nossa: obedece à lógica, ao estudo e à experiência, verificadas em centenas de aparelhos, através das respostas de suas Entidades sobre o assunto.

Se não, vejamos, na mais simples e clara das provas: perguntem, através de um bom aparelho que não seja do qualificado de "consciente" a qualquer Guia, quer de Xangô, Ogum, Orixalá, Yemanjá, Yori etc., se ele e Japonês, Chinês, Inglês ou Italiano... Na certa responderá que não, pois, no momento, está ordenado por uma dessas Vibrações ou Linhas, e dirá, por exemplo: sou um Ogum, Orixá e Caboclo, ou dirá, Caboclo X da Falange de Ogum Yara, Ogum Megê ou Ogum de Lei etc...

Se forem Entidades que se apresentam como Crianças, responderão, por exemplo: sou Yariri, Orixá da Vibração ou Linha de Yori ou então, sou "X" da Falange de Yariri, Doum ou Ori etc.

Perguntem, ainda, a um que se apresente como Preto-Velho, e ele dirá que é Pai "X", por afinidade, um Congo, um Angola, um Cambinda etc., da Vibração de Yorimá ou da Falange de um Pai Arruda, Pai Guiné, Pai Tomé, que são Orixás, isto é, chefiam Legião ou Falange.

Como poderão compreender, tudo gira e se expressa nas Três Formas, ou seja, na Tríade, que por analogia é o reflexo da Trilogia Sagrada, o Ternário Humano, sintetizado na Unidade que é a manifestação de Deus.

"O número três reina por toda parte no Universo", disse Zoroastro, e esse Universo é Tríplice em suas três esferas concêntricas: o Mundo Natural, o Mundo Humano e o Mundo Divino. Até no Homem são três as partes que o formam: Corpo, Alma e Espírito. Porque foi da combinação de Três Forças Primordiais (Espírito, Alma 6 Matéria) que surgiu a forma dos Seres que povoam os Universos dentro do Cosmos, limitado e ilimitado em si mesmo.

Ainda é a força sagrada do número três que forma os cultos trinitários. Exemplos: na Índia com Brahma, Visnu e Shiva; a própria unidade do cristianismo com o Pai, o Filho e o Espírito Santo; no Egito é Osíris, Íris e Hórus; na China, é Brahma, Shiva e Buda; na Pérsia de Zoroastro, era Ozmud, Arihman e Mitra; na primitiva Germânia, era Votan, Friga e Dinar; os órficos na Grécia apelidavam de Zeus, Deméter e Dionísius; na antiga Canaã, era Baal, Astarté e Adônis Echemun... e os Cabiras, povos de inconcebível antiguidade, regiam seus mistérios de forma trinitária, com EA (pai), Istar (mãe) e Tammuz (filho) e, por fim, vamos chegar à Umbanda com Iamby (Zamby), Yemanjá e Orixalá (ou Oxalá).

Citamos tudo isso, para que possam conceber, com provas comparadas, que as formas, na Umbanda, de Crianças, Caboclos e Pretos-Velhos, obedecem a uma Lei. Não é simples imaginação de A ou de B. Segue o mistério do número três... é a confirmação de uma trilogia religiosa.

Quanto à chamada apresentação desses Espíritos, cremos ter ficado patente que o fazem sempre e invariavelmente dentro dessas três roupagens fluídicas como Orixás, Guias e grande percentagem dos que chamamos de Protetores, porque, parte desses, não necessita dessa adaptação, por já a conservarem como próprias.

Nessa altura, faz-se necessária uma elucidação: sabemos, pelos ensinamentos dos Orixás, que essa Lei, essa Umbanda, e vivente em outros países, talvez não definida ainda com esse nome, porém os princípios e as regras serão os mesmos. Quanto às "formas", são ou poderão ser as três que simbolizem, nesses países, os mesmos qualificativos que os nossos, ou sejam, os mesmos no Brasil (Pureza, Simplicidade e Humildade).

Agora, por suas apresentações nos aparelhos ou médiuns, devemos compreender como: características tríplices das manifestações chamadas incorporativas, que se externam:

1º pelas flexões fisionômicas vocais e psíquicas;

2º pelo ponto cantado ou prece;

3º pelos sinais riscados ou pontos de pemba.

Essas características, salvo situações especiais, são inalteráveis em qualquer aparelho, cujo Dom real o qualifique como Inconsciente (totalmente dirigido) ou Semi-inconsciente (parcialmente dirigido).

Então vamos passar a identificar, dum modo geral, os sinais exteriores, os fluidos atuantes e as tendências principais dos Orixás, Guias e Protetores, através de suas "máquinas transmissoras", pelas Vibrações ou Linhas, em número de SETE:

Iº) Linha ou Vibração de ORIXALÁ:

Essas Entidades usam a roupagem de Caboclos. São as mais perfeitas nas manifestações. Não fumam, mesmo no grau de Protetores, e não gostam de ser solicitadas sem um motivo imperioso além das 21 horas. Suas vibrações fluídicas começam fixando-se pela cabeça, por cima, na altura da glândula pineal e vai até aos ombros com uma sensação de friagem pelo rosto, tórax e certo nervosismo que se comunica de leve ao plexo solar. A respiração faz-se quase somente pela narina direita, entrecortada de suspiros longos. O movimento que indica o controle na matéria vem com um sacolejo quase que geral no corpo.

Falam calmo, compassado e se expressam sempre com elevação, conservando a cabeça do aparelho, ora baixa ora semilevantada...

Seus pontos cantados são verdadeiras invocações de grande misticismo, dificilmente escutados hoje em dia, pois é raro assumirem uma "chefia de cabeça" e quase nunca uma função auxiliar efetiva (um dos Orixás-Chefes, se não o mais antigo, é o Caboclo Urubatão; o autor, em seu eterno "peregrinar" em incontáveis "terreiros", teve momentos de verdadeira "agonia mental" quando era obrigado a cumprimentar "aparelhos" com "encosto" de Exu, dizendo-se, por vaidade ou puro animismo, ser aquela Entidade. Essa "agonia" era por ver as tremendas falhas da "representação", vistas e sentidas por seus próprios companheiros, que olhavam a "cena" divertidos e irónicos).

Baixam raras vezes e só o fazem amiúde, quando encontram a mediunidade de um ou outro em excelente estado moral e mental.

Seus sinais riscados são quase sempre curvos e formam desenhos de grande beleza: dão a Flecha, a Chave e a Raiz...

As Entidades apresentam-se invariavelmente calmas, quase não falam, consultam pouco e não assumem "chefia de cabeça", porém são sempre auxiliares.

2º) Linha ou Vibração de YEMANJÁ:

Fazem sentir seus fluidos de ligação pela cabeça, braços, joelhos. Balançam o corpo do aparelho suavemente, levantando os braços em sentido horizontal, flexionando e tremulando as mãos, arfando um pouco o tórax, pela elevação respiratória e, balançando a cabeça, tomam o controle do médium. Não dão gemidos lancinantes nem fazem corrupios com um copo de água seguro pelas mãos no alto da cabeça como se estivessem em exibição circense.

Gostam, isso sim, de trabalhar com água salgada ou de mar, fixando vibrações, porém serenos, sem encenações.

Suas preces cantadas ou "pontos" têm ritmo triste, falam sempre no mar e em Orixás da dita Linha.

Seus pontos riscados são de contornos longos e dão a Flecha, a Chave e a Raiz...

3º) Linha ou Vibração de YORI:

Essas Entidades, altamente evoluídas, externam pela máquina física, maneiras e vozes infantis, mas de modo sereno, às vezes apenas um pouco vivas. Nunca essas ridicularias, onde certos "cavalos" usando e abusando do chamado dom "consciente", expelem seus subconscientes atulhados de superstições e vícios de origem, com gritos e "representações fúteis".

Atiram seus fluidos sacudindo ligeiramente os braços e as pernas e tomam rapidamente o aparelho pelo mental.

Gostam, quando no plano de Protetores, de sentar no chão e comer coisas doces, mas sem desmandos.

Dão consultas profundas e são os únicos que adiantam algumas das provações que ainda temos de passar, se insistirmos nisso. Tomamos a lembrar: isso, apenas se estiverem em aparelhos de excelentes mediúnicos.

Suas preces cantadas falam muito em papai e mamãe do céu e em mantos sagrados. São melodias alegres, umas vezes, tristes outras, e não esses ritmos estilizados que é comum ouvirmos.

Seus pontos riscados são curtos e bastante cruzados pela Flecha, Chave e Raiz...

4º) Linha ou Vibração de XANGÓ:

Essas Entidades usam a forma de Caboclos, e se entrosam no corpo astral de maneira semibrusca, refletindo-se em arrancos no físico; suas vibrações atingem logo o consciente do aparelho, forçando-o do tórax à cabeça, em movimentos de meia rotação e pela insuflação das veias do pescoço, com aceleração pronunciada do ritmo cardíaco na respiração ofegante até normalizarem seu domínio no físico.

Emitem não um urro histérico alucinado que traduzem como "kaô", acentuando as sílabas, e sim, uma espécie de som silvado, da garganta para os lábios, que parece externar o ruído de uma cachoeira ou um surdo trovejar..

Não gostam de falar muito. Seus pontos cantados são sérias invocações de imagens fortes e podem ser cantados em vozes baixas.

Seus pontos de pemba ou sinais riscados fixam o mistério da Flecha, da Chave e da Raiz.

5º) Linha ou Vibração de OGUM:

Têm a forma de Caboclos. Essas Entidades vibram também com força sobre o corpo astral fixando seus fluidos pelas costas e cabeças, precipitam a respiração e tomam o controle do físico, quando o alteram para um porte desempenado. Geralmente dão uma espécie de "brado" que, num bom aparelho, se entendem bem as duas sílabas da palavra Og-um, como invocação à Vibração que o ordena.

Jamais esses brados podem ser confundidos com certos "uivos e latidos" que se escutam em "alguns" lugares, em pessoas que se dizem mediunizadas com esgares e olhos injetados de vermelho, que indicam bebida alcoólica ou autossugestão.

Esses Espíritos gostam de andar de um lado para outro e falam de maneira forte, vibrante e em todas as suas atitudes demonstram vivacidade. Suas preces cantadas ou pontos traduzem invocações para a luta da fé, demandas etc.

Seus pontos riscados são semicurvos e revelam a força da Lei de Pemba pela Flecha, Chave e Raiz.

6º) Linha ou Vibração de OXOSSI:

Têm a forma de Caboclos: os Orixás, Guias e Protetores são suaves em suas apresentações ou incorporações. Jogam seus fluidos pelas pernas, com tremores e ligeiras flexões das mesmas (nessa altura, daremos um alerta aos irmãos de todos os graus que forem aparelhos em função de chefia: e em proporção assustadora que se observa na maioria dos aparelhos que dizem incorporar Caboclos, principalmente de Oxossi, um vício ou uma propensão oriunda do subconsciente fortemente influenciado por "conhecimentos externos", em simularem um aleijão da perna, geralmente a esquerda, como se todos os espíritos na forma de Caboclos fossem ou tivessem sido defeituosos da dita perna).

Um Orixá de Luz, um Guia evoluído, não conserva em sua forma astral essa mazela, que deixou através do resgate purificador dos erros que geraram aquela encarnação, que ficou apenas como experiência de uma fase escura em seu passado... talvez que, um ou outro, no grau de Protetor, por necessidade de seu próprio carma, conserve essa consequência, mas daí a generalizar o hábito, não passa de infantilidade ou, então, acham que devem conservar uma perna flexionada, conforme a tem a imagem de S. Sebastião, supondo que todos os Caboclos são seus enviados e obrigados a manter a mesma postura...

Assim, como vínhamos dizendo, essas Entidades fluem suavemente pela cabeça até a posse total ou parcial.

Falam de maneira serena e seus passes são calmos, assim como seus conselhos e trabalhos.

Suas preces cantadas traduzem beleza nas imagens e na música: são invocações, geralmente tristes, às forças da Espiritualidade e da Natureza.

Os pontos riscados são de sinais elegantes, pela Flecha, Chave e Raiz.

7º) Linha ou Vibração de YORIMÁ:

Essas Entidades são verdadeiros magos, senhores da experiência e do conhecimento em toda espécie de magia. São os Orixás-Velhos da Lei de Umbanda — são donos do mistério da "Pemba" nos sinais riscados, da natureza e da alma humana.

Têm a forma de Pretos-Velhos e se apresentam humildemente, falando um pouco embrulhado, mas, sendo necessário, usam a linguagem correta do aparelho ou do consulente.

Geralmente gostam de trabalhar e consultar sentados, fumando cachimbo, sempre numa ação de fixação e eliminação, através de sua fumaça.

Falam compassado e pensando bem no que dizem. Rarissimamente assumem chefia de cabeça, mas invariavelmente são os auxiliares dos outros Guias, o seu "braço-direito".

Seus fluidos são fortes, porque fazem questão de "pegar bem" o aparelho. Começam suas vibrações fluídicas de chegada, sacudindo com certa Violência a cabeça e o ombro esquerdo, em paralelo com o arcar do tórax e das pernas.

Cansam muito o corpo físico, pela parte dos rins e membros inferiores, com a posse do aparelho, conservando-o sempre curvado. Seus fluidos de presença vêm como uma espécie de choque nervoso sobre a matéria e emitem um resmungado da garganta aos lábios, quando se consideram firmes na incorporação.

Os pontos cantados são os mais tristonhos entre todos e revelam um ritmo compassado, dolente, melancólico; traduzem verdadeiras preces de humildade.

Os pontos riscados obedecem a uma série de sinais entrelaçados, às vezes retos, outros em ângulo. Temos encontrado neles, semelhantes a certas letras dos alfabetos primitivos ou Templários e dão logo os três sinais riscados expressivos da Flecha, Chave e Raiz.

Outrossim: nas "formas" de Pretos e Pretas-velhas, existem os que se apresentam por afinidade, como um angola, um congo, um cambinda etc., e costumam até conservar em sua "forma astral" certa reprodução de características que identificavam chefia, função etc., entre os povos da raça negra muito comum entre os que são qualificados de Protetores.

Essas afinidades também são semelhantes nos espíritos que têm a forma de Caboclos, comum aos que possuem ainda o evolutivo de Protetores.

Quanto à "forma" ser nova ou velha, não altera a essência da coisa, pois no fundo é o mesmo.

Essas são em síntese o "mistério" das Três Formas em suas apresentações na Umbanda. Somente os SETE Orixás principais de cada Linha são não incorporantes... porém, já o dissemos algumas vezes, excepcionalmente, conferem suas vibrações diretas sobre um ou no máximo sete aparelhos, quando, dos espaços siderais, eles observam a Lei sendo chafurdada e confundida na idolatria, como o está sendo nos tempos presentes...

Certa maioria está "reverenciando" estátuas de bruxos e bruxas e de supostas representações de Exu com serpentes, ferrão, cornos, capas pretas ou vermelhas do suposto Diabo da Mitologia ou das religiões dogmáticas.

É necessário muita doutrina, muita elucidação, pelos capazes sobre os menos favorecidos mentalmente. Urge escoimar essas coisas do meio umbandista.

UMBANDA E O PODER DA MEDIUNIDADE. CONSERVE O SEU MEDIUNATO. AS TRÊS CATEGORIAS MEDIÚNICAS. OS ITENS *A-B-C-D-E-F* E SUAS CONSIDERAÇÕES

Médiuns, mediunidade, "mediunismos", animismo — quanto já não se tem falado e escrito a respeito... Há dezenas e dezenas de anos. ou melhor, há mais de um século que o dom da mediunidade e seus múltiplos aspectos foram e continuam sendo debatidos, através de vastíssima literatura que, desde o princípio, ergueu-se, cresceu como um gigante e esparramou-se por toda parte, sempre firmada num certo conceito doutrinário de Allan Kardec...

Esse conceito doutrinário, ou foi um lapso de interpretação de Kardec ou foi fruto de má tradução do original e se vem conservando assim ou, ainda, pode ter sido um ponto de vista pessoal que ele quis firmar, a fim de propagar com mais força a sua "Doutrina dos Espíritos", em virtude da grande controvérsia suscitada e dos ataques que sofreu, pois a paixão dominava seus opositores, naquela época...

Tanto é que ele Kardec, em seu "Livro dos médiuns", Cap. XIV, pág. 166 (31ª edição), começa afirmando uma coisa de uma maneira um tanto vaga e no final tenta consertar, o que faz quase incisivamente...

Essa questão é a seguinte: Kardec diz que todo mundo ou que todas as pessoas são médiuns e logo a seguir faz uma espécie de retificação.

Vamos transcrever literalmente para que o leitor possa meditar e tirar suas próprias deduções: "Todo aquele que sente num grau qualquer a influência dos Espíritos é, por esse fato, médium. Essa faculdade é inerente ao homem; não constitui, portanto; um privilégio exclusivo. Por isso mesmo raras são as pessoas que dela não possuam alguns rudimentos. Pode, pois, dizer-se que todos são, mais ou menos, médiuns. **Todavia, usualmente, assim só se qualificam aqueles em quem a faculdade mediúnica se mostra bem caracterizada e se traduz por efeitos patentes, de certa intensidade, o que então depende de uma organização mais ou menos sensitiva**" etc. (o grifo é nosso).

Por aí pelo próprio Kardec subentende-se claramente que a criatura que se pode considerar médium mesmo, positivo, de verdade, tem que ter algo de diferente das outras criaturas, ou seja, uma organização especial, isto é, certas aptidões ou qualidades excepcionassem seus organismos físico e astral propriamente ditos.

Não vamos repisar esse assunto, que já debatemos em outra obra nossa, mas foi sobre essa primeira afirmação de Kardec, logo no início do parágrafo, que toda a literatura, toda a linha doutrinária do chamado kardecismo se firmou para propagar a doutrina; fizeram disso o "cavalo de batalha", tocaram-lhe as esporas, empunharam a lança e trombetearam: "todo mundo é médium, é só desenvolver".

Assim é que podemos dizer, sem temer estarmos incorrendo em erro ou precipitação, que o animismo (essa espécie de excitação psíquica, de sugestão mística, de "fanatismo" espirítico) está liquidando o que resta de mediunidade nos bons médiuns que ainda são encontrados alhures...

Pois, assim como afirmamos, desde 1956, em nossa obra "Umbanda de Todos Nós", que a mediunidade estava sendo frenada, cancelada mesmo por efeito da execução de uma lei que qualificamos de retração, agora, mais do que nunca, reafirmamos essa verdade: "a mediunidade (isto é, a faculdade mediúnica através das humanas criaturas) está em franca decadência...

Não é fácil de encontrar, atualmente, muitas pessoas que tenham conservado a sua faculdade mediúnica em estado positivo...

Mas deixemos de lado essas arestas e passemos a falar do poder da mediunidade ou do **mediunato** de Umbanda (escolhemos esse termo do "Livro dos Médiuns", do mencionado Kardec, por se aproximar bastante do sentido ou do valor dado aos médiuns próprios da Corrente Astral de Umbanda. Mediunato — disse um espírito a Kardec — é a Missão providencial dos médiuns"), porque, agora, sim, é que a coisa vai ficar preta mesmo...

Ora, para que o assunto que vai entrar possa cair na cadência, temos de dizer que qualquer um pode escrever ou falar de mediunidade e de médiuns, dos fenômenos correlatos, baseado apenas no que leu e aprendeu nas obras do gênero, na doutrina dos Centros e no que viu em suas sessões...

Porém, falar, escrever, debatendo, escoimando, ensinando, elucidando sobre esse "tipo" de mediunidade que se processa pelos terreiros de Umbanda, é preciso estar bem por dentro de seu intrincado "métier", e no mínimo ser um médium de sua faixa, porque ninguém pode levantar doutrina baseado tão somente no que os outros dizem sentir sobre os fenômenos das incorporações dos Caboclos e Pretos-Velhos.

Notem, dizem sentir porque, entre sintomas neuranímicos, sugestões propriamente ditas ou fanatismo místico e vibrações de contato neuromediúnicas de fato, há uma grande diferença. Há que saber escoimar. Há que saber discernir, senão confunde-se tudo, confundindo-se os outros, principalmente os inexperientes...

E para que se possa falar sobre esses problemas é preciso que se saiba o bastante sobre o poder do mediunato da Corrente Astral de Umbanda.

Portanto, abordamos a questão dizendo, de início, que ser um médium de Umbanda, isto é, um veículo dos espíritos de Caboclos. Pretos-Velhos e outros de dentro da faixa, é uma condição excepcional, por ser, por sua vez, consequência de uma escolha especial, feita no plano astral antes mesmo de o espírito encarnar...

E essa escolha especial é feita de acordo com vários fatores de ordem astromagnética (isto é, de um processo apropriado sobre o corpo astral do ser que vai levar a faculdade mediúnica) ou energética e por uma seriação de ligações morais-espirituais, envolvendo também determinadas aquisições, débitos e inclinações; enfim, por um conjunto de ligações cármicas afins com essa citada Corrente de Umbanda, quer no plano superior, no médio e no inferior dos desencarnados e dos encarnados.

Porque uma criatura pode ser médium, seja lá de que modalidade for, inclusive, é claro, de incorporação, de outras correntes ou setores, porém esse dom não a condiciona a se transformar num veículo próprio dos espíritos de Caboclos e Pretos-Velhos, Crianças e muito menos de Exu... espíritos esses que têm por função mediúnica exclusiva militar na Corrente de Umbanda e sobre aparelhos pré-escolhidos, desde quando desencarnados, como dissemos...

Se por acaso fazem mistura, ou, por força de uma circunstância qualquer, um seu veículo é forçado a baixar, numa sessão kardecista, ou de mesa, de outro ambiente qualquer, uma coisa é certa: — está deslocado de sua faixa, de sua corrente ou de seu ambiente vibratório de trabalho, de ação e reação inerentes a Umbanda...

E ainda temos a acrescentar o seguinte: — o mediunato mesmo, isto é, a missão providencial, especial com ordens e direitos de trabalho mágicos ou de magia dentro da Umbanda, só é conferido a médium do sexo masculino...

Mas, por que (surpreso, irmão?) essa escolha? Porque somente o médium masculino tem condições vibratórias para operar na Magia em face dos elementos de ligação e de força que os espíritos de Caboclos, Pretos-

-Velhos, Exus e outros põem em ação, através de sua mediunidade, tendo em vista os inevitáveis entrechoques do astral inferior que esse mesmo médium foi preparado para enfrentar, devido à sua própria natureza vibratória de elemento masculino, o que implica em dizer: pela qualidade energética de seu sistema nervoso ou de suas linhas de força (ou corrente de energia especial dos chacras, não sujeita ao catamênio, ou seja, à influência lunar), preparadas sob condições especiais...

Todavia, com isso não queremos dizer que ao elemento feminino tenha sido negada a condição de ser médium de Umbanda dos Caboclos, Pretos-Velhos etc. Não!

A condição de ser também veículo dos espíritos de Caboclos, Pretos-Velhos e outros a elas às mulheres foi dada, porém como auxiliar, nunca na posição especial de comando vibratório igual ao do homem, em face das injunções de sua própria natureza feminina, sujeita muito mais a vaidade, a versatilidade, à excessiva imaginação, sobretudo pela qualidade passiva de sua vibração em relação com o fluxo mensal e a influência da Lua.

Não queremos dar opinião definitiva nessa questão de MAGIA, MULHER e LUA, porque teríamos de levantar um véu perigosíssimo, completamente vedado aos não iniciados ou profanos.

Cremos que, em face das explicações dadas, podemos deduzir que a faculdade mediúnica conferida à mulher para funcionar dentro da Umbanda não vem acompanhada do direito e da competente cobertura espiritual para operar na Magia e que, por extensão, lhe é vedado, também, consagrar ou preparar qualquer outra pessoa no sentido direto do que na Umbanda se tem como uma Iniciação (que nos candomblés se tem como "feito no santo" ou "fazer a cabeça" etc.).

Portanto, cabe-nos dar o brado de alerta aos que já tenham adquirido um palmo de entendimento: — se Você for médium-homem e tiver sua Iniciação consumada ou sua "cabeça feita" por médium mulher, deve procurar o quanto antes a cobertura de um comando vibratório masculino, ou seja, de sexo igual, porque, para essa questão de mediunidade ou de Magia de Umbanda, seu chacra ou sua glândula pineal deve estar fora de sintonia, ou melhor, arrasada...

E como afirmamos desassombradamente, que sua mediunidade (quer na própria mulher também) pode ficar arrasada, vamos provar — agora mesmo — o porquê disso, para que Você, irmão médium-iniciado, fique inteirado, não apenas pela força de nossas palavras, mas pelos fatores comprovados da ciência oficial — a endocrinologia, a ginecologia etc.

Já dizia o Professor Mavairon — fundador da endocrinologia — "que a mulher é um estado intermediário entre o adulto e a criança, isto é, ela é um ser pouco menos evoluído, do ponto de vista somático...

Esse é um conceito científico que nos obriga a comparações... ou a entrar em induções e deduções.

Portanto, entre em meditação e analise o que vamos expor: que EVA — a mulher, venha cada vez mais se afastando de sua destinação natural, sobrecarregando insensatamente o seu carma, com a subversão de suas ditas afinidades naturais!... vá lá que assim proceda. Que venha conscientemente infringindo a Lei Divina transformando o seu ventre — a matriz uterina, Santuário Sublime da Maternidade e da reencarnação — em alcova de gozo e de luxúria, confundindo educação sexual com histerismo, bloqueando assim a citada sequência reencarnatória com o tampão da virgindade pré-calculada sobre os anticoncepcionais, além disso e muito mais através dos abortos criminosos... vá lá que assim erre.

Que venha pleiteando a chamada liberdade sexual usando o seu corpo para serventia em "iniciações prematuras" com absurdas experiências pré-conjugais, como se sua natureza fosse igual à do homem, postergando friamente essa sua destinação natural sublimada... vá lá com tanto desatino.

Que venha utilizando mais, muito mais os seus atributos carnais dentro da calculada astúcia que lhe é própria para galgar as escadas da fama e que hoje em dia o seu apregoado sexy... sexy... sexy... seja decantado na forma crua e nua de variada propaganda e que, realmente, em consequência disso tudo tenha atingido a "Glórias" nunca dantes alcançadas... não podemos negar.

Todavia, não podemos também negar — porque está comprovado em pesquisas e estudos especiais diversos que todas as Evas que assim vêm procedendo e tais glórias e tais liberdades têm alcançado (se qualificando como mulheres desinibidas), no fundo mesmo da realidade psicológica, são umas infelizes... angustiadas, frustradas, complexadas, manchadas pelo remorso e portanto neuróticas... acabam sempre escravas de psiquiatras, psicanalistas e psicólogos em busca da paz de espírito que perderam. Hollywood que o diga.

Portanto, irmão umbandista: que — Eva — a mulher, tenha invadido os setores profanos (sociais, artísticos etc.), dominando, arrasando e que acabe também arrasada, vá lá...

Mas que tenha invadido o setor mediúnico e religioso do meio umbandista, com seu misticismo mirabolante e pretenda assaltar o iniciático mágico etc., com tanta insensatez, tentando destroçar tudo, sem que ninguém dê um brado de alerta essa é que não!... Nós estamos dando esse grito, bem por dentro do seu entendimento. Atente!...

Nunca, jamais em tempo algum, nenhuma Escola Iniciática, Corrente Religiosa, Mágica, Esotérica ou do chamado Ocultismo Ocidental e Oriental, concedeu o comando vibratório à mulher!

Jamais os verdadeiros Sacerdotes, Taumaturgos, Magos, Iniciados etc., ousaram promover a mulher a condições que a própria Lei Divina (do Carma) não lhe havia destinado!...

Nem no próprio primitivismo do culto africano puro, do passado, a denominada de "mãe-de-santo" (Yalorixá) tomava esse direito, esse comando, pois não faziam "filho-de-santo", no sentido direto de uma iniciação ou "feitura-de-cabeça", como era o caso numérico e predominante das suas yaôs ou "filhas-de-santo"...

Veja e, se duvidar do que estamos dizendo nos três itens abaixo, observe, pesquise, compare... para ficar sabendo do por que todo médium homem — "feito-no-santo" por babá mulher — acaba caindo, fatalmente, dentro destas condições:

a) Incontrolável neuroanimismo com acentuadas perturbações sexuais assim como tendências esquizoides em seu poder viril e consequente queda do mesmo. Esfacelamento da mediunidade real que porventura tenha.

b) Irregularidades em seus fatores mediúnicos com a descida progressiva de sua tônica vibratória, gerando consequentemente alterações psicossomáticas com tendências exageradas ao misticismo doentio, à crença cega, ao fanatismo etc. Acaba mistificando ou sendo mistificado.

c) Escapando dessas citadas condições, passa a viver constante estado de excitação neuromediúnica, assim como que inconformado, sujeito a reações emotivas, com fases de depressão, descrença enfim, toda sua gama vibratória passa a reagir em altos e baixos, contra algo que sente oprimi-lo espiritualmente, psiquicamente; linda mesmo abandonando tudo sem saber as razões ocultas, certas. Esses são os fortes. Inconscientemente, reagiram, se libertaram... mas viverão Vazios... enquanto não se reintegrarem na tônica perdida, verdadeira.

Mas, por que tão acentuados distúrbios estão acontecendo nos chamados "terreiros" da Sagrada Umbanda onde as "babás-mulheres" dominam?

Porque elas são mulheres e, assim sendo, estão sujeitas a menstruação, a tensão pré-menstrual, distúrbios hormonais e útero ovarianos, assim como metrites, vulvo-vaginites, inflamações, corrimentos (purulentos, infecciosos etc.), além de quistos, fibromas; sempre de dois a três desses fatores estão irmanados e provocam, além de alterações fisiológicas, influências decisivamente negativas em sua esfera psíquica, através da hipófise uma glândula-mestra que está localizada no encéfalo e que comanda o sistema hormonal e sexual da mulher (e do homem também).

E não é só. Existe ainda o pior em relação com o sistema mágico e vibratório-mediúnico da Umbanda que é a MENOTOXINA... esse suor venenoso que ela, a babá-mulher, inconscientemente, por ignorância, pode impregnar, através das mãos, na cabeça do homem-médium justamente, em cima, na "coroa", isto é, sobre sua glândula pineal, a qual trabalha em conexão com os neurônios sensitivos do dito cérebro, numa constante permuta eletromagnética, quer por força de sensações endógenas, quer exógenas.

E para que você, leitor, não pense que isso são coisas apenas calcadas por nós, segundo nosso conhecimento vibratório da legítima Corrente Astral de Umbanda, vamos ressaltar, simplesmente, esses dados que extraímos da "Moderna Enciclopédia Sexual", do Prof. Flávio A. Pereira. Ei-los:

1º Os médicos dizem que as menstruações estão sob o império da influência psicogênica ou anímica (pág. 439).

Na França é vedado às mulheres menstruadas entrarem nas usinas que preparam perfumes. E nas fábricas de seda, não podem pegar nos "bichos-da-seda". Na Alemanha os proprietários e guardas dos armazéns vinicultores proíbem às moças menstruadas sequer a aproximação das barricas, onde o vinho se acha em processo de fermentação...

2º Recentemente, cientistas europeus e norte-americano descobriram que a mulher menstruada secreta geralmente uma substância chamada **MENOTOXINA**, a qual impede o crescimento de cogumelos e outras plantas. Essa menotoxina é produzida junto com o suor da ponta dos dedos...

Nas fábricas de transistores (como em São Paulo a IBRAPE Philips), as moças menstruadas não trabalham durante os dias de regras. A toxina do suor das mãos oxida os delicados transistores dos aparelhos eletrônicos (págs. 440 e 441).

3º As mulheres ciclotímicas — isto é, que durante a Vida sofrem crises alternadas de grande excitação e grande depressão — quando entram na menopausa tornam-se vítimas de estados psíquicos agravados. Ou se tornam maníacas, ou então com depressão melancólica. Dai os desvios de conduta, o alcoolismo, o tabagismo etc. (pág. 428).

4º Os médicos chamam de tensão pré-menstrual, um estado emocional que surge de 5 a 8 dias antes de se iniciar a menstruação e que dura até o começo ou o término desta conforme as mulheres. A propósito desse fenômeno, devemos lembrar que os escritores literários e os artistas têm sempre se referido ao que se chama de inconstância feminina. A mulher teria uma elevada dose de instabilidade emocional.

5º A mulher está sujeita a uma oscilação emocional ocasionada pela peculiar fisiologia do seu aparelho sexual e endócrino. Em sua maioria as modificações ocorrem antes e durante a menstruação. As próprias mulheres sabem disso: nesses períodos elas se sentem nervosas, deprimidas, irritam-se por nada etc. (pág. 434).

6º Durante os dias de tensão pré-menstrual, a mulher muda da água para o vinho: a sua personalidade se altera. Fica outra. De equilibrada passa a desequilibrada. De afável a irritadiça. Em matéria sexual, alternam de um desejo ardente a uma repulsa total pelo marido (pág. 435).

7º Ficou provado que em sua maioria os delitos violentos provocados por mulheres ocorrem durante os dias pré-menstruais (pág. 435).

8º Em muitas mulheres, a lembrança dos dias dolorosos e desagradáveis da tensão pré-menstrual deixam marcas emocionais amargas (pág. 43 5).

9º Para Moisés, mulheres com muitas ou poucas regras menstruais, deveriam procurar o sacerdote da sinagoga a fim de se purificarem.

10º E Jeremias, o grande profeta, escreveu: — "é no instante da menstruação que os espíritos malignos desfecham os seus golpes; quando a imundície desperta nas almas os maus pensamentos"...

Diante do exposto, o que falta mais para Você entender, claramente, o porquê de nosso brado de alerta?

Suponhamos que Você mesmo, que agora lê o todo exposto e até surpreso (homem ou mulher), seja "filho-de-santo" de uma "babá-mulher"...

Você tem certeza de que, quando ela botou as mãos em sua rica cabecinha, isto é, justamente os dedos que ficam impregnados do suor venenoso da menotoxina, não estava menstruada? Ou mesmo se não o fez durante a sua tensão pré-menstrual? — que é aquela fase em que seu organismo se prepara isto é, já começou a fabricar essa dita menotoxina? Regras quase sempre atrasam ou adiantam raro virem em época certa...

Você sabe a idade de sua "babá-mulher? Não? Será que ela está dentro da menopausa ou entrando na dita cuja? E daí? Releia o item 3º e compreenda...

E ainda: Você sabe em quais condições ela prepara as ervas do seu "amacy"? E sua dita como "lavagem de cabeça"? Você tem certeza de que ela estava fora dessas condições?

Em suma: é "contravenção mediúnica" ou mesmo "crime" de lesa-mediunidade os médiuns do sexo feminino frequentarem a Corrente menstruadas e até darem passes na fase da dita tensão pré-menstrual. E se Você é médium de Caboclo e Preto-Velho de verdade, mande seu cambono indagar deles, por que ainda não o avisaram dessas coisas?

E finalmente, irmão por acaso você que agora acabou de se inteirar dessa situação, já tem algum grau de iniciação (de qualquer corrente ou escola)? O que seu Orientador, mestre ou iniciador já lhe adiantou sobre a Magia Sexual?

Aqui entre nós pergunte a ele a especial importância que têm esses fatores todos que apontamos com esses quatro tipos de mulher (conexão: hormônios-endocrinologia): astênica, pícnica, hipoplásica, virilóide.

Pergunte-lhe, ainda — se for realmente um mestre — qual a influência decisiva que pode sofrer um desses quatro tipos, sob a regência de determinados Signos? E qual a importância disso em relação com o casamento ou uniões?

Pergunte mais isto: — qual o padrão de conduta emocional e sexual de uma asténica regida por Câncer?

Esse véu que estamos levantando para Você, leitor, em rápida visão — é o que, realmente, tem valor decisivo, real, para uma escolha, ou seja, é o que vai determinar uma boa vivência sexual, emocional ou psicológica entre um par (homem-mulher, macho-fêmea) e não essa astrologia padronizada sobre pretensos atributos de signos. Na certa que os "Comerciantes da Astrologia", depois do que aqui estamos dizendo, vão começar a "doutrinar" o assunto. Mas errado. Isso faz parte da Magia Sexual — conhecimento próprio de um verdadeiro Iniciado.

E quanto ao grande número de "babás-mulheres" que descambaram para certas práticas de magia negra e que, por via dessas coisas, ainda se arrogaram o direito de consagrar, "fazer cabeça" e até mesmo toda espécie de "confusão mágica", usando, exclusivamente, os conhecimentos aprendidos a olho nu, de terreiro a terreiro — isso é questão do livre-arbítrio de cada uma.

Porque, protegidas ou com o consentimento de espíritos na categoria de guias e protetores da Lei de Umbanda — essa é que não! Porque eles sabem muito bem qual é a significação da lei — isto é, sabem que a mulher não foi capacitada para casos de semelhante natureza. A cada um é dado comportar-se segundo a força ou a qualidade de sua natureza vibratória... essa é a lei.

E é por isso que estamos vendo as mulheres praticando a Umbanda (mais do que os homens) loucamente, insensatamente, multiplicando os terreiros, pela sugestão de tanto bordado, rendinhas, fitinhas e coisinhas bonitinhas, arranjadas pelo seu gênio inventivo ou por suas inclinações. Por isso é que gostam de se enfeitar com esses lindinhos colares de louça e vidro multicores (miçangas) e com os ditos de pena e ainda por cima pintam as unhas "pra receber o Caboclo"...

Os verdadeiros médiuns da Corrente Astral de Umbanda que foram surgindo desde que ela iniciou seu movimento propriamente dito sobre o Brasil e por dentro dos cultos afro-brasileiros, têm que ser, forçosamente. enquadrados nestas três categorias:

A) os de carma probatório ou de simples função mediúnica-auxiliar;

B) os de carma evolutivo ou dentro do mediunato, ou susadeja, de uma missão[37] já providencial, salvadora etc.;

C) os de carma missionário ou dentro do duplo-aspecto — o do mediunato e do grau de médium magista...

Passemos a definir o melhor possível essa questão um tanto complexa, difícil de ser explicada pela palavra escrita, pois nisso é que está a chave de todas as confusões reinantes:

Na categoria A pode-se enquadrar a maioria dos médiuns que surgiram até o momento.

Esses médiuns-homens foram surgindo dentro de suas simples funções mediúnicas e sob a cobertura dos Caboclos, Pretos-Velhos e outros, no grau de protetores auxiliares de um plano mais inferior.

---

37 Não confundir a criatura-médium dentro de seu mediunato, que não deixa de ser também uma missão providencial, porém mais afeta à fiel execução da faculdade mediúnica, com a criatura, médium de um carma missionário, isto é que sempre encarna com uma tarefa especial que abrange vários aspectos, sempre de acordo com o valor de seu grau de iniciação. Aquele pode ter recebido missão do mediunato, talvez pela primeira vez e ainda sem ter nenhum grau de iniciação, por isso se classifica como de carma evolutivo; e esse último, não: o seu grau de missionário já o acompanha, no mínimo, por mais de três reencarnações.

Foram surgindo, simplesmente, como médiuns de função auxiliar, devido mesmo a certas injunções da natureza cármica ou do plano mental em que estão situados.

Os protetores que lhes deram ou dão cobertura também desceram ou vieram, dentro de certas restrições, de certa ação limitada, porque não estão na categoria de magos, não alcançaram ainda a ordenação completa para todos os trabalhos.

Não estão capacitados, ainda, para assumir responsabilidades de tamanho vulto. Todavia, como auxiliares dos outros protetores de graus mais elevados e dos guias, podem, dentro de certo âmbito, manipular determinados aspectos, de ordem mágica, assim como agir (debaixo, sempre, da orientação ou da supervisão dos maiores) ou manipular certas Oferendas simples; as rezas, os passes, as descargas ligeiras, certas afirmações e fixações leves, tudo de acordo com as suas capacidades ou conhecimentos relativos, de protetores- -auxiliares...[38].

Dentro, ainda, dessas condições estão incluídos os médiuns do sexo feminino da Corrente Astral de Umbanda.

Foram e são, invariavelmente, médiuns de função-auxiliar, também[39].

Jamais receberam a outorga do Mediunato e do Magismo, isto é, a dupla condição que o grau de médium magista traz (bem entendido: essa limitação, essa restrição, é imposta, exclusivamente, dentro da Corrente Astral de Umbanda ao elemento feminino, devido, justamente, a que essa corrente tem, como uma de suas mais fortes "razões de ser" ou como vértice principal de seu Movimento Vibratório de Ação e Reação, a força ou os poderes de manipulação dentro da **MAGIA**).

Porque, o simples fato de fazer oferendas, certas afirmações, certas descargas, ou certos movimentos leves ou de superfície, de ordem mágica, não implica em que se esteja, diretamente, dentro de uma força mágica completa.

---

38   Nesse meio ou categoria, alguns médiuns podem evoluir para condições auxiliares superiores, dados os naturais impulsos de evolução dos mais credenciados ou predispostos, e ainda pela circunstância de terem recebido a cobertura mediúnica de um grau mais elevado.

39   Evidente que não temos autoridade para criar tal restrição a mulher na Umbanda. Essa restrição é tão antiga quanto a Terra. Na própria Bíblia (que realmente diz muitas verdades), Moisés já confirmava toda uma remotíssima Tradição quando, falando sobre a formação da mulher em Gênese, Cap. 2, Vers. 18, assim grafou: "Disse mais o Senhor Deus: Não é bom que o homem esteja só: far-lhe-ei uma auxiliadora que lhe seja idônea". Portanto Cumprimos tão somente a nossa pequenina parte dentro da Umbanda... lembrando a Lei.

Não implica absolutamente em que se inclua isso na categoria de poderes inerentes a um mediunato ou na de um genuíno médium magista...

Oferendas diversas, todo mundo pode fazer, dessa ou daquela forma (flores, velas, perfume, certas bebidas, certos materiais), mesmo que já esteja dentro de um ato mágico ou da magia, porém restrito ao âmbito comum limitado de seu real movimento, de sua completa ação, que abrange muito outros fatores, não facultados ou não adequados, justamente, à capacidade de médiuns e de protetores na função de auxiliares...

Para isso, ou para essa classe de médiuns ou de crentes, foi que lançamos várias obras, em que constam várias formas de oferendas, dentro de certos movimentos de ordem mágica ou de magia, para auxiliá-los nos primeiros passos ou nas suas possíveis andanças e práticas errôneas a esse respeito.

Foram ensinamentos que se impuseram, para alertá-los e socorrê-los...

Na Categoria B, pode-se enquadrar ainda essa ou aquela pequena parte de médiuns-homens que receberam a outorga do mediunato, ou seja, uma missão providencial, salvadora, dentro da Corrente Astral de Umbanda...

Esses médiuns vieram sob a cobertura dos espíritos de Caboclos. Pretos--Velhos etc., num grau de protetores mais elevados, alguns até no grau de Guias.

Sobre essa questão de mediunato é que o leitor deve-se aplicar mais, lendo e relendo, para melhor discernir sobre a Umbanda tal como é, e não como parece ser.

Vamos situá-la por itens:

A) Temos a considerar que os verdadeiros médiuns da Corrente Astral de Umbanda, dentro do mediunato, têm surgido em pequeno número. Surgiram como veículos para a execução de certos poderes maiores de ordem mágica, terapêutica, espirítica etc. Em suma, vieram para dar sequência a uma série de fenômenos ou de ações úteis, práticas, em benefício de seus semelhantes, por força da ação de algum Guia de ligação ou de seus protetores mais afins...

B) Se eles cumprirem a missão mediúnica com dignidade, isto é, jamais quebrando a linha moral que lhes foi traçada, não abusando de seus poderes ou de suas proteções afins, especialmente para objetivos escusos, não se desviando para a exploração, e sobretudo não se deixando fascinar pelo prestígio e pela adulação que fatalmente cercam todo médium **BOM**, e ainda não se deixando enredar nas malhas do **SEXO** ou do sensualismo, acabam-se elevando a altura de atingir a Iniciação astral ou o grau de médium-magista...

C) Dessa forma, no momento em que qualquer desses médiuns estiver cada vez mais capacitado, seus protetores devido a sua linha de progresso e justa conduta começam a lhes ensinar muita coisa, assim como o segredo de certas ervas e sua respectiva manipulação, quer para a parte terapêutica propriamente dita, quer para a parte de efeitos mágicos das defumações, dos banhos e fixações ou "amacy".

D) De par com isso, começarão a lhes revelar também certos mistérios da natureza: o ritual certo, a oferenda certa e mais profunda, dirigida aos elementos das matas, das águas de um modo geral, das pedras, da terra, bem como certos segredos da encruzilhada e outros pontos vitais... já dentro de um sistema mais vasto no âmbito direto da Magia Branca, mormente quanto à sua defesa pessoal...

E) Ele já estará caminhando, na altura em que melhor se estiver capacitando, para ultrapassar o aprendizado dos 49 meses, a fim de receber a iniciação astral verdadeira e pode até, de acordo com os seus méritos, receber o grau de médium magista (atenção: fator que é logo definido com a "chegada" de seu guia ou do protetor responsável, desde o princípio de suas manifestações). Tudo que ele fizer dentro dessa iniciação ou desse mediunato dessa missão providencial ainda estará sob a orientação ou as ordens diretas desses protetores ou do guia que por merecimento lhe coube...

F) Por isso é que ele não pode ainda penetrar no âmbito da Lei de Salva, isto é, fazer qualquer cobrança legal sobre qualquer trabalho de Magia por conta própria, porque ainda não adquiriu (ou não trouxe) a dupla condição de ser também um médium magista, questão delicadíssima, que logo abordaremos, em detalhes...

Porque a parte que define o ser ou não ser um médium magista está ligada, para melhor entendimento, a essa outra parte que define os direitos da lei de salva... em face da magia e da competente outorga.

Por causa dessa questão do ter ou não o direito da salva é que os guias e protetores costumam ajudar muito os seus corretos aparelhos na vida material deles, para que gozem de certo descanso. do conforto necessário. para que tenham relativa saúde e paz de espírito, pois sem esses elementos ninguém pode dedicar-se à prática da caridade com abnegação ou boa vontade...

Peçamos a alguém que esteja mal nutrido e preocupado com o feijão e o arroz, que vai ou não comer no dia de amanhã, "para fazer uma caridade, ou para pôr em ação seus dons mediúnicos ou seus poderes psíquicos" para ver se esse operador pode fazer isso de boa vontade, ou se pode operar dentro de boas condições...

Todos esses fatores dão ao médium da Corrente Astral de Umbanda muito prestígio, mas também lhe abre as portas da sedução, da vaidade e das facilidades com o elemento feminino e com o dinheiro...

É lamentável dizê-lo, mas temos observado, em nossos 30 anos de militância e estudo, no meio umbandista, que foram bem poucos os médiuns observados que se aguentaram com a mediunidade positiva até o fim. A maioria fracassou logo nos primeiros anos...

Então é necessário que se leve na mais alta conta que a Mediunidade é uma dupla condição especial, dada ou facultada ao espírito que vai encarnar antes e durante a gestação e nunca depois. Só se revela aquilo que já se trazia em si. E essa mediunidade ou faculdade pode ser definida como um selo-mediúnico, conferido ou impresso em bem poucas criaturas.

Entretanto, a literatura que trata do assunto "doutrina" que todas as pessoas são médiuns, dessa ou daquela modalidade. É só fazer por onde, ou seja, é só desenvolver. Vai daí essa mania do desenvolvimento mediúnico: quase todas as pessoas que frequentam sessões, para essa ou aquela finalidade, acabam desejando receber espíritos. Quando não conseguem recebê-los, não se conformam. Passam, então, a desenvolver a Vidência, a irradiação, as instituições. os desdobramentos e em último caso, aferram-se aos "passes" magnéticos ou fluídicos, como verdadeiros prêmios de consolação...

Não! A mediunidade não deve ser encarada como uma graça súbita, que o indivíduo recebe, manifestando-se sobre seu espírito e seu organismo, sem que estes tenham sido "manipulados" antes, nas condições morais e energéticas, para receber um acréscimo, de fluidos vitais e apropriados à manifestação da dita mediunidade. A ciência da terra afirma que a natureza não dá saltos.... assim, a natureza ou a estrutura íntima de um perispírito ou de um corpo astral, via de regra, não é alterada ou manipulada em certos núcleos-vitais de energia, depois que esse corpo astral se consolida sobre seu organismo, digamos, físico, propriamente dito, e já amadurecido por seu dinamismo, por sua presença.

Todavia, essa graça mediúnica pode ser manifestada excepcionalmente como exceção à regra — sem que a criatura tenha trazido em si o selo-mediúnico, se, por suas qualidades morais e espirituais, se elevar frente a determinadas circunstâncias e dentro das quais haja necessidade da comunicação dos espíritos através dele.

Essa sutilíssima operação, então, pode ser realizada em seus Núcleos Vitais, para daí presidirem às necessárias adaptações nos centros nervosos do organismo humano.

Essa manipulação especial só pode ser feita pelas Entidades técnicas do assunto, ou seja, já conhecedoras de certas subleis e isso se dá com o beneplácito ou com as ordens do alto, do Tribunal Planetário.

Essa é, por exceção, a única condição em que certas criaturas Podem receber a graça mediúnica.

O que mais temos observado como "desenvolvimento-mediúnico" é a tentativa comum, usada na maior parte das sessões, na pretensão de provocar nas criaturas aquilo que elas não têm, porque de forma alguma trouxeram.

Isso generalizou-se como o tal "desenvolvimento" de que falam. Agora, despertar a mediunidade existente e comprovada em alguém, pela educação racional das qualidades morais, isto é, das condições psíquicas e orgânicas, é criar condições favoráveis naquele que trouxe essa faculdade, a fim de que ela surja, espontaneamente, dentro dos cuidados, da orientação que deve cercar aqueles que são médiuns, veículos dos espíritos.

Fica, portanto, patente que o Espírito é quem traz a maior soma de aquisições ou contribuições para o embrião, posteriormente ao feto e ao organismo físico em formação, que vai ser o seu. Essas contribuições ou aquisições são, na totalidade, o seu carma ou "destino", que se revela na forma das predisposições ou das afinidades, sentimentos, tendências, impulsos, sensações várias, tudo isso como reservas armazenadas em seu organismo mental e astral, que também, por sua vez, armazenaram vícios e erros... enfim, coisas boas e más de outras encarnações.

Tudo isso, dentro da Lei de Consequência, que é o nosso Carma Constituído, tem que ser submetido aos necessários reajustamentos, que se processam dentro de lições, experiências, como as dores, as alegrias etc., tudo na dependência exclusiva de seu próprio esforço, no caminho da libertação, ou seja, na escoimação dos elementos nocivos que adquiriu e que estão ligados a outros seres, bem como, das ligações positivas que fez, também, com outros seres.

Daí é que os Espíritos-maiores do Plano dos Mentores. que estão encarregados de controlar diretamente a via de execução da lei de causa e efeito, dentro das reencarnações de cada um, podem achar necessário, de acordo com a análise de todos esses elementos, junto ao ser desencarnado, em geral com a aquiescência dele, podem achar necessário, repito, manifestar sobre ele a dupla condição especial, como faculdade mediúnica, a fim de que possa reajustar com mais propriedade certas necessidades do seu carma.

Nesse caso, ele tem a mediunidade Probatória ou de Expiação. Podem ainda. em relação ao exposto, outorgar o dom mediúnico a um ser que, embora não sendo para fins puramente probatórios, é conferido como um acréscimo positivo, a fim de incrementar as qualidades aproveitáveis que já venha revelando. Essa faculdade lhe é dada a título de ajuda à sua evolução, pelo seu merecimento. Diz-se assim como fazendo parte de seu Carma Evolutivo.

Conferem ainda esse citado dom àqueles que, já possuidores de elevados conhecimentos, já com grande entendimento sobre as eternas verdades, que são as leis morais estabelecidas, podem servir em uma **missão**. Esses têm um Carma missionário. Através deles, pelos conhecimentos que lhes são próprios, pelo desejo ardente que têm de ajudar seus irmãos, assim, lhes conferem essa faculdade, a fim de se porem em condições superiores de esclarecimentos, para servirem melhor sob vários aspectos, dentro da Missão que lhes foi confiada.

Se o Espírito ou o Ser desencarnado, então, aceitou essa faculdade, em qualquer das três situações acima discriminadas, faz-se necessário que se proceda ao preparo dele, a fim de que possa manifestar ou revelar isso, no mundo dos encarnados, que, provisoriamente, vai ser o seu. Esse preparo começa pela parte moral, quando lhe é feito sentir tudo que terá de sofrer ou passar em relação com esse dom e até quais os seres irmãos desencarnados (é claro) que vão agir através de sua mediunidade.

Estando essa parte moral cármica bem situada, segue o outro preparo, de caráter puramente energético. Sim. Porque a condição moral espiritual cármica, quer probatória, evolutiva ou missionária em que os seres forem situados, em relação com a dita mediunidade, antes de ocuparem a forma humana, será posta em relevo, quanto ao esforço próprio, isto é, serão bem advertidos de que reajustes, benefícios e êxitos ficarão na dependência de seus esforços, da força de vontade que devem usar ou ter para vencer etc.

É-lhes demonstrado, também, como essa faculdade medianímica, se revelando em benefícios, em caridade sobre outros, trará a seus Carmas, pela lei do "dando é que recebemos", os elementos que se incorporarão às suas aquisições positivas, no Caminho da Evolução.

Assim, essa dupla condição de ser veículo dos espíritos dada na forma de um dom, é em primeiro lugar uma condição espiritual especial, dotada ao ser, antes de encarnar e que se firma durante a gestação. Isso. de modo geral, mas excepcionalmente, pode ser conferido depois, no encarnado adulto.

Em segundo lugar, é uma condição orgânica especial, dotada por acréscimo sobre as condições orgânicas normais.

Por que assim? Porque é sobre o organismo físico, humano, que se vão processar fenômenos, condições extranormais, reveladas em aspectos visíveis, sensíveis e palpáveis... à percepção humana, objetiva. Órgãos humanos traduzirão, através de seus elementos próprios, manifestações que possam ser vistas, sentidas e analisadas por outros seres, que o farão, também, através de seus próprios órgãos físicos, humanos. Torna-se claro, patente, que uma criatura, como médium, revelando condições supranormais, quando traduz pela intuição, irradiação, Vidência etc., especialmente pelo transe mediúnico ou incorporação dos espíritos, a ação direta, inteligente, diferente, desses mesmos espíritos, de forma extraordinária, isto é, que não é comum às, outras pessoas, é porque está possuído de condições especiais em seu organismo, que facultem a materialização desses fenômenos.

São fluidos nervosos específicos que ele possui, em certas regiões vitais ou zonas de equivalência, como produtoras e captadoras dessas ligações. E essas zonas, situadas no organismo humano, são centros nervosos vitais, compostos de gânglios ou plexos que sofreram uma operação, urna manipulação própria, uma carga fluídica, por acréscimo, que faz com que saiam de suas condições normais, porém controladas, a fim de não se desequilibrarem por esse excesso.

Mediante isso, é fácil entender que essa manipulação especial é feita nos Núcleos-Vitais do Organismo Mental e Astral do ser que vai encarnar e ao qual vai ser conferido o selo-mediúnico, isto é, a dupla condição especial que pode revelar a faculdade mediúnica, em qualquer de suas modalidades.

Há necessidade disso, devido às adaptações imprescindíveis dos Núcleos Vitais dos Organismos Mental e Astral do desencarnado, sobre o organismo físico em formação (embrião e feto) que lhe vai servir de corpo denso e onde vão ser impressas as suas faculdades, tendências, sensações etc., enfim, todas as suas aquisições morais, positivas e negativas.

É portanto, de cima, do interior, que vem tudo para baixo, para o exterior, para o que é visível, sensível e palpável.

Compreendido agora claramente que a mediunidade como faculdade ativa, positiva, espontânea, não é comum. Ao contrário, é rara. O que dizer, então, das atuações que sofrem inúmeras criaturas e que as levam às sessões espíritas e de "terreiro", porque as atribuem sempre como de caráter ou fundo mediúnico?

Definindo a questão, situamos o problema em três aspectos distintos, apesar de se confundirem aparentemente:

1º) atuação espirítica;

2º) contato mediúnico;

3º) desenvolvimento psíquico.

A doutrina firmada a respeito dessas TRÊS condições gerou tremenda confusão, porque deixou subentendido que elas são partes inseparáveis e mesmo próprias uma da outra etc. É erro confundirem atuação com o contato-mediúnico e maior erro, ainda, confundirem o desenvolvimento-psíquico com o dito contato, pensando e acreditando que desenvolver os poderes psíquicos latentes dessa ou daquela forma, faz surgir as tão desejadas faculdades medianímicas.

Por atuação espirítica devemos considerar 95% dos casos desses irmãos que procuram as sessões, portando perturbações várias, com distúrbios nervosos, orgânicos etc. Realmente, eles podem estar sofrendo de atuação espirítica, mas não de caráter ou fundo mediúnico, necessariamente... Falarei mais claro: esses irmãos, por circunstâncias, várias, por condições adquiridas no passado e no presente (tudo relacionado com a conduta ou com as suas ações negativas), atraíram, de alguma sorte, espíritos vingativos, perturbadores, vampirizadores etc., atração essa que pode ter provocado a atuação espontânea deles, por terem achado o "campo aberto".

Eles se achegaram já encontrando as predisposições e começaram a provocar os distúrbios: uns, para se vingarem; outros, porque entraram na faixa-psíquica das vitimas; todos participando de seus estados mórbidos por prazer ou por estarem em relação com eles. Isso no caso das atuações espontâneas.

Há, porém, os casos das atuações mandadas, originárias de "trabalhos" ou processos de baixa magia, que tanto esforço exigem dos Pretos-Velhos, dos Caboclos etc., a fim de neutralizá-los ("desmanchar").

Essas atuações mandadas, claro, são próprias dos "filhos da terra", cegos, ignorantes, maus, que procuram prejudicar desafetos ou que pretendem influir sobre outros para fins diversos, através de certos "trabalhos" que têm sequência no baixo mundo astral e são encaminhados, ainda, pelos espíritos atrasados, e mesmo por aqueles espíritos que têm necessidades várias e experimentais e que são ludibriados por certa classe de espíritos nesses objetivos...

Portanto, é claro que existem atuações de espíritos sobre pessoas, sem que elas necessariamente sejam médiuns, isto é, que tenham em si a dupla condição especial mediúnica — que sejam portadoras do selo mediúnico. Essas atuações, em 95% dos casos, provocam distúrbios nervosos, psíquicos etc., muitos dos quais difíceis de tratar e curar. Isso porque essas atuações são coisas forçadas, contundentes; provocam impactos de aura a aura, ferindo, arranhando... Os espíritos que atuam encontram campo de ataque, mas não campo de adaptação, de assimilação, de ligação para o citado contato- -mediúnico...

Isso porque os centros nervosos do ser humano, sendo atacados dessa forma, se irritam, se inflamam, se desequilibram, provocando os distúrbios correspondentes, como as lesões e as doenças. Esses centros nervosos, não tendo os fluidos especiais, próprios da mediunidade. e sofrendo a ação de fluidos pesados, impróprios aos espíritos elevados ou de luz, é evidente que só podem alterar suas funções normais.

Devemos ressaltar, todavia, que dentro desses casos podem existir alguns que, além de serem portadores de atuações espiríticas, trazem também o selo-mediúnico. Esses, depois dessas atuações (que atraíram ou suscitaram de alguma forma repito muitas vezes por se negarem a dar sequência a mediunidade, quando, na época certa, foram alertados com certos fenômenos ou fatos indicativos que se passaram com eles diretamente, como a lhes mostrar "a chegada da hora", a fim de cumprirem a sua parte mediúnica com a qual se comprometeram antes de encarnarem etc.), se reajustam com o compromisso moral medianímico e seguem em paz.

Isso fazemos questão de que fique claro. São apenas alguns casos, em percentagem mínima de 2%, que podem ser incluídos nos 5% restantes que constituem os casos de mediunidade positiva, real, dos que trazem o selo- -mediúnico.

Nesses médiuns verdadeiros, o despertar de seus Centros Vitais para as ligações fluídicas medianímicas indispensáveis, surgem espontaneamente, sem as perturbações que caracterizam os 95% citados (os de atuações espiríticas)...

Em suma: a verdadeira mediunidade não surge, "via de regra", acompanhada dos distúrbios que vulgarmente lhes emprestam e com os quais formaram corpo de doutrina a respeito... Não surge, portanto, com os desequilíbrios nervosos, psíquicos e orgânicos, sintomas mais apropriados aos que foram ou são atacados, contundidos, e por isso ficaram doentes.

Não! A mediunidade positiva, real, espontânea, essa vem controlada, pelos espíritos elevados. Entidades responsáveis, da envergadura de

"Caboclos, Pretos-Velhos" etc., como Guias e Protetores, não se fazem revelar a "trancos e barrancos"!

Por certo que fenômenos e certas alterações precedem à sua total manifestação, diferentes, porém, das descritas nos casos de atuações espiríticas, muito frequentes. É só não confundirem...

Façam uma observação sensata, criteriosa, sem "partipri" e percam a mania de qualificar toda essa gente que sofre, como médiuns.

Realmente é muito alta a percentagem das criaturas que procuram os Centros de Kardec e os Terreiros de Umbanda, em consequência dessas citadas atuações; no entanto, quando encontram uma positiva assistência espiritual, são tratadas, curadas e, depois, nada mais sentem...

Se, entretanto, lhes incutirem a ideia de que são médiuns, que têm de "trabalhar", prestar caridade através dessa "mediunidade", elas, coitadas, concordam, porque têm medo, tendo em vista o que já passaram... Ficam, mas o fato é que continuam e nunca surge a apregoada manifestação mediúnica, claramente positiva.

Que vem acontecendo, geralmente, nesses casos? Essas criaturas caem na "faixa-sugestiva" do ambiente e dentro de sua fé, dentro de sua boa vontade, de sua ingenuidade e de seu medo, acabam fazendo manifestações puramente anímicas, educadas, mormente nas sessões kardecistas, pois de tanto ouvirem a doutrina evangélica e fenomênica, de forma repisada, sugestiva, incisiva, mecanizada, passam a revelar de alguma forma, pelo inconsciente, aquilo que foram absorvendo sugestivamente...

Dá-se processo semelhante nas sessões de terreiro: de tanto ouvirem falar de "Caboclos e Pretos-Velhos" de seus feitos, de suas forças, da beleza de seus "pontos" a par do aspecto altamente sugestivo de suas "formas de apresentação" etc., começam ardentemente a desejar "um Caboclo, um Preto--Velho também"... Vão criando e plasmando, também, os seus "cascudos", ou seja, contribuem com suas imaginações para aumentar e alimentar as criações anímicas já existentes e próprias dos que frequentam a corrente mediúnica do terreiro.

E quanto à questão do contato mediúnico, é, conforme disse acima, a ligação positiva, ordenada, responsável, de uma Entidade sobre um ser encarnado — o dito como médium. Esse contato é feito com muita antecedência e envolve condições cármicas, ou seja, afins de ligações anteriores.

De um modo geral, o médium, o portador da dupla condição especial, só vai ter o contato mediúnico ativado em certa idade, 20, 30, 40 anos.

No entanto, ele já vem sendo seguido do astral, pelo espírito que vai ser o responsável direto na movimentação de sua mediunidade. Quando chega o momento, ele age então, e tudo se engrena direito.

Agora, falemos do desenvolvimento psíquico que confundem com desenvolvimento mediúnico, pois, sobre esse caso de contato mediúnico, vou ter que falar ainda.

E para que o leitor tique bem esclarecido nessa questão de desenvolvimento psíquico, vamos começar supondo que você entre numa "tenda" de Umbanda que chamam também de "terreiro". Ali você vê 50 ou 100 "filhos-de-fé" uniformizados e tidos como médiuns "desenvolvidos ou em desenvolvimento". Vamos supor ainda que você tenha Vidência positiva e pela qual seja orientado na identificação dos que realmente tenham o selo--mediúnico. Você veria certo sinal característico na aura de um ou de outro, na altura da região onde se situam determinados plexos nervosos indicando as modalidades do dom mediúnico que lhes estão afetos.

E nos outros? Neles, você não veria nenhum sinal que o orientasse. Que estão fazendo ali aquelas criaturas? Para todos os efeitos, seguindo o entendimento geral e as ordens do "chefe do terreiro", estão "desenvolvendo"... Mas digo eu, desenvolvendo **O QUE?** Não revelam mediunidade positiva atuante, real, visto não serem portadores do selo-mediúnico e, portanto, não dão ou não produzem as ligações fluídicas para o contato mediúnico.

Aí é que está o problema. Aí é que deviam entrar com a "mediunidade sem os véus da ilusão", para que esses filhos derivassem suas correntes mentais para outro objetivo que, realmente, pudesse ser mais útil do que esperar que um dom se manifeste, só porque o desejam ou porque lhes foi dito que o tinham ou que poderiam adquiri-lo...

Qual o objetivo então sobre o qual deviam dirigir a educação de suas vontades? Claro que seria o do verdadeiro desenvolvimento psíquico, elucidando-os e educando-os no sentido de despertarem em si os poderes ou forças psíquicas latentes, em beneficio do próximo, da caridade. Isso sem afastá-los da corrente do aspecto religioso ritualístico: Fazê-los cônscios de que isso é possível a qualquer um, e é tão nobre quanto "receber" os desejados espíritos.

Envolvê-los em sistemas práticos e simples de certos exercícios: psíquicos e físicos, de algumas instruções e esclarecimentos e estará tudo pronto. Teriam achado nisso um objetivo, uma finalidade para ocupar dignamente toda essa gente, sem lhes pôr os véus de uma mediunidade que não existe, não se revela e que não vem porque eles não a trouxeram em si.

Que lhes tirem o véu da ilusão, pois pesa tremendamente no carma de uma criatura o ato de se manter alguém em vã esperança, para fins de conveniência própria, quando se o faz de modo consciente.

Por tudo isso, pode-se deduzir que a mediunidade positiva, coordenada por legítimos Guias e Protetores, não é uma condição comum a todos que querem desenvolver ou que são tidos como médiuns.

A Corrente Astral de Umbanda tem força e tem direitos de execução e de trabalho, movimenta de fato a magia positiva, como nenhuma outra no momento...

Ela é movimentada e sustentada por ordem do Alto, pelos espíritos que se apresentam como "Caboclos, Pretos-Velhos e Crianças". Não só firmou o aspecto religioso místico como revelou o fenomênico, terapêutico, astrológico, filosófico[40], científico"[41] e mesmo metapsíquico[42]. Assim é que ficou bem definido que o vértice, a razão de ser e essencial de todo esse movimento, é dos espíritos sob a forma dos tão decantados "Caboclos, Pretos--Velhos" etc., que passaram a ser, para os humanos interesses, as "pepitas de ouro" que todos querem. E esses espíritos em espírito e verdade dependem invariavelmente da faculdade mediúnica de quem as possua de fato, para demonstrarem a potência de suas "ordens e direitos de trabalho" sempre para o benefício de seus irmãos encarnados e desencarnados, exemplificando o verdadeiro sentido da caridade em nome de N.S.J.C., do qual são humildes trabalhadores.

E é por causa dessa dependência mediúnica dos humanos e devido à dificuldade desse material que existem tantas e tantas interpretações errôneas sobre as manifestações atribuídas às Entidades da Umbanda. A confusão é grossa e se faz preciso que suscitemos mais algumas facetas desse problema.

Note que, além da tremenda confusão que fizeram sobre mediunidade e atuação, complicaram a situação quando afirmam e pregam que aquela, sendo uma faculdade universal, quer dizer, capaz de ocorrer em qualquer pessoa, define médiuns ou veículos e esses poderão atuar em qualquer parte, em qualquer ambiente.

E assim misturam médiuns da mesa kardecista no "terreiro" umbandista, dizendo que, se e veículo, tanto dá passividade a irmãos luminares ou sofredores, como aos Caboclos, Pretos-velhos e até mesmo a Exu...

---

40 Ver "Umbanda de Todos Nós", "Sua Eterna Doutrina" e "Doutrina Secreta da Umbanda".
41 *Idem.*
42 *Idem.*

Erro grosseiro esse, que demonstra, tão somente, a ignorância dos que assim procedem. De princípio, vê-se logo que esquecem a existência de uma lei que preside a tudo — a Lei de Afinidades, que situa as atrações e as repulsões psíquicas ou morais-espirituais. Depois, deveriam saber que essa faculdade mediúnica, que é conferida mesmo a qualquer um, surge de acordo com a lei de afinidades, principalmente cármica, e tem predeterminações...

O que um faz, via de regra, os outros também fazem. Fumam cachimbos, charutos, dão gritos, fazem trejeitos ou os mesmos gestos, cospem no chão, arregalam os olhos, usam e abusam da mímica e cacoetes, simulam defeitos físicos, principalmente com a perna esquerda, usam o mesmo linguajar etc.

— Será que os verdadeiros espíritos de "Caboclos, Pretos-Velhos e Crianças" são assim mesmo? Baixam sistematicamente dessa maneira?

Não! Não devemos aceitar, em sã consciência, como mediunidade, como legítimas manifestações mediúnicas dos Caboclos, Pretos-Velhos e Crianças, essas alterações psíquicas, melhor diria, aberrações psíquicas comuns de "terreiro" e que notamos nas criaturas ditas médiuns quando dão esses gritos, fazem trejeitos ou contorções no corpo, nas faces, sempre com um charuto ou cachimbo na boca, olhos tortos ou esgazeados, usando um linguajar impressionante e decorativo, intercalando termos de baixo calão, principalmente as "entidades" sob a forma de Crianças...

O fato é que você pode qualificar os que se apresentam dentro do exposto, de duas formas: ou estão sendo vítimas da atuação dos **quiumbas**, ou estão possuídos unicamente por seus **cascudos**, que são suas criações anímicas.

Repetimos, em verdade e mais uma vez: Caboclos, Pretos-Velhos e Crianças nunca "baixaram nem baixam" dessa forma.

Naturalmente que certas alterações ocorrem, fisionômicas e até nos órgãos motores, como é o caso dos Pretos-Velhos, mas sempre são alterações coordenadas, disciplinadas... Sempre revelam o aspecto da expressão positiva sobre a fisionomia normal do aparelho, máxime na sua parte sensorial ou psíquica.

Devemos reconhecer que existe um estado de sugestão mediúnica coletiva, causado em grande parte, pela má orientação de uns e de outros, assimilada dos livros da corrente espiritista, tomados ao pé da letra, nos quais deixam transparecer, sempre, que todo mundo é médium... Todavia, pergunta esse "Preto-Velho": Médiuns de quê? De contatos mediúnicos positivos, com missão ou provas definidas a cumprir ou como criaturas sujeitas às atuações de espíritos? Há que compreender bem essa diferença, conforme falamos atrás.

Porque, é preciso se observar, sensatamente, que a maioria das criaturas pode sofrer atuações de espíritos, sem serem, positivamente, médiuns ou veículos para os contatos mediúnicos positivos.

Milhares e milhares de pessoas nascem e morrem, sem nunca terem sentido absolutamente nada que se relacione com mediunidade ou fenômenos espíriticos... E não é só. Dezenas e dezenas de pessoas trafegam e frequentam até, assiduamente, as correntes ditas mediúnicas, para "desenvolvcrem" e acabam reconhecendo que jamais sentiram, verdadeiramente, algo que pudessem definir, honestamente, conscientemente, como um contato mediúnico ou fluidos positivos.

Quase todos (os que, realmente, vêm buscando a luz esclarecedora da verdade), depois de um teste e dos esclarecimentos necessários, acabam com aquele "mar de dúvidas" que povoavam as suas mentes e as atormentavam, simplesmente por terem desistido de "receber" espíritos imaginários.

Assim, destruíram conscientemente suas velhas criações anímicas os seus "cascudos", juntamente com as respectivas manias... Existem ainda os neuroanímicos, criaturas com doses elevadas de sensibilidade nervosa, impressionáveis, que, assim sendo, **não o são necessariamente**, por terem sensibilidade mediúnica. Essa sensibilidade é diferente da outra, é claro.

É como reconhecer esses neuroanímicos, assim, dentro de uma análise prática?

Não é difícil... Basta observá-los e conversar com eles, ou melhor, ouvir as suas conversações, pois essas giram sempre em tomo dos mesmos assuntos. Um indivíduo que frequenta uma corrente mediúnica e é um neuroanímico, constantemente tem a conversação agitada, fruto das dúvidas que o seu psiquismo faz refletir nela. Volta sempre a falar dos fenômenos mediúnicos que assistiu, viu, ou supôs ver... É um impulsivo. Refere-se a todo instante a seus "protetores". Conta casos e mais casos em que "eles" atuaram, e com sucesso, na ânsia inconsciente de pôr em relevo a sua "mediunidade", para os outros a analisarem e acalmar, assim, as suas dúvidas... Isso tudo, porque lhe está faltando a convicção própria sobre sua mediunidade, é claro. Um neuroanímico vive de ideias fixas nos seus "protetores"...

Sim, porque, nessa altura, ele não passa de um eterno duvidoso, não tem consciência, certeza, das coisas que supõe estarem-se passando consigo. Porque, nessa altura mesmo. o que está imperando nele são os seus "cascudos" ou as suas criações anímicas, plasmadas pelos seus desejos, através dos respectivos pensamentos, velhos e repetidos pensamentos, sobre o "Caboclo ou o Preto-Velho tal e tal"...

Esses pensamentos, sendo alimentados por ele e robustecidos por outros de irmãos semelhantes, que povoam o ambiente do "terreiro", consolidam o seu clichê astral e fazem surgir a imagem constante em sua mente do "protetor" que ele tanto deseja.

Nessa altura é preciso que entre em jogo o discernimento para poder separar esses neuroanímicos, que são maioria e que não têm nenhuma mediunidade positiva, mas que querem ser médiuns de incorporação, dos que realmente são médiuns, mas de irradiação intuitiva e que, também, pretendem ser de incorporação, por serem levados a se considerar como médiuns conscientes, embora queiram ser ou digam para os outros que são médiuns inconscientes.

Esses médiuns de irradiação intuitiva também vivem num "mar de dúvidas" e com a consciência em agonia lenta, porque se empolgam, ficam vaidosos e caem na faixa dos neuroanímicos e fazem coisas e mais coisas, fazem artes mágicas, usando o nome dos Guias e Protetores e depois... a consciência começa a apertar e lá vem o drama íntimo, os recuos, os remorsos etc. Como veem, o problema é sério e complexo. É preciso paciência e tolerância, porque no fundo de tudo está a mãe ignorância...

Então, para que esse problema seja estudado pelos que pretendem libertar-se das dúvidas e agonias de consciência, vamos esclarecer, mais uma vez, a mediunidade, já qualificada na Umbanda como Mecânica de Incorporação, que é a que vem sendo tão desejada, confundida e praticada.

Nessa modalidade mediúnica não existe a fase chamada dos médiuns conscientes. Essa Mecânica de Incorporação tem somente **DUAS FASES**: a **INCONSCIENTE** e a **SEMI-INCONSCIENTE**. A Inconsciente. rara e própria dos que estão ainda muito obscurecidos, é, no meu linguajar de "terreiro", a dos "cavalos bravos" e dos que precisam ser domados à força.

Nela, o aparelho ou médium conhece ou se familiariza com os contatos de aproximação de seu Protetor, antes de perder a consciência, ou seja: antes de ser dominado completamente, nas suas partes psíquica, sensorial e motora... Ele registra, sempre, os mesmos sinais de aproximação e domínio sobre si, da Entidade e que precedem a sua incorporação pelos toques fluídicos característicos que ele, protetor, lança através de seu sistema neurossensitivo. São sempre os mesmos: tremores fluídicos ou sensibilidade exaltada em certas zonas nervosas e, sobretudo, a sensação de que vai adormecer subitamente. Uma série de bocejos são indícios seguros de que o contato mediúnico está pronto a se concretizar. Todos os médiuns de incorporação, na fase inconsciente, sabem que isso é a pura verdade; são esses contatos, de aproximação e domínio, inconfundíveis para ele. Ele sabe quando é do Caboclo, do Preto-Velho etc.

Agora, vem a **FASE SEMI-INCONSCIENTE**, mais acentuada, em virtude de ser a mais adequada às condições de nossa corrente astral e mesmo por ser a que dá mais certeza, mais confiança, mais convicção ao aparelho. Nessa, o médium sabe quando está, também, com seus contatos positivos porque ele sente suas partes psíquica, sensorial e motora serem atingidas e dominadas, sempre da mesma forma.

Nessa fase semi-inconsciente, também os fluidos de contato do protetor se localizam e vibram sempre nas mesmas zonas nervosas, com as mesmas vibrações sensoriais, os mesmos tremores fluídicos neurossensoriais a par com a sensação psíquica de atordoamento ou de meio adormecimento. Dentre dessas condições, dá-se uma espécie de desprendimento involuntário da vontade sobre o sistema nervoso do médium, que deixa de controlar em 70% (cálculo relativo) o seu corpo físico, ou seja, os seus órgãos, principalmente o vocal, e fica com o seu consciente ou psiquismo assim como que "alheio" ou sem força para interferir diretamente (pode interferir ou cortar o contato mediúnico se sua Entidade de Guarda achar, por qualquer razão superior, que assim deva ter força para isso).

Quanto ao movimento de seu corpo ou membros, não tem domínio, embora os sinta como seus mesmos. E para exemplificar mais ainda: a Entidade incorporante poderia usar a mão do médium para dar um soco numa parede que ele não teria força para frenar. Isso, meu filho, é positivamente, em linhas simples, O que se pode considerar como a fase semi-inconsciente, na mecânica de incorporação.

Assim, confundir essas duas únicas fases da mecânica de incorporação com a modalidade de Irradiação Intuitiva, chamada ou qualificada erroneamente como a dos médiuns conscientes, porém, de incorporação, por ignorância, é perdoável, mas sugestionar as criaturas nesse sentido é gravíssimo, pois os que assim procedem estão criando ou alimentando as condições para que essas criaturas se tornem — **primeiro**, em neuroanímicas; **segundo**, em fanáticas; terceiro, em vaidosas... É imperdoável isso e vai pesar, seriamente, na cobrança cármica dos que assim induzem ou sugestionam os outros.

Portanto, analisemos singelamente essa **Irradiação Intuitiva**, confundida e sugestionada (repito) como a de médiuns conscientes, para ajudar os que, honestamente, procuram esclarecimento por viverem, também, "num mar de dúvidas"...

A Irradiação Intuitiva é, justamente, a faculdade mediúnica mais comum, a mais fácil de ser despertada, porque, sendo a mais distribuída pelas criaturas, se adapta ao plano mental da maioria, por não provocar fenômenos maiores, nem mesmo se faz sentir, com alterações no sistema neurossensitivo e muscular do médium, ao mesmo tempo que não altera o seu psiquismo em quase nada..,

Dizemos quase nada, porque a série de sensações psíquicas que precede o contato de uma Entidade que vai irradiar sobre o médium se processa como uma espécie de mensagem telepática, que ela faz descer sobre seu campo mental: que ele, médium, vai assimilar, para, conscientemente, retransmitir...

Naturalmente que o sistema neurossensorial do médium também é vibrado, por certa classe de fluido, em forma de uma leve corrente elétrica, que são os primeiros sinais de que a Entidade está procurando o contato telepático.

Esses sinais, essa corrente "elétrica" ou Huídica, também são inconfundíveis no aparelho que está bem desenvolvido, nessa faculdade. Cada um tem suas zonas nervosas ou sensitivas que registram, sempre, nos mesmos lugares, esses fluidos etc.

É essa irradiação intuitiva que se torna mais comum nas correntes mediúnicas. É essa, justamente, a que vem causando tanta celeuma e tantas dúvidas nos filhos-de-fé que, invariavelmente, querem derivá-la para a mecânica da incorporação, pois ninguém se conforma com a "coisa"; querem "receber" um Caboclo ou um Preto-Velho de qualquer jeito.

Pudera! Também não recebem esclarecimentos sinceros nesse sentido! Muitos dos chamados "chefes de terreiros" costumam passar por alto essa questão.

Querem o terreiro cheio de "médiuns". Nesse métier, dá-se um fenômeno curioso: há os que, ainda lutando com certa dose d6 sinceridade espiritual, se conformam em ser classificados como "médiuns conscientes" para não dispensarem, de forma alguma, a presença pública de seu "protetor". Esses concordam e dizem que são "conscientes"... "Sofrem muito, se aborrecem, reclamam etc., porque, dizem, sabem de tudo que se passa"...

E, há os outros, que são maioria e se constituem nos irredutíveis, ninguém deve contradizê-los abertamente. Estão cegos, imbuídos de tanta vaidade e fanatismo que de forma alguma confessam que são "médiuns conscientes", isto é, que são realmente médiuns de irradiação intuitiva, para se classificarem dentro da mecânica de incorporação. Eles, coitados, já têm "sofrimentos" diferentes dos primeiros. "Não sabem de nada", dizem... São completamente "inconscientes", e como "sofrem" esses filhos-de-fé... Não sabem o que o seu Caboclo ou Preto-Velho vai fazer. Têm supostos temores e confessam, "singelamente" que preferiam ser "conscientes", porque ficariam sabendo de "tudo" e aprenderiam...

No entanto, são os mais dignos de pena, porque os seus dramas mediúnicos são dolorosos. Sofrem, sim, e nesse caso dolorosamente. São os mais incertos porque vivem sem ter coragem de contestar os seus dramas íntimos ou de se esclarecerem em suas dúvidas. Mas não falam. A vaidade não deixa... Não devemos contrariar frontalmente um vaidoso que, via de regra, está fanatizado. Ninguém o convence. O seu despertar virá, naturalmente, de acordo com as experiências que possa ter e com as desilusões que terá, com certeza, em quantidade.

Assim, não demorará em se tornar um descrente e abandonará tudo. É triste, mas essa é a dura realidade. Passam a tecer críticas às suas atuações passadas, como se tivessem sido ludibriados por terceiros, e assim procedem visando a ferir aqueles que, verdadeiramente, conservam a convicção de suas faculdades reais já testadas ou esclarecidas por pessoas criteriosas e entendidas e mesmo por Entidades de verdade, em positivos médiuns que, felizmente, ainda existem, embora raros.

Portanto, que os irmãos de fé não desprezem a faculdade de irradiação intuitiva. É tão boa quanto as demais. Dá proteção, pois só vem com a Entidade protetora. Esta assiste a tudo, pois é ela mesma que irradia. Não é coisa abstrata.

Então, as criaturas que são reveladas como aparelhos da genuína corrente de Umbanda são escolhidas a dedo, levando-se em conta as ligações cármicas anteriores com essa corrente ou coletividade astral e humana, dentro da lei de afinidades que deve presidir a essa escolha. Eles recebem o selo--mediúnico ou a manipulação especial para o contato mediúnico, tendo-se em vista até o signo de seu nascimento, para que possa ter as condições psíquicas e energéticas requeridas, pois como veículo que vai ser, será também nele que se vai processar o campo de ação das Entidades que vêm com ordens e ações amplas, no terreno da magia, da terapêutica etc., condições essas que só se identificam na umbanda.

O médium umbandista deve ter condições psíquicas e orgânicas vitais para enfrentar toda movimentação de forças relacionadas até com o baixo mundo astral e com os espíritos ditos como Exus etc.

O seu campo de ação no terreno da caridade abrange tudo, desde que esse tudo seja sempre para o bem de seus irmãos.

Ora, é claro que não se encontra essa movimentação de práticas ou forças mágicas e fenomênicas em outros setores, por exemplo, da corrente kardecista. Os espíritos que nessa corrente circulam, também, para o bem e dentro de suas missões, têm ordens limitadas ou ações circunscritas.

Isso porque não podemos aquilatar o volume de experiências, o número de encarnações, a soma de conhecimentos gerais e especiais de um "Preto--Velho", de um "Caboclo", mas sabemos ser maior, bem maior, e muitos dos que são classificados como Guias e Orixás intermediários não têm mais a necessidade cármica pelo reajuste das encarnações.

Poderão fazê-lo, se quiserem, mas, na Lei, essa condição foi superada. Podemos asseverar que um Pai-Guiné, um Pai-Jacó, um Pai-Benedito, um Pai-Tomé, um Pai-João, um Pai-Tibiriçá etc., bem como um Caboclo Ubiratan, Urubatão, Sete Flechas, Irapuam e outros, todos na função de Guias, são prepostos dos magos da alta sabedoria, são mentores e jamais poderiam, pela suavidade de suas auras, pelas emanações fluídicas de suas vibrações, "baixar" de um modo que transforme os aparelhos em transitórios fantoches, de aspectos até chocantes.

E para que o todo exposto fique bem compreendido, sabendo-se que a modalidade de comunicação dos espíritos mais intensamente aceita e praticada nos "terreiros" e Tendas é a denominada de "mecânica de incorporação", convém que ela fique singelamente assim bem definida, em suas duas únicas fases:

1.ª) **FASE INCONSCIENTE**: — em que o corpo astral do médium cede *in totum* a direção da máquina física a uma Entidade afim. Façamos, então, uma imagem comparativa: essa fase é representada pelo chofer que cede seu lugar a outro, confiando-lhe a direção do carro e em absoluto seu subconsciente interfere na ação desse, desde o início até o fim (na mediunidade: manifestação e transmissão), em atitude estritamente passiva e de confiança integral no chofer, ficando completamente "dirigido".

2.ª) **FASE SEMI-INCONSCIENTE**: — em que o corpo astral do médium cede parcialmente a direção de sua máquina física a uma Entidade afim.

Na mesma imagem comparativa: é a situação em que o chofer cede seu lugar, mas, como que "receoso", conserva a mão esquerda na direção, como que para impedir, em tempo útil, qualquer falha, mas obedecendo aos movimentos que o outro executa no volante. Fica "semidirigido".

Apenas o subconsciente sabe, mais ou menos, o que se passa, mas não tem força direta para interferir na transmissão da Entidade, e em geral, depois do transe, ou conserva uma lembrança confusa do ocorrido, ou nem ao menos isso.

Esses fatos acontecem quando uma pessoa tem **REALMENTE** o Dom, na mecânica de incorporação.

Mas — repetimos — não devem confundir essas duas variantes de uma qualidade, com a de **IRRADIAÇÃO INTUITIVA**, que transformaram, por ignorância ou conveniência ou mesmo por sugestão, em puro animismo, quando alimentam criaturas inexperientes nessas lides com o ilusório título de "médiuns conscientes".

Vejamos então, para melhor compreender toda esta dissertação, por, onde atua um Orixá, Guia ou Protetor, num aparelho de incorporação:

1º) **NA PARTE PSÍQUICA**, quando transforma os caracteres mentais próprios do médium pela conversação, inteligência, conceitos e pelo alcance incomum de casos e coisas.

2º) **NA PARTE SENSORIAL**, quando, por intermédio do corpo astral, atua diretamente no cérebro para coordenar o psiquismo.

3º) **NA PARTE MOTORA**, quando domina o corpo físico pelos braços, pernas e demais movimentos de quaisquer órgãos dos quais quer servir-se.

Essas características imperam no chamado, erroneamente, médium consciente, ou mais acertadamente, no médium de Irradiação Intuitiva? **NÃO**.

Nesse caso, as partes psíquica e motora ficam incólumes; apenas a sensorial, pelo cérebro como órgão interior, imanta do corpo astral certa sensação que põe o mental em receptividade às instruções. O aparelho, dessa qualidade, nem é dirigido nem semidirigido. Fica apenas irradiado pelas vibrações afins de uma Entidade que, achando seu mental em harmonia, flui nele sua inteligência, e ele, aparelho livre e desembaraçado, sem a menor alteração em sua parte motora, com todo o controle psíquico, conscientemente transmite tal como um radiotelegrafista quando recebe mensagem.

E de conformidade com esses ensinamentos, convém ainda ressaltarmos o tema do "casamento fluídico", pois isso consubstanciará mais na mente do estudioso a noção exata de todos esses complexos fatores.

PROTETORES E MÉDIUNS — "CASAMENTO FLUÍDICO" ETC. DIFERENÇA VIBRATÓRIA ENTRE OS MÉDIUNS F EITOS OU MANIPULADOS NORMALMENTE PELO ASTRAL PARA A FUNÇÃO MEDIÚNICA NA FAIXA KARDECISTA E OS MÉDIUNS ESPECIALMENTE MANIPULADOS PARA A CORRENTE OU FAIXA UMBANDISTA...

O "casamento fluídico" de uma entidade espiritual protetora sobre o médium é um processo de base que, geralmente, leva anos para se consolidar em ação ou função mediúnica positiva eficiente.

É um fato ser um processo, ou melhor, uma operação de base, porque, não somente vem de berço, isto é, vem como uma condição nata conferida à criatura, bem como, na maior parte das vezes, antes mesmo de o espirito encarnar quando ainda no plano astral aceitou ou foi posto a par dessa condição mediúnica, como um acréscimo que seu reajustamento cármico exige ou indica ser-lhe de grande conveniência.

Ora, é preciso que se compreenda que, se apenas os simples laços da simpatia entre humanos dependem de sutis vibrações afins ou de certos fatores de entrelaçamento eletromagnéticos, portadores de profundas reminiscências ou de impressões armazenadas na alma, geralmente de passadas encarnações, como é que um entrelaçamento fluídico mediúnico, que é coisa seríssima, poderia processar-se assim, de repente, por dá cá aquela palha?

Expliquemos: Não é um processo simples, comum, isso de uma inteligência operante e independente no caso de um guia ou protetor, um ser desencarnado poder agir sobre as condições físicas, sensoriais e psíquicas de outra inteligência operante encarnada, ou seja, um médium.

Isso tem forçosamente que se processar através de uma constante manipulação energética entre as partes protetor e médium por anos, e às vezes sem o sucesso planejado no plano astral.

Essa manipulação invariavelmente (salvo situações especiais) começa desde quando o ser desencarnado se prepara ou é preparado para a reencarnação.

Técnicos do astral nesse mister procedem às sutis adaptações das "cargas energéticas" especiais de acréscimo nos centros Vibratórios (chacras, centros anímicos, ou núcleos Vibratórios como são denominados na Umbanda esotérica) do ser que vai reencarnar com esse dom mediúnico, a par com a natureza vibratória da entidade protetora ou do espírito que foi encarregado de ser o responsável direto pela dita manifestação da mediunidade nessa criatura-médium.

Essa entidade ou esse espírito protetor não é escolhido por acaso, geralmente tem ligação no astral com o futuro médium ou teve ligações consanguíneas de encarnações passadas, tudo isso promovendo reajustamento cármico ou, ainda, pode ser um seu mentor de Agrupamento Iniciática ou de Escolas do Astral, no caso de o futuro médium não ser de mediunidade em carma probatório, e sim, de carma evolutivo ou missionário.

Portanto, sem querermos levantar nesta obra tese mais ampla sobre o assunto, é bastante adiantarmos mais que, pelo ato de encarnar ou de ir ocupar um corpo físico, já por isso o espírito sofre uma série de injunções próprias à nova natureza das coisas em que caiu...

Daí ele obscurece, "esquece tudo" e então é que entra em cena o seu protetor ou o responsável mediúnico, a fim de proceder às competentes, imprescindíveis e restantes adaptações energéticas sobre todo o sistema nervoso ou neurossensorial do médium, visto já terem sido feitas as primeiras adaptações no seu corpo astral quando ainda desencarnado e faltar as outras, sobre o dito corpo físico, para que possa acontecer (entre as partes) o verdadeiro "casamento fluídico" — levando-se em conta o indiscutível fator de ser mesmo através desse corpo físico que a mediunidade propriamente dita tem sequência para o exterior humano ou para comprovação e utilidade das outras criaturas...

Então? como é que se veem por aí médiuns, ou criaturas ditas como tal, "receberem" os Guias e Protetores de outros médiuns que "morreram" ou desencarnaram até de pouco tempo, para se envaidecerem deles ou disso.

Então? como é que se veem por aí médiuns ou pretensos médiuns "receberem" a entidade protetora de seu antigo médium-chefe, pai-de-santo ou babalaô, assim como uma espécie de "tradição de terreiro", para ficarem com "o reino nas mãos"?

Então? como é que médiuns ou pretensos médiuns "podem receber" os guias e protetores próprios de outros médiuns, ainda vivos, só porque saíram do terreiro deles, supondo que aqueles não os tenham mais em suas guardas, para dessa encenação fazer motivo de descrédito para os mesmos?

E ainda em relação com o exposto, vamos proceder a certo confronto sobre a natureza vibratória dos médiuns puramente adaptados no astral para a função mediúnica na corrente kardecista e os adaptados, nesse mesmo astral, para a corrente umbandista.

Entre um e outro há uma diferença vibratória mediúnica considerável. Senão, vejamos...

O médium kardecista (ou qualquer outro, de qualquer setor, que não seja de Umbanda) dentro da lei de afinidade, de ação e reação mediúnica, foi adaptado tão somente para ser um veículo dos espíritos daquela faixa, isto é, com um plano de ação emocional circunscrito ao sistema empregado por essa corrente, o qual é limitado, ou seja: a ali não há Magia ou forças mágicas específicas postas em ação; ali não há terapêutica vegeto-astromagnética (defumações, banhos etc.) como condição indispensável; ali não há cabalismo ou o uso de sinais riscados; ali não há ação mágica entre forças visíveis e invisíveis, por Via de oferendas, preceitos, trabalhos etc., ali não há obrigações ou responsabilidades em relação com sítios de reajustamentos Vibratórios, assim como mar, praia, cachoeira, mata, rio, bosque, campos, encruzilhadas etc.; ali não se joga com as forças em relação com a influência dos astros ou astrologia esotérica; enfim, ali não há preceitos, "amacys" especiais, batismos de lei, sobre médiuns ou pessoas iniciandas; ali não se cuida de talismã, oração cabalística, preparo e "desmancho" de certos trabalhos oriundos da baixa-magia; ali não se dá sequência a pedidos ou benefícios de ordem humana ou material, por via da ação específica de forças ou de elementos adrede preparados; não há rituais ou liturgia em função de sistemas particulares ou gerais.

Portanto, a condição de ser médium da faixa kardecista não exigiu dessa criatura uma adaptação ou uma manipulação toda especial de acréscimo energético desde "lá de cima, até cá embaixo".

Ele — o médium kardecista — não foi especialmente manipulado para receber Caboclo, Pretos-Velhos etc., entidades fortes, magos afeitos às lides da Magia e dos quais não é um vínculo afim, e nem vai também, por força de sua condição vibratória mediúnica, lidar com Exus, demandas ou forças contundentes originárias do astral inferior e um sem-número de coisas mais, que é desnecessário citar aqui.

Então, fica patente que a adaptação que recebeu foi para funcionar como simples veículo, dentro de condições que podemos dizer assim como de "normalidade funcional mediúnica".

Não é que os genuínos médiuns umbandistas tenham essa função "anormal"; compreenda-se, estamos usando termos comparativos ou acessíveis à maioria dos entendimentos, porque, já o dissemos, esses receberam ou recebem como acréscimo energético uma manipulação especial, adequada às funções ou ao meio em que vai atuar ou exercer a mediunidade.

Assim, não tem cabimento essa doutrina de se dizer que o médium tanto é lá como cá... Isso é erro ou ignorância... Não devem fazer isso, podem "estourar" o médium que é daquele campo vibratório (kardecista), a não ser que esteja por lá... por engano ou por não ter achado ainda seu caminho.

No entanto, qualquer verdadeiro médium da Corrente de Umbanda pode funcionar nas sessões kardecistas sem o menor abalo vibratório, porque a sua adaptação energética, sendo de acréscimo, supera o tônus vibratório de lá.

Mas, se duvidam, tirem um genuíno médium kardecista de suas sessões de mesa e o coloquem numa de terreiro, debaixo de pontos cantados, defumações etc., para ver o que acontece.

Bem, e como estamos a dizer nesta síntese substancial tudo que serve para uma pronta compreensão desse magno problema e ainda no intuito de fornecer mais elementos ao interessado, daremos a seguir, um método cabalístico baseado em **certos sinais das mãos** que surgem, podem surgir ou que vêm do "berço" nas ditas mãos de determinadas criaturas, indicativos de dons ou poderes... servirão muito para orientar, ou melhor, para definir fatores mediúnicos. Vejamos esse tema.

AÇÃO CÓSMICA E CÁRMICA DAS LINHAS DE FORÇA
(Com a figura da "MÃO DOS PODERES OCULTOS" contendo 26 SINAIS REVELADORES DE MEDIUNIDADE nos indivíduos)

Ensinamentos ou revelações ocultas para os médiuns-chefes, dirigentes e instrutores da corrente astral de umbanda, pautados na ciência da quirologia, quirosofia quiroastromancia, astrologia esotérica, em face dos símbolos sinais ou "imagens" dos arquivos astrais ou da ficha cármica dos indivíduos, símbolos esses reveladores de faculdades mediúnicas ou de poderes supranormais, proteções espirituais etc., naqueles que são médiuns, veículos dos espíritos.

Essas revelações ou ensinamentos ocultos são diretamente para os Médiuns-chefes Dirigentes, Instrutores etc., da Corrente Astral de Umbanda, a fim de que possam, baseados neles, se orientar quanto às pessoas que se julgam médiuns ou que de fato O sejam.

São diretrizes seguras, para que o Instrutor correto, consciente, possa examinar as mãos dos médiuns e verificar qual o grau ou as condições de adiantamento de cada um... através dos símbolos que identificam nas ditas mãos, que podem revelar a natureza da faculdade mediúnica de seu portador...

Assim, vamos primeiramente abordar o aspecto científico e oculto dessas **LINHAS DE FORÇA**, para que o interessado fique bem capacitado a entender o valor ou a razão de ser desses **SÍMBOLOS** e porque eles surgem nas mãos de muitas criaturas.

Então, Linhas de Força são as sutis correntes de energia que interpenetram todo espaço cósmico... São, dentro do sentido mais claro, mais simples as forças elementais da natureza que tudo constroem, tudo formam, desde o mais insignificante grão de areia ao maior planeta, a maior estrela sideral... até as vias-lácteas, as galáxias, são formadas, construídas, por efeito direto e próprio dessas ditas linhas de força que, na Escola Oriental, tomam a denominação de TATWAS.

Essas linhas de força ou tatwas, tão sutis, tão importantes, tão vitais, além de provocarem e construírem os planetas ou corpos celestes, ainda dão formação à aura eletromagnética dos próprios planetas.

SETE são as Linhas de Força (ou tatwas) ou Correntes energéticas da Natureza, sendo **CINCO** inferiores e de pura energia astral e **DUAS** superiores e de pura energia mental. Cada uma tem a sua tônica particular, porém se interpenetram. Cada uma dessas Cinco inferiores domina de 24 em 24 minutos, até fazer um ciclo rítmico de 2 horas, quando passam, ora para a influência **SOLAR**, ora para a influência **LUNAR** e assim, sucessiva e indefinidamente. Quanto às duas superiores ou de pura energia mental, comandam as cinco inferiores, dentro dos 24 minutos de cada uma dessas, se revezando de 12 em 12 minutos.

Então? Leiam, releiam, meditem e procurem compreender essa questão das linhas.

Agora, vamos ao seguinte: — são verdades incontestes, dentro dos ensinamentos ocultos, que a criatura nasce, vive e morre sob a influência dos astros. Por causa dessa observação tradicional, desse conceito, dessa verdade, foi que estabeleceram uma ciência, dita como Astrologia esotérica, que trata desses aspectos, através do que se diz como um Horóscopo, que pode ser levantado, quer para uma pessoa, quer para uma cidade, nação etc.

Ora, irmão leitor, umbandista ou não, vamos exemplificar com você mesmo que está lendo: — você nasceu em determinados minutos, de uma certa hora, de um certo dia, de um certo mês e ano.

Então, você pode verificar, pela" astrologia esotérica, que tem um Planeta Regente, isto é, aquele que REGEU o signo de seu nascimento, ou seja, os 30 graus que correspondem aos 30 dias do mês em que você nasceu.

Você pode verificar ainda que, naquela hora do dia em que nasceu, um outro planeta estava dominando particularmente e assim se diz como o seu **ASCENDENTE**, que é muito importante.

Poderá verificar também outras influências, que o astrólogo leva em consideração, mas para o nosso caso, isso já é mais secundário ainda.

O seu Planeta Regente foi quem dignificou as manifestações de sua natureza vital, psíquica e espiritual de um modo geral (segundo nosso conceito).

O seu Ascendente foi quem influenciou particularmente sobre o seu corpo astral e daí para o físico, e foi quem lhe deu certa constituição fisionômica, certos aspectos particulares etc.

Então? — perguntaremos agora a você: — quem registrou, quem imprimiu essas vibrações ou influências planetárias — de seu planeta regente, de seu ascendente — na estrutura íntima de seu corpo astral e daí sobre os plexos nervosos de seu corpo físico de recém-nascido? Sabendo-se que, por dentro da hora planetária em que você nasceu, **FORÇAS MAIS PODEROSAS** dominavam de 24 em 24 minutos?

E claro que você já deve ter concluído pelo que explicamos no início. sobre as **LINHAS DE FORÇA** que foram elas, essas correntes energéticas essenciais que **REGISTRARAM**, que **IMPRIMIRAM TUDO**, sobre o seu organismo físico e astral, por ocasião do seu nascimento, modelando todas essas vibrações planetárias, segundo as suas características (das linhas de força, é claro), para surgir daí a linha mestra de todo seu sistema perispirítico ou astral, orgânico propriamente dito e espiritual ou cármico.

Portanto, essas linhas de força ou tatwas são básicas, fundamentais, e é por causa disso que, dentro do que há de mais verdadeiro na antiga tradição, se afirma que nenhum horóscopo pode ser completo, sem o tatwa individual, ou seja, o levantamento da linha de força individual.

De sorte que podemos definir as seguintes diretrizes:

1º São as Linhas de Força que geram os planetas e que dão a qualidade da vibração astral ou eletromagnética de cada um.

2º São as Linhas de Força que presidem, essencial e diretamente, ao nascimento, vida e "morte" de uma criatura.

3º A Linha de Força é que faz imprimir o selo de todas as predisposições ou aquisições de uma criatura nos 34 minutos em que está dominando, porque ela — a linha de força — é o canal cármico direto que traz todas as imagens ou clichês que se encontram nos Arquivos Astrais... Enfim, essa citada linha de força é que traz e imprime o selo de sua **FICHA CÁRMICA**, na estrutura íntima de seu corpo astral.

EM SUMA:

As Linhas de força (ou os tatwas), como **CANAIS CÁRMICOS**, como impressoras das **FICHAS CÁRMICAS** são ainda quem faz **REVELAR** os símbolos ou os sinais existentes nessa ficha, sobre as **PALMAS DAS MÃOS** das criaturas.

Assim, falemos um pouco sobre as nossas **MÃOS** para que o Instrutor se inteire mais ainda do assunto.

Todos sabem do importantíssimo papel que têm as mãos em nossa vida em tudo e para tudo. As mãos, como instrumento de cura, são fatores tão antigos, que não precisamos repisar mais isso. Bastante citarmos Jesus, que curava impondo as mãos. Não só o Cristo assim fazia, como inúmeros magos ou taumaturgos do passado e no presente... temos os passes mediúnicos e magnéticos etc... tudo através das mãos.

Então, as nossas mãos, além de serem antenas receptoras e transmissoras, de correntes de energia, de fluidos magnéticos etc. são condensadoras e reiletoras de todas as alterações de nossa vida fisiológica, de todo nosso sistema nervoso. etc. De sorte que, para as palmas de nossas mãos derivam, correm e vão-se condensar, cerca de 280.000 sutis correntes nêuricas ou protoplasmáticas.

Essas sutis correntes nêuricas imprimem em determinadas zonas das palmas de nossas mãos as alterações favoráveis e desfavoráveis de nosso organismo e assim é que fazem surgir sobre essas citadas zonas **SINAIS REVELADOS**, em forma de manchas, pontosa ilhas, cruzes, meias-luas, grades etc. A essas **ZONAS** a ciência da **QUIROLOGIA** dá o nome de Montes Planetários.

Dá-se o nome de montes planetários, porque, as Linhas de Força, através dessas sutis correntes nêuricas — do sistema nervoso — fazem imprimir neles, nesses montes, a influência ou as vibrações particulares dos planetas ou corpos celestes.

Dentro dessa situação, ainda são as Linhas de Força que fazem também imprimir nesses montes planetários ou zonas de nossas mãos certas linhas, certos símbolos ou sinais importantíssimos, reveladores de nossas condições cármicas e de nossas aquisições mais elevadas, assim como faculdades mediúnicas, poderes supranormais etc.

As zonas ou os Montes Planetários principais ou essenciais são 7. Ei-los:

A) Toda zona que fica debaixo do dedo **POLEGAR** é o monte de **VÊNUS**.

B) A zona que fica na base do dedo **INDICADOR** é o monte de **JÚPITER**.

C) A zona que fica na base do dedo **MÉDIO** é o monte de **SATURNO**.

D) A zona que fica na base do dedo **ANULAR** é o monte de Apolo ou **SOLAR**.

E) A zona que fica na base do dedo **MÍNIMO** é o monte de **MERCÚRIO**.

F) A zona que fica situada no lado interno da mão e perto da percussão é o monte de **MARTE** (onde está a fig. 17 no clichê da mão).

G) A zona que fica situada no lado inferior interno da mão e perto da percussão é o monte da **LUA** ou lunar (onde estão as figs. 18 e 19 do clichê).

1ª OBS. Que não se embarace o instrutor ou o interessado com essas descrições, pois terá, a seguir, o **MAPA** por onde começará confrontando esses monte, dedos etc. com planetas, signos, dias do nascimento e a **LINHA OU O ORIXÁ CORRESPONDENTE**. Depois terá a figura da **MÃO** com 26 variações de **SÍMBOLOS** distribuídos pelos montes ou zonas e 5 linhas e logo adiante a descrição ou o significado de todos esses símbolos pelos números que correspondem a cada um.

Mapa Da Correlação entre Montes, Planetas, Linhas ou Orixás etc.				
Dias correspondentes, pelo nascimento	**Signos Zodiacais**	**Planetas**	**Linhas ou Orixás**	**Montes ou zonas das palmas das mãos**
21.3 a 20.4	Áries	Marte	Ogum	Monte ou zona que ficas situada no lado interno e médio da mão (ver fig. 17)
21.4 a 21.5	Touro	Vênus	Oxossi	Monte ou zona que fica na base do dedo polegar
22.5 a 21.6	Gêmeos	Mercúrio	Yori	Monte ou zona que fica na base do dedo mínimo
22.6 a 23.7	Câncer	Luz	Yemanjá	Monte ou zona que fica no lado interno inferior da mão e perto da percussão (ver figs. 18 e 19)
24.7 a 23.8	Leão	Sol	Oxalá	Monte ou zona que fica na base do dedo anular
24.8 a 23.9	Virgem	Mercúrio	Yori	Monte ou zona que fica na base do dedo mínimo

24.9 a 23.10	Libra	Vênus	Oxossi	Monte ou zona que fica na base do dedo polegar
24.10 a 23.11	Escorpião	Marte	Ogum	Monte ou zona que ficas situada no lado interno e médio da mão (ver fig. 17)
23.11 a 21.12	Sagitário	Júpiter	Xangô	Monte ou zona que fica na base do dedo indicador
22.12 a 20.1	Capricórnio	Saturno	Yorimá	Monte ou zona que fica na base do dedo médio
21.1 a 19.2	Aquário	Saturno	Yorimá	Monte ou zona que fica na base do dedo médio
20.2 a 20.3	Peixes	Júpiter	Xangô	Monte ou zona que fica na base do dedo indicador

2ª Obs. — Agora que o interessado ou instrutor já confrontou a descrição com o Mapa da página anterior, tendo verificado, pelo seu nascimento, o seu planeta regente, a sua Linha ou o seu Orixá e viu também qual o seu monte próprio, deverá ter logo de princípio, na devida conta, que surja onde surgir, quer seja numa zona propriamente dita ou monte, quer seja em outro lugar da mão, é o símbolo básico que **REVELA**, incontestavelmente, **PROTEÇÃO** espiritual, força psíquica elevada, qualquer poder supranormal, qualquer **FACULDADE MEDIÚNICA** etc.

3ª Obs.: — Então, se o interessado ou instrutor já está sabendo que 7 são os montes planetários e já se está familiarizando com eles no desenho da mão, deve ficar sabendo ou entendendo bem o seguinte — se o seu planeta regente é, por exemplo, Júpiter, o monte ou a sua zona própria está na base do dedo indicador e se nele existe algum dos 25 símbolos que vão ser descritos, é porque a pessoa está equilibrada ou reajustada com sua faixa espiritual direta, com a corrente eletromagnética de seu planeta etc. — o que é uma condição rara. Porém, se no monte próprio da dita pessoa nada existe e existe um símbolo em outra zona ou monte de outro planeta que não é o seu, o regente, isso indica que a pessoa ainda não está reajustada com sua faixa espiritual própria, porém recebeu forças particulares, adequadas às suas atuais condições pelo seu planeta **ASCENDENTE** que vai dominar e indicar certas condições mediúnicas, certos poderes supranormais etc., e mesmo a Linha ou a Vibração dos Orixás, através das Falanges de Caboclos, Pretos-Velhos, Crianças etc., que está diretamente influenciando e protegendo a criatura, dentro da Corrente Astral de Umbanda.

4ª Obs. — Reafirmando: — Assim, se no seu monte próprio — de seu planeta — não existe nenhum símbolo ou sinal, porém você os tem em outra zona ou monte, isso revela a força de seu ascendente na ocasião de seu nascimento. Indica, portanto, a influência particular que você recebeu, como reforço, a qual foi registrada na zona que lhe é própria, pela Linha de Força ou pelo tattwa, que tudo domina.

Eis a figura da mão com as suas 26 variações de símbolos... que, para traduzirem, realmente, os valores que vão ser discriminados ou relacionados, terão que ser símbolos puros, isto é, têm que estar isolados ou independentes de outras linhas ou que não sejam formados pelas bifurcações, cortes e atravessamentos das diversas linhas que existem na palma de uma mão. Os triângulos que se formarem dentro dessas últimas condições têm a metade do valor do símbolo puro, isto é, indicam acentuadas predisposições, boas influenciações etc., que se podem concretizar, de acordo com a linha de conduta da pessoa.

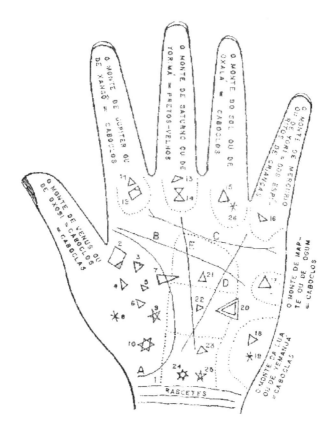

A Mão dos poderes ocultos — Na Alta Magia da Lei da Umbanda. As variações do símbolo ou figurações geométricas do Arquivo Astral, que se reproduzem fisicamente (nas palmas das mãos), revelando Iniciações, Forças, Proteções, Poderes Supranormais, Faculdades mediúnicas etc.

As 5 Linhas principais que são manifestadas pela energia condensada dos **MONTES**: *Linha A* — da Vida; *Linha B* — da Cabeça; *Linha C* — do Coração; *Linha D* — do Sistema Digestivo ou Hepática; *Linha E* — do Destino ou de Saturno. Essas linhas estão nesse clichê para que se tenha uma ideia bem clara da posição dos montes nas palmas das mãos.

Figura nº 1 — Toda essa linha ponteada que começa na base da rascete sobe até a linha do coração — C, faz uma curva e desce até a base da dita rascete mostrando a forma de um sapato, situa o Campo dito como de Marte ou das lutas. Veja-se que está dividido por duas linhas horizontais ponteadas que indicam parte superior, a parte média e a parte inferior, desse citado campo de Marte ou das **LUTAS**, que começa e termina na rascete, que são essas três linhas que estão sobre o punho propriamente dito.

Figura nº 2 — Este é o símbolo do setenário ou o verdadeiro Selo dos Magos. É o mais completo selo mediúnico que pode surgir na mão de uma criatura, porque além de **revelar** que seu possuidor é um Iniciado filiado à Corrente dos Magos Brancos, é também um médium missionário. Esse símbolo é o mais raro. Ele está composto do **ternário dentro do quaternário**. O triângulo é o símbolo do Universo como manifestação dos três Mundos: o mental, o astral e o material... representa a Trindade, a Tríade Divina, dominando os **quatro elementos da natureza**, simbolizados no quadrado ou quaternário. Esse símbolo do setenário ou esse selo dos Magos, que surge sempre no médium de carma missionário, e sobre o monte de Vênus, tem sempre o triângulo no ângulo esquerdo inferior desse quadrilátero, conforme está situado no clichê e na palma da mão. Esse símbolo ou SELO confere a seu possuidor ampla clarividência, intuição apurada e sensibilidade medianímica ou psicoastral extraordinária além de outras faculdades mediúnicas... (em nossa obra "Lições de Umbanda e Quimbanda) — na palavra de um Preto-Velho, encontra-se uma descrição completa sobre esse importantíssimo sinal).

Figuras ns. 3, 4, 5, 6 — São triângulos que tanto podem ser isósceles, escalenos etc., porém, o mais comum é surgirem na forma de pirâmide ou equilateral e mais acentuadamente sobre o monte de Vênus. Qualquer um desses triângulos, surgindo isolado ou independente no sito monte, significa que o seu possuidor tem positivamente, uma forte proteção espiritual, astral, da Corrente de Umbanda através dos Caboclos da Faixa Vibratória de Oxossi, dado já a seu estado evolutivo que é bom e tende a melhorar, impulsionado por alguma faculdade mediúnica. Essa faculdade mediúnica que tanto pode acontecer na mecânica de incorporação, dentro da fase semi-inconsciente, como pode ir a de irradiação intuitiva, com acentuada sensibilidade psicoastral. Qualquer triângulo nesse monte indica mais, que apesar de o médium estar dentro da mediunidade de carma probatório tende a se libertar para o de carma evolutivo, já nessa encarnação... Os aspectos negativos de seu caráter cármico que ele tem de combater são: — tendência ao egoísmo, ao sensualismo, à falta de pureza e de amor-próprio. Os aspectos positivos de seu caráter cármico, os quais a presença desse triângulo está exaltando, são: — o equilíbrio moral-espiritual, astral e físico, dentro de um pronunciado senso de amor, de caridade e de compreensão. O triângulo, nesse monte de Vênus, está exaltando todo o seu poder criador para qualquer atividade prática ou espiritual etc.

Figura n° 7 — Esse triângulo isósceles que sai do monte de Vênus e atravessa a linha da vida (A) com um vértice apontando o campo de Marte (que é o campo das lutas) é, também, uma das mais importantes revelações da ficha cármica do indivíduo. O triangulo assim situado, revela que: — o seu possuidor, por força de seu carma, sofreu pesado reajustamento, tendo sua vida transcorrido — até certa altura — em dificuldades materiais, com impactos morais, tudo acompanhado de doenças e dado a seu grau de entendimento, de conformação, tudo sofreu, passou com muita resignação, procurando sempre o caminho da luz. Em face de fortes circunstâncias de ordem espiritual, em que arcou com as responsabilidades, em face dos assentamentos positivos de sua ficha cármica, desceu sobre ele uma poderosa proteção espiritual da Corrente Astral de Umbanda, através de três Falanges, de Caboclos — de Oxossi, de Xangô e de Ogum — principalmente, pois, nele, tudo situa o campo de Marte ou das lutas, demandas etc., pelo vértice que está definindo a direção cármica de sua vida. Esse triângulo, assim, nessa altura, define mais, que a pessoa já não tem mais ambições materiais, tudo nela passa a girar em torno das questões morais e espirituais elevadas e assenta a mediunidade já na condição de carma evolutivo e na incorporação semi-inconsciente, se a pessoa for jovem ainda e se já for idosa (passando dos cinquenta anos e ainda de acordo com o estado de saúde etc.), define a faculdade mediúnica de irradiação intuitiva, a vidência, e o dom da palavra. Esse símbolo exalta em seu possuidor os aspectos positivos de seu caráter cármico, que são a audácia, a energia, o espírito empreendedor e o domínio próprio. Os aspectos negativos de seu caráter cármico que a pessoa tem de neutralizar (pois todo indivíduo dentro de uma injunção, de uma certa circunstância, pode se desequilibrar) são: — a falta de serenidade, a falta de domínio, os impulsos violentos e as bruscas antipatias que podem impelir a julgamentos apressados.

Figura nº 8 — Essa Estrela, sobre qualquer parte desse monte de Vênus, sendo bem acentuada, isolada, isto é, composta de três linhas que se cruzam num ponto, significa junção de três forças ou poderes, de cuja combinação ou cruzamento surgirá uma poderosa proteção astral espiritual etc. Esse símbolo confere a seu possuidor, mesmo que esteja situado em qualquer zona ou monte da palma da mão, essas condições citadas e uma faculdade mediúnica qualquer — comumente a clarividência ou a vidência (notem a variação do conceito apenas na estrela que está sobre o monte do Sol ou de Apolo). Todavia é necessário que o seu possuidor leve em alta consideração, ou melhor, que se previna quanto ao seguinte — esse símbolo, sendo muito forte, exalta quer as qualidades boas, quer as qualidades más que porventura existirem numa pessoa. Portanto, é necessário que o possuidor desse símbolo ande na linha do equilíbrio para poder receber os benefícios dessas três forças... essa estrela tem sido identificada mais em pessoas dentro de um carma probatório.

Figuras nº 9 e 25 — Este símbolo é o Pentagrama, isto é, uma estrela de cinco pontas, confundida vulgarmente como "signo de Salomão, cinco Salomão" etc. Depois do selo dos magos e do hexagrama místico de Salomão, é, também um dos mais difíceis de ser encontrado numa criatura. Este é um símbolo assaz forte, pois representa a influência de cinco forças ou correntes vibratórias astrais, elementais. Esse pentagrama na zona de Vênus confere ampla visão astral, pela sensibilidade mediúnica apurada, bem como nos outros montes ou zonas, especialmente na "chamada esfera de Urano" — veja figura 25, que, em realidade, está na parte inferior do campo de Marte — pois aí, ele confere, a mais, uma extraordinária clarividência ou o sentido premonitório. É um símbolo também considerado perigoso, pois geralmente as pessoas que o têm, mormente se estiver situado sobre a zona ou monte de Saturno, são inclinadas à magia negra. Precisam controlar esses impulsos do pretérito e estar em constante autopoliciamento. O Pentagrama indica que o seu possuidor é filiado, no astral, a um Grupamento Iniciático qualquer... Todavia é imprescindível, a seu possuidor, estar equilibrado moral-espiritualmente etc., pois se "estiver envolvido em suas paixões ou vivendo a vida dos sentidos", esse pentagrama não se manifestará como uma força atuante... esse símbolo tem sido identificado mais em pessoas de carma evolutivo.

Figuras ns. 10 e 24 — Este símbolo é o famoso Hexagrama Místico de Salomão que, como se nota, é uma dupla manifestação do triângulo, ou seja, é a conjunção de seis forças ou vibrações... É raríssimo surgir nas criaturas. Assim como o selo dos magos — que é uma manifestação excepcional da Força Setenária e mais elevado símbolo conferido a uma criatura pelo Astral Superior, o Hexagrama Místico de Salomão indica, positivamente, que o seu possuidor é também um iniciado filiado à corrente branca dos magos. Convém explicarmos algo mais sobre esse símbolo: o Hexagrama resulta da interpenetração de dois triângulos opostos, até que os centros geométricos dos dois cheguem a coincidir.

Esses dois triângulos assim descritos significam que o seu possuidor já superou quase todos os seus aspectos negativos e, já se equilibrou com os seus aspectos positivos, ou seja, com sua individualidade consciente... Isto porque, sendo o triângulo o símbolo do Universo Ternário, significando ou revelando o equilíbrio, o perfeito, a elevação pelo intelecto etc., jamais poderia estar na ficha cármica de uma criatura, sem que ela merecesse através de uma reconhecida maturação espiritual... portanto, o Hexagrama Místico de Salomão, quer esteja na zona ou monte de Vênus, quer esteja em outro monte qualquer, significa sempre tudo isso e revela ainda poderes supranormais extraordinários que se podem manifestar voluntariamente, por via de várias modalidades mediúnicas etc. Esse símbolo só surge nas pessoas cuja mediunidade está afeta ao carma evolutivo.

Figura nº 12 — Este símbolo é uma variação do selo dos magos e é também um símbolo do setenário. Note-se que o triângulo, nele, está situado no ângulo direito superior do quadrilátero. Esse símbolo indica que o seu possuidor é também um filiado da corrente branca dos magos do astral e tem a sua mediunidade dentro de um carma evolutivo. Esse conceito se aplica nesse símbolo, em qualquer uma das zonas ou dos montes planetários onde possa surgir. Faculta diversas modalidades mediúnicas, de acordo com a natureza da pessoa e particularmente a mediunidade de transporte e a vidência ou clarividência. Este símbolo tem surgido mais onde está, isto é, sobre o monte de Júpiter e traz muita força espiritual, muita proteção e tende a elevar o seu possuidor em qualquer atividade prática a que ele se dedicar...

Obs.: — nesse símbolo — variação do setenário ou do verdadeiro selo mediúnico completo ou conjugado, a variação do triângulo pode ocorrer em qualquer um dos três ângulos do quadrilátero, isto é, nos ângulos superior da esquerda, superior da direita e inferior da direita, menos, repetimos, no ângulo inferior da esquerda, pois esse é próprio ao símbolo nº 2, descrito e que só surge sobre o monte de Vênus.

Figura nº 14 — Este símbolo é classificado com o dos "triângulos opostos". Para que seja considerado autêntico, tem que estar isolado ou independente de outras linhas ou ramais das mãos. Revela, em seu possuidor, equilíbrio e acentuada concordância de forças anímicas, potenciais, em atração ou relação com poderes materiais, financeiros, políticos, literários etc. Quando não o seja, porque seu possuidor não alcançou essas condições, porém elas existem latentes, prestes a eclodir, atraindo ou movimentando as condições simpáticas para tal fim. É, não resta dúvida, um símbolo forte e só não revelará essas condições positivas se seu possuidor não vier contribuindo para isso — dentro de circunstâncias negativas, degenerações morais etc. Nesse caso o indivíduo sofrerá violentos choques das forças em oposição, mormente se essa figura 14 estiver no "Campo de Marte". Viverá na ruína moral e material. Esse símbolo revela mais proteção com as forças ou Falanges de "Caboclos", especialmente com os da Vibração de Xangô. Traz Mediunidade Intuitiva, e Clarividência poderá surgir. O carma tanto pode ser probatório, como evolutivo, dependendo de outros fatores.

Figuras ns. 11, 15 e 16 — O triângulo, seja isósceles, escaleno etc., em qualquer um desses montes de Júpiter, do Sol e de Mercúrio, revela que seu possuidor tem, positivamente, uma forte assistência espiritual, principalmente da corrente astral de Umbanda, através das falanges de Caboclos. Se o triângulo está sobre o monte de Júpiter, essa assistência vem pela faixa vibratória da Linha de Xangô; se está sobre o monte do Sol ou de Apolo, essa proteção espiritual é acentuadamente da vibração ou da Linha de Oxalá; se está sobre o monte de Mercúrio, essa proteção espiritual vem pela faixa espiritual da Linha de Yori, isto é, a pessoa tem a singular proteção dos espíritos que se apresentam na Umbanda, com a "roupagem fluídica" de criança. O triângulo nesses montes revela sempre que o seu possuidor tem a mediunidade dentro de um carma probatório, está sofrendo, passando ou já passou por uma série de reajustes cármicos etc. Essa mediunidade pode se manifestar na mecânica de incorporação, na fase semi-inconsciente ou, então, costuma variar para a de irradiação-intuitiva. Os possuidores deste símbolo (em qualquer um desses montes) têm que vigiar bem seus próprios aspectos negativos, neutralizá-los tanto quanto possível, para poder haurir ou receber dessas correntes espirituais os benefícios que este símbolo faculta ou traz, pois nenhum símbolo surge ou é impresso na palma da mão de uma pessoa sem que tenha o beneplácito de cima, do astral, isto é, do Tribunal Planetário ou cármico.

Figura nº 13 — Um triângulo, nessa zona, isto é, sobre o monte de Saturno é algo de certo modo mais sério. Revela, de princípio, que seu possuidor tem a mediunidade dentro de um carma probatório e na mecânica de incorporação, que tanto pode acontecer na fase semi-inconsciente como na inconsciente, esta pelo menos durante os sete primeiros anos de prática mediúnica equilibrada. Todavia, pode também acontecer que de acordo com a conduta do médium ele fique só com a mediunidade de Irradiação intuitiva. Esse símbolo, nessa zona, indica mais que a pessoa tem acentuada tendência para a magia negra e tem proteções ocultas que a amparam. É necessário que se autopolicie nesse aspecto de seu caráter cármico. Se a pessoa estiver com uma boa orientação moral-espiritual, terá a fortíssima proteção da Linha de Yorimá, isto é, dos "Pretos-Velhos", que será altamente positiva em todas as fases de sua vida. Os aspectos negativos da pessoa, cujo ascendente foi Saturno e cuja influência foi registrada pela linha de força na expressão do dito triângulo, são: a indiferença, a teimosia, o arraigamento ao dinheiro, acentuada intolerância, tristeza e pessimismo. Deve zelar, alimentar os aspectos positivos desse ascendente, que são: a meditação, a reflexão e a perseverança. Saturno dá o poder conservador de um modo geral, inclusive a longevidade.

Figuras ns. 17, 21, 22 e 23 — O triângulo, quer no monte de Marte nº 17; quer no campo superior nº 21; quer no campo médio nº 22; quer no campo inferior nº 23, tudo de Marte é um símbolo ou um sinal altamente confortador, maravilhoso, quando o seu possuidor souber (como vai ficar sabendo agora) que ele traz a Salvação, um socorro energético, a proteção vigorosa dos Caboclos da Vibração de Ogum. Esse triângulo, nesse monte ou no campo de Marte que é o das lutas materiais e astrais indica positivamente que o seu possuidor tem carma bem pesado, um carma probatório e sua mediunidade assim também o é. Essa faculdade mediúnica vem sempre na fase semiconsciente, porém o médium é muito assistido pela de Irradiação Intuitiva. Esse triângulo, nessas zonas citadas, assegura lutas com vitórias, às vezes debaixo de grandes sofrimentos e sacrifícios etc. O símbolo nas zonas de Marte demonstra que a pessoa recebeu uma assistência espiritual muito forte, através de um protetor da faixa ou da vibração das lutas e das demandas e por isso vem facultando a seu possuidor (do triângulo) muita energia, audácia, espírito empreendedor e domínio próprio. Deve combater seus aspectos negativos, particulares, que nesse caso foi de Marte — como seu ascendente, que trouxe, por reflexos, de sua ficha cármica. Ei-los: — excesso de impulsividade, violência, provocação e prepotência frente aos fracos etc.

Figura nº 18 — O triângulo sobre o monte lunar é mais difícil de surgir que nos outros montes. Esse símbolo, nessa situação, revela ou confere qualidades excepcionais a seu possuidor. Dá-lhe um misticismo equilibrado, uma grande interpenetração espiritual e de duas ou três faculdades mediúnicas. Dá-lhe a irradiação intuitiva, bastante clarividência e muitas vezes a mediunidade auditiva. As correntes de força sobre o possuidor do triângulo no monte lunar vêm pelos elementais da água — ditos como as ondinas — e com as falanges dos Caboclos do mar ou das águas, pela vibração da Linha de Yemanjá... o médium que estiver banhado pela vibração lunar, dado a que, sobre o monte correspondente foi que a linha de força imprimiu o selo triangulado, tem que pautar sua vida dentro de regras bem positivas, tão grande é a influência astral sobre ele, que a sua sensibilidade psicomediúnica estará sempre sujeita a impactos de ordem diversa. Os seus aspectos cármicos negativos poderão aflorar pelo excesso de fanatismo e superstição, pelos caprichos, manias etc. Porém, os aspectos positivos de seu caráter cármico atuarão constantemente em si, pela imaginação idealista, pura, com os pensamentos de renovação que constantemente afluirão, limpando a sua mente de outras injunções etc. o seu carma é Evolutivo.

Figura nº 19 — Essa estrela sobre o monte da LUA também é um símbolo raro. Quando surge e está em pé — conforme no desenho 19 — confere todos os predicados do triângulo 18 e indica mais que a pessoa está no caminho seguro da espiritualidade. Indica ainda a posse ou a futura posse de um sonho, um desejo, um acontecimento bom, desejado, esperado etc., quer seja na forma material, quer na sentimental, quer na espiritual.

Figura nº 20 — A manifestação dessas duplas linhas trianguladas, formando um triângulo dúplice — é um sinal tanto mais importante, quando seja bem sulcado, bem nítido, bem formado. Nessas condições, revela, indica, dado as circunstâncias passadas da vida da pessoa que o tenha, dado a uma série de provações que enfrentou com serenidade, paciência etc., dado a sua conduta moral-espiritual, que **recebeu** o seu grau de Iniciação no Astral e uma fortíssima proteção espiritual da Vibração de Yorimá — dos "Pretos-Velhos", pela correlação energética da vibração eletromagnética de Saturno, que se manifesta, também, diretamente sobre o chamado de campo médio de marte. Esse símbolo, assim constituído, revela que a pessoa já alcançou o necessário equilíbrio em suas ações, em sua vida material e em sua vida espiritual (salvo qualquer desequilíbrio súbito, por força de um livre-arbítrio, por força de injunções cármicas precipitadas etc.). O poder deste símbolo é grande, pois está plantado sobre o campo médio de Marte ou das lutas, como um sinal de vitórias alcançadas. O seu possuidor deve zelar por todos os aspectos positivos de seu caráter cármico e combater as más influências do dito caráter cármico, que poderão assediá-lo constantemente, dado a que, esse triângulo dúplice indica que seu ascendente verdadeiro foi o seu próprio Regente isto é, Saturno no signo e Saturno na hora planetária e foi no campo médio de Marte que a linha de força ou o seu tattwa individual registrou diretamente toda essa condição. O aspecto negativo do caráter cármico de um saturniano com sua dupla influência vem pelo arraigamento às coisas materiais, principalmente o dinheiro. A pessoa pode pecar pelo excesso de conservadorismo, podendo transformar-se até em egoísmo. Está sujeita ao pessimismo, à tristeza, à intolerância etc. Os aspectos positivos de seu caráter cármico são: — a meditação, a reflexão, a constância, a perseverança, uma vontade férrea, o poder conservador, a vida longa, a boa saúde e a ausência de sensualismo... está sujeita a afecções renais e à atrofias neuromusculares, a paralisias etc. O seu carma está na linha evolutiva. A sua mediunidade é dupla: — dá para a Mecânica de Incorporação na fase semiconsciente acompanhada de forte Irradiação Intuitiva e é, ainda, um médium sensitivo de boa ordem.

Figura nº 26 — Essa estrela sobre o monte Solar e da forma que está, em pé, é um símbolo forte, poderoso, iluminado. Significa esplendor. Esse esplendor poderá ser, surgir ou vir de várias formas. Revela mediunidade dentro de um carma evolutivo e de Irradiação Intuitiva bem elevada, com bastante Clarividência etc. A assistência espiritual sobre o possuidor dessa estrela no monte solar vem pela vibração dos Caboclos da Linha dita como de Oxalá... os aspectos positivos de seu caráter cármico são: a espiritualidade, o poder realizador, a energia indomável etc. Os seus aspectos negativos podem atuar sob a forma da vaidade excessiva, do exibicionismo, da extravagância etc.

5ª Observação — Final — Essas variações do símbolo ou de sinais, que podem existir ou surgir e existem ou surgem nas palmas das mãos das pessoas, são incontestavelmente reveladores, indicadores de dons, faculdades, poderes supranormais, condições cármicas fisiológicas etc. Todavia, uma pessoa pode ser médium, iniciado até e não constar em suas mãos nenhum desses sinais ou símbolos reveladores.

Quem explicou bem essa questão foi Preto-Velho em nossa obra "Lições de Umbanda e Quimbanda", quando Cícero, o filho-de-fé lhe fez a seguinte pergunta: — "Muito bem Pai G... Nesse aspecto, posso considerar a presença desse sinal como uma regra sem exceção?"

Então, "Preto-Velho" respondeu dizendo: — "Não, meu filho. Não há regra sem exceção, tem exceção e variação. Há razões superiores relacionadas com esses casos que esse "Preto-Velho" não alcança...".

E continuou dizendo mais que, "esse selo", isto é, o sinal da mediunidade, pode não surgir como um sinal físico na mão humana do médium, todavia na mão de seu corpo astral, esse selo pode constar etc. Isso já é trabalho de identificação para um vidente, clarividente ou mesmo para uma entidade incorporada.

E "Preto-Velho" — continuando — ainda adicionou mais essa explicação, bastante satisfatória e verdadeira: — "Sim, porque a maioria (desses médiuns, é claro) pode ter influências medianímicas, manifestarem-se até, levando algum tempo dentro de condições promissoras, mas acabam sempre desvirtuando, sofrendo injunções dos ambientes, da vaidade etc., então não se fazem definir sobre eles as indispensáveis ordens e direitos de trabalho de uma entidade protetora, mesmo que ele seja de carma probatório, ou melhor, de mediunidade probatória, esse selo simples surge, logo que esse médium começa a se compenetrar de sua responsabilidade em face dessa condição, isto é, quando começa a pensar conscientemente as suas condições de reajuste...".

Cremos, portanto, que toda essa questão relacionada dentro desse ADENDO ESPECIAL ficou bastante esclarecida e esperamos que todos ou os mais compenetrados tirem todo proveito dessas lições.

E, finalmente, uma palavrinha ainda queremos registrar aqui, para os que se dizem ou são realmente professores das chamadas ciências ocultas...

Naturalmente que apresentamos aqui uma descrição, um estudo, uma maneira o mais simples possível, desta maravilhosa ciência denominada de Quirologia, Astrologia, Quiromancia, Quirosofia etc., visto essa obra ter sido coordenada mais no intuito de sua assimilação popular, ou seja, para entendimento geral da massa umbandista...

Porém, queremos lembrar aos citados professores do ocultismo, ditos como magistas, esoteristas, astrólogos etc., que essa variação da forma triangular, que surge na palma das mãos das pessoas escolhidas ou merecedoras, tanto mais é importante, profunda, se dentro da 3ª chave de interpretação cármica, esses triângulos forem analisados sob certos aspectos de suas formas equilateral, isósceles, escaleno, ainda em confronto, ou em relação com as formas dos ângulos, isto é, como triângulos retângulos, acutângulos e obtusângulos etc.

Pois bem, dentro dessa 3ª chave (demos a interpretação oculta da 1ª chave), essas variações ou espécies de triângulos, de conformidade com suas posições e com as zonas em que forem impressos ou surgirem, revelam questões cármicas transcendentais de tal sorte, que somente quem conhece mesmo o assunto pode avaliar, analisar e interpretar corretamente... E, naturalmente, não podemos tratar desses ângulos, nessa singela obra e mesmo porque, não temos ordem para expô-los ao público.

E assim, saiamos desses e levemos o leitor para outros ângulos, os quais devem ser bem lidos, assimilados e meditados, tal a sua importância.

NOTA: — Não confundir essa antiquíssima ciência de ler as mãos com aquela quiromancia vulgarizada e degenerada pelos chamados ciganos e pseudoquiromantes. A Quirologia teve seu apogeu há uns 6.000 anos, em Benares, na Índia; tinha escola, manuscritos, chaves corretas de interpretação etc. Depois foi-se apagando, ressurgindo na Grécia, de par com a Magia Egípcia, porém já muito deturpada. A seguir, desapareceu por uns 1.600 anos.

Por volta de 1840, despontou na França através dos trabalhos do Cap. Darpentigny e do famoso Desbarolles. Bons estudos mas bastante incompletos ainda. Perderam a chave de interpretação de vários símbolos. Ultimamente (há uns 30 anos ou mais) tem aparecido alguns raros e bons estudos, assim como o do Dr. Krum-Heller, médico alemão e Rosa-Cruz de alto grau, com a sua "Quirologia Médica" e atualmente a ciência oficial começa sub-repticiamente a valorizá-la e aplicá-la dentro da Moderna Genética na qual se vê que as linhas da mão são denominadas de dermatóglifos. Isso prova que essa Ciência é positiva, haja visto o caso da identificação dactiloscópica, criada por João Vucetich, inspirado em Jó, 37, nas Sagradas Escrituras.

QUEDAS E FRACASSOS DE MÉDIUNS — CAUSAS PRINCIPAIS: VAIDADE, DINHEIRO (PELO ABUSO DA LEI DE SALVA... REGRAS DA DITA LEI) E SEXO. HORRORES QUE OS ESPERAM NO ASTRAL PELO QUE "SEMEAREM EMBAIXO, COLHERÃO EM CIMA"... AS ADVERTÊNCIAS DOS GUIAS E PROTETORES — DISCIPLINA — CASTIGO — ABANDONO

Estes são assuntos áridos, sobre os quais todos se escusam de falar ou de escrever e, quando o fazem, é por alto, indiretamente...

Nós vamos abordar essa questão de maneira mais direta possível, pois visamos assim, tão somente, a levar um brado de alerta àqueles que estão predispostos a esses erros e mesmo para os que já *caíram* neles, visto termos a esperança de que nossa sincera advertência ainda possa chegar a tempo do recuo, da salvação ou da regeneração...

Ora, é com grande tristeza, bastante desolado mesmo e sem o menor resquício de querer ser melhor do que ninguém (pois também temos nosso carma bem pesado, por *erros* de pretérito), que vimos, dentro de uma serena e acurada observação, quase que direta, sobre pessoas e casos, testemunhando, constatando, como é grande o número de médiuns fracassados ou decaídos e, o que é pior, sem termos visto ou sentido neles o menor desejo de reabilitação sincera, pautada na escoimação real de suas mazelas, de suas vaidades, de suas intransigências etc...

O que temos observado cuidadosamente na maioria desses médiuns fracassados são os *tormentos do remorso* que, como chagas de fogo, queimam-lhes a consciência, sem que eles tenham forças para se reerguerem moralmente, pois se enterraram tanto no pântano do astral-inferior, se endividaram tanto com os "marginais do astral" que, dentro dessa situação, é difícil mesmo se libertarem de suas garras.

Isso porque o casamento de fluidos entre esses médiuns-fracassados e esses "marginais do astral" — os quiumbas — já se deu há tanto tempo, que o divórcio, a libertação se lhes apresenta dentro de tais condições de sofrimento, de tais impactos, ainda acrescidos de renuncia indispensável a uma série de injunções, que o infeliz médium-decaído prefere continuar com seus remorsos...

É duro, duríssimo mesmo, se libertar de um quiumba que entrou, há muitos anos, na faixa de um aparelho pelas suas antenas mediúnicas em distúrbio e cujo protetor ou guia — Caboclo ou Preto-Velho — o tenha abandonado por causas morais, principalmente quando o seu caso foi sexo ou dinheiro...

Mas situemos desde já, dentre os diversos meios pelos quais os médiuns têm fracassado, os três aspectos principais ou os três pontos-vitais que os precipitam nos abismos de uma queda mediúnica etc. Ei-los:

> 1 — *A vaidade excessiva*, que causa o empolgamento e lança o médium nos maiores desatinos, abrindo os seus canais-medianímicos a toda sorte de influências negativas.

> 2 — *A ambição pelo dinheiro fácil*, exaltada pelo interesse que ele identifica nos "filhos-de-fé" em lhe agradar, em lhe presentear, para pedir favores, trabalhos, pontos, afirmações etc., que envolvem elementos materiais.

> 3 — *A predisposição sensual incontida*, que lhe obscurece a razão, dada a facilidade que encontra no meio do elemento feminino que gira em torno de si por interesses vários e que comumente se deixa fascinar pelo "cartaz" de médium chefe... de "chefe-de-terreiro", babá etc.

O *primeiro caso* — o da vaidade excessiva: — uma criatura, homem ou mulher, tem o dom mediúnico. Naturalmente que o trouxe de berço, isto é, desde que se preparava para encarnar. Em certa altura de sua vida, manifesta-se a sua mediunidade. Eis que surge o protetor — Caboclo ou Preto-Velho.

Como no médium de *fato* e da Corrente Astral de Umbanda a entidade também é de *fato*, é claro que ela faz coisas extraordinárias. Cura. Ajuda. Aconselha. Tem conhecimentos irrefutáveis etc...

São tantos os casos positivos do protetor através da mediunidade do médium, que logo se forma em torno dele uma corrente de admiração, e de fanatismo também. A maioria dos elementos que o cercam, diante das coisas que veem, são levados a agradar, a bajular, e com essas coisas, inconscientemente, vão-lhe incentivando a vaidade latente. Isso de forma contínua.

A maioria desses médiuns não estudam, porque também não receberam ou não se interessam por uma preparação mediúnica adequada.

O protetor faz o que pode e deve (respeitando o livre-arbítrio), isso é, ensina, doutrina, alerta pelos canais mediúnicos: na manifestação, nas intuições, nos avisos etc.

Mas acontece sempre que o médium, devido a fortes predisposições à vaidade, começa por não dar muita atenção aos conselhos, às advertências que o seu protetor vem fazendo... chega a ponto de se julgar o tal, quase um "pequeno-deus". *Ele pensa que a força é dele...* que o protetor é dele — é propriedade sua...

O médium vai crescendo em gestos, em palavras, pois que todos se acostumam a acatá-lo em respeitoso silêncio, quando não, pelo medo ou por interesse próprio... Vai crescendo a sua vaidade e logo começa a fazer exibições mediúnicas...

Ele começa a praticar *uma coisa* que será *fatalmente a sua cova...*

Passa a "trabalhar" sem estar corretamente mediunizado (ou seja, pede apenas a irradiação do "guia" de sua preferência sobre ele). A sua entidade protetora pode usar certos meios para manifestar o seu desagrado, mas respeita também o seu livre-arbítrio, é claro... pois até as Hierarquias Superiores respeitam esta faculdade.

Então, começam os desatinos, as bobagens e as confusões e a respectiva falta de penetração nos casos e coisas. Começa a criar casos, a ter preferências e outras coisas mais. Não obstante as reiteradas advertências do protetor, ele continua... Eis que surgem os "transtornos". Os seus canais-mediúnicos, dada a faixa-mental que ele criou com os *efeitos de sua excessiva vaidade,* abre portas aos quiumbas, que entram na dita faixa...

Daí tem início uma série de absurdos, de envolvimento negativos etc. O ambiente do terreiro sai da tônica de outrora. Tudo se altera. Nessa altura o médium percebe apavorado que o seu protetor mesmo — aquilo que era bom, foi embora... deixou de sentir a positividade de suas fluidos benéficos...

No principio ele tem um tremendo abalo...depois... ah! depois, ele vai se acostumando com os fluidos dos quiumbas etc., e mantém a sua excessiva vaidade de qualquer forma... não quer perder o "cartaz"...

Porém, as curas, a antiga eficiência, não há mais... muitos percebem e dão o fora... compreendendo que o "seu fulano não é mais o mesmo" e alguns até passam a olhá-lo com desprezo... e se afastam ironizando dele, muito embora, no passado, tenham se beneficiado com sua mediunidade.

O pobre médium que fracassou pela excessiva vaidade no íntimo é um sofredor, muitos se desesperam com o viver da arte de representar os caboclos, os pretos velhos etc... Enfim, ser um "artista do mediunismo" também cansa, porque a "descrença" é o "golpe de misericórdia" em suas almas.

Segundo caso — o da ambição pelo dinheiro fácil. Aqui é preciso que se note a diferença entre o médium de fato que cai pela ambição desenfreada do vil metal e do "caso" em que se incluem centenas e centenas de espertalhões, desses vândalos que usam o nome da Umbanda e de suas entidades a fim de explorarem a ingenuidade da massa, de todas as maneiras.

Esses são bem reconhecidos... Seus "terreiros" são enfeitados, há muita bebida, os "comes e bebes" são constantes, há muita roupagem vistosa, enfim, esses "terreiros" se caracterizam pelos cocares de penas multicores, pelos tais capacetes de Ogum, pelas espadas, pelas capas de cores, pelos festejos que fazem sob qualquer pretexto, onde os médiuns exibem tudo isso e mais os pescoços sobrecarregados de colares de louça e vidro como se fossem "condecorações"... Tudo nesses ambientes é movimento, encenação, panorama...

São verdadeiras **arapucas**, onde tudo é duvidoso. Por ali se paga tudo. Desde uma consulta até um dos tais "despachos", até as famigeradas "camarinhas" com seus obis e orobôs para "firmar o santo na cabeça"... do paspalhão que acredita nisso. Esses antros de exploração, que chafurdam o bom nome da Umbanda na lama da sujeira moral e espiritual, são fáceis de ser reconhecidos. De vez em quando os jornais dão notícias deles...

Mas voltemos ao caso do médium de fato, que fracassou pelo dinheiro...

É sabido que a Corrente Astral de Umbanda manipula constantemente a Magia positiva (chamada de magia-branca) sempre para o bem de seus filhos--de-fé ou para qualquer um necessitado, venha de onde vier...

A magia, dentro de certas necessidades ou casos, requer determinados elementos materiais. São velas, flores, ervas, plantas, raízes, panos, pembas e até o fumo e certas bebidas. *O fato é o seguinte:* quando há mesmo necessidade disso, a entidade pede e a pessoa TRAZ, ou providencia, satisfazendo a Lei de Salva[43].

---

43 O que uma entidade pede, independente de seu médium, dentro da Lei de Salva, numa operação mágica, é uma coisa. E o uso legal da Lei de Salva por um médium magista, é outra coisa. Em nossa obra a caminho do prelo "Umbanda e o poder da mediunidade" está esclarecida, de vez, essa questão.

A coisa quando é manipulada pelas entidades — os Caboclos, os Pretos--Velhos — costuma sempre dar certo. O resultado é satisfatório...

De sorte que quase todo mundo que "gira" pelos terreiros, pelas Tendas, sabe disso. Daí é que entra na observação do médium a facilidade, a presteza com que as pessoas se dispõem a fazer um "trabalhinho" para o seu bem, para abrir ou melhorar seus caminhos etc...

De princípio ele obedece tão somente às ordens do seu protetor, quanto a esses aspectos. Depois, através de presentes, de agrados diversos dos beneficiados, ele começa a pensar seriamente na *facilidade* do dinheiro...

Então lança mão de *uma chave*: a questão da salva... em dinheiro para seu anjo da guarda, para o cambono etc.

Aí, já começou a imperar nele a ambição pelo ganho fácil, por via desses trabalhos... Então, começa a exceder a regra da salva (dentro da magia) e sobre a qual ele já foi *bem esclarecido*, porque essa salva existe, na Umbanda em relação com a Quimbanda. E como é isto? Diremos: o médium recebe ordens para fazer determinado trabalho, reconhecidamente necessário, quer seja para um "desmancho" de baixa-magia, quer seja para um encaminhamento ou desembaraço qualquer de ordem material ou de um proveito qualquer, tudo dentro da *linha justa*, isto é, que jamais implique no prejuízo de alguém... Quer seja uma descarga, um "desmancho" ou proveito qualquer, se for manipulado dentro da movimentação de certas forças mágicas e que impliquem em elementos de oferenda para certas falanges de *elementares*, à pessoa para quem é feito esse trabalho se pede a dita salva. Essa salva pode constar de certo número de velas ou de azeite para iluminação ou para posterior uso do médium ou de uma compensação financeira relativa, da qual parte deve ser dada de esmola pelo dito médium, na intenção de sua guarda. Essa é uma lei da magia que existe, nós não a inventamos, nem ninguém, e sobre a qual não podemos nos estender em detalhes maiores.

Todavia, devemos esclarecer que essa lei de compensação da Magia, ou para os trabalhos de cunho nitidamente mágico é indispensável. E uma espécie de *fator de equilíbrio entre a ação, a reação e o desgaste relativo ao operador*[44].

---

44 Então repisemos: — é claro que estamos fazendo referência aqui aos médiuns magistas, isto é, aqueles que *sabem e podem movimentar* elementos de ligação mágica, para fins adequados... Não estamos incluindo nisso essa "corja" de espertos, de exploradores que interpenetram o citado meio umbandista, justamente para fazer *meio de vida*, criando a indústria de umbanda. Porque essa "máquina" está montada e é impressionante verificar como funciona — autêntico vigarismo organizado.

Na Umbanda, já o dissemos: essa lei (ou esse fator) se denomina Salva, e é tão antiga que podemos identificar seu emprego entre os primitivos e verdadeiros Magos e Sacerdotes Egípcios, com a denominação de Lei de Amsra.

Disso também nos falam os Rosa-cruzes em seus ensinamentos ou instruções internas (esotéricas). Agora, compete ao magista, seja ele de que corrente for, *não abusar, não exceder, não ambicionar, não derivar para o puro lado da exploração...*

Ora, o médium magista então, ambiciosamente, começa a abusar disso. Começa por se exceder na lei de salva, pedindo mais dinheiro. Passa a cobrar grosso em tudo e por tudo. Inventa "trabalhos" de toda espécie, assim como "desmanchos" e afirmações para isso e aquilo...

E os aflitos, os supersticiosos, os impressionáveis, os filhos-de-terreiro, dão e sempre com prazer, visto esperarem sempre uma melhoria ou uma vantagem qualquer por via disso (aliás, a tendência maior das pessoas que frequentam "giras" de umbanda ou mesmo esses já conhecidos como "corredores de gira", é pagar... gostam de o fazer...).

Assim ele, o médium, de tanto fazer trabalhos materializados, sempre por conta própria, mas tudo relacionado com os Exus (que é o espantalho para essa maioria de ignorantes, de simples, de ingênuos), que envolvem materiais grosseiros, acaba chafurdado na vibração pesada dos espíritos atrasados, que passam a rondá-lo ou a viver em torno dele, ansiosos por esses tipos de oferendas...

A sua entidade protetora, como sempre, já lhes deu vários alertas que ele não levou na devida consideração, pois o dinheiro está entrando que é uma beleza...

E nessa situação o aparelho já está "cego e surdo" a qualquer advertência e o seu Caboclo ou o seu Preto-Velho, que, para ele, já são incomodativos, visto temer que se manifestem mesmo de fato nele e levantem toda essa sujeira, desmoralizando-o (como tem acontecido), se afastam e deixam-no envolvido com o baixo-astral, com quem já esta conluiado... pois ele, o médium, tem o sagrado direito de usar o seu livre-arbítrio como bem queira... já o dissemos.

Porém, chega dia em que esse infeliz aparelho necessita de uma firme proteção para um caso duro e apela para a presença do verdadeiro guia — e NADA... Abalado, dentro de um tremendo choque, aterrado mesmo, ele verifica que os fluidos são de Exu e de outros, bastante esquisitos e que lhe causam mal-estar e que não tinha percebido antes, claramente.

Alguns ainda param, fazem preceitos, para o anjo da guarda, enfim, pintam o sete, para ver se o protetor volta... porém, NADA...

Então, comumente se deixam *enterrar* mais ainda nesses aspectos, porque afinal de contas o dinheiro é coisa boa e traz muito consolo por outros lados.

Todavia, apesar da fartura do dinheiro fácil reconhecem depois de certo tempo que é um dinheiro maldito... passam a viver com a consciência pesada, irritados e sempre angustiados. O fim de todos eles tem sido muito triste... ou surgem doenças insidiosas, ou os vícios para martirizá-los por toda a vida ou acabam seus dias na miséria material, pois a moral já é uma cruz que ele carrega desde o princípio de seu fracasso mediúnico...

Agora falemos do *terceiro caso — a queda pelo fator sexo.* Esse é um dos aspectos mais escabrosos, um dos mais escusos e uma dos mais difíceis de ser perdoados pela entidade protetora...

É um caso que está intimamente ligado ao 1º, ou seja, o da vaidade excessiva. Um se completa, quase sempre, com o outro, e às vezes os três juntos.

Temos em nossos 45 anos de Umbanda, assistido, constatado, identificado, positivamente, a situação ou as condições de vários médiuns que caíram desastrosamente por causa do elemento sexo...

É que esse é um dos fracassos mais duros de ser suportado, não resta a menor dúvida, porque mais do que nos outros, a moral do médium fica na lama em que ele se SUJOU. Por mais que eles digam e se desculpem de toda forma, ninguém se esquece, ninguém consegue apagar da lembrança a causa do seu fracasso...

É uma mancha, que, mesmo que ele tenha se regenerado completamente, mesmo assim não se apaga...

Já dissemos como é que o médium de fato é logo envolvido pelas criaturas, com admiração, bajulações e fanatismo. Ele sente um constante endeusamento em torno de si e quase que sem sentir vai caindo na faixa da vaidade.

Particularmente (convém repetir) se sente muito visado pelo elemento feminino, que tem a propensão para se deixar fascinar pela mediunidade, mormente quando a vê num homem bem apessoado.

Bem, todo médium que trabalha na faixa da luz, no combate a todas as mazelas, especialmente contra o baixo-astral — convém sempre que o lembremos — é avisado constantemente pelas entidades protetoras de que sua regra de *todo instante* é "orai e vigiai"...

Por quê? Porque o baixo-astral que ele contraria, por força de sua mediunidade positiva, fica na sombra aguardando uma oportunidade para atacá-lo...

Logo, se ele tem um ponto fraco qualquer, nesse caso, uma forte predisposição sensual, é certo que esse mesmo baixo-astral lançará mão de todos os recursos para instigá-lo nessa parte...

Então, como não podem atacar diretamente, costumam fazê-lo, lançando sobre ele a tentação do sexo através de algum elemento feminino que o cerca e que por sua própria natureza é fraco. Isso no caso do homem-médium. No caso da mulher médium é a mesma coisa. Essa cai mais depressa. Lançam o elemento masculino sobre elas e pronto... quase não tem muito trabalho, pois a mulher tem uma ponte de contato maior, muito maior do que o homem, para o baixo-astral — é sua natural vaidade que é logo decuplicada... e pronto... é difícil escapar (há exceções, é claro. Estamos nos referindo à causa comum do fracasso).

Mas que não haja dúvidas do seguinte: o médium é alertado, pela sua entidade protetora, de todos os aspectos negativos que o cercam. Exercem uma constante vigilância sobre ele e nada acontece a esse médium se ele está dentro da moral ou da "linha justa". Agora, se esse médium, usando de seu livre-arbítrio, dentro de uma incontida predisposição, já por ter criado pela vaidade uma série de condições negativas, vira as costas à moral e à "linha justa", construiu a ponte de contato mental ou vibratório para as influências inferiores.

Dentro dessas condições, ele está repelindo as influencias benéficas e protetoras de suas entidades, que se veem jogadas a um segundo plano...

E é por tudo isso que, nessas questões, nesses casos de *médiuns fracassados* por causa de forte incontinência sexual ou pelo irrefreável sensualismo em torno de mulher ou moça de seu próprio terreiro, não tem desculpa, ou melhor, um ou outro, excepcionalmente, dadas certas condições *particularíssimas* de sua vida, foram desculpados, porém, dentro do *ultimatum* de ser o primeiro e o último...

Porque, infelizmente, é duro mas nós vamos dizer: todos os fracassos, todas as quedas de médiuns, quer seja homem ou mulher, tem se dado, invariavelmente, com elementos ou criaturas que estão dentro do terreiro ou que fazem parte do corpo-mediúnico, isto é, criaturas que estão sob a responsabilidade moral e espiritual do médium-chefe...

Não é que estejamos nos arvorando de juiz — longe disso! Quem somos nós para isso... Estamos nos baseando, tão somente, na observação fria, no fato inconteste de que, quase todos eles — os médiuns decaídos — foram abandonados pelos seus protetores imediatamente e esses protetores não mais voltaram...

E se abandonaram e não mais voltaram é porque não desculparam o ERRO ou os erros... E é claro, patente que, se esses protetores não mais voltaram a ter ligações mediúnicas com o seu "aparelho", é porque ele NÃO SE REGENEROU, não entrou no sincero arrependimento, indispensável à verdadeira reintegração moral-mediúnica...

Assim falamos porque, além da observação direta, além dos esclarecimentos dados sobre o assunto por uma *entidade amiga*, temos acolhido as lágrimas de remorso de inúmeros irmãos que foram, no passado, médiuns de fato e que depois de terem usufruído por muito tempo de toda uma aparente situação, acabaram rolando pelo caminho da doença, da miséria material e moral...

Assim, queremos reafirmar aqui, em *tintas negras,* para esses irmãos médiuns que estão predispostos ou que prostituíram a sua mediunidade e que continuam dentro dessas condições, isto é, sem terem até o presente procurado o caminho da regeneração, sinceramente, humildemente, que a Lei é Dura e eles não podem nem imaginar o abismo de horrores que os esperam do outro lado da vida...

Esses médiuns decaídos, fracassados, que persistem no caminho do erro, quando desencarnarem se verão face a face com o cortejo de horrores, blasfêmias, ameaças e clamores de vingança daqueles que eles envolverem em suas tramas de erros, interesses mesquinhos, por via de seus trabalhos, de suas consultas erradas, de toda má orientação que deram a seus semelhantes. Por via da influência inferior que acolheram.

Verá todo aquele baixo-astral, que ele arrebanhou para servi-lo através dos preceitos grosseiros em que ele se transviou, RIR SATÂNICAMENTE, fazendo valer seus *diretos de conluio,* isto é, arrebatá-lo para o seu lado...

Verá, quando transpuser o túmulo (se desprender dos laços carnais, pela "morte") como num panorama tétrico, o desfilar em sua própria consciência de todos os seus desacertos.

A sua imaginação apavorada, exaltada, fará uma revisão tão precisa de seu passado, que tremendos pesadelos astrais o acometerão como hediondos fantasmas que não dominará e nem sequer poderá afastar de sua mente espiritual.

Angustiado, acovardado, se verá presa desse astral-inferior e dos irmãos que ele enganou e prejudicou na vida terrena...

Ele será arrebatado — quase sempre é assim — pelo astral inferior por muito tempo, até que a Providência Divina lhe dê uma chance para libertação...

Agora devemos reafirmar duas coisas. 1ª — que nem todos os médiuns, por que são da Corrente de Umbanda e por força dessa circunstância tem de lidar com os efeitos do baixo-astral, tendem fatalmente a serem atacados, a serem envolvidos, enfim, a fracassar... Não! Nos da corrente dita como kardecista, essas situações também acontecem... "aqui como lá, maus fados há"...

Conhecemos também vários médiuns de fato que tem a proteção do seu "Caboclo, de seu Preto-Velho", desde o princípio, há 15, 20 e mais anos. Nunca se desviaram da linha-justa e nunca sofreram nada a não ser as naturais injunções ou provações de seus próprios carmas...

A 2ª reafirmação é a seguinte: que no caso de todos os médiuns fracassados, os seus protetores muito lutaram para evitar as suas quedas; fizeram o possível e o "impossível". Muitos desses "caboclos, desses pretos- -velhos", chegam até a disciplinar, a castigar mesmo o aparelho, antes do abandono final. Por vezes, jogado numa cama, com pertinaz moléstia, por meses e até por um, dois e mais anos.

Dão-lhes certos tombos na vida material. Fazem ficar desempregados, passando necessidades etc. É como se diz na "gira de terreiro"... "Fulano está apanhando que só boi de canga"...

Esses médiuns que estão dentro dessas condições disciplinares ficam revoltados, chegam até a xingar os seus guias etc., e costumam "correr outra gira", para ver "o que é que há com eles".

E lá vão se queixar ao protetor do outro, que naturalmente já sabe do que se trata. É quando "Preto-Velho" diz com muita propriedade: "em surra de Preto-Velho eu não boto a mão"... ou então, "quando caboclo bate, não reparte pancada"...

Depois de uma séria disciplina, alguns desses médiuns se emendam, ficam com medo e não facilitam mais, isto é, começam a *dominar a excessiva-vaidade ou voltam à linha-justa* quanto à ambição pelo dinheiro ou às cobranças desregradas, ou sobrepujam as suas predisposições sensuais incontidas...

Porém, a maior parte desses médiuns, mesmo passando por uma disciplina, um duro castigo, mesmo assim, voltam a inclinar-se desastrosamente nas antigas e adormecidas predisposições... então "caboclo ou preto-velho", vê que não há mais jeito... não adiantou o castigo, nem advertência, nem nada...

Assim, é um fato, é uma verdade que nenhum desses médiuns--fracassados ficou com o seu protetor, em sua guarda, depois de terem errado, persistindo no erro.

Esses "médiuns" costumam se desculpar, depois, dizendo que caíram vítimas de **demandas** muito fortes etc... mas não! Foi "força de pemba" mesmo. Foi a Lei que faz executar sobre eles o "semeia e colhe"...

A "força de pemba" às vezes é tão grande, desce com tanta rapidez sobre o médium que prostituiu sua mediunidade que muitos são levados ao suicídio, à embriaguez e a vergonhas maiores...

Você, meu irmão umbandista (ou não) que acaba de ler tudo isso, sabe lá o quão doloroso é, para um médium, depois de ter sido admirado, acatado, respeitado, tido sua fase de glória mediúnica, acabar completamente desmoralizado, desprezado, em face de sua moral-mediúnica, sua moral--doméstica e social que ficou a ZERO?....

Porque, meu irmão umbandista — cremos que você compreendeu bem o caso — não é o erro em si, porque errar é humano e afinal todos nós podemos escorregar, de uma forma ou de outra! A questão é cometer o mesmo erro, é persistir nos MESMOS ERROS. Caboclo e preto-velho não são CARRASCOS, mas não podem acobertar erros nem a repetição dos mesmos erros...

E agora, irmão leitor, se você é um médium Umbandista, deve ter ficado "apavorado" com o que acabou de ler. Não tenha susto, leia o que segue e entre em paz...

O QUE O MÉDIUM UMBANDISTA TEM NECESSARIAMENTE DE OBSERVAR, PAR A BOA MANUTENÇÃO DE SUAS CONDIÇÕES MEDIÚNICAS

1ª) Manter o justo equilíbrio em sua conduta moral, emocional e espiritual...

2ª) Não fazer uso de bebidas alcoólicas, a não ser em casos excepcionais.

3ª) Manter-se (segundo suas posses) dentro de racional alimentação, evitando, tanto quanto possível, as carnes em conserva de qualquer espécie.

4ª) Nos dias de função mediúnica, alimentar-se (caso possa) somente de leite, ovos, frutas, legumes e verduras.

5ª) Isentar-se do ato sexual de véspera e no dia de sessão...

6ª) Evitar a convivência de pessoas maldosas, viciosas, intrigantes, faladeiras etc., que possam irradiar negativos sobre sua aura, a fim de que não entre em repulsão, como reação de suas defesas naturais, provocando assim desgastes de energia necessária a outros fins...

7ª) Usar banhos e defumadores apropriados, sempre que sua sensibilidade medianímica acusar qualquer alteração...

8ª) Todos os meses, na fase da Lua Nova, usar um composto de vitaminas (em líquido ou drágeas) do Complexo B e que seja associado a fósforo orgânico ou vegetal ou mesmo glicerofosfatos, de qualquer laboratório idôneo. Se não puder, use então três colheres de sopa, diárias, de suco de agrião. Isso é importante. O médium despende muita energia nervosa, por via dos fluidos que dá e mesmo pela constante concentração etc...

9ª) Ter especial cuidado, se o seu terreiro for de tambores, palmas e curimbas violentas, porque isso provoca muita excitação nos plexos-nervosos e principalmente na circulação ou no aparelho circulatório. É comum ao médium, depois de três anos nessas condições, passar a sofrer do coração ou do dito sistema cardiocirculatório. Ou aparece pressão baixa ou alta ou dilatação na veia aorta e às vezes tudo junto. Porque, dentro dessas vibrações altamente excitantes, todo o sistema nervoso do médium se agita em demasia e em consequência as irradiações, as incorporações, enfim, os fluidos de contato de seus protetores ou de qualquer espécie de espírito que possam atuar sobre ele, agem também nessas condições de excitação... Por isso é que há muitos tremores, quedas, tonturas, muita agitação nos nervos motores; o médium transpira em excesso, ora está com as extremidades e o rosto quentes, ora estão frios etc. Há que observar isso, se o médium quer se "salvar" desses transtornos...

10ª) Observar serena e friamente, o ambiente moral e astral do terreiro que frequenta...

Verificar, de alguma forma, se o médium-chefe tem boa conduta, ou seja, se tem moral suficiente para tal encargo.

Veja se ele é dos que alimentam casos amorosos dentro do terreiro, mesmo sendo solteiro ou viúvo, pior ainda se for casado. Caso afirmativo, não se iluda — "quem não tem moral, não tem Caboclo, nem Preto-Velho de verdade"...

Não caia na asneira de deixar que um quiumba, através da "mediunidade" desse tal chefe possa influenciar sua aura e mesmo ditar preceitos e sobretudo "pôr as suas mãos sujas em sua cabeça... Entendeu?

11ª) Veja se no terreiro (mesmo que o chefe tenha boa moral com o elemento feminino) ocorre certa ordem de trabalhos pesados, envolvendo oferendas grosseiras, para fins escusos, a poder de dinheiro...

Se isso acontece tenha cautela! Não bote suas mãos nesse lodo astral, pois isso é uma perigosa armadilha, um jogo duvidoso com as forças negras que sempre "explodem" pelo retorno, no entrechoque dos apetites desse mesmo astral inferior.

Em suma — se você tem participado dessas coisas a pedido do tal médium-chefe, pode crer que está, também, endividado. Sua parte na "pancadaria" e no "estrondo" final é certa.

12ª) Veja se no terreiro ocorrem frequentemente mexericos, rivalidades, brigas, desentendimentos entre médiuns...

Se acontece muito isso — tenha cuidado! É sinal inequívoco, de que o ambiente já foi invadido pela quiumbanda solerte, traiçoeira...

Você, assim, está-se expondo ao ricochete dos outros; vai receber também a sua parte, dado que você participa desse mesmo ambiente confuso.

13ª) Veja se no seu terreiro batem tambores, palmas, "em ritmo de samba", confusamente, barulhentamente, para excitar, movimentar "a roda dos médiuns"... porque, assim tudo vira agitação psíquica, frenesi, e o animismo vai imperar.

Você pode observar: todo mundo gira, grita, pula e se contorce com o "santo"... imaginário.

E você, que tem mediunidade mesmo, acaba deixando-se envolver na onda desse alarido. Então, você ou foge ou tende fatalmente a atrofiar os seus fluidos de contato, as suas ligações, pois, para Caboclo e Preto-Velho de fato chegar (incorporar), precisa encontrar o médium sereno, equilibrado em seu psiquismo e em sua saúde física propriamente compreendida.

Enfim, Você deve compreender que a mediunidade requer harmonia pessoal e ambiente adequado.

14ª) Veja se o chefe de seu terreiro é dos que vivem levando a turma às cachoeiras e lá procede a disparatados preceitos, com "lavagens de cabeça" envolvendo sangue, bebidas alcoólicas e outros ingredientes pesados...

Fuja de se submeter a essas coisas, porque o único benefício (ou malefício) que você pode obter com isso é sujar sua aura; é ficar encharcado de larvas astrais, que vorazmente se grudarão a seu corpo astral, a fim de sugar suas emanações, provenientes desses elementos usados, e em face disso, Caboclo e Preto-Velho se afastam cada vez mais de você...

Se duvida do que estamos dizendo (caso já se tenha submetido a tai8 preceitos), faça um recolhimento, medite honestamente, conscientemente, sobre suas posteriores condições mediúnicas e na certa (se quer ser leal consigo) chegará à conclusão de que suas corporações estão muito duvidosas.

15ª) Pratique a caridade, seja lá como for; por intenção ou sentimentos bons, por generosidade e até mesmo por vaidade faça a caridade, quer material, quer moral, quer astral-espirítica.

O único "talão de cheque" que você pode levar quando deixar essa sua carcaça apodrecendo lá na cova é esse; único mesmo pelo qual pode sacar no "Banco Cármico do Astral".

Para que você vive, irmão? — Só para comer, beber, gozar, casar, procriar... e vegetar? Isso os animais irracionais também fazem. Assim você sobe e desce, sempre navegando nas mesmas águas...

Procure ser útil a seus semelhantes e da forma mais positiva, mais aproveitável e real, que se traduz na caridade pela sabedoria. Amor somente não o levará à verdadeira Iniciação; tem que irmaná-lo à sabedoria das coisas...

Então como já explanamos especialmente essa questão de caridade, esperamos que você faça tudo para pautar sua conduta dentro desses singelos itens:

16ª) Escute muito, observe muito e fale pouco. Não seja um impulsivo. Domine-se. E quando o fizer. que o seja para conciliar, amparar, mas sem ferir o ponto fraco de ninguém.

17ª) Não alimente vibrações negativas, de ódio, rancor, inveja, ciúme etc. E nunca perca seu tempo, para não desperdiçar suas energias neuropsíquicas, na tentativa de convencer um fanático, um arrogante ou pretensioso, seja de tal ou qual setor, mormente d0 religioso.

18ª) Não tente impor seus dons mediúnicos, ressaltando sempre os feitos de seus guias ou protetores. Tudo isso pode ser bem problemático e não se esqueça de que pode ser testado. ter desilusões etc., mesmo porque, se tiver mesmo dons e poderes, eles saltarão a qualquer um logo perceberá. Isso o "zé-povinho" cheira longe.

19ª) Tenha ânimo forte, através de qualquer prova; confie, espere, mas se movimente de acordo com o que vai aprender relativo ao item 11.

20ª) Não tema a ninguém, pois o medo é uma prova de que está com algum débito oculto em sua consciência pedindo reajuste.

21ª) Não conte seus segredos assim, a um e a outro, pais sua consciência é o templo onde deverá levá-los a julgamento; todavia, deve saber identificar um verdadeiro amigo e o faça confidente.

22ª) Lembre-se sempre de que todos nós erramos, pois o erro humano é fator ligado à dor, à provação e, consequentemente, às lições com suas experimentações. Sem dor, lições, experiência, não há humanização, nem polimento íntimo, o importante é não reincidir nos mesmos erros. Passe uma esponja no passado, erga a cabeça e procure a senda da reabilitação e aprenda a não se incomodar com o que os outros disserem de você; geralmente aquele que fala mal de outro tem inveja, despeito ou uma mágoa qualquer.

23ª) De véspera e após a sessão mediúnica não tenha contato sexual, especialmente se for participar de algum trabalho de descarga, demanda etc., dentro de uma corrente mágica ou de oferendas.

24ª) Todo mês deve escolher um dia a fim de que possa passar algumas horas no contato da natureza, especialmente um bosque, mata e cachoeira. O mar não se presta muito à meditação ou à serenidade quando está um tanto ou quanto agitado.

25ª) E se você for mesmo um médium magista, ou mesmo simples médium, para conservar firme essa condição, não durma com mulher menstruada e muito menos tenha contato sexual com ela, nessa condição.

O QUE É MAGIA — AS FORÇAS DA MAGIA BRANCA — AS FORÇAS DA MAGIA NEGRA — A NECESSIDADE DE AUTODEFESA — O ATAQUE INFERNAL DOS MAGOS NEGROS DAS TREVAS

Temos lido muitos tratados de Magia e verificamos — como todos — que no fundo quase nada ensinam de diretamente prático. Todos são confusos, pautados e mais na linha teórica, cada qual procurando definir a Magia de várias formas e jamais o fazendo com a clareza suficiente...

De sorte que essa questão de magia, se equipara ao que também pretendem definir como elementais ditos também como "espíritos da natureza" por uns e por outros como "espíritos naturais" etc. O fato é que essas duas questões são o que há de mais confuso mesmo na literatura esotérica ou do chamado ocultismo.

Não pretendemos entrar aqui com uma série de citações de famosos autores. Seria um desnecessário desfile de impressões. Apenas vamos nos servir de um dos mais conceituados neste mister, para demonstrarmos que foi, talvez, o único que mais se aproximou da realidade ou que mais entendimento alcançou sobre o caso.

Diz Papus, em seu "Tratado Elementar de Magia Prática" que: — "Para ser mágico não é bastante saber teoricamente, não é suficiente ter manuseado este ou aquele tratado; é mister desenvolver um esforço próprio, pois que é dirigido frequentemente cavalos cada vez mais fogosos que um cocheiro pode tornar-se perito no ofício"...

E prossegue: — "O que distingue a Magia da ciência oculta em geral é que a primeira é uma ciência prática, ao passo que a segunda é principalmente teórica" etc...

"A Magia, sendo uma ciência prática, requer conhecimentos teóricos preliminares, como todas as ciências práticas. Entretanto pode-se ser mecânico depois de ter passado pela Escola de Artes e Ofício (engenheiro mecânico), ou mecânico depois de simples aprendizagem (operário-mecânico). Há mesmo em certos lugarejos operários em magia que produzem alguns fenômenos curiosos e realizam certas curas, porque eles aprenderam a fazê-las vendo como eram feitas por quem lhes ensinou. São chamados geralmente de 'feiticeiros' e, com franqueza, são injustamente temidos"...

Então, diz logo a seguir que, sendo a Magia prática, é uma ciência de aplicação e que um dos elementos básicos a ser usado pelo operador deve ser em primeiro lugar a sua vontade; ela é que é o principio diretor, o cocheiro que conduz todo o sistema. E logo interroga: — "Mas em que vai ser aplicada essa vontade? Sobre a matéria, nunca".

E deixa bem claro que essa vontade deve ser dirigida sobre o plano astral através de um intermediário... "o qual por sua vez vai reagir sobre a matéria"...

E continua adiantando mais o seguinte: — "antigamente podia-se definir a Magia como a aplicação da vontade às forças da natureza"... Hoje, porém, essa definição é muito vaga e não corresponde à ideia que um ocultista deve fazer da Magia Prática.

E é fora de dúvidas que são forças da natureza que o operar põe em ação sob o influxo de sua vontade. Porém, que forças são essas?"...

E para não nos estendermos mais com o pensamento de Papus, citemos como final a sua definição de magia: — "A Magia é a aplicação da vontade humana, dinamizada, à evolução rápida das forças vivas da natureza"...

Então fica bastante claro que há magia, há o magista (ou operador), há um princípio que pode movimentá-la e esse é a vontade (ou o pensamento) e que esse precisa de um intermediário para agir sobre as citadas "forças da natureza"...

Agora entremos nós, de forma simples e direta, com o nosso conceito interno sobre o caso em foco...

A Magia não tem como base (como pregam certos ocultistas) a força dos astros ou a chamada astrologia esotérica. A Magia é em realidade uma ação poderosa do fluido-matriz que se infiltra em tudo, através dos tatwas ou linhas de força, esses mesmos que dão formação aos citados planetas ou astros. Para sermos mais claros, a Magia é precisamente esse fluido-matriz magnético, que promove a ação dessas outras forças tidas como de atração, repulsão e coesão. Portanto, está quer na natureza íntima de um simples átomo, quer na natureza complexa de um grande corpo celeste...

Assim, a Magia é a única força básica de que o espírito se serve para imantar, atrair, fixar sobre si mesmo os elementos próprios da *natura naturandis*, assim como as infinitesimais partículas de energia universal, que, por via da ação (desconhecida) mágica desse fluido-matriz magnético, se transformam em átomos físicos propriamente ditos... É ainda em consequência dessa imantação que o espírito procede sobre si (na maioria dos casos auxiliados pelos chamados técnicos siderais) que surgem os ditos como corpo mental, corpo astral e daí as condições para o próprio corpo físico ou humano...

Esse fluido-matriz magnético — essa magia — o espírito sempre o teve como próprio de sua natureza vibratória, como uma mercê conferida pelo Poder Supremo, desde o momento em que ele desejou a VIA CÁRMICA que depende de energia ou de matéria...

Todavia se essa força age com ele e sobre ele, porque é a própria razão de ser de seus "núcleos vibratórios ou chacras", ele não sabe disso, ou melhor, não tem consciência dela, não tem domínio sobre ela, enquanto não aprender a conhecê-la e usá-la.

Então, quando dizemos que o espírito não tem consciência nem domínio direto sobre ela, queremos que se subentenda que quase a totalidade dos espíritos encarnados e mesmo os desencarnados a desconhecem completamente. Até a ciência oficial da Terra, não a conhece, assim como também não conhece a natureza da eletricidade propriamente dita.

Porém, as poucas criaturas que tiveram um vislumbre desse fluido-mágico, dessa magia, e alcançaram alguns conhecimentos sobre ela, chegando até ao meio de aplicar alguns de seus movimentos, fizeram disso "chaves" de altos segredos...

Essas criaturas foram iniciados, chamados depois de Magos — porque deram um nome a esse fluido-mágico e este foi o de Magia...

Então para rematarmos essa série de considerações, digamos ainda o seguinte: — é ainda usando a força desse fluido magnético mágico que os Construtores Siderais "criam" os corpos celestes, assim como também podem promover a desagregação deles...

E é devido ao conhecimento que alguns raros magistas ou mentalistas tiveram sobre a existência desse tão citado fluido-matriz, que criaram a teoria da magia mental. Entretanto, não disseram claramente que, para haver o que chamam de Magia Mental, é preciso que a vontade ou o pensamento dinamizado por ela se ligue a algo ou atraia algo e se projete, irmanado a esse algo, que já devem ter percebido ser o fluido-magnético mágico, que por força dessa junção, dessa projeção, adquire o aspecto de uma operação ou de uma ação mágica ou de Magia Mental...

Mas como essa forma de operar com a magia mental é privilégio apenas de magistas do Astral Superior (já na categoria de Magos) de fato e isso é aquisição milenar, dependeu de muito estudo, de iniciação de verdade, nós vamos situar através desse livrinho alguns dos movimentos ou das operações mágicas da Corrente Astral de Umbanda, nos quais entram em jogo os dois aspectos acima citados, porém, apoiados num terceiro elemento, ou seja, com as coisas mais adequadas as nossas atuais condições mentais, morais, cármicas etc.

Então fixemos a nossa regra: — para toda operação mágica, é necessário que haja ritual, é necessário que haja elementos materiais de ligação, fixação e projeção... em coordenação com vontade, pensamento e fluido-magnético.

Podemos nos firmar no conceito de F. Ch. Barlet, quando ensina: — "A Magia cerimonial é uma operação pela qual o homem procura obrigar, pelo próprio jogo das forças naturais, as potências invisíveis, de diversas ordens (sim, porque na Umbanda toda operação mágica esta implicitamente ligada a potências espirituais ou a seres espirituais de várias categorias), e agir de acordo com o que pretende obter das mesmas".

"Para esse fim, ele as capta, as surpreende, por assim dizer, projetando, por efeito das correspondências que a Unidade de Criação deixa imaginar, forças de que ele mesmo não é senhor, mas as quais podem abrir sendas extraordinárias. Daí esses símbolos mágicos, essas substâncias especiais, essas condições rigorosas de tempo e de lugar que se torna precioso observar sob pena de correr graves perigos, pois se houver alguma falha, ainda que ínfima, no modo de dirigir a experiência, o audacioso estará exposto à ação de potencias em comparação com as quais não passa de um grão de areia."

"A Magia Cerimonial é absolutamente idêntica a nossa ciência oficial. Nosso poder é quase nulo comparado ao do vapor, ao da eletricidade, da dinamite; no entanto, por combinações adequadas, por forças naturais de igual poder, armazenamos essas potências, constrangemo-las a transportar ou estraçalhar massas que nos aniquilariam, a reduzir a alguns minutos de tempo distâncias que levaríamos vários anos a percorrer, enfim, a prestar mil serviços..."

Resumindo: — tudo que se possa entender como Magia se enquadra na Magia Cerimonial. Não há magia ou força mágica em ação, sem Ritual...

Assim é que todos os pesquisadores dos assuntos esotéricos admitem que a Magia foi e é a ciência-mãe...

Dela extraíram todas as ciências subsequentes, ou melhor, ela foi a base, o ponto de partida.

Na Magia foram buscar os mantras, as orações cabalísticas de defesa e mesmo de ataque aos maus gênios, aos espíritos satânicos, também as formulas de prece etc., para doutrinar os espíritos dos mortos perturbados e perturbadores; e ainda as rezas misteriosas que ainda hoje em dia existem e são empregadas pelos curandeiros, rezadores, benzedeiras etc., aliadas à terapêutica ou ao uso de ervas (ah! Moisés, Moisés) na cura de mordidas de cobra, bicheiras, enfim, a uma série de males do corpo humano (como o chamado "ventre-virado ou emborcado" que a medicina denomina gastrenterite aguda e geralmente não cura, pois esses males tem um prazo de 9 dias de ataque agudo, findo os quais é fatal, se não rezar, assim como as doenças chamadas de "sete-couros, fogo-selvagem" etc.), bem como as que partem do corpo astral: quebranto ou mau-olhado, encosto etc...

Enfim — tudo veio da Magia e é magia... Dentro do que há de mais aproximado sobre magia, os magistas admitem uma subdivisão que nós também adotamos na Umbanda. Ela situa certos aspectos ou partes de uma maneira simples e que orienta bastante. Ei-la:

A) **Magia-natural**, quando trata da produção de fenômenos surpreendentes e aparentemente prodigiosos, servindo-se de atos e meios puramente naturais.

B) **Magia-cerimonial,** quando se ocupa das cerimônias e operações pertencentes às obras de invocações, evocações, conjuros e outros meios de apelo ao invisível e comunicações com ele (essa parte é praticada quer na Umbanda com amplitude e no Kardecismo... em parte).

C) **Magia-talismânica** é aquela que trata da preparação de talismãs, amuletos e outras preparações análogas;

D) **Magia-cabalística** é aquela que, partindo do conhecimento geral da Kabala (sim, mas da Cabala Nórdica ou Ariana, que é a verdadeira, somente ensinada pelos nossos Guias e Protetores da Corrente Astral de Umbanda, pois não aceitamos *in totum* essa Kabala Hebraica falsificada e "empurrada" pelos judeus há séculos e da qual o ocultismo ocidental está cheio e segue), trata de suas operações e processos práticos.

Finalmente: pelo exposto, podemos chegar à conclusão, clara e direta, de que MAGIA é uma só realidade que está por dentro de tudo e assim sendo é, essencialmente, a força-matriz que anima de moto próprio, a natureza íntima de todos os elementos em ação ou vibração; é, empregando um sentido oculto, a "alma viva das coisas"...

Então fica patente que a ação da Magia se processa naturalmente, conforme acima está dito, e extraordinariamente quando usada, atraída ou imantada pela inteligência operante, isto é, vontade, pensamentos, desejos, através de certos elementos ou coisas...

Portanto, temos no mais simples dos conceitos: — se um operador ligar a força de sua vontade, de seus pensamentos, de seus desejos a certos elementos materiais inferiores (carnes, sangue, bebidas alcoólicas fortes, bruxas de pano, farofas em temperos excitantes, alfinetes, barro, panos de cor preta e outras coisas mais) e movimentar tudo isso dentro de rituais e invocações afins, acontecerá uma ação mágica de ordem grosseira que, de qualquer forma, surtirá efeitos, tudo de conformidade com os conhecimentos do operador e o meio onde essa operação for processada, que, ou será difusa, confusa, desordenada e assim sendo retornará ao seu ponto de partida e recairá no dito operador, ou terá uma ação direta, mesmo nesse plano e as forças coordenadas seguirão ou se projetarão para o objetivo visado.

Isso assim, conforme está dito, chama-se **MAGIA NEGRA**...

E o contrário disso — em precisamos descrever mais — chama-se **MAGIA BRANCA**; é em síntese, a coordenação de forças mágicas numa ação positiva para fins positivos etc...

Assim é que certas regiões do astral mais ligadas à crosta terrestre, e mesmo cavernas ou vales sombrios, estão infestadas de "moradores"...

Esses são os magos negros das trevas... De lá, desses ambientes, ficam à espreita de todas as oportunidades para saírem como enxames, a fim de promover, alimentar, acoitar toda ação baixa, ligada a "trabalhos" de ordem mágica inferior...

Esses infelizes "quimbandeiros" ou mesmo esses pobres ignorantes que se prestam a promover esses tais "despachos ou ebós" (oferendas), inclusive essas tais de "camarinhas" com matança de animais, sangue etc., estão — coitados! — presos nas "garras" desses citados magos negros das trevas...

São entidades astrais tão satânicas, de inteligências tão aguçadas para o mal que não recuam diante de nada.

QUARTA PARTE

O QUE É UM MÉDIUM MAGISTA — A FÚRIA DO BAIXO ASTRAL — A LEI DE SALVA E SUA COBRANÇA LEGAL — COMPENSAÇÃO E DESGASTE — O ABUSO E AS CONSEQUÊNCIAS

Todos sabem que a Corrente Astral de Umbanda não é nunca foi nem tem nenhuma semelhança com o sistema kardecista.

Tanto manipula a direita como a esquerda, isto é, tem como parte integrante de seu movimento ou de sua razão de ser o uso das forças mágicas ou de Magia.

Com isso não fica subentendido que toda pessoa médium de Umbanda possa manipular essas forças, fazer "trabalhos" — não!

Porque fazer "despachos", ebós e outros arremedos qualquer "iniciado" por aí, por essas "Quimbandas" pode fazer; porém não quer dizer, absolutamente, que esteja autorizado, que possua a necessária competência...

Quem é que não sabe (hoje em dia) botar cachaça, charuto, farofa dendê, pipoca e até galo preto com alguidar nas "encruza" bem como levar sua oferendazinha de flores às cachoeiras, ao mar ou às praias com suas velinhas?

Quem é que não sabe hoje em dia, em qualquer "terreiro", fazer "uma lavagem de cabeça"?

De tanto ver repetirem esses mesmos rituais, qualquer um desses "médiuns" corriqueiros acaba sabendo a coisa de cor e salteado.

E justamente baseados nessa espécie de aprendizado é que muitos aventureiros abriram terreiro, bancando o "pai-de-santo", fazendo "camarinha" vivendo folgadamente.... destroçando a vida já ruim de muita gente boba.

Porém, isso não é, nunca foi a Magia de Umbanda. Não é bem com esse material que se faz nem mesmo a própria magia de "Quimbanda"...

Esses tipos de oferendas ou de elementos materiais podem servir, sim — não diremos o contrário —, mas para o "pessoal" da Quimbanda, o que é muito diferente.

Porque — ai está uma grande chave de magia-negra — fazer a entrega desse tipo de oferenda para os quiumbas, por intermédio da "encruza" de Exu, também tem seu segredo. Tanto é que o verdadeiro médium magista jamais cairá na asneira de se comprometer diretamente com esses marginais do baixo-astral. Entenda a coisa quem quiser e puder.

Laboram em lamentável erro os que se metem nisso sem estarem dentro do poder de seu mediunato ou sem a condição especial de ser um médium magista, quer pelo próprio conhecimento que só vem em relação com o seu grau de Iniciação, quer pela competente cobertura astral ou espiritual de seus guias e protetores.

E esses guias e protetores só assumem essa cobertura total quando o médium é, de fato, um Iniciado, traz o grau que lhe confere o uso ou a manipulação dessa mesma magia do plano astral, antes mesmo de encarnar ou quando faz jus a esse grau, depois do competente aprendizado da função mediúnica e consequente mérito.

A criatura médium assim definida e que se pode qualificar positivamente de médium magista de Umbanda.

Somente esse é que pode lidar com os mistérios da Magia Branca e muito especialmente com os espinhos perigosos do lado chamado magia negra.

Ninguém pode enfrentar a fúria do astral inferior contrariado, sem os indispensáveis escudos de defesa, senão tomba vítima das ciladas que lhe são armadas, mesmo que tenha protetores ou que seja um médium de Umbanda...

E uma das maneiras, das mais eficazes, de que o astral inferior se serve para derrubar um médium magista (isto é, aquele que tem a outorga, a cobertura, os conhecimentos mágicos próprios para enfrentar este astral) é tentando fazê-lo infringir a regra da lei de salva... através de projeções sobre seu campo mental, na forma de flechadas fluídicas, para estimular um exagerado interesse pelo dinheiro ou pela ganância.

Mas o que é, em verdade, a lei de salva? Tentaremos explicar isso direitinho, pondo os pontos nos **ii**, que é para tirarmos a máscara de muitos falsos "chefes de terreiro" ou "babá" ou que outro qualificativo lhes queiram dar, que fazem disso a "galinha de ovos de ouro"...

Essa Lei de Salva é tão antiga quanto o uso da Magia. Existe desde que a humanidade nasceu.

Os magos do passado jamais se descuidaram de sua regra, ou seja, da lei de compensação que rege toda ou quer operação mágica, quer seja para empreendimentos de ordem material, quer implique em benefícios humanos de qualquer natureza, especialmente nos casos que são classificados na Umbanda como de demandas, descargas, desmanchos etc. Dessa lei de salva ou regra de compensação, dos trabalhos mágicos, nos dão notícia certos ensinamentos esotéricos dos primitivos magos ou sacerdotes egípcios a denominação de Lei de Amsra...

Nenhum magista pode executar uma operação mágica tão somente com o pensamento e "mãos vazias" — isto é, sem os elementos materiais indispensáveis e adequados aos fins...

Qualquer ato ou ação de magia propriamente dita requer os materiais adequados, sejam eles grosseiros ou não. Vão dos vegetais às flores, aos perfumes, aos incensos, às plantas aromáticas, das águas dessa ou daquela procedência até ao sangue do galo ou do bode preto.

A questão é definir o lado: ou é esquerda ou é direita, negra ou branca.

Ora, como toda ação mágica traz sua reação, um desgaste, uma obrigação ou uma responsabilidade e uma consequência imprevisível (em face da jogo das forças movimentadas) é imprescindível que o médium magista esteja a coberto ou que lhe seja fornecida a necessária cobertura material financeira a fim de poder enfrentar a qualquer instante possíveis condições...

Então é forçoso que tenha uma compensação. Aí entra a chamada **Lei de Salva**, ou simplesmente a **SALVA**.

Mesmo porque, todo aquele que dentro da manipulação das forças mágicas ou de magia, dá, dá e dá sem receber nada, tende fatalmente a sofrer um desgaste, pela natural reação de uma lei oculta que podemos chamar de vampirização fluídica astral, que acaba por lhe enfraquecer as forças ou as energias psíquicas...

E naturalmente o leitor, se é um médium iniciando de Umbanda, nessa altura deve estar interessadíssimo em como será essa compensação. Claro, vamos dizer como regra, para que você possa extrair dela o que o seu senso de honestidade ditar: "de quem tem, peça três, tire dois e dê um a quem não tem; e de quem não tem, nada peça e dê o seu próprio Vintém"...

Cremos que isso ficou bem claro. Todavia, vamo-nos entender melhor ainda.

É claro que essa lei de salva ou de compensação, própria e de uso exclusivo em determinados trabalhos de magia, não pode ser aplicada em todos os "trabalhinhos" corriqueiros que se pretenda ser de ordem mágica.

Para isso — já o dissemos só quem pode manipular a magia da esquerda e da direita, na Umbanda, é o médium magista (e naturalmente as entidades — Caboclos e Pretos-Velhos e outros, também quando outorgados ou capacitados para isso). E já definimos como ele é, porque "'todo operário é digno de seu salário".

Já o próprio Kardec reconhecia algo sobre a função mediúnica retribuída, mesmo levando-se na devida conta que, por lá, os trabalhos de certos médiuns não abrangiam um âmbito mágico propriamente considerado, quando fez, após uma série de ponderações de ordem moral sobre o papel do médium, a seguinte observação, muito positiva até: — "Postas de parte essas considerações morais, de nenhum modo contestamos a possibilidade de haver médiuns interesseiros, se bem que honrados e conscienciosos, porquanto há gente honesta em todos os ofícios. Apenas falamos do abuso. Mas é preciso convir, pelos motivos que expusemos, em que mais razão há para o abuso entre os médiuns retribuídos, do que entre os que, considerando uma graça a faculdade mediúnica, não a utilizam senão para prestar serviço.

O grau de confiança ou de desconfiança que se deve dar a um médium retribuído depende, antes de tudo, da estima que infundam seu caráter e sua moralidade, além das circunstâncias. O médium que, com um fim eminentemente sério e útil, se achasse impedido de empregar o seu tempo de outra maneira e, em consequência, se visse exonerado, não deve ser confundido com o médium especulador, com aquele que premeditadamente faça da sua mediunidade uma indústria. Conforme o motivo e o fim, podem, pois, os Espíritos condenar, absolver e até auxiliar. Eles julgam mais a intenção do que o fato matéria ("Livro dos Médiuns". 21. Edição, pág. 347). Transcrevemos isso para que a intransigência kardecista (há honrosas exceções) quando "sentar o pau na Umbanda", inclua nisso o seu idolatrado Kardec...

Bem, um médium magista de fato, compenetrado de suas responsabilidades e bastante tarimbado nas lides da magia, sabe que a qualquer momento, pode estar sujeito a enfrentar os choques do astral inferior que ele combateu, mesmo porque, de tempos em tempos, precisa, inapelavelmente, refazer energias, tudo a par com certas afirmações ou preceitos especiais que sua atividade astral, espirítica e mágica requer, além de ter sempre que se pautar por um sistema de alimentação especial e uma exemplar conduta sexual, bem como, pelo menos uma vez por ano, se afastar para o campo, para haurir os ares da pura natureza vegetal.

Por tudo isso ele pode aplicar a lei de salva, que é faculdade que lhe foi dada, de ser compensado nesses gêneros de trabalhos.

Enquanto se conservar ele cônscio desses direitos, e cônscio também do equilíbrio da regra, tudo está certo e tudo lhe correrá bem...

Mas o que tem acontecido a muitos? Começam abusando da regra da lei de salva, começam a cobrar em demasia, já sem levar na devida conta quem tem mais ou quem tem menos, sem destinar coisa alguma a obras de caridade, deixando-se dominar pela ganância. Passam até a inventar que tudo é magia negra e que os que os vão procurar, para qualquer serviço ou com uma mazela qualquer, estão "magiados" e arrancam o dinheiro "a torto e a direito", a ponto de, para manter tal situação, ter que derivar para a magia negra mesmo...

Nessa altura — é légico — já escorregaram para a exploração e já devem estar conscientes de que a qualquer instante podem entrar na "força da pemba porque erraram", continuam errando, infringindo as regras da magia, da qual também são (dentro de seu grau), um guardião...

É triste vermos como a queda desses verdadeiros médiuns magistas é vergonhosa, desastrosa até...

Começa a acontecer cada uma a esses infelizes!

Desavenças no lar, separações, amigações, neuroses, bebida, jogo e uma série de "pancadarias" sem fim, inclusive o desastre econômico, com a perda do meio de vida regular que tenha, e no final de tudo, verdadeiros trapos- -humanos, atiram-se à sarjeta...

Mas não devemos confundir os casos de decadência com essa coisa que anda por aí, generalizada como "umbanda", com seus "terreiros" onde se pratica de tudo, onde todo mundo é "médium", babalaô etc.; fazem e desfazem, quer por vaidade e muito mais por ignorância e fanatismo.

Já dissemos que nem todos os médiuns de Umbanda são magistas, nem todos receberam essa condição especial, essa outorga...

Diremos mais: nem todos os Caboclos e Pretos-Velhos e outros têm também essa outorga ou essa ordenação, esse direito de lidar com as forças mágicas ou de magia...

Surpreso, irmão umbandista? Pois bem, nem todos os protetores da Corrente de Umbanda estão no grau de Guias e de outros mais elevados.

A maioria é de protetores auxiliares, que ainda não subiram à condição daqueles, isto é, de serem aceitos ou filiados a Corrente Branca dos Magos do Astral.

O que lhes estará faltando para isso?

A competência exigida? A experiência indispensável? A, sabedoria adequada? Os segredos da ciência mágica? Uma complementação de ordem cármica?

Talvez tudo isso, ou parte disso, para poder entrar nessa citada ordenação. O fato é que nem todos os Caboclos, Pretos-Velhos etc., têm as ordens e os direitos de trabalho para entrar com as leis da Magia na órbita mediúnica de uma criatura médium de Umbanda...

Por isso é que eles se definem logo, no princípio positivo de suas manifestações, dizendo: trago esta ou aquela ordem, posso fazer isto ou aquilo; vou trabalhar dentro de tal ou qual limite etc...

Agora, se o médium, por conta própria, influenciado pelo que ouve e vê dos outros, e para que não o julguem mais fraco, começa a fazer aquilo que não deve, ou a querer botar a mão onde não alcança, fiado na sua simples cobertura mediúnica, está errado, vai-se embaralhar, vai-se perder.

É bom lembrarmos, com relação ao exposto, que cada qual usa de seu livre-arbítrio como quer; nem Jesus pode limitar o exercício do livre-arbítrio de uma criatura, pois esse foi reconhecido por Deus, já na condição de ser **LIVRE**, desde o princípio cármico desta via de evolução, até o fim — por toda a eternidade.

Somente Ele — Deus —, que está acima de toda ou qualquer Lei, é que sabe por que assim foi, assim é e assim será.

E como arremate nesses fundamentos: — um médium de Umbanda pode não ter o grau ou a condição de magista (ser apenas um simples veículo dos protetores auxiliares, e nesse caso está fora de cogitação que possa ter na sua órbita mediúnica um guia magista), estar dentro somente dos poderes inerentes a seu mediunato, e ter entre seus protetores mais elevados um guia, Caboclo ou Preto-Velho, possuidor da Ordenação mágica ou de magia.

Então, esse protetor, esse guia pode — é claro — executar através do médium qualquer espécie de trabalho mágico, o que independe do livre--arbítrio do seu médium e de sua condição de ser ou não ser magista.

Apenas a salva, para a entidade de guarda do dito médium, fica sempre, a critério da entidade, que geralmente não pede essa compensação em dinheiro — ou pede em velas, óleo ou azeite para iluminação do "congá" ou outro elemento qualquer que julgue suprir essa injunção.

E ainda quanto aos materiais usados na operação mágica ou trabalho, é ainda a própria entidade do médium que costuma pedir ou indicar, pois é ela quem vai operar ou executar.

Finalmente, o que desejamos que fique bastante claro aqui é o seguinte: o médium que não é magista de berço ou que não conseguiu adquirir essa condição não tem autoridade para fazer trabalhos de magia por conta própria, pretendendo usar para seu proveito a lei de salva, fiado no seu protetor ou guia que é mago. Não!

Ele não lhe dará cobertura para esse fim; essa entidade não pode arriscar--se a infringir a Lei que rege o assunto, mesmo porque não costuma acobertar a insensatez ou a ganância do médium e muito menos a sua teimosia, pois, para isso, já deu as diretrizes que ele — médium — deve seguir desde o princípio.

Em suma: — trabalhos de Magia, por conta própria, dentro da lei de salva, só pode manipular o genuíno médium magista que está outorgado, capacitado para isso; tem ordens e direitos de trabalho e, consequentemente, enquanto obedecer as regras da lei da magia, mormente nas cobranças legais da salva, tem toda cobertura para tudo que fizer.

Fora disso é insensatez, é ignorância, é ousadia, é exploração, é vaidade ou é qualquer coisa que se queira ostentar ou pretender, mas, nunca, o uso de um direito que só tem quem pode...

E ainda dentro desse arremate final sobre tão complexo assunto, estamos certos de que o leitor (se for frequentador de terreiro, se está mais ou menos familiarizado com "certos trabalhinhos", relacionado com uma aflição sua ou com alguma necessidade para a qual se valeu deles ou mesmo se for um elemento "vivo" ou um estudioso do dito assunto), deve estar pensando no caso desses "trabalhos" que fazem na chamada Quimbanda ou no dito como "Catimbó".

Isso é magia negra? Isso tem lei de salva? Bem, prezado irmão leitor, para o caso da chamada Quimbanda, aí está mais uma faceta nodosa de difícil explicação.

Geralmente todos pensam que as espécies de "trabalhos" que são executados naqueles lados, tudo é magia negra...

Não é bem isso, mas esse conceito serve, para uma tomada de orientação geral. Magia Negra é todo um sistema de operações, no qual o operador é um mago negro que age com os necessários conhecimentos para essa ou aquela finalidade negativa e muitas das vezes, mesmo dentro do seu citado sistema, age também para fins, positivos.

A diferença que existe para a magia branca é que, naquela, o mago negro emprega outros materiais, grosseiros, próprios para certas forças ou determinada classe de espíritos (mais grosseiros ainda).

Por ali, a salva ou o pagamento é regra obrigatória em tudo e para tudo. Ali não se faz e nem se conhece diferença da regra. Tampouco se cogita das leis da magia.

Dizem os magistas que a força mágica ou de magia é uma só. Segundo a operação ou o operador é que pode ser atraída para a direita (magia branca) ou para a esquerda (magia negra), isto é, toma a tonalidade e muda sua corrente segundo a lei de atração ou do plano mental e material inerente ao sistema que impera no ambiente ou as práticas empregadas pelo mago negro.

Todavia, há uma diferença fundamental, e essa é a seguinte: todos os trabalhos executados pela chamada Quimbanda e cujo operador ou médium tenha a sua força psíquica ou medianímica feita ou entrosada nesse sistema, estão, fatalmente, sujeitos ao retorno cármico e à queimação final por todo astral negro que ele usou.

Esse retomo vem tão logo o carma do "quimbandeio" atinja um certo transbordamento. Nenhum jamais escapou à inflexibilidade dessa lei. Eles estão por aí, caminhando a passos largos para o alcoolismo crônico, para o câncer, para a tuberculose, para as neuroses irreversíveis e para as obsedações que têm levado muitos ao suicídio e aos hospícios.

Agora, quanto à magia branca, não há retorno cármico, nem queimação sobre o operador ou médium magista.

Pode haver contra-ataques, ciladas etc., do astral inferior que ele combate, mas isso não é um retorno cármico, porque o uso da magia branca é sempre positivo; qualquer trabalho feito por ela implica numa finalidade positiva, num beneficio. Portanto, não há queimação, que é Uma espécie de cobrança do astral inferior, que foi usado e que, nunca satisfeito, faminto, via de regra, se volta todo contra o mago negro. Não lhe dá a libertação, ou melhor, jamais larga a presa ou tira as "garras" de cima do infeliz mago, para marcá-lo até o seu desencarne, como mais um para o lado dele desse astral inferior.

E com relação ao tal de Catimbó, hoje em dia perfeitamente disfarçado de candomblé, só podemos dizer que é um sistema tão degenerado, que nem se pode, em sã consciência, compará-lo nem com Quimbanda, nem com magia negra.

Aquilo que fazem por ali é pura bruxaria, é algo que seria até aberrante enquadrar na magia negra, porque nem na chamada Quimbanda fazem as coisas nefandas que por ali se realizam.

Basta dizer que no puro Catimbó nem Exu tem vez. Não se trabalha ali com essa classe de espíritos. Só podemos adiantar que as suas chamadas "linhas de mestres e mestras", encantados etc., são compostas de tudo aquilo que até dentro do que há de mais baixo no astral inferior é recusado...

São entidades que podemos classificar como a escória de tudo que existe no baixo-astral. Por isso elas essas entidades nefandas se juntaram em maltas e se constituíram em algo separado, formando uma corrente própria sem obedecerem a nada, a não ser aos desejos e sensações várias, que os tornam afins.

Os elementos humanos que praticam isso, acobertados por esse tipo de entidades, são os mesmos da corrente, com a diferença apenas de se encontrarem encarnados.

Bem... Ainda de conformidade com o que o leitor leu, a magia foi subdividida tradicionalmente em 4 aspectos. Todavia, a fim de tornar mais ampla e racional essa divisão dentro do Movimento Vibratório da Umbanda, resolvemos qualificá-la assim: — em Magia Ritualística e Magia Cabalística.

MAGIA RITUALÍSTICA

Se observarmos e analisarmos os rituais das inúmeras religiões existentes, encontraremos neles um sentido comum: o de invocar as Divindades, as Potências Celestes, ou melhor, as Forças Espirituais. O objetivo é sempre o mesmo, a preparação de atração destas forças à corrente religiosa que a pratica.

É certo, certíssimo que em qualquer Ritual, do mais básico ao mais espiritualizado, é certo que encontraremos atos e práticas que predispõe a criatura a harmonizar-se com o objetivo invocado, isto é, procura-se pô-lo em relação direta, mental com Deuses, Divindades, Forças, Entidades etc., e em todos eles, os fenômenos espiritualistas acontecem (muito embora nem todos os tenham como vértice de sua razão de ser) pela mediunidade vivente nos mediadores existentes em qualquer corrente, seja religiosa ou não.

Estes fenômenos foram sempre conhecidos, desde as mais remotas épocas, e eram como o são atualmente, invocados e praticados, obedecendo a certos conhecimentos, regras, controles, sistemas, ritos etc.

No entanto, bem poucos sabem que os fenômenos espiríticos são regidos por uma Lei básica e máter, a que chamamos e sempre se chamou UMBANDA, desde a mais alta antiguidade.

Demonstramos isto através deste livro, e o leitor deve ter compreendido que os ditos fenômenos de manifestação e comunicação não se processam a esmo, pela simples vontade dos Espíritos, dos nossos irmãos desencarnados, como se alguma coisa, neste ilimitado Cosmos, deixasse de obedecer às inevitáveis Leis que o regem e a mediunidade ativa fosse uma faculdade "nascida por acaso", pisada, discriminadamente por espíritos de planos e subplanos por simples prazer, desejo ou capricho.

Não, certas modalidades de comunicações, sistemas e práticas são limitadas a certos agrupamentos de espíritos de acordo com os seus graus, possibilidades e consequentes conhecimentos, tudo coordenado por Espíritos Superiores, conhecidos em determinadas Escolas como os "Senhores do Carma", executores desta Lei, invocados pelos Sacerdotes e Iniciados, no recesso dos Templos ou dos "Colégios de Deus", nos séculos passados, onde se davam as comunicações c revelações transcendentais. São estes mesmos que estão situados na Grande Lei de Umbanda como Orixás que, no significado que traduz e confere seus evolutivos, são os Senhores da Luz, de acordo com a própria Lei do Verbo.

É só compreendermos que estas Entidades apenas atuam dentro do seu plano, através de uma só Lei, sob certas vibrações de harmonia e invocações, por meio de mediadores afins (o chamado médium ou aparelho) em sintonização mental, moral e espiritual com as Vibrações que são a própria expressão desta mesma Lei.

Assim, devemos ter em conta que não é dentro de ritos bárbaros e esdrúxulos, sem base ou fundamento, que se chega a preparar ou elevar o psiquismo de um aparelho para obter-se o equilíbrio de seu corpo mental com o corpo astral, a fim de que possa harmonizar sua faculdade mediúnica com as vibrações superiores das Entidades que militam na Lei de Umbanda.

E não negamos, tampouco, que por intermédio destes rituais alvoroçados pelo atordoante bater de palmas e tambores[45], se deem as manifestações desejadas. Não, apenas elas se processam de acordo com o ambiente, cujos aparelhos atraem, pelas sensações despertadas no corpo astral, as vibrações fluídicas dos espíritos afins, que encontrando o centro anímico excitado pela mente instintiva, geram um descontrole na mediunidade daqueles que realmente a têm. Nos que pretendem tê-la, cria uma espécie de autossugestão e, em pouco tempo, vemo-los vítimas do animismo que passa a imperar em nome dos Caboclos e Pretos-Velhos.

Para darmos ligeiro exemplo do que afirmamos, relembremos que é no corpo astral que a mediunidade atua e se processa e nele também se situam as sensações, paixões, desejos etc. Ora, o som dos tambores e das palmas provocam vibrações que excitam os instintos, as sensações que todas as Escolas sabem ser "coisas" inerentes ao corpo astral.

Nas marchas militares, nas paradas, o que conserva ou excita o ardor guerreiro e o entusiasmo das multidões? O som dos tambores... E este ardor, este entusiasmo, que é puro reflexo da mente, das sensações, que provoca? Logicamente, o bater de palmas.

---

45 O tambor é um instrumento de percussão que caracteriza seus sons por um número muito baixo de vibrações e destituídos das qualidades que qualificam um som musical (variações de altura).

Basta verificar-se o que acontece também nos discursos; é só comprovar o exposto, assistindo a uma parada militar ou a um discurso ao qual se sinta atraído por afinidades.

Pois bem, sendo a mediunidade um Dom ou uma faculdade que necessita de equilíbrio e consequente harmonia para sintonizar no corpo astral e daí exteriorizar pelo corpo físico, é de clareza meridiana que não o fará através desses rituais que se formam com tambores, atabaques, palmas e alucinantes "pontos" gritados, e, desta forma, não poderá evoluir e se firmar, a fim de que o aparelho transmissor possa, de fato e em verdade, produzir os benefícios dos que deles venham a precisar.

Ainda não é apenas fumando charutos, sacolejando o corpo em ritmo afro, cansando o sistema nervoso e agitando o corpo astral, que se alcança uma ligação fluídica com Entidades de Luz da Lei de Umbanda.

O máximo que se pode conseguir com estas práticas que induzem o indivíduo ao fetichismo primitivo, é atrair os espíritos de tendência semelhante a essas mesmas práticas e, consequentemente, estacionar sua ascensão mediúnica e espiritual.

Não temos o propósito de menosprezar rituais de qualquer setor de expressão religiosa, e muito menos os de cultos africanos, que sabemos serem seguidos, alhures, numa modalidade ou noutra, por muitos afeiçoados.

Julgamo-los adequados ao evolutivo e às concepções de seus praticantes e, necessariamente, de acordo com eles, mas vermos deturpar os rituais africanos nesses arremedos de caricaturas, nessa ridicularia de todos os dias, e com a agravante de apresentá-los como da Lei de Umbanda, isso não. Repelimos e condenamos tal prática. Jamais devemos confundir subsequências com princípios.

Respeitamos toda e qualquer forma de expressão religiosa, mas exigimos o mesmo em relação a Umbanda.

A Lei de Umbanda, por intermédio dos seus Orixás, fez reviver e retirou das brumas do esquecimento seu legítimo Ritual, que por enquanto só é observado e executado em algumas Casas e Tendas, e é este Ritual que, a seguir, vamos expor, para orientação dos Umbandistas que realmente almejam elevar a Lei ao seu legítimo lugar.

Não estamos criando nem imaginando uma Umbanda "estilizada", tampouco Rituais modernos e muito menos somos "iluminados". conforme qualificativo já recebido...

Apenas temos a convicção e o conhecimento que nos vieram destes mesmos Caboclos e Pretos-Velhos e nós, como aparelho, jamais subestimamos suas luzes e as desprezamos para irmos buscá-las em fontes duvidosas não identificáveis dentro de nossos verdadeiros fundamentos.

Não! Não somos suficientes para "inventar" tudo que expomos neste trabalho. Não temos esta vaidade, e se alguma pretensão possuímos, é a de termos sido, tão-somente, simples veículo.

Assim é que começamos por lembrar que em setores religiosos do passado, onde os fenômenos espíritas eram comuns, as invocações faziam-se invariavelmente através de preces cantadas, "obedientes a certa sequência de palavras", e chamavam-se **MAKHROON**, que, pela modulação e harmonia das vozes, precipitavam a Magia do Som, dando-se uma "encantação", um "carma" criando o ambiente afim às manifestações.

Dentro deste Princípio é que temos, como ponto vital no Ritual da Lei de Umbanda, o que chamamos de **PONTOS CANTADOS**, que não são nem nunca foram compostos pela veia poética, literária ou musical de compositores profanos, nem pela simples "inspiração" de qualquer um. Os Pontos Cantados são verdadeiras preces invocatórias que traduzem e identificam os sentimentos reais dos Orixás, Guias e Protetores, que, por meio deles, fixam suas vibrações no ambiente, e preparam o campo mental para receber o fluidos que se façam necessários aos seus objetivos.

Assim, devemos considerar que o Ponto Cantado é imprescindível no Ritual da Umbanda, sendo nele que se firmam quase todas as fases.

Discriminaremos este Ritual, dentro de seus reais valores, começando por identificar as posições básicas nas quais também se apoia e desenvolve tudo mais que se torne essencial.

Existem Sete Posições Ritualísticas para serem usadas nos trabalhos práticos e no decorrer das sessões da Lei de Umbanda, assim divididas.

a) Três Posições Litúrgicas ou Místicas, preparatórias à mente espiritual, ou seja, de harmonia para o corpo mental predispondo seu psiquismo à elevação e sintonização com a vibrações superiores. Estas posições atuam por autossugestão e por uma certa atração de fluidos próprios à corrente de suavidade que logo se forma e tende a afastar do mental preocupações ou mesmo pensamentos negativos porventura existentes nos aparelhos, bem como prendem a atenção dos assistentes, pela uniformidade dos gestos, pela disciplina etc.

Devemos frisar que todas as posições são acompanhadas por pontos cantados adequados às diretrizes.

b) Quatro Posições Práticas, sendo uma Preparatória, e que têm afinidades e propriedades de agirem no corpo astral numa ação de fixação e precipitação de fluidos, predispondo-o a um equilíbrio mais perfeito, estimulando suas condições naturais a maior rendimento, pela eliminação imediata de certas larvas ou mazelas circulantes em sua cura, ou mesmo alguma indisposição momentânea.

Porém, dentre essas 7 Posições, daremos as 3 mais usuais, isto é, a 1ª, 3ª e 5ª. As restantes constam de nossa obra "Umbanda de Todos Nós"...

1ª POSIÇÃO — VIBRAÇÃO CRUZADA

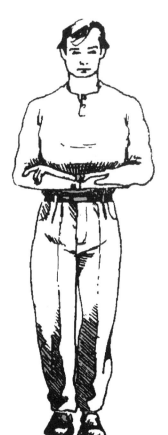

VIBRAÇÃO
CRUZADA

Nesta posição, o corpo de médiuns da casa entra em forma, com os braços cruzados sobre o peito, dispondo-se as pessoas em círculo.

Esta é a Posição Preparatória, indispensável no início de uma sessão, porque todos os aparelhos-chefes sabem que em um salão contendo dezenas ou centenas de pessoas, certamente os fluidos negativos, as vibrações oriundas da baixa magia, as aflições, as perturbações mentais etc., imperam no ambiente e os pontos de atração devem ser, forçosamente, os médiuns ou aparelhos.

Ora, se estes vão logo entrando em forma, isto é, se vão logo estabelecendo uma corrente de atração, é melhor que o façam já sob uma aura defensiva, que se origina no momento em que o mental, conscientemente, se prepara, ao cruzarem os braços, levando uma das mãos para direita e a outra para a esquerda, fechando assim as extremidades do corpo de uso ativo na mediunidade, por onde recebem e transmitem a maior parte dos fluidos que lhe são próprios.

E assim, nesta atitude inicial defensiva, preparam-se para as demais posições.

3ª POSIÇÃO: VIBRAÇÃO A ORIXALÁ (OU OXALÁ)

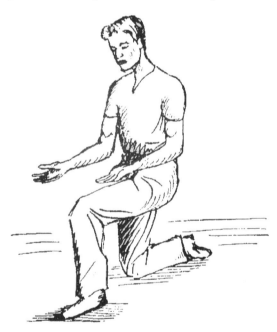

É uma posição Litúrgica. Consiste na posição genuflectória da perna direita, antebraços formando dois ângulos retos paralelos laterais. Mãos com as palmas voltadas para cima e cabeça semi-inclinada para baixo.

É uma posição de humildade que acende o fervor religioso e veneração ao Chefe Espiritual da Linha ou Vibração de Orixalá (ou Oxalá). ou seja, a Jesus, considerado como supervisor, no Plano Terra, da Lei de Umbanda.

5ª POSIÇÃO — DE CORRENTE VIBRADA
(POSIÇÃO PRÁTICA)

É altamente eficaz para precipitar os fluídos mediúnicos no corpo astral, ao mesmo tempo que vitaliza, suprindo as deficiências momentâneas de um e de outro, além de servir para "descarga".

Consiste em todos darem as mãos (fechando o círculo), sendo que a mão direita do aparelho fica espalmada para baixo, sobre a mão esquerda do seu companheiro. A mão esquerda, também espalmada, mas para cima, fica em contato com o médium à esquerda e sobre sua mão direita, isto é, sempre a "mão direita dando e a esquerda recebendo".

A junção das mãos, fechando o círculo, gera uma precipitação de fluídos que constitui a aura propícia ao objetivo, corrigindo ainda qualquer deficiência momentânea, quer mediúnica, quer orgânica.

Esta posição dita Vibrada é de grande eficiência nas Sessões de Caridade e nas de Desenvolvimento.

Queremos dizer, mais uma vez, que estas posições não são invenções nossas. Sempre foram usadas, pelos séculos afora nas diferentes Academias, porém através da parte esotérica e esparsamente e não assim coordenadas em 7 variedades.

A mais usada era a da **CORRENTE VIBRADA**, e o foi inclusive pelo próprio Jesus, que assim procedia, quando queria pôr-se em harmonia com as Potências Divinas e sintonizar sua mente espiritual com o Pai, ou seja, Deus.

Para confirmação do que afirmamos, apoiamo-nos no Apóstolo João, segundo seus ATOS, em texto citado pelo Segundo Concílio de Niceia, o Col. 358, não existente na Literatura Sacra e que diz: "Antes de o Senhor ser preso pelos judeus, Ele nos uniu e disse: "Cantemos um hino em honra ao Pai (Jehovah), depois do que, executaremos o plano que havemos estabelecido". Ele nos ordenou, pois, de formarmos um círculo, segurando-nos pelas mãos, uns aos outros; depois, tendo-se colocado ao centro, Ele disse: — "Glória vos seja dada, ó Pai!" — Todos responderam: "Amém", continuando Jesus a dizer: — "Glória ao Verbo" etc. — "Glória ao Espírito etc. "Glória á Graça", e os apóstolos respondiam sempre: — "Amém".

E entre outras inovações, Jesus disse: — "Quero ser salvo e quero salvar, amém. Quero nascer e quero engendrar, amém. Quero comer e quero ser consumido, amém. Quero ser ouvido e quero ouvir, amém. Quero ser compreendido do espírito, sendo eu todo espírito, todo inteligência, amém. Quero ser lavado e quero lavar, amém. A graça arrasta a dança, quero tocar flauta, dançai todos, amém. Quero entoar cânticos lúgubres, lamentai-vos todos, amém"[46].

Estes gestos ou Posições devem ser usados na prática constante, mormente em sessões públicas, pois são altamente eficazes para inúmeras finalidades ou objetivos.

Enfim, essas Posições se entrosam e formam os pontos básicos de um eficiente Ritual e, para melhor compreensão do assunto, vamos elucidá-los em suas diferentes fases, desde quando se começam os trabalhos para uma sessão de caridade.

---

46 *Apud.* A. L. "Jesus e Sua Doutrina".

Á hora prevista para o início dos trabalhos em uma Casa ou Tenda Umbandista, o Médium-Chefe dará um sinal para o seu conjunto mediúnico, por meio de uma campainha ou por uma voz de comando assim:

Médiuns, atenção! Todos os médiuns formarão em círculo ou em elipse (de acordo com a disposição interna do salão), tendo o cuidado de procurarem seus lugares em posição cruzada, ou seja, de braços cruzados, sem se encostarem à parede nem esmorecer na posição, descansando alternadamente sobre uma das pernas. Se possível, deve ser guardada uma distância de 30 a 40 em uns dos outros. Depois, a passo lento, ainda de braços cruzados, movimentam-se para a defumação, que convém ser feita dentro do recinto do Congá ou em anexo apropriado.

Neste ato, os aparelhos se descruzam e devem receber a fumaça pela frente e pelas costas, indo a seguir ao pé do copo da Vidência e do Ponto Riscado do Guia Espiritual da tenda. Neste momento, podem colocar suas "guias", caso as tenham.

Feito isso, voltam à posição cruzada e aos seus lugares iniciais em círculo. no salão, aguardando que todos tenham completado estas operações.

Terminada esta fase preparatória, o Aparelho-Chefe repetirá:

— Médiuns, atenção! Neste momento, todos se descruzarão, ficando com os braços caídos naturalmente ao longo do corpo, com as palmas ligeiramente voltadas para a frente.

Nesta hora, pode ser feita uma invocação ou prece, nos moldes genuínos da Lei de Umbanda, ou então, pode-se proceder logo a uma Posição Litúrgica ou Mística. O dirigente dos trabalhos comandará:

— Médiuns!

— Médiuns, em Vibração a Orixalá! Todos se ajoelham conservando os braços em ângulo reto, com as palmas voltadas para cima. Entoa-se, então, um ponto cantado da Linha de Orixalá e novamente à ordem:

— Médiuns, atenção!

Voltam à posição de pé, com os braços caídos ao natural.

Havendo necessidade, de acordo com a aferição que o Médium Chefe por certo deve fazer no ambiente espiritual e psíquico do corpo mediúnico, ele procederá a mais uma vibração, que se processa com um ponto apropriado.

Estas posições devem durar o tempo em que se repete um ponto cantado três vezes, e, com a prática, o Médium dirigente verá da necessidade de usar as três posições Litúrgicas ou somente uma ou duas.

Terminada esta parte preparatória do mental daqueles que, sendo veículos, têm necessidade de harmonizar seus psiquismos às vibrações afins das Entidades que, por intermédio deles, vão estender a caridade, tudo o mais se processa de acordo com os regulamentos e normas que se fizerem necessários ao bom desenvolvimento de uma Sessão.

Outrossim, salientamos da grande melhoria que obterão de imediato nos trabalhos de caridade, fazendo uso constante das três posições práticas, inclusive nas Sessões para desenvolvimento dos médiuns, submetendo os mais atrasados, ou que estejam sob fluidos negativos, às correntes benéficas que elas geram, porque, dos outros médiuns, partirão fluidos magnéticos diretos que vitalizarão suas auras, Ou seja, o corpo astral.

Podemos garantir que o Ritual da Lei de Umbanda, baseado nestas posições ou gestos, é altamente significativo e edificante, pois já fizemos uso dele em algumas Casas Umbandistas, nestas que felizmente ainda existem, onde seus aparelhos-chefes, despidos de Vaidade e pseudocultura que entravam o progresso no meio umbandista, hoje em dia o praticam e são acordes em expressar o maior rendimento de trabalhos e dos gerais benefícios que seu uso trouxe a todos que militam ou têm procurado suas Tendas para fins diversos.

E assim, verifica-se que este Ritual, quer na parte esotérica ou na interna, quer na exotérica, ou seja, de apresentação para os assistentes por uma natural mística que logo irradia para todos, impõe maior senso de respeito e atração. gerando o interesse e consequente "estado de concentração" indispensável às Casas que realmente desejam produzir e pautam suas diretrizes dentro de um sadio princípio de elevação e progresso.

Queremos lembrar, mais uma vez, que uma Religião que não prima pela uniformidade de seus princípios e apresentações, conforme é de conhecimento dos umbandistas que correm estas centenas e centenas de Tendas e Cabanas que se acobertam sob o manto desta **"UMBANDA DE TODOS NÓS"**, e verificam a diversidade de rituais existentes, alguns até esquisitos e de arraigado fetichismo, quando não se formam em "colchas de retalhos" de rituais de uma e outra religião, devem estes umbandistas sentir a necessidade premente da uniformização de regras e sistemas, para que sejamos "viventes de fato e de direito, dentro de normas próprias e reais expressões religiosas".

Demos aos interessados uma noção objetiva e uma imagem prática das Posições Ritualísticas básicas que já foram explanadas, conforme "clichês" correspondentes a cada Vibração.

SOBRE OS HINOS OU PONTOS CANTADOS COMO EXPRESSÃO RELIGIOSA, MÍSTICA E MÁGICA

É um fator tradicional, histórico e iniciático que todos os povos ou raças dentro de suas variadas expressões religiosas, místicas e mágicas, invocavam e invocam suas divindades, seus deuses, suas forças ou suas entidades espirituais, através, não somente da palavra falada, mas, muito mais, da palavra cantada, que tomou várias denominações ritualísticas ou litúrgicas. Como sejam: — hinos, salmos, cânticos sagrados, mantras e "macroons", pontos cantados etc. Então sabemos que a palavra falada ou cantada não é uma propriedade nossa, foi-nos dada por outorga, pois que, sendo nada mais nada menos do que o próprio som articulado, este som é universal e em sua essência traduz o próprio Verbo Divino, ou seja, a voz das Potências Superiores, dos Orixás etc...

Ensinam os mestres do ocultismo indiano ou oriental e os do ocidental, que todo aquele que possuir uma parcela do poder consciente da palavra, deve usá-la "medida, pesada e contada".

Ela pode movimentar poderosas forças sutis da natureza, pela magia de suas vibrações dentro de certas inflexões que podem tomar os seus sons, devido a determinados fonemas, vogais etc...

Assim é que certas palavras, através de um hino, cântico ou ponto, são de uma poderosa força invocatória. Pode provocar fenômenos...

Portanto, quando entram no aspecto cantado, esse poder duplica, porque pode emitir maiores vibrações na tônica mística, religiosa e especialmente na magia.

As escolas da ioga ou do ocultismo oriental, e mesmo do ocidental, ensinam cuidadosamente que cada força ou elemento básico da natureza tem o seu som próprio. Então, cada palavra que pronunciamos, sendo sons articulados, tem forçosamente que ter suas correspondências astrais ou no éter e se um magista sabe que certos sons emitidos pelo canto de certas palavras no mundo físico despertam sons afins no plano invisível e incitam alguma força no lado oculto da natureza, ele também sabe que isto é devido ao efeito positivo de harmonia deles, do ritmo vibratório que se empregar, bem como também sabe que cânticos barulhentos, gritantes, desenfreados, projetados mais pelo aspecto instintivo dos humanos seres, são de efeitos negativos, prejudiciais e de atrações inferiores, pois vão se corresponder com seus elementos afins no mesmo éter astral...

Assim é que temos constatado em certos pontos-cantados de nossa Corrente uma força de inflexão e de expressão tal que empolga, domina e produz até fenômenos psíquicos e espiríticos ou fenomênicos: — temos, portanto, em ação o que os hindus chamam de mantras cantados (porque há os falados também) que entram em estreita ligação com o que chamam de tatwas e na Escola Umbandista, denominamos de Linhas de Força...

Então, se coordenarmos pontos cantados com frases de inspiração religiosa, de acordo com a chamada escala musical, temos os hinos religiosos, que despertam os sentimentos místicos e mesmo a fé...

No entanto, quando são coordenados com acentuada repetição rítmica de certas palavras, frases, sílabas ou vogais, dentro de determinadas inflexões musicais ou cantadas, possam a vibrar em relação com as forças mágicas correspondentes no éter astral — é um hino ou ponto-mantrâmico...

É onde entra a regra: — os mantras constam de sons rítmicos. O som é o mais eficaz e poderoso agente mágico e a primeira chave para abrir a porta de comunicação entre seres do plano físico e os do plano astral...

Agora podemos reafirmar o conceito oculto dos pontos ou hinos da Corrente Astral de Umbanda, como certas combinações de vogais, sílabas, palavras ou frases ritmicamente dispostas e relacionadas com o aspecto místico e mágico da dita corrente e que são cantados dentro de determinadas inflexões a fim de se porém em relação com as vibrações correspondentes no éter astral...

Portanto, entra no entendimento de qualquer um, lendo o exposto, que batucadas, gritos, palmas, cantorias ditas como curimbas, muitas vezes compostas com frases ridículas, sem exprimirem uma imagem de ligação ou correlação, conforme cantam por aí, por esses "terreiros rotulados de umbanda", são nada mais, nada menos do que projeções vibratórias confusas que vão diretamente afinar com o que há, também, de mais confuso no astral...

São essas "cantorias" pontos de atração para espíritos atrasados ou para o astral inferior.

Nossos Caboclos e Pretos-Velhos, e mesmo os Exus de lei, jamais ensinaram isso em tempo algum.

BANHOS DE ERVAS

Duas coisas existem, dentro do Ritual da Relação de Umbanda, de grande importância: são os banhos de ervas e os defumadores, em suas diversas formas, quer para médiuns iniciantes, quer para os que se consideram adiantados. Desde as mais remotas épocas, os "banhos", como elementos de purificação, foram considerados, e ainda o são, parte integrante do sentimento religioso, e haja vista como as multidões na lendária Índia, são levadas, por tal fator, a banharem-se nas águas do Ganges como ato sagrado.

Vimos, também, que o uso dos "banhos" (abluções) fazia parte da Iniciação entre os Essênios (da Siríaca **ASSAYA** e significa Médicos — em grego terapeutas), esses mesmos, onde segundo vários escritores, Jesus tinha praticado.

Os Essênios possuíam o conhecimento das propriedades das plantas, quer para a parte das doenças do corpo físico, quer para as do corpo astral.

"Eles estudavam com grande aplicação certos escritos da medicina, que tratam das Virtudes das plantas e dos minerais"[47], estudos estes que também deram fama a Paracelso, o qual criou escola própria.

Os "Banhos", portanto, usados criteriosamente na Umbanda, não são para "supersticiosos de uma religião bárbara" segundo o conceito de certos "espiritualistas", que não entendem ou simulam não entender o assunto.

O uso destes banhos, de grande importância em suas fases de Iniciação ou Liturgia, depende do conhecimento e uso das ervas ou raízes, nas suas diferentes qualidades e afinidades, que devem entrar na composição dos mesmos, não se podendo facilitar quanto a isto.

É de capital importância a época, dia e hora em que os ingredientes devam ser colhidos, bem como prepará-los e executá-los, de acordo com os dias e hora determinados para uso, sendo preferível usar pessoas especializadas para a colheita das plantas.

---

47 Flávio "Guerra dos Judeus", II

Jamais os responsáveis pela parte intrínseca de um Ritual deve permitir que esses banhos sejam adquiridos nos "balcões", pelo único motivo de não obedecerem à seleção de "quantidade, qualidade e afinidade planetárias e medianímicas" inerentes à finalidade do uso, situações que só podem ser definidas por quem de direito, isto é, pelos Orixás, Guias e Protetores ou pelos Aparelhos-Chefes, ou ainda pelos que estejam em grau de iniciação no respectivo conhecimento e indicados para isto.

Outrossim, estas ervas que se rotulam como banhos de "descarga", para "abrir caminhos", descarregar isto ou aquilo etc., são secas, já estando com suas células vitalizantes em estado de não precipitar ou agir com a precisão desejada em relação com a urgência do caso. Mesmo porque as ervas secas são mais apropriadas aos defumadouros e ainda porque uma certa falta de critério pode acarretar consequências a quem as adquirir, conforme já constatamos, e mesmo porque não nos consta que os fabricantes destes "banhos" ou defumadouros sejam iniciados da Lei de Umbanda. Quem nos prova estejam capacitados a fazê-los?

Sabemos que muitas pessoas se sentem bem, momentaneamente, com qualquer espécie de "banho de descarga", mas apenas por uma questão de fé, autossugestão etc.

Assim, alertamos aos que, não confiantes em seus Guias ou conhecimentos, costumam indicar os famosos banhos tais e tais das casas comerciais, para prestarem mais atenção a este assunto, porque já nos foi dado observar diversos casos, em que os interessados se queixavam de terem tomado os banhos indicados pelo Caboclo "X" ou pelo Sr. "XX", que comprados certos, não sabem por que "a coisa, em vez de melhorar, piorou..." Quando aconselhados por outrem a usarem certas plantas, a desconfiança surgia rápida e perguntavam medrosos: "será que estas não vão revirar mais o meu caso?".

Assim é que todos sabem que o médium é um centro de atração, diariamente em contato com pessoas vibradas por forças e influências negativas várias, sentindo ele estas influências que o poderão prejudicar, pois que podem aderir à sua aura pela mesma força de atração, e quando este médium não tem uma compreensão imediata destas "coisas" e conhecimentos para uma ação mental repressora (são raros os que têm este conhecimento), passa a sentir em sua "passividade" certas dificuldades e, em consequência, faz más incorporações ou deficientes transmissões, de acordo com a modalidade do seu Dom. Este Dom e a propriedade que o médium tem de, por seu intermédio, gerar os fenômenos das manifestações e, tão somente por terem confiança em suas Entidades protetoras, não quer dizer que estas Entidades se devam responsabilizar também pela manutenção de fluidos afins a uma faculdade que é inerente ao seu veículo, a qual somente em bom estado de "conservação" (psíquica, moral e orgânica) faculta a estas Entidades os fluidos necessários às suas manifestações.

Assim compreendido, é dever do aparelho transmissor zelar por uma faculdade que está sujeita às circunstâncias de sua própria vida, desta mesma que o põe em contato com as larvas, mazelas, aflições e toda espécie de elementos e elementares desta imensa "fauna" que é vivente no planeta Terra.

Então todo médium umbandista, iniciado como supomos deva ser, conhecedor destas circunstâncias, se mune dos reais conhecimentos, para proteger e vitalizar sua aura, a fim de prover o bom andamento de sua Missão.

Outrossim, o médium-chefe de uma Casa umbandista é sempre considerado o principal responsável pelos resultados negativos de qualquer ação em que ele seja o intermediário, bem como quaisquer distúrbios que um médium sofra em seu desenvolvimento, não sendo levado em conta que este seja relapso, não cumpridor de seus deveres e preceitos que lhe são determinados, a não ser que o dirigente da Casa seja um, entre os inúmeros dos que atualmente existem, incapaz do orientá-los e dirigi-los.

É de grande importância que o iniciante seja bem observado em seu psiquismo, quer na parte mediúnica, quer na parte que se relaciona com o organismo, isto é, o seu sistema nervoso. É inadiável a identificação de suas falhas e lacunas, a fim de que rápidas providências sejam tomadas, pois um médium dirigente tem a enorme responsabilidade de zelar por todos aqueles que lhe pedem auxílio e amparo e com os quais se comprometeu, tendo, portanto, que haver-se com grande tirocínio para levar a bom termo os seus propósitos.

O médium aspirante ou já iniciado deve receber e cumprir religiosamente tudo que lhe for determinado, em relação ao ritual da religião de Umbanda. Ressalvamos aqui, é lógico, que estas determinações sejam de fato e em verdade oriundas de quem tenha reconhecida idoneidade e capacidade para tanto.

Portanto, para facilitar o entendimento geral sobre essas questões de banhos de descarga e de purificação, e defumadouros, convidamos o médium ou adepto a se pautar pelas linhas singelas dessas chaves. Ei-las:

Chave nº 1	
Signos masculinos ou positivos:	Áries, Gêmeos, Leão, Libra, Sagitário e Aquário
Signos femininos ou negativos:	Touro, Câncer, Vigem, Escorpião, Capricórnio e Peixes

Agora que o médium ou aparelho-chefe já deve ter identificado pelo nascimento o seu Planeta regente e o respectivo signo e qualidade deste, se fem. ou masc., ainda deve ficar sabendo que: — para os efeitos vibratórios na alta magia que vai dar o equilíbrio cósmico no a "Congá" (tudo relacionado com o seu signo e qualidade do dito) da: considerar, também, os dias da semana como femininos e masculinos, assim:

Chave nº 2		
	2ª — 4ª — 6ª	Dias femininos ou negativos
Dias da Semana		
	3ª — 5ª — Sábados	Dias masculinos ou positivos

Obs.: Domingo deve considerar-se dia conjugado, serve para operar nos dois signos (masc. e fem.).

Assim, vamos supor que ele o aparelho-chefe se autointerrogue. Mas, para que devo saber tudo isso? Resposta: Para saber quais os seus dias favoráveis de operar, estabelecendo suas sessões, correntes etc., bem como os preceitos, afirmações, enfim, trabalhos diversos 6 para saber, também, relacionar, dentro disso, o uso de plantas, ervas, flores etc., para defumação, banhos etc. Então fica patente que essa relação, esse conhecimento, é imprescindível porque ele médium, precisa criar em torno de sua aura todas as condições para defumação, banhos etc. Então fica patente que essa sua faixa mediúnica vibratória, que os filhos de seu "terreiro" se movimentam e atuam, visando, invariavelmente, o seu protetor (sugando, consciente ou inconscientemente a sua energia neuromedianímica). Portanto, ele precisa estar sempre de cima, mais forte, mais firme...

Para isso, ele deve conhecer a identificação prática, direta, positiva das plantas, ervas e flores etc., com as quais vai lidar, a fim de saber escolher seus elementos próprios.

Eis, pois, esta identificação. As plantas, ervas e flores devem ser consideradas como: Masculinas ou Solares e Femininas ou Lunares.

Eis o "mistério" simples sobre a ação das plantas, como defumadouros, banhos, ornamentação de Congá etc. Todas as plantas têm características planetárias, ou seja: há ervas, flores etc., de Marte, do Sol, da Lua, de Saturno, de Vênus, de Mercúrio, de Júpiter etc. Todas essas plantas recebem de certo modo a influência destes corpos celestes. No entanto, o mistério mesmo é simples, como já disse e está em saber usá-las de **DUAS FORMAS**: — como plantas **LUNARES** e **SOLARES** ou femininas e masculinas, que assim se identificarão com a qualidade do signo de cada um.

E isso pode ser compreendido assim, para efeito de identificar essas plantas: todas as ervas, flores etc. que tenham um perfume ativo ou forte e agradável são invariavelmente **SOLARES**. Todas as que, tenham pouco cheiro ou perfume e mesmo se esse for um tanto ou quanto ativo, mas desagradável, são **LUNARES**, inclusive todas as que não tenham cheiro ou perfume nenhum...

Assim, as plantas solares devem ser colhidas somente de dia e as lunares somente à noite, isso porque, cortadas ou colhidas assim, conservam as vibrações solares ou lunares, com mais propriedades; estando carregadas com a vibração própria da fase diurna ou noturna, vêm com a vitalidade integral da energia que as alimentou.

Agora, se forem cortadas ou colhidas ao contrário, ou seja: — uma planta solar, a ARRUDA, por exemplo colhida à noite não opera os benefícios tão bem como se fosse colhida de dia, na fase de seu prana ou energia própria. Então, sintetizemos a regra simples, assim: — para os nascidos sob os signos masculinos, os defumadores, banhos etc., devem ser usados de dia; para os nascidos sob os signos femininos, os defumadouros, banhos etc. devem ser usados à noite (aqui deve-se consultar a chave nº 2). Resta agora identificar algumas das ervas, plantas etc., Solares e Lunares, para completar o assunto.

Chave nº 3
Plantas Solares

Arruda, Manjericão, Malva-rosa, Guiné-Caboblo e pipiu, Arnica, Espada de Ogum, Erva-abre-caminho, folha de Eucalipto, Alecrim, folhas de Cipó-Caboclo, Erva-de-São-João, folhas de Maracujá, folhas de Laranja, folha de Sabugueiro, galhos do Funcho, Levante.
Flores MASCULINAS
Cravos, Jasmim, flor de Trombeta, flor de Girassol, Lírios de cachoeira, flor do Maracujá, Lírios diversos
Plantas LUNARES
Vassoura-preta, Vassourinha-branca, Comigo-ninguém-pode, Unha-de-vaca, Picão-do-mato, folhas de Lágrimas-de-nossa-senhora, Erva-de-santa-bárbara, Negramina, Arruda-fêmea (se for colhida e usada à noite)
Flores FEMININAS
Rosas, Dálias, Orquídeas, Crisântemos, Resedá, Copos-de-leite, Violetas

Damos essas plantas e flores, porque são de uso comum nos terreiros e sabemos que, por outras identificações, se torna meio difícil, para o não prático dessas coisas, fazer a escolha...

Bem, devemos dizer que essas plantas e flores se adaptam ao uso, quer dos banhos, quer dos defumadouros, sendo que esses serão de plantas ou flores secas, e claro. Bem como ainda são extensivas à ornamentação do "Conga", ou seja: plantas, flores etc., solares ou masculinas, para os dias da semana correspondentes e relacionados com os do signo de qualidade dita masculina, Na mesma relação, para os do signo feminino, na identificação acima exposta.

Vamos dar ainda certos defumadouros especiais, usados por aí de qualquer jeito, porque são importantes, visto se relacionarem diretamente com o organismo mental ou com a neuripófise (um dos pontos de equivalência do chacra coronal), chamada também glândula pineal, epífise, conarium etc., defumadouros esses próprios à qualidade do signo de cada um: — para os do signo masc. ou positivo, os defumadouros especiais são o Incenso, o Sândalo e a Alfazema.

Para os do signo feminino ou negativo, os defumadouros especiais são a Mirra, o Benjoim e a Verbena. Podem ser usados juntos ou um de cada vez. São defumadouros cujas propriedades precipitam ou predispõem os médiuns para os fluídos neuropsicomediúnicos.

BANHOS ESPECIAIS DE PURIFICAÇÃO
COM ESSÊNCIAS

De acordo com as notas musicais e em relação simples com os 4 elementos da natureza, assim classificadas: em clave de Fá para os dos Signos do Fogo e do Ar; em clave de Sol para os dos signos da Água e da Terra.

Pessoas do Signo do Fogo: essência de Sândalo ou Heliotrópio.

Pessoas do Signo do Ar: essência de Gerânio ou Cravo.

Pessoas do Signo da Água: essência de Alfazema ou Rosa.

Pessoas do Signo da Terra: essência de Verbena ou Violeta.

Proceder assim:

Adquirir a essência pura (não o perfume) adequada. Ter um litro (vidro de cor escura, só para esse uso e nele contendo água, pingar 3 ou 5 gotas da sua essência própria. Dinamizá-la (sacudir o litro cheio), depois despejar da cabeça ou do pescoço para baixo depois do seu banho de limpeza corporal, é claro... Um minuto após enxugar-se. Isso, às segundas, quartas e sextas--feiras, ou sempre que julgar necessário...

DO ALTO VALOR TERAPEUTICO, MÁGICO E PROPICIATÓRIO DOS DEF UMADOUROS, DE ACORDO COM A NATUREZA DO SIGNO DA PESSOA, NA HORA FAVORÁVEL DE SEU PLANETA REGENTE OU GOVERNANTE...

As defumações com as maravilhosas ervas da flora brasileira são de alto valor terapêutico, mágico e propiciatório...

O uso das defumações é tão antigo, que não há povo ou raça que não tenha feito uso dele, de acordo com os ensinamentos de seus primitivos magos ou sacerdotes.

Todavia, os maiores conhecimentos nesse mister nos vêm dos antigos magos dos tupinambás, dos tupis-guaranis, esses pajés (payés), caraíbas etc., oriundos ou com segredos do caá-yari, através das entidades espirituais que militam na Corrente Astral de Umbanda...

O seu valor terapêutico e mágico é de comprovada eficácia (quando de sua aplicação correta) e não há Tenda de Umbanda que não faça largo uso dessas defumações.

Vamos tratar aqui da aplicação de certas ervas ou plantas para defumações no alto aspecto mágico, ou astromagnético, da forma mais simples possível.

É bastante dizermos que certas ervas queimadas em determinadas horas podem isolar o local até de surtos epidêmicos, assim como o eucalipto-macho, as sementes de girassol, as sementes da imburana, se usadas em defumações nas horas favoráveis de Saturno...

Não precisamos fazer grandes citações ou comprovações, é bastante tomarmos como exemplo o caso de Moisés (tido como autor do Pentateuco, da Bíblia), o maior mago judeu daqueles tempos bíblicos, que, para dominar o Faraó Menephtallo, filho de Ramsés, sob cujo jugo estava o povo judeu escravizado, fez uso das forças da Magia Negra, quando lançou as decantadas 10 pragas (a fim de intimidá-lo) sobre os egípcios, ao mesmo tempo que isentava o seu povo de seus efeitos, usando também forças da Magia Branca, através do uso secreto de defumadouros especiais...

Esses defumadouros, é claro, eram compostos de certas ervas ou raízes aromáticas de seu conhecimento secreto, o qual aprendeu entre os magos negros da Índia, inclusive com o famoso Ravana, que posteriormente chegou a combater, vencendo-o em demanda de Magia Negra...

Moisés foi, incontestavelmente, um grande mago negro e uma das provas disso está no Velho Testamento (Bíblia), cheio de atos de Magia Negra, com oferendas de sacrifícios de animais, implicando no holocausto de sangue e outras coisas.

Mas voltemos à questão das pragas sobre o povo egípcio, que foram atos de terrorismo para que Menephtallo cedesse às pretensões de Moisés.

Quando Moisés preparava então seus elementos de Magia e os fazia espalhar pelos pontos desejados, inclusive pelo próprio palácio do Faraó, tinha sempre o cuidado de mandar a Aarão um de seus auxiliares mais diretos distribuir pelas casas, terreiros e pomares do povo judeu "cativo" (o qual vivia muito bem e não queria sair de lá, do Egito, diga-se de passagem) as raízes apropriadas, a fim de serem queimadas em fogareiros de barro, para que ficassem isentos dos citados efeitos de suas pragas ou de seus ataques de Magia Negra.

Se Moisés existisse agora, no Brasil, com suas práticas, por certo seria apodado de "macumbeiro, feiticeiro, pai-de-santo e até de umbandista" etc... É interessante notamos que os Protestantes que vivem "de Bíblia na mão" e apodam os Umbandistas de macumbeiros, idólatras e outras coisas mais, o que interpretam das diabruras de Moisés a esse respeito?...

Porém, como o nosso caso aqui não é tratar dos aspectos verdadeiros da vida desse grande mago e, se citamos isso tudo, foi apenas para lembrarmos que defumadouros não são coisas da Umbanda de nossos dias, voltemos ao propósito direto dessa questão...

Então vamos às regras para aplicação correta dos defumadouros na Alta Magia Astromagnética...

a) A pessoa que necessitar de uma defumação propiciatória, mágica ou terapêutica, para fins de saúde (desagravação de elementos morbosos astrais, que possam estar sugando através de seu corpo astral; para fins de vitalizar sua aura; aumentar o seu potencial de magnetismo pessoal no âmbito de seus negócios, de seu ambiente de trabalho, bem como será muito útil aos vendedores, corretores etc.), enfim, a tudo que se queira predispor para um beneficio de ordem material, dentro das normas justas ou naturais da vida, deve identificar...

b) O seu Signo para saber qual o seu Planeta Regente ou Governante...

c) As horas favoráveis do dia ou da noite de seu Planeta Governante (veja no Horário Astrológico do "Almanaque do Pensamento" explicações e uma tabela que situa essas ditas horas favoráveis de cada planeta)... e escolha uma, quer na parte diurna, ou noturna. Caso tenha dificuldade nisso, procure uma pessoa mais familiarizada com esses estudos e peça explicações. É muito fácil de aprender.

d) Feito isso, sabendo a hora que você quer, então prepare a sua defumação pessoal ou de ambiente da seguinte forma...

e) Adquira um vaso de barro apropriado para defumações (só se deve usar de barro) e carvão virgem.

f) Escolha dentre essas ervas Solares, 1, 3, 5, 7, para aplicá-las na dita defumação. Ei-las: folhas ou flores de Maracujá, folhas de Erva-Cidreira (melissa), folhas de Eucalipto, folhas de Levante, folhas de Jasmim-cheiroso, folhas de Hortelã, folhas ou flores de Laranja, folhas de Limão verdadeiro, folhas ou flores de Girassol, folhas de Alecrim-cheiroso, folhas de Figo (figueira).

g) Tendo essas plantas ou ervas à mão, é só escolher e usar. Apenas tenha o cuidado de adquiri-las verdes e secá-las à sombra, isto é, não deve expô-las aos raios solares para secar...

Obs. especial: o ato de defumar, na hora favorável de seu planeta, consta de fazer com que as ervas sejam postas no carvão em brasa, para queimar e de forma que a fumaça possa envolvê-lo bem. Outrossim: nessa ocasião mentalize, tanto quanto possa fixar pelo pensamento, a cor verde pura.

Agora, se o seu caso vai depender de uma boa defumação de descarga (desagregação de larvas fluídicas etc.), porque você está ou desconfia que esteja mal influenciado por causas diversas ou que esteja recebendo vibrações negativas de qualquer espécie, mesmo em seu ambiente familiar ou de seu negócio, então proceda nas seguintes condições...

a) Escolha sempre uma hora favorável da **LUA** e proceda à defumação, conforme o item E e obs. especial, mudando apenas, no caso, a cor, que será AZUL, no ato de mentalizar.

b) Para isso escolha entre as seguintes ervas **LUNARES** (1, 3, 5, 7); folhas de Lágrimas-de-nossa-senhora, folhas do Quitoco, flores ou folhas de Manacá, folhas de Erva-da-lua, folhas de Mãe-boa, folhas de Panaceia, folhas de Avenca, folhas ou flores de Rosa Branca ou Vermelha, folhas do Picão--do-mato, folhas de Chapéu-de-couro, folhas de Mastruço, folhas de Poejo, Erva-de-santa-bárbara, folhas de Unha-de-vaca.

2ª obs. especial: Apenas em qualquer combinação que faça dessas ervas, é imprescindível misturar cascas do dente de alho (não confundir com a palha com que se fazem as réstias) ou casca seca de limão verdadeiro. Após essa defumação (que pode aplicar em si ou em outros irmãos), que deve ser feita com a roupa limpa e de banho tomado, podem-se jogar os restos em qualquer depósito comum, porque o fogo queima tudo, nada fica de negativo.

Adendo: podemos adiantar mais que as raspas do fruto ou da semente de Imburana, as raspas da raiz seca da erva ou mesmo as folhas conhecidas como Dormideira (sensitiva), as flores e folhas do Maracujá, as raspas do fruto do Bicuíba, as flores e folhas ou sementes do Girassol usadas em defumação, são poderosos revigorantes nervosos e calmantes neurocerebrais ou do sistema nervoso de um modo geral.

Podem ser aplicadas (em combinação de 1, 2, 3 ou todas juntas) nas horas favoráveis da LUA, quando à noite, e nas horas favoráveis do SOL, quando de dia.

As pessoas nervosas (com esgotamento nervoso surmenage) têm nessa terapêutica das defumações com essas plantas seguros meios de melhorarem muito, isto é, um poderoso complemento ou auxiliar de seus tratamentos...

Isso porque quase todas as fraquezas nervosas são de fundo psíquico, isto é, morais, emocionais e espirituais (por distúrbios mediúnicos, por atuações espiríticas e mesmo por cargas de baixa magia).

Ora, sabemos que as fraquezas ou os abalos nervosos (mesmo os que são produzidos por excessos físicos, cansaço etc.), começam por desequilibrar primeiramente o corpo astral e é por isso que os seus sintomas principais e mais deprimentes são os que martirizam o paciente pelo seu psiquismo, ou seja, pela qualidade dos pensamentos negativos que ele passa a gerar, assim como cismas, manias, medos, temores injustificados, angústias diversas a que, normalmente, não ligaria.

Assim é que essa defumação vitalizante, calmante etc., vai impregnar os seus centros nervosos mais sutis alimentando-os e que estão, justamente, no seu perispírito ou corpo astral.

Daí se infere claramente que, além de produzirem, também, uma limpeza de larvas e outras agregações morbosas astrais, vai tonificar esses citados centros nervosos mais sutis, em estreita conexão com seu psiquismo.

A OPERAÇÃO MÁGICA PARA IMANTAÇÃO OU ASSENTAMENTO DE UM "CONGÁ" (SANTUÁRIO) E CRUZAMENTO DE TERREIRO
(Tenda, Centro ou Cabana da Corrente Astral de Umbanda)

Todo médium umbandista que, chefiando ou na direção de um agrupamento qualquer, tenha recebido "ordens e direitos de trabalho" e se disponha a abrir seu terreiro, isto é, fundar uma Tenda, obediente aos imperativos de certas regras dentro de certos fundamentos... enfim, deve compreender que não se "assenta" um "conga", não se forma uma corrente assim como estão fazendo por toda parte, hoje em dia... "num abrir e fechar de olhos"...

A questão de um assentamento de "congá" não é tão simples, ou melhor, não se resume em colocar uma mesa num salão com tantas e quantas imagens ou estátuas...

Deve-se compenetrar de que o assentamento de "conga" exige, logo de princípio, a respectiva imantação, pois o "congá" com suas imagens e seus objetos de fixação mágica ou astromagnética é O principal ponto de apoio objetivo, direto, geral dos filhos-de-fé e de todos que por ali vão em busca de alguma coisa de ordem moral, espiritual ou humana propriamente dita...

O "congá" é, portanto, uma das mais fortes ligações para os movimentos das forças mágicas, mediúnicas, astrais etc.; é o elo comum para que as entidades apliquem as ligações astromagnéticas, pela magia sugestiva provinda das correntes mentais que nele se apoiam, quando os crentes vibram nele, ou através dele, para tal ou qual "santo ou orixá", pela fixação mental sobre tal ou qual imagem ou estátua.

Portanto, esse "conga" deve ser assentado dentro de certas regras, pois tudo na vida obedece a certas leis, tem o seu "mistério"...

A questão da quantidade e qualidade das imagens ou estátuas não importa; cada qual usa as que quiser, as que julgar necessárias ou as que julgar lhe sejam mais afins ou sugestivas. O mais importante é o que vamos recomendar ou discriminar...

A operação mágica propriamente dita, para assentamentos de "congá"...

A) Escolha as suas imagens e a mesa para elas de acordo; todavia, essa mesa deve ter 90 cm de altura...

Feito isso, o médium-chefe deve escolher o dia do seu planeta regente, para esse assentamento (isso é fácil de saber: em qualquer obra de astrologia esotérica, pelo "Almanaque do Pensamento" ou mesmo em nossas obras), porque assim procedendo, está conjugando forças afins, correntes vibratórias simpáticas para o "congá" e especialmente para o seu próprio corpo astral (dele, o médium-chefe)... e tanto é que só deve proceder a essa operação de imantação ou assentamento durante a fase da Lua Nova para a crescente. Em qualquer uma dessas fases, contanto que no dia de seu planeta, e dentro delas...

B) deve colocar esse "congá" de frente para o Oriente, ou seja, para o ponto cardeal Leste.. Isso é muito importante, pois todas as correntes benéficas, todas as linhas de forças superiores, costumam ter uma sequência mais forte pela corrente Aérea (elemento Ar ou o Tatwa **VAYU**) que vem do Leste ou Este...

Considerar que, "ter o "congá" de frente" para o leste, é tê-lo colocado com a frente para esse ponto cardeal... Caso isso não seja possível, pelo menos considerar com precisão as instruções subsequentes...

C) tendo posto sua mesa com os objetos imantados ou estátuas e já sabedor do dia de seu planeta regente para proceder à operação de imantação de seu "congá", o médium-chefe aguarda o ponto do meio-dia (12 horas) para proceder a 1 defumação de limpeza astral do ambiente e mesmo das estátuas... Porém, antes dessa defumação, deve colocar no dito "conga" (na mesa) os seguintes elementos: uma bacia pequena, contendo água do mar e pétalas de flores diversas, quatro tigelinhas de louça, uma com sal, uma com pó de carvão virgem, uma com areia do mar, e a última com o pó ou as raspas de sete pembas de cores diversas (branco, amarelo, azul, vermelho, verde, laranja e violeta). Colocar também sete velas de cera.

Essa primeira defumação (em defumador de barro) para o ponto do meio-dia, deve ser dada com as seguintes ervas: folhas de levante, folhas de manjericão e folhas de alho (de preferência do roxo), isto é, aquelas cascas finas que revestem o próprio dente do alho (porque da palha ou da chamada de réstia, não serve). Assim, ao faltar 9 minutos para as doze horas, o médium-chefe acende três velas de cera em louvor, uma de Oxalá (Jesus), uma para os orixás e uma para o seu Protetor astral e naturalmente acompanha isso tudo com as suas orações ou com os seus pedidos...

Concluída essa 1ª defumação com o "congá" já iluminado, o médium-chefe espalha por todo o salão bastantes folhas de guiné-pipiu e se prepara para a 2ª defumação, às 15 horas...

Essa 2ª defumação deve ser com os seguintes elementos: folhas de eucalipto-macho, folhas de laranja, e folhas de maracujá (todas Secas, é claro, porém que tenham secado à sombra, isto é, sem que tenham apanhado diretamente os raios solares).

Então o médium-chefe prepara todo o seu pessoal (o corpo mediúnico que tenha) para a 3ª defumação final e propiciatória que será feita às 18 horas. Ao aproximar-se essa hora, colocar os médiuns em círculo, isto é, em Corrente Vibrada (todos se unem, dando as mãos), de forma que fiquem de frente para o "congá", contanto que a mão esquerda de um médium-feminino fique pousada sobre a mesa do "congá" e a mão direita de um médium-masculino feche essa corrente, pousando-a por sua vez sobre o dito "conga"...

Formada essa Corrente (sempre com o "congá" iluminado) deve-se proceder à seguinte defumação propiciatória: bejoim, incenso e mirra. ou então com o sândalo puro. A seguir, o médium-chefe se ajoelha em frente ao "congá", leva a mão esquerda ao coração e levanta a direita em atitude de súplica, para proferir a seguinte Oração...

"Jesus — Mestre e Senhor de Justiça do Planeta Terra! Em nome de Tuas sagradas palavras 'Eu Sou o Caminho, a Verdade e a Vida', neste instante, evocamos a Tua misericórdia e a Tua permissão para consagrarmos este 'congá' para o (aqui dizer o nome do Caboclo ou Preto-Velho responsável pelo médium-chefe, ou melhor, o seu 'chefe de cabeça').

Esperamos, Senhor de Justiça, que Tua santa permissão desça sobre a Corrente Astral de Umbanda e que ela vibre sobre nosso 'congá', nesta hora bendita...

E sobretudo, contamos com Tua santa benevolência, para elevarmos nossos pensamentos e ajoelhados (toda corrente de médiuns fica de joelhos) podermos reafirmar hoje e sempre — Louvado Seja Deus, a Suprema Consciência Una (dizer esta afirmação 3 vezes).

Assim que a força e a vibração de todas as Falanges de Caboclos, Pretos-Velhos e Crianças da Sagrada Corrente Astral de Umbanda possam assistir-nos nessa cerimônia...", e logo pronuncia em voz firme e pausada estes mantras, próprios da Corrente Astral de Umbanda:

SAMANY Y YARACY;

YACY YÁ;

ACUÃ; YUREMA CÁ-Á — YARY...

Ato contínuo o médium-chefe se levanta, vai ao "congá" e apanha a bacia que contém as pétalas e vai jogando-as sobre as imagens, sobre a cabeça dos médiuns e de todos, ao mesmo tempo que pronuncia esta frase mágica: **"Salve, oh! SAMANY"** (dizer sete vezes)...

Depois, pode desfazer a corrente (os médiuns que estavam ajoelhados se levantam) e cantar os pontos que se julgar necessários em louvação aos Guias e Protetores, durante mais ou menos uns 15 minutos...

D) ficando essa parte do assentamento do "conga" com suas defumações, suas orações, suas evocações mágicas, seus pontos cantados etc., pronta, o médium chefe se prepara para o Cruzamento do Terreiro propriamente dito.

Pondo os médiuns novamente em Corrente Vibrada, ele traça (sobre o piso do salão) com uma pemba branca o triângulo da Linha de Oxalá (com um vértice apontado para o referido "congá") e uma cruz em forma de X, assim:

D — Norte

A — Leste ou Oriente

C — Oeste

B — Sul

Na ponta A, coloca o recipiente que contém o Sal; na ponta C, coloca o recipiente que contém areia do Mar; na ponta D coloca o recipiente que contém o pó de carvão virgem e na ponta B o recipiente que contém o pó das sete pembas de cores. Logo se acende uma vela de cera em cada um desses pontos citados e dentro do triângulo colocar a bacia que tem água do mar e da qual já foram retiradas as pétalas na operação anterior (obs.: não esquecer que desde o principio esses elementos estavam sobre a mesa do "congá" justamente para complementar todo o Ritual de Imantação e Cruzamento).

E) Tudo assim armado, dentro desse Ritual de alto magia, o médium-chefe fica de frente para o Oriente ou Leste (para onde o sol nasce) e faz a seguinte invocação:

"Ó Deus! — Senhor da Vida e de todos os elementos Cósmicos!...

Permite, Senhor Supremo, que por intermédio do Cristo o Oxalá de nossa Umbanda, seja dada a cobertura ao (aqui dizer o nome do guia-chefe do "congá", Caboclo, Preto-Velho" etc.), para que ele, d0 astral, possa conjugar elementos do fogo, da terra, do ar e da água neste cruzamento e assim fixar suas vibrações neste Terreiro que nasce para a Luz e a Caridade...".

Então, o médium-chefe levanta a vela que está acesa para cada ponto cardeal e faz o sinal da cruz (vela na mão direita, sinal da cruz à altura de sua cabeça) e vai pronunciando as seguintes palavras mágicas: **SAMANY, YÁACAUÃ**...

Tudo sendo feito de princípio ao fim, conforme estamos discriminando, não se deve apagar esse ponto do triângulo da cruz que está no meio do salão, com os elementos sal, areia do mar, pós etc.; esse preceito deve permanecer no salão durante três dias.

Assim sendo, pode-se proceder a uma sessão de chamamento de protetores com os médiuns que estiverem em condições de dar passividade a eles, a fim de imantar mais ainda todos esses elementos que entraram nessa preparação ou nesse Ritual de Alta Magia de Umbanda...

Obs. final: Findos os três dias, os elementos que estavam fixando o cruzamento propriamente dito devem ser encaminhados e se procede assim: vedar as tigelinhas pela boca com papel, a fim de que não se derrame nada botar a água do mar na bacia, num vidro ou garrafa; arranjar um pano branco e copiar com pemba amarela sobre esse pano o ponto do triângulo e da cruz levar 4 velas de cera; uma garrafa de vinho branco; mel de abelha e flores, e também a bacia.

Tudo isso pronto, pode levar à mata ou ao mar, ou a cachoeira ou mesmo a um rio (um desses 4 lugares será escolhido, de acordo com a natureza vibratória de seu Guia espiritual, isto é, se ele for Caboclo de Oxossi — vai para uma mata; se for Caboclo da vibração de Ogum — vai para uma mata ou para a beira-mar (praia), ele é quem decide; se for Caboclo da vibração de Xangô vai para uma cachoeira ou mesmo para uma pedreira; se for um Caboclo da vibração de Oxalá vai para um Campo ou mesmo para um rio; se for cabocla da vibração do ar ou de Yemanjá — vai para o mar ou para uma praia; se for Preto-Velho — vai para uma mata, de preferência ao pé de um tronco de árvore grande...

Em qualquer um desses locais, abre o pano, bota tudo em cima, Conforme estava na posição anterior (no salão) acende as 4 velas de Cera em louvor do Guia-Chefe e se pede para que ele dê o caminho adequado ou de direito. Nessa ocasião não esquecer de botar a água do mar que está na garrafa ou vidro dentro da bacia e adicionar o vinho branco e o mel de abelhas. Depois arma-se o preceito com as flores que levaram, tudo de acordo.

O ponto que ficou riscado no salão não deve ser apagado; ele fica até se apagar com o tempo, não importa que seja pisado... Isso tudo é assim, assim deve ser feito, porque assim é que é um assentamento e cruzamento de um "congá", dentro das fixações mágicas da Lei de Umbanda.

UM PODEROSO ELEMENTO DE AUTODEFESA DO "CONGÁ" NA ALTA MAGIA DE UMBANDA... O DISCO DE AÇO POLIDO INOXIDÁVEL, AS AGULHAS DE ATRAÇÃO E REPULSÃO, OS SETE PEDAÇOS DE CARVÃO VIRGEM, O CORPO... COMO PROCEDER ÀS INDISPENSÁVEIS IMANTAÇÕES ASTROMAGNÉTICAS DESSES ELEMENTOS...

Ao darmos sequência a mais essa parte prática, devemos salientar a necessidade que tem um médium Dirigente de estar sempre atento quanto à defesa vibratória do ambiente astral de seu Terreiro ou Tenda... Isso porque é sabido que nas sessões de Umbanda dá de tudo, entra de tudo. Casos e mais casos, descargas e mais descargas de tudo quanto é gênero de mazelas dos crentes ou dos filhos-de-fé...

Eis por que, por essas e mais outras coisas, é imprescindível que o médium-chefe tenha sempre suas "defesas mágicas em dia", sabendo-se que o próprio "congá" é um ponto de atração, fixação e repulsão de elementos diversos e mesmo dos citados negativos. Tudo converge diretamente para o "conga": — vibrações de fé, de aflição, de desespero, de socorro, de angústias várias etc.

Então é imprescindível mesmo que esse "congá" funcione preparado, isto é, tenha sua autodefesa na Magia astromagnética. Uma das mais importantes é o ponto do disco de aço de atração e repulsão. Esse consta de:

> a) Um disco de aço polido puro ou tipo niquelado (contanto que tenha aço) do tamanho (circunferência) que se queira ou possa...
>
> b) Três agulhas de aço (podem ser dessas de costura ou de vitrola).
>
> c) Sete pedaços ou pedras de carvão virgem, polidas ou raladas de acordo que fiquem com formas triangulares.
>
> d) Um copo de vidro grande e de qualquer formato...

Tendo providenciado esse material, preparar outros elementos indispensáveis à sua imantação astromagnética da seguinte forma:

1) Colher uma quantidade de areia do mar em águas limpas, numa hora favorável da LUA e na parte noturna, e trazê-la.

2) Queimar carvão vegetal virgem, numa hora favorável do SOL na parte do dia. Após isso, colher apenas as cinzas e tê-las à mão...

3) Então, no segundo dia da Lua na fase do minguante (quando o fluido lunar concentra a seiva ou a sua corrente eletromagnética na raiz das coisas) e por ocasião do nascimento do sol, ir misturando, essa areia do mar e as cinzas, em bacia ou recipiente, o disco de aço, os carvões e as agulhas ligadas, cada uma, a um pedaço de carvão por linhas (três agulhas, três carvões). É claro que o citado disco, carvões, agulhas, devem ficar cobertos de areia (dessa mistura).

4) Feito isso, colocar o copo em cima e enchê-lo, metade com água do mar e metade com o sumo destas três ervas: guiné, vassoura-preta e arruda-macho, também trituradas nessa ocasião...

5) Feito isso, esperar mais ou menos uma hora (com tudo exposto aos raios solares para que haja transfusão de elementos) e recolher esse material à sombra, aguardando-se a noite, a fim de expô-lo ao sereno, durante três dias dessa fase lunar do minguante...

6) Quando chegar a parte da manhã, sempre ao nascer do SOL, derramar em cima do local (parte da areia) por onde estão o disco, as agulhas e os carvões, a 1ª terça parte desse sumo de ervas, que está dentro do copo. No segundo dia, derramar a 2ª terça parte e no terceiro dia derramar a última parte do dito sumo.

7) Durante os três dias (que englobam três manhãs), convém que seja iluminado com luzes de lamparina, na quantidade de 3, 5, ou mesmo 7 (isto é, mais ou menos às 21 horas), botar no sereno e acender as ditas lamparinas, com uma quantidade de azeite suficiente para umas 6 ou 7 horas e fazer orações, pontos etc., na intenção dos Guias e Protetores do médium-chefe ou, se for o caso, de o preparador não ser o médium-chefe, fazer na intenção dos protetores afins.

8) Finda essa operação mágica de três dias, recolher o material, limpar tudo, o disco, os carvões desprendendo as agulhas deles e imediatamente colocar o citado disco debaixo do "conga", tendo o copo em cima, cheio de água do mar (na falta dessa, botar água comum com sal), contendo também as agulhas imantadas...

Isso sendo feito direito 6 com boas intenções, se transforma num poderoso núcleo mágico, astromagnético, de autodefesa do "congá", isto é, do ambiente vibratório do terreiro, podendo até dar-se que as agulhas, de acordo com as condições reinantes, tornem formas triangulares ou cruzadas... (a água do dito copo se muda sempre que estiver suja ou empoeirada).

Obs. final: Esse Ponto do Disco de Autodefesa serve também para os ambientes domésticos, comerciais, de trabalhos comuns etc... e é só o interessado proceder de conformidade com as regras dadas...

CUIDADOS ESPECIAIS COM AS ERVAS DOS CHAMADOS "AMACYS" A FIM DE NÃO "DESEQUILIBRAR" AS LINHAS DE FORÇA NEUROMEDIÚNICAS NO ATO DO REAJUSTAMENTO VIBRATÓRIO... NENHUMA ERVA PODE SER COLHIDA NEM TRITURADA PELO ELEMENTO FEMININO COMO PROCEDER A IMANTAÇÃO

Outro caso a ser rigorosamente observado pelo médium-magista (sim, porque, na Umbanda, quase tudo que se faz ou se pratica nos terreiros está sempre dentro ou em relação com as correntes de ação ou de ordem mágica) e o dos chamados de "amacys", ou seja, o uso terapêutico ou astromagnético dos vegetais ou ervas, quer nos defumadouros, banhos e sobretudo no uso ou operação de ligar suco de certas plantas para fins propiciatórios e medianímicos, sobre médiuns ou iniciandos...

Essa Operação, que costumam praticar na maior parte dos terreiros sem os cuidados que tal caso requer, é um dos fatores mais responsáveis por uma série de distúrbios ou alterações em pessoas submetidas a eles...

Senão — vejamos: — se o caso fosse apenas de se pôr ervas quaisquer na "cabeça" dos médiuns, debaixo de ritos confusos, mesmo sabendo-se que ervas ou plantas também têm suas vibrações planetárias propícias, afins ou particulares, levando-se em conta a boa vontade, a fé, ou a sugestão sincera do ato vá lá, muito embora sem maiores proveitos...

Mas o caso é que, além de essas ervas, que na maioria dos casos são misturadas assim como de "orelhada", serem de planetas diferentes ou "inimigos", isto é, que não são afins, se repelem, como se pode interpretar pela astrologia esotérica, portanto vão "entrar na cabeça do médium assim como que mal aplicadas têm ainda a sobrecarga de serem postas de mistura com bebidas alcoólicas diversas e outros ingredientes absurdos...

O ato de se aplicar o chamado "amacy" é coisa seríssima é operação de consagrar, implica na invocação de forças, sejam elas quais forem, sobre a natureza espiritual ou medianímica, vibratória, de outrem...

a) Nenhuma planta ou erva para "amacy" pode ser colhida, triturada e muito menos ser submetida como ato de consagrar outra pessoa, por elemento do sexo feminino. Entenda-se: em nenhuma corrente religiosa iniciática esotérica, mágica, templária etc., do **MUNDO**, foi dado à mulher a outorga, o poder de iniciar varões e nem mesmo a suas iguais do sexo... Na Umbanda jamais constou que essa OUTORGA também lhe fosse dada... O comando vibratório da **MULHER** é passivo, úmido, lunar, esquerdo é aquilo cuja natureza tem como eterna função gerar, receber, ou seja, feita para ser eternamente fecundada pelo princípio ativo, direito, de ação positivamente fecundante... e isso é o **HOMEM**, o varão...

b) Observar pelo menos que as ervas sejam afins ao planeta regente ou governante da pessoa que vai receber o "amacy", quando não, que as plantas ou ervas sejam rigorosamente **SOLARES**, assim como: arruda, guiné, levante, maracujá, erva-cidreira etc. Em nossa obra "Mistérios e Práticas da Lei de Umbanda" encontra-se toda essa identificação sobre ervas e planetas...

e) Observar que ervas para "amacy" devem ser colhidas verdes e postas logo à sombra a fim de evitar os raios solares depois de colhidas, Colhê-las, se possível (isto é que é o certo) na hora favorável do planeta governante da pessoa ou iniciando que vai receber o "amacy" e triturá-las logo nessa hora ou em outra hora favorável do dito planeta regente...

d) Adquirindo esse sumo de ervas, pô-lo em recipiente de vidro (que é isolante, por isso é que as tais guias ou colares de louça e vidro não servem para guias de força eletromagnética. São apenas de efeito sugestivo) e expô-lo ao sereno ou à influência lunar. 1 ou 3 noites em sua fase de Nova a Crescente e que esse sumo seja iluminado com luzes de lamparina, 1 ou 3, na intenção das Forças Espirituais que vão ser invocadas no ato daquele "amacy" ou consagração mediúnica, que, naturalmente, devem ser as proteções afins da pessoa...

e) Procurar fazer esse "amacy" numa hora favorável do dito planeta governante da pessoa ou médium iniciando e naturalmente dentro de um ritual adequado, e mesmo que o terreiro use tambores nesse ato, não usá-los de forma alguma, senão estraga tudo... E ainda: na ocasião do "amacy", a pessoa deve ficar de frente para o Oriente.

f) O resto do sumo das ervas postas na cabeça do iniciando ou pessoa deve ser posto imediatamente num vaso que tenha uma planta cheirosa, a fim de não diluir esses restos sobre condições negativas...

g) Repetimos: — Em "O Almanaque do Pensamento" existe um horário astrológico, que, à falta de outro mais interno, serve bem para essas identificações de horas favoráveis.

E lembre-se: Umbanda e Magia e com magia não se brinca. Procure aprender pelo menos isso, para ser útil e honesto em relação aos outros irmãos que estão na sua dependência espiritual mediúnica...

Obs. especial: E como está subentendido nos itens B e E, é claro que esse "amacy" deve ser aplicado em certas zonas neuroreceptivas da cabeça do iniciando ou médium.

Então convém conhecê-las ou identificá-las, para cada caso. Veja-se, assim, o esquema seguinte, levando-se na devida conta, desde já, que as ditas zonas dos "amacys" são as que estão assinaladas por letras, onde o sumo das ervas sagradas deve ser friccionado (aplicado) suavemente, isto na zona correspondente ao signo do médium ou iniciando no ato dessa cerimônia.

E quanto aos pontos correspondentes aos números de 1 a 5, são para os contatos de talismãs sobre eles e obedecem à discriminações indicadas em cada um.

É bastante a pessoa se recolher a um ambiente calmo e aplicar o dito contato com seu talismã (ou guia cabalística) invocando ou orando às suas forças afins ou para a Corrente Astral de Umbanda. E é só.

O desenho da cabeça e o esquema dizem tudo. Estão logo na outra página.

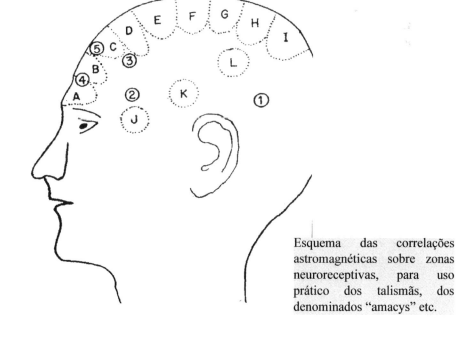

Esquema das correlações astromagnéticas sobre zonas neuroreceptivas, para uso prático dos talismãs, dos denominados "amacys" etc.

Ponto A: — corresponde a certa ZONA neuroreceptiva ou magnética do nativo de LEÃO (Astro: SOL — Linha de OXALÁ).

Ponto B: — corresponde a certa ZONA neuroreceptiva ou magnética do nativo de GÉMEOS (Planeta governante: MERCÚRIO — Linha de YORI).

Ponto C: — corresponde a certa ZONA neuroreceptiva ou magnética do nativo de VIRGEM (Planeta: MERCÚRIO — Linha de YORI).

Ponto D: — corresponde a certa ZONA neuroreceptiva ou magnética do nativo de AQUÁRIO (Planeta SATURNO — Linha de YORIMÁ).

Ponto E: — corresponde a certa ZONA neuroreceptiva ou magnética do nativo de PEIXES (Planeta JÚPITER — Linha de XANGÔ).

Ponto F: — corresponde a certa ZONA neuroreceptiva ou magnética do nativo de SAGITÁRIO (Planeta JÚPITER — Linha de XANGÔ).

Ponto G: — corresponde a certa ZONA neuroreceptiva ou magnética do nativo de CÂNCER (Satélite LUA — Linha de YEMANJÁ).

Ponto H: — corresponde a certa ZONA neuroreceptiva ou magnética do nativo de ÁRIES (Planeta MARTE — Linha de OGUM).

Ponto I: — corresponde a certa ZONA neuroreceptiva ou magnética do nativo de TOURO (Planeta VÊNUS — Linha de OXOSSI).

Ponto J: — corresponde a certa ZONA neuroreceptiva ou magnética do nativo de ESCORPIÃO (Planeta MARTE — Linha de OGUM).

Ponto K: — corresponde a certa ZONA neuroreceptiva ou magnética do nativo de CAPRICÓRNIO (Planeta SATURNO Linha de YORIMÁ).

Ponto L: — corresponde a certa ZONA neuroreceptiva ou magnética do nativo de LIBRA (Planeta VÊNUS — Linha de OXOSSI).

Ponto 1: — ZONA de estímulo neurosensitivo ou psíquico para combater a cólera, o ciúme, o ódio etc. (contato somente do lado esquerdo).

Ponto 2: — ZONA de estímulo neurosensitivo ou psíquico para reavivar a memória, as lembranças etc. (contatos quer à esquerda, quer à direita).

Ponto 3: — ZONA de estímulo neurosensitivo ou psíquico para combater a tristeza, a melancolia (contato somente do lado esquerdo da cabeça).

Ponto 4: — ZONA de estímulo neurosensitivo ou psíquico para firmar a concentração, a meditação (contato frontal).

Ponto 5: — ZONA de estímulo neurosensitivo ou psíquico para fortalecer a vontade, combater as depressões etc. (contato frontal).

SOBRE AS CACHOEIRAS, AS MATAS, OS RIOS, AS PEDREIRAS VIRGENS, O MAR ETC.

Como estamos versando quase que diretamente com partes discriminativas e práticas, devemos chamar a atenção dos umbandistas sobre os elementos cachoeiras, matas, mar, rios e pedreiras virgens, tão de uso para as nossas práticas ou rituais de cunho nitidamente mágico ou vibratório.

Os prezados irmãos umbandistas devem saber que esses lugares são sítios particularmente consagrados à Corrente Astral de Umbanda, desde épocas remotas, pelo Astral Superior.

É lamentável que inúmeros irmãos praticantes, por ignorância, façam desses sagrados ambientes elementais depósito de sujeiras, quer materiais, quer astrais (ou melhor: psíquico-astrais).

Sim! Porque é comum se verificar, nas cachoeiras, nas matas, nos rios etc., os mais absurdos, rasteiros e grosseiros materiais que por ali depositam a título de "preceitos", ou de oferendas.

É comum verem-se panelas, alguidares, garrafas, fitas, velas, bruxas de pano, alfinetes, assim como rabadas de porco, carnes sangrentas, e até sangue puro de animais abatidos.

Isso é crassa ignorância, é cega maldade! É desconhecimento completo do valor sagrado, espiritual e vibratório desses sítios. dos que assim procedem.

Esses ambientes elementais, consagrados à Corrente Astral de Umbanda, não servem, ou melhor, não são próprios para sintonizarem com ondas de pensamentos sujos, negativos e ainda mais ligados a coisas materiais inferiores e relacionadas com os movimentos de magia negra!

Esses sítios de natureza limpa são condensadores de energia ou de correntes eletromagnéticas positivas. São, por isso mesmo, lugares indicados e propiciatórios para os reajustamentos Vibratórios dos filhos-de-fé da Umbanda e devem merecer o respeito e o uso adequado.

Vamos inserir aqui a resposta que uma de nossas entidades militantes deu, em certa ocasião, a um desses filhos-de-fé, sobre o assunto. Foi uma resposta simples e adequada ao entendimento de quem perguntou, na época, ao Pai Ernesto, um "Preto-Velho" de fato e de direito. A pessoa perguntou-lhe assim:

"**Pergunta**: As obrigações que fazemos nas cachoeiras, matas, mar etc., têm algum valor?"

Resposta do Pai Ernesto de Moçambique: No período da escravatura, devido ao rigor imposto pelos senhores que eram católicos, os escravos, não podendo praticar livremente os seus cultos, se refugiavam nesses lugares com essa finalidade, tornando-se assim, para eles, sítios sagrados e que no Astral Superior foi e ainda lhes é reconhecido como mercê.

Por isso é que ainda determinam a seus filhos de terreiro ali comparecerem, a fim de que possam receber reajustamentos Vibratórios".

Ora, por essa resposta simples se vê que, de há muito, esses sítios foram consagrados, particularmente, a Corrente Astral de Umbanda, de vez que, pela parte de nossos índios, eles (esses citados sítios) já o eram desde os primórdios de sua raça.

Sabemos que os magos dos primitivos tupi-nambás, tupis-guaranis etc., os ditos como pajés (payés), caraíbas, e outros, costumavam consagrar, em cerimônias mágicas de alta significação, certos recantos de rios, lagoas, matas, praias, para a execução de ritos especiais ou práticas secretas.

Assim todos os médiuns umbandistas de fato, isto é, que têm um protetor de verdade, devem estar cientes de que, nas zonas vibratórias de uma cachoeira, de uma mata, de uma praia limpa, de um rio, não "habita" quiumba, ou melhor, nenhuma classe de espíritos atrasados faz Pousada e nem sequer pode-se aproximar, porque esses sagrados ambientes têm guardiães e mesmo porque, os espíritos atrasados, perturba, dores, viciados, mistificadores etc., não sentem nenhuma atração por lugares limpos, de vibrações eletromagnéticas positivas. Para eles são ambientes de repulsão.

Portanto, é de liminar entendimento que esses quiumbas, esses ditos espíritos atrasados e mesmo os próprios Exus de faixa inferior (os considerados como pagãos e outros) não recebem nenhuma oferenda, seja qual for, nas cachoeiras, matas, praias, rios e pedreiras.

É afrontar os guardiães mais elevados desses locais e, sobretudo, é provocar a ira de certa classe de elementares "ditos como espíritos da natureza" colocar oferendas grosseiras, inapropriadas, nesses ambientes, isso sem falar no aborrecimento que causa a nossos Caboclos e Pretos-Velhos que têm esses sítios como seus núcleos de trabalho, de reuniões espirituais, para a manipulação de certas forças mágicas e até para absorverem os fluidos eletromagnéticos indispensáveis com os quais fortalecem e "revestem" seus corpos astrais, para a luta de todo instante (dentro da atmosfera inferior da crosta terrestre), com as correntes do mal ou os espíritos das trevas.

Então, compete ao umbandista consciente respeitar e fazer respeitar, contribuindo, tanto quanto possível, para que esses sítios sagrados conservem sua natureza local limpa. E é um dever, quando se chegar nesses locais, varrê--los das sujeiras materiais que encontrarem, isto é, recolherem os restos de oferendas grosseiras, inadequadas e fazer uma cova (um buraco) e enterrá--los. Estarão assim prestando um grande serviço às verdadeiras entidades de nossa Umbanda. E não tenham medo de o fazer. Nada acontecerá, porque terão, imediatamente, o beneplácito de cima, para isso.

OS PODEROSOS E SUTIS EFEITOS MÁGICOS DA LUZ DE LAMPARINAS, NA ALTA MAGIA DE UMBANDA

Dentro de um fundamento que não podemos absolutamente detalhar, nesta obra de alcance popular, mas que podemos afirmar e ensinar como altamente superior e eficiente, tenha-se na devida conta que a iluminação fornecida (uso mágico) pela queima do azeite, seja ele qual for (porém, o melhor é o azeite doce), é tipo de luz consagrado a Corrente Astral de Umbanda, para efeitos de Alta Magia.

E certo que não podemos nem estamos aconselhando a desprezar a uso da iluminação proveniente das velas comuns ou de cera. Servem, sempre serviram. Têm uso e indicação adequados, os quais já ensinamos em obras anteriores.

Porém, estamos agora levantando novos ângulos da Alta Magia de nossa Corrente, ou seja, de nossos Caboclos e Pretos-Velhos.

Assim é que afirmamos tal e qual nossas entidades: "mironga de congá está no fundo das coisas e só podemos vê-las de lamparina acesa"...

Realmente, "congá pra ser congá" de Umbanda tem que ser iluminado somente com luz de lamparina (usar o azeite apropriado, as velinhas ou grisetas etc., em recipiente de vidro ou louça ou mesmo de barro, tamanhos de acordo).

O médium umbandista de fato e de direito deve saber distinguir; perfeitamente, o aspecto Magia ou de força mágica, do religioso propriamente dito.

Para isso deve saber mais que certa ordem de trabalhos exige condições especiais e elementos particulares ou afins a certas forças ou a certas operações não usáveis nas cerimônias puramente religiosas ou espirituais.

Então, ele pode adquirir as pembas nas casas do gênero, porém deve saber prepará-las, pois com magia não se brinca e quanto maior for o cuidado com os instrumentos mágicos, maior segurança, maior efeito.

Portanto, coerente com nossa linha doutrinária que é a de elucidar, esclarecer, explicar sempre para o meio umbandista, vamos discriminar os Rituais Mágicos para Imantação das Pembas.

Isso fazemos, porém lembramos, ou melhor, advertimos com bastante clareza: estamos ensinando coisas que se aplicam tão somente" a Magia Branca da Corrente Astral de Umbanda isto é a essa força que só pode ser usada ou manipulada para servir ao próximo, dentro da linha da Caridade. Sair desse aspecto para o lado negro é suicídio.

Nós jamais ensinamos Magia Negra a ninguém; conhecemos esse aspecto a fundo, mas os sombrios horrores, os nefandos envolvimentos desse citado aspecto não é caminho para quem já possua uma "gota de luz no entendimento".

Então vamos reafirmar o seguinte conceito: a pemba, desde que preparada dentro de certas condições astromagnéticas, tem seu valor triplicado nos trabalhos de ordem mágica.

Deve ser usada para os pontos de autodefesa, de segurança geral, de abertura de caminhos ou de desembaraços diversos, qualquer cruzamento e especialmente nos casos de "desmanchos de trabalhos" oriundos da baixa magia. enfim, para descargas de corrente negativa de qualquer espécie. Então, vamos aos rituais de preparação.

Ritual para o preparo Mágico das PEMBAS BRANCAS OU DE QUALQUER COR, para qualquer entidade — Caboclos, Pretos-Velhos e Crianças de qualquer Linha ou Vibração... da Corrente Astral de Umbanda.

A) ter as PEMBAS em estado de virgem (sem uso).

B) ter uma bacia ou recipiente de madeira com um furo nos fundos.

C) colher durante a fase da lua CHEIA (qualquer dia) em praia limpa, areia do mar (um litro cheio mais ou menos).

D) ter três pedaços de carvão vegetal.

E) ter num vidro a seguinte infusão ou sumos dessas ervas solares: folhas de arruda; folhas de levante; folhas de maracujá.

F) ter três agulhas virgens (agulhas de aço).

G) verificar pelo "Almanaque do Pensamento" (do ano corrente) quando a LUA entra na fase de NOVA.

H) ter 3 velas de cera de tamanho regular.

I) ter um pouco da essência ou do perfume de sândalo.

Todo esse material estando pronto, o preparador se inteira do dia em que a LUA entra na fase de NOVA e, no dia seguinte, ao romper do SOL (quando ele "nasce"), bota a bacia em local exposto a seus raios...

Logo depois, põe dentro da dita bacia uma camada de areia do mar, os três pedaços de carvão virgem e as três agulhas; depois acaba de encher com a areia restante.

A seguir vai colocando a quantidade de PEMBAS que desejar (brancas ou de cores) com mais de metade enterrada na dita areia.

Isto feito, acende as três velas de cera e as oferece às entidades protetoras das TRÉS BANDAS Caboclos, Pretos-Velhos e Crianças... Nessa ocasião, faz uma firme concentração e pede aos Gênios da hora, aos Orixás de LUZ, que imantem as pembas com a natureza dos elementais, seguido a sua fé (do preparador), a sua pureza de intenções etc.

Acabando de dizer isso, curva-se e faz três inspirações profundas e lentas e começa a expirar (exalar) para cima das ditas pembas. No intervalo de cada inspiração e exalação (depois de soprar o seu hálito nas pembas) diz a seguinte palavra mágica (tem força de mantra):

A-NA-CA-UAM... lentamente...

Depois disso, as pembas começam a ser banhadas com o perfume de sândalo, para 15 minutos depois banhar ou ensopar as pembas com o sumo das ervas citadas no item B. Deixar as velas queimarem até a metade. Apagá-las.

Á noite, procede à mesma operação, isto é, repete tudo e deixa as velas se acabarem, queimando até o fim...

No dia seguinte, levanta as pembas para a superfície da areia e deixa-as secarem completamente ao Sol...

OBS.: Pode guardar a bacia com seu conteúdo. Servirá para outras preparações. Não esquecer de guardar as pembas em caixa separada e com identificação de imantadas. Agora, atenção: essas pembas não podem ser usadas por médiuns em desenvolvimento nem por pessoas não capacitadas. Outrossim, é claro que o preparador terá que estar de corpo e alma limpos, isto é, não pode ter relações sexuais na véspera desse preparo.

QUINTA PARTE

MAGIA CABALÍSTICA OS SINAIS RISCADOS LEI DE PEMBA

A consagração da realidade fundamental por caracteres primitivos tem sido a preocupação das Escolas religiosas que desejam provar a si próprias.

Quase todas vão e voltam, nessa pesquisa, invariavelmente à Cabala, porque, dizem, ela tem a chave do Passado, do Presente e do Futuro.

A união das ideias aos sinais, a Tríade dos números e das letras, são realidades que se tornam Una, quando sabemos e conhecemos que tudo isso se correlaciona a palavras sagradas que traduzem a magia do Som Divino da própria Lei do Verbo.

Dai é que usamos, dentro das sessões internas, o cabalismo básico, original, através do que denominamos de "sinais riscados" (ou lei de pemba), nos quais fundamentou-se a Cabala ária ou nórdica (a verdadeira) e não essa dita como Cabala Hebraica, que veio falsificada do Oriente para o Ocidente.

Esses sinais riscados assim conhecidos pelos leigos, são ainda na sua real origem somente comunicados e do conhecimento dos Iniciados de sua Lei.

Para sermos corretos com o que afirmamos, vamos dar e demonstrar o seguinte: existe um conjunto tríplice, que identifica em três graus esses mistérios.

Na Umbanda do momento apenas é usado o Primeiro Conjunto que se chama Chave-simples, que é simbolizado vulgarmente em flechas caprichadas, tipo setinhas de "inspetoria", desenhos bem feitos de salomões, cruzes, luas, sóis, estrelas radiosas, espadas-de-Ogum e machadinhas de Xangô, tudo misturado e sem nexo e que despertam apenas curiosidade em observá-los.

Se os nomes que estão postos embaixo, para identificação, forem retirados, os "pontos" ficarão inidentificáveis, não saberemos a quem pertencem, pois NÃO SE DISTINGUEM ENTRE SI.

No entanto, a "coisa" é tão simples, que não sabemos " o por que" os "doutores e mentores" não perceberam durante tantos anos que dizem ter de prática nas "milongas" de Umbanda.

Assim como os homens têm a pena para firmar documentos, elaborar tratados, codificar leis e expressar cientificamente seu pensamento, os Orixás intermediários, Guias e Protetores usam da pemba (giz bruto), que é uma de suas maiores "armas" na imantação de certas forças da Magia da Lei, não pelo objeto em si, mas pelo valor de seus Sinais.

Os "pontos riscados" são ordens escritas (podemos qualificá-los de "grafia celeste") de UM a VÁRIOS setores com a identidade de quem pode e ESTÁ ORDENADO para isto.

Setor algum, da chamada Quimbanda (Ki-mbanda), pode desobedecer às ordens emanadas por este veículo.

Pelo ponto riscado é que as Entidades se identificam por completo nos aparelhos de incorporação, **PRINCIPALMENTE** nos semi-inconscientes, pois seus subconscientes, nesses fundamentos, não influem, simplesmente porque não conhecem seus valores.

Para exemplificar: é o mesmo que um aparelho incorporar um espírito arraigado aos caracteres psíquicos, língua e costumes do país onde teve sua última encarnação chinês, por exemplo que vem escrevendo esse idioma, que o aparelho desconhece por completo.

Comecemos mostrando os verdadeiros sinais simples ou caracteres identificadores da junção das três bandas ordenadas pela Lei de Espíritos de **CRIANÇAS, CABOCLOS E PRETOS-VELHOS.**

Eis os sinais Cruzados das três bandas:

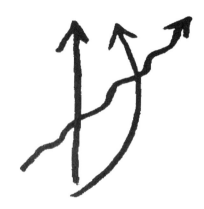

Temos, assim, três caracteres que identificam três AGRUPAMENTOS, ou seja:

Banda das Crianças   Banda dos Caboclos   Banda dos Pretos-Velhos

Até aí, porém, damos apenas a Banda afim. Mas as Entidades podem dar um "ponto riscado" no qual caracterizam três fundamentos que se completam, formando um todo.

1º) Pode riscar um Sinal (qualquer um desses acima), que se Chama FLECHA, quando quer identificar simplesmente sua Banda ou Agrupamento afim.

2.º) Completa o primeiro com outro, que se diz CHAVE, quando quer firmar com mais precisão a sua identidade para determinados casos, porque costumam usar os Sinais de Flecha e Raiz separados, para a composição de certos conjuntos. Ex.:

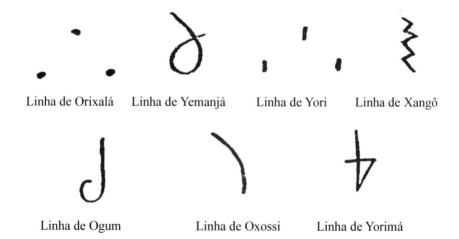

Linha de Orixalá   Linha de Yemanjá   Linha de Yori   Linha de Xangô

Linha de Ogum   Linha de Oxossi   Linha de Yorimá

Pela junção dos Dois Sinais (Flecha e Chave), saberemos logo, de uma só vez, a sua Banda (se é Criança, Caboclo ou Preto-Velho) e sua Linha (qualquer uma das sete, isso porque os espíritos de Crianças estão debaixo de uma só Vibração, a de YORI; os Pretos-Velhos, de YORIMÁ; os Caboclos se distribuem em CINCO VIBRAÇÕES DIFERENTES, quais sejam: de Orixalá, Yemanjá, Ogum, Oxossi e Xangô. Exemplifiquemos a junção dos Dois em UM:

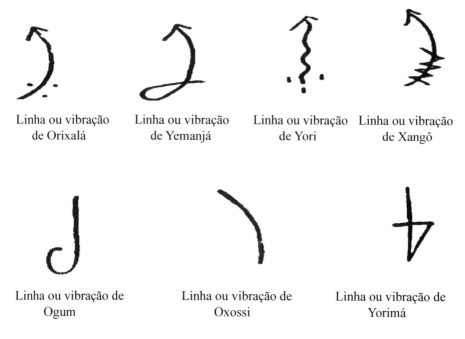

Linha ou vibração de Orixalá

Linha ou vibração de Yemanjá

Linha ou vibração de Yori

Linha ou vibração de Xangô

Linha ou vibração de Ogum

Linha ou vibração de Oxossi

Linha ou vibração de Yorimá

Feitos os dois primeiros, o Orixá, Guia ou Protetor, se julgar necessário, completa com um **TERCEIRO SINAL-TRÍPLICE** que se chama RAIZ.

O sinal da RAIZ é o que controla e situa as afinidades entre os Espíritos que se apresentam como Pretos-Velhos, porque muitos deles, no Grau de Protetores, conservam como soma de seus carmas os caracteres raciais no corpo astral, como sejam: de Congo, Angola, Cambinda etc., bem como os espíritos que se apresentam como Caboclos, que também, dentro de suas afinidades, se identificam por um sistema igual.

O sinal de **RAIZ** tem **TRÊS** características em seu "traçado", em cada uma das Sete Linhas que identificam ainda a Entidade como Chefe de Falange, Subfalange ou simples integrante.

Para uma identificação total, traça, conforme o objetivo, outros sinais, e forma um conjunto, surgindo então o "ponto" em sua totalidade.

Os fundamentos, na Lei de Pemba, de RAIZ em diante, são ensinados apenas a Iniciados do 2º Grau até o marco dos positivos.

Os sinais integrais, inclusive os "negativos", são somente conhecidos por Iniciados do 1ª Grau da Lei de Umbanda.

E se você, leitor, quiser ter uma ideia mais viva da grafia usada dentro da alta magia da Umbanda, veja num mapa grande, que consta em nossa obra "Umbanda de todos nós".

A MAGIA CABALÍSTICA DAS OFERENDAS NA UMBANDA DE ACORDO COM AS 7 LINHAS, DISCRIMINAÇÃO COMPLETA. AS CHAMADAS "COMIDAS DE SANTO" SEUS ELEMENTOS MATERIAIS NOS "CANDOMBLÉS", EM FACE DA QUIMBANDA OU DOS "DESPACHOS" PARA EXU. OS SINAIS OU OS PONTOS RISCADOS DE FORÇA, DOS 7 ORIXÁS OU LINHAS, PARA AS OFERENDAS ETC., DENTRO DO ASPECTO POSITIVO OU DA MAGIA BRANCA

Prezado irmão leitor umbandista ou "africanista" não importa o que você seja. O que importa agora é o seguinte: — você sabe o que é uma oferenda dentro da Corrente Astral de Umbanda, o que significa e o que pode movimentar de bom ou de mau, se fugir de seu aspecto correto?

Oferenda — cremos que qualquer um sabe — no puro sentido do termo, é uma coisa, um objeto ou aquilo que se oferece; porém, oferenda na interpretação puramente religiosa passa a ser oblata, que significa pelo sentido que lhe imprimiu a Igreja Apostólica Romana — tudo que se oferece a Deus ou aos Santos na dita Igreja... ou seja, esse tudo que se oferece, implicando no aspecto da oferta material, financeira etc.

Oferenda nos chamados "Candomblés" significa quase a mesma coisa, isto é, ofertam tudo sob a denominação de "comidas de santo" a seus Orixás. Apenas a Olorum, que é Deus, nada ofertam de material.

A oferenda na Corrente Astral de Umbanda difere bastante, quer do sentido da oblata da Igreja, quer do sentido das oferendas ou das "comidas de santo" dos "Candomblés" ou Cultos Africanos. Por quê?

Porque na Umbanda a oferenda existe, porém, dentro do seguinte conceito: — Deus — o Pai-Eterno, Jesus — o Cristo Planetário, as Potências Espirituais Superiores, isto é, os Orixás, só se comprazem com a "oferenda" ou com a oferta mental — do sentimento, do coração, do pensamento, assim como o que se possa interpretar como prece, oração, evocação etc.

Agora, abaixo de Deus, de Jesus, dessas Potências Celestiais, existem os **ESPÍRITOS** em seus diferentes graus de evolução, de entendimento etc. Aos Espíritos, dentro de certos graus de entendimento, isto é, aos espíritos que ainda sentem necessidade delas — das oferendas — e ainda aos que se comprazem com certos tipos de ofertas, a eles as. sim são encaminhadas, tudo de acordo com a movimentação de certas forças mágicas, dentro da citada Corrente Astral de Umbanda. E ainda temos que considerar mais este aspecto: a maioria de nossas entidades, "Guias ou Protetores", podem solicitar uma oferenda sem ter necessidade direta dela e nem mesmo para se comprazer dela. Pedem e usam a oferenda para certos movimentos de força mágica relacionados com os "elementais" — ditos como "espíritos da natureza"... que são, em realidade, espíritos na fase de elementares, isto é, que nunca encarnararn, portanto, em estágio preparatório a essa condição, e nunca para Deus, nem para Jesus, nem para os Orixás. Existem ou são feitas para os espíritos que estão dentro da faixa dos Orixás... Compreendido?...

E ainda tem que se observar na oferenda a qualidade dos materiais a serem ofertados, porque os de qualidade inferior, grosseira, assim como todo material ou elemento proveniente de sacrifício de animais com sangue etc., não são próprios da Corrente Astral de Umbanda e sim dos chamados "Candomblés"... e da Quimbanda também.

Como é de nosso desejo nessa questão de oferendas, elucidar e não atacar nem desfazer diretamente no grau de entendimento das pessoas ou dos irmãos ainda arraigadas a certos tipos de oferendas — conhecidas mais como "comidas do santo", sabendo-se que, nem a natureza dá saltos, nem o citado entendimento também, estamos abordando o assunto e revelando o lado correto da arte mágica de ofertar elementos materiais aos seres desencarnados dos planos afins da Umbanda.

De princípio devemos frisar que a oferenda, seja ela de qual tipo for, foge do puro aspecto religioso e passa a se ligar ao aspecto mágico, pela cerimônia, pelo rito (seja ele o mais simples), pela fixação mental da imagem desejada sobre a coisa ofertada e daí procurando ligar-se ao ser espiritual a quem se ofertou, seja ele uma potência ou um espírito qualquer... porque, desde que existe uma oferenda, passa a existir a correspondente atração de elementos afins sobre ela, sejam eles quais forem...

E sem querermos (e podermos) aprofundar-nos muito nesse assunto, afirmamos com a experiência de 30 anos de lidar e ver lidar com esse ângulo, que a oferenda está intimamente ligada à magia ou às forças mágicas...

Oferenda é coisa material; esta é condensação de elementos radicais da natureza, em sólidos, líquidos, gasosos etc. Esses elementos são forças elementais, vitais, da dita **natura**; são, enfim, as correntes fluídicas ou eletromagnéticas primordiais que são o mesmo que as Linhas de Força que a tudo comandam. E sem linhas de força não há magia, porque magia é a arte real, é a Lei Cósmica, básica, que regula todos os movimentos, de tudo que existe dentro do infinito espaço cósmico... E regulando, manipulando as forças Mágicas ou a Magia, está a Inteligência do Espírito, estão as Potências Espirituais, ou seja, uma Suprema Inteligência Cósmica...

Mesmo o que se possa entender como a pura magia mental, é coisa que vibra, forma corrente, é pensamento e, vibrando, é energia, existe fisicamente, se plasma, se fixa e se objetiva em alguma coisa que tem vida concreta...

Mas para que se possa assimilar bem todo esse tema oferenda *versus* magia torna-se necessário definirmos logo um certo ângulo muito falado, interpretado e denominado ora como magia branca, ora como magia negra, quer no meio umbandista propriamente dito, quer em outros setores.

Magia, já o dissemos, é a Arte Real, é a Sabedoria Integral, é a Ciência dos Magos, é a Lei Cósmica, básica, é enfim a força usada, para manipular, movimentar a estrutura íntima de tudo que existe ou tem vida dentro do espaço cósmico e própria à *natura naturandis*. Magia é, portanto, uma só realidade, uma só força...

Agora, as suas variações, ou seja, as apropriações de seus elementos de força, para Em diversos nos planos e subplanos da vida astral para se ligar às condições humanas, formam o que vulgarmente se entende ou se interpreta como magia branca logo que se aplique para fins positivos. Havendo derivação para fins negativos, então se diz como magia negra...

Assim é que no meio umbandista se fala em magia negra como coisa ligada a Quimbanda e em magia branca como coisa ligada a Umbanda propriamente dita. O fato é que a interpretação está assim estabelecida...

Então, estabeleçamos o conceito: — em todas as oferendas que entrarem os elementos materiais considerados grosseiros ou inferiores, assim como carnes de animais diversos — bichos de pelo e pena — cujo *habitat* seja o ambiente terra (porque há os bichos do ambiente água, assim como os peixes etc.), e que implique em sacrifício ou matança com sangue, líquidos alcoólicos inferiores, assim como aguardente (a vulgar marafa) etc., bem como a anexação de objetos de cor preta, assim como panos e bruxas de pano e outros tipos de bonecos, alfinetes, agulhas, linhas, ponteiros ou punhais, fitas negras, alguidares, panelas, pólvora ou tuia etc., tudo isso se pode considerar como ligado às forças negras ou à magia negra... e só tem campo de assentamento ou aceitação, da chamada Quimbanda — com seus Exus guardiães — para a Quiumbanda, com todo seu cortejo de espíritos atrasadíssimos, aos quais denominamos de Quiumbas e que formam, com suas variadas classes, o que se diz e é propriamente o baixo-astral.

Agora, todo tipo de oferenda escoimado dos elementos materiais acima citados está relacionado com as forças brancas ou com a magia branca.

Esta magia branca é usada pelos Caboclos, Pretos-Velhos etc., com um poder maior, decuplicado, porque ligam ao aspecto oferenda o ângulo cabalístico, ou seja, dos sinas riscados ou Lei de Pemba.

Cremos ter ficado bastante clara a diferenciação exposta, que fizemos dentro de confrontos simples, ao alcance de qualquer irmão umbandista ou não...

Então vamos agora entrar no âmbito direto da questão das ofertas, para os espíritos da Corrente Astral de Umbanda, classificando-as em TRÊS aspectos:

OFERENDAS PARA A BANDA DOS CABOCLOS.

OFERENDAS PARA A BANDA DOS PRETOS-VELHOS.

OFERENDAS PARA A BANDA DAS CRIANÇAS.

Porém, antes de discriminarmos os materiais a serem ofertados, quer para as falanges de espíritos no grau de protetores, quer para as falanges de espíritos no grau de guias e daí para cima, pois que há ainda essa diferença a se considerar na Corrente Astral de Umbanda, suscitemos e respondamos logo à seguinte pergunta: os Espíritos comem as coisas ou os elementos materiais ofertados? Resposta: Não, não comem e nem podem comê-los. Todavia, é um fato que muitos desses espíritos absorvem fluidicamente as emanações das coisas ou dos elementos materiais ofertados, pela necessidade que ainda têm ou sentem deles (exemplo: uma pessoa é fumante inveterado, desencarna e logo que tem consciência do seu estado, no astral, volta a sentir imperiosamente todas as necessidades psíquicas, ou seja, todos os desejos fortes pelas coisas que deixou, inclusive o vício de fumar[48], que adquire, em muitos espíritos, a condição de verdadeira tentação. Nesse caso está o vício do álcool e outros mais)... E quanto a outros espíritos, apenas se comprazem com ela, isto é, com a oferenda, tudo de acordo com a qualidade da coisa ofertada.

Assim, deve ficar bem claro e bem entendido, que a qualidade do material ou dos objetos ofertados é que determina a atração afim da classe de espíritos a quem se ofertou.

Todavia, convém frisarmos para os entendidos ou para os verdadeiros ocultistas, que o nosso sistema de oferendas está implicitamente ligado ao cabalismo dos sinais riscados e que nesse aspecto de alta magia — próprio dos iniciados — se destinam aos espíritos na fase de elementares que ainda não atingiram a 1ª encarnação e permanecem nessa fase estagiária de preparação, depois de terem passado pelos "reinos da natureza". Veja-se elucidações na 5ª Parte desta obra.

Portanto, dentro do critério acima definido, é regra na Umbanda verdadeira, é palavra de ordem dos verdadeiros Caboclos, Pretos. Velhos etc., não se alimentar o vício ou os desejos inferiores dos espíritos atrasados, isto é, dos seres que estão ainda no plano considerado como do baixo-astral, com certos tipos de oferendas grosseiras, sem que haja absoluta necessidade disso, e assim mesmo, sob o controle direto de uma entidade responsável.

Isso tudo bem compreendido, vamos agora saber quais as espécies de oferendas que são apropriadas às atrações afins nas TRÊS Bandas: Caboclos, Pretos-Velhos e Crianças — dentro do que há de mais correto, de mais puro, na Corrente Astral de Umbanda (obs. importante: — dizemos "o que há de mais correto, mais puro etc.", porque já demos em outras obras nossas vários tipos de ofertas, porém sempre obedecendo a um sentido particular ou a um aspecto mágico e fenomênico especial). Tanto assim que, em nossa citada

---

48 Nessa questão do fumo há de se considerar dois aspectos: o do vício de fumar que é o desejo incontido de absorver esse elemento e o uso da fumaça do fumo para fins de mania pulação com certa classe de elementais, para descargas ou desagregações fluídicas de larvas... Nossos Caboclos e Pretos-Velhos não estão arraigadas ao vício de fumar. No entanto, quando incorporados (através do médium), costumam fumar. É claro que estão manipulando, descarregando, procedendo a certas desagregações fluídicas no ambiente do terreiro ou mesmo sobre um paciente. Agora é preciso entender-se que, na falange de uma entidade Caboclo ou Preto-Velho etc., existem os espíritos que estão na sua faixa afim, cooperando para o Bem, mas que ainda estão presos ao vício de fumar, tanto quanto inúmeras pessoas bondosas, instruídas aqui na vida terrena, é claro.

obra "Umbanda de Todos Nós", constam, para cada uma das sete linhas, formas de oferenda relativas à condição do ofertante como médium e que esteja preparando-se, iniciando-se, tudo obedecendo a uma série de fixações mágicas da Lei de Pemba e de acordo com o "ideograma" do chacra. Essas oferendas ali estão implicitamente ligadas ao aspecto batismo, confirmação, preparação etc. Em todas ligamos o elemento vinho, sumo de ervas etc. Naturalmente que esses aspectos são para casos especiais de preparações ou de iniciações e só para médiuns bastante adiantados. Aqui, o aspecto oferendas não está dentro dessas condições e o conhecimento que se vai adquirir sobre elas — nessa obra — é mais simples, porque se prende a questão de saber quais os elementos ou os materiais (comidas etc.), que as Falanges de Caboclos, Pretos-Velhos e Crianças aceitam na Corrente Astral de Umbanda, de um modo geral o que é muito importante, visto abarcar tudo... daí, "para quem sabe ler, um pingo é letra". Podem ser usadas para todos os aspectos de ligação com as entidades afins, menos um: não podem ser usados para ofertar em pedidos de natureza negativa ou de maldade... Não surtirão efeito e o ignorante que assim proceder será logo castigado pelo astral limpo que ele pretendeu sujar... Entendido?...

ELEMENTOS DE OFERENDAS PARA A BANDA DOS ESPÍRITOS DE CABOCLOS

Essa composição de elementos materiais que vai ser discriminada abaixo servirá de oferta à nossa pura Corrente Ameríndia, a qual teve que se adaptar às condições de crendice, mística ou concepção da massa dita como umbandista, tradicionalmente arraigada ao conceito dos Orixás, Oxossi, Ogum, Xangô, Yemanjá e Oxalá (ou Orixalá), assim como ressaltou o sentido esotérico para os de maior alcance, ou seja, para os Iniciados.

Assim, em travessas ou pratos de louça branca, forrados com folhas de bananeiras verdes, devem ser distribuídos os seguintes elementos:

a) frutas diversas;

b) polpa do coco maduro misturada com azeite doce;

c) arroz cozido na pura água (sem sal) e postas de peixe, feitas no azeite-de-dendê (sem sal);

d) aipim, ou milho verde ou batata-doce (tudo cozido sem sal);

e) vinho Moscatel, adicionado com 3 colheres de mel de abelha e 3 de Guaraná em pó (misturar bem);

f) velas de cera: pares para pedidos de ordem material e ímpares para pedidos de ordem moral, espiritual etc.;

g) pano de cor azul, com 70 cm quadrados e uma pemba branca;

h) traçar com a pemba sobre o pano azul o ponto riscado nº 1 (2ª chave na alta magia cabalística da Umbanda), para poder, assim, colocar em cima as travessas ou pratos de louça, com as ditas oferendas;

i) se o ofertante quiser diretamente preceituar a uma entidade sua, particular, é só obedecer ao seguinte: na base do ponto riscado (isto é, abaixo no pé do pentagrama) faz essa fixação cruzada — para Oxossi risca 3 cruzes; para Ogum risca 4 cruzes; para Xangô risca 5 cruzes; para Yemanjá risca 6 cruzes; para Oxalá (Orixalá) rica 7 cruzes;

j) tudo assim pronto, depositar nas margens de 110 ou cachoeira, de preferência, perto de uma árvore, em qualquer dia e hora da semana, dentro da quinzena-branca, ou seja, nas fases da Lua de Nova a Crescente;

1) flores diversas e à vontade, para vibrar o preceito, justamente com as velas acesas;

m) quanto à bebida, convém despejá-la numa tigela de louça branca, também;

n) não esquecer de botar também o fumo na forma de charutos ou de cigarros de palha.

ELEMENTOS DE OFERENDAS PARA A BANDA DOS ESPÍRITOS DE PRETOS-VELHOS

Para os espíritos de Pretos-Velhos no grau de Protetores da Linha de YORIMÁ...

Elementos materiais: — O milho em espigas. O aipim. A canjica. O leite de coco. A farinha torrada com sal. O café amargo. O vinho tinto. Frutas diversas. Flores diversas. Folha de bananeira. Cachimbos de madeira simples. O fumo de rolo. Recipientes de louça de qualquer cor ou qualidade. Velas comuns. Pemba branca. Pano na cor que se harmoniza com a vibração: violeta, roxo, castanho-escuro, preto e branco no tipo "xadrez".

Como proceder: — Nos pratos ou tigelas de louça, forrados com a folha da bananeira, colocar o milho assado em espigas ou o aipim assado na brasa (ou mesmo frito em postas num óleo vegetal qualquer) ou o angu, a canjica feita no leite de coco, ou ainda o milho assado e debulhado de mistura com a farinha torrada com algumas pitadas de sal. Tudo isso pode ser ofertado em conjunto ou em partes de acordo com as posses do ofertante ou o caso ou a natureza do pedido ou preceito. O café amargo e o vinho podem ser ofertados puros ou misturados, dentro de tigelas de louça, em número de uma, duas, três e mais tigelas Agora todos esses ingredientes são necessariamente colocados sobre o pano de 70 cm de comprimento e na cor violeta. Ainda sobre esse dito pano se colocam os cachimbos (1-3-5-7 ou mais) e o fumo de rolo e as flores a jeito, bem como se acendem as velas firmadas em pratinho ou pires, de sorte que não queimem o preceito ou então podem ser acesas em torno do pano no chão. Velas em número par para pedidos de ordem material e em número ímpar, para os pedidos de ordem moral, espiritual, me diúnica etc.

Qualquer dia e hora serve para essa oferenda, contanto que seja na quinzena-branca. O local deve ser na mata, debaixo de árvore frondosa. No pano deve ser traçado o ponto riscado nº 2.

ELEMENTOS DE OFERENDAS PARA A BANDA DOS ESPÍRITOS DE CRIANÇAS

Elementas materiais: — Doces diversos, especialmente cocadas em cores. Refresco de guaraná. Água de coco verde. Manjar feito no leite de coco. Cuscus de coco. Canjiquinha de milho verde. Vinho com mate açucarado. Flores diversas. Velas comuns. Frutas diversas. Pano nas cores que se harmonizam com a vibração: — o vermelho puro e suas tonalidades claras. Louça branca.

Como proceder: — todos esses preparos que envolvem doces, cocadas. manjares. etc., quase tudo tem que ser na base do leite de coco e dispensa maiores explicações. Agora, todos esses elementos ou guloseimas têm que ser postos em pratinhos ou travessas de louça branca, tigelinhas etc., bem como o refresco de guaraná, especialmente a água de coco e o vinho com mate açucarada Tudo isso tem que ser colocado sobre o pano na cor e tamanho escolhido junto com as flores, os frutos etc., a jeito do ofertante. As velas que vão ser usadas nessa oferenda devem ser acesas de forma que não queimem o preceito. Acender em número par já se sabe que o pedido é para fins de um benefício material e em número ímpar o preceito será puramente de ordem espiritual ou mediúnica etc. Qualquer dia serve para a entrega dessa oferenda, porém dentro da quinzena-branca.

Traçar sobre o pano o ponto riscado nº 3.

Prezados irmãos umbandistas! Estão assim discriminadas formas corretas de se ofertar elementos materiais às entidades militantes da Corrente Astral de Umbanda Caboclos, Pretos-Velhos, Crianças etc.

Essas oferendas estão rigorosamente selecionadas para efeitos de ligação mágica e são, de fato, aquilo que as correntes espirituais aceitam, dentro da magia branca, pois tudo está de acordo com os elementais ou ditos "espíritos da natureza"...

Sim! Compreendam bem. Oferendas na Corrente Astral de Umbanda existem, mas só se aplicam em reação com as Forças Mágicas ou para movimentar certos elementos da **MAGIA BRANCA**. Nada têm diretamente com o puro aspecto religioso... e foi dentro dessas ligações mágicas que as discriminamos...

De sorte que é oportuno, é necessário lembrarmos o seguinte: as entidades militantes da Umbanda não aceitam e costumam até repelir oferendas que são feitas para elas erradamente essas mesmas que estão vulgarizadas por aí pelos tais "terreiros" e que implicam em SACRIFÍCIO DE ANIMAIS, COM SANGUE, carnes sangrentas para "Ogum" em forma de bifes e rabadas de porco para "Xangô" etc...

Atentem bem para esse conceito, verdadeira regra da magia: toda oferenda que estiver firmada em sangue, carnes sangrentas ou com animais abatidos ou sacrificados, sejam de 2 pés (galos, galinhas, patos. etc.), sejam de 4 pés (bodes, cabritos, cágados etc.), **SÃO DE LIGAÇÃO MÁGICA INFERIOR, GROSSEIRA** e apenas encontram campos de afinidade dentro da chamada de **MAGIA NEGRA**...

São oferendas que somente se ligam ao astral inferior e, por isso mesmo, perigosíssimas de se movimentar com elas, pois não se pode lidar com o baixo-astral na magia sem se estar perfeitamente capacitado ou ordenado para isso...

Portanto, vamos suscitar na mente ou no raciocínio do leitor , umbandista ou não ainda o seguinte: é fato corriqueiro, é comum se encontrar nas encruzilhadas, e naturalmente compreendidos como para os Exus, os tais "despachos", sempre com animais abatidos, sangue, farofas, aguardente etc., elementos esses que, até as pessoas mais simples sentem, pressentem, sabem, que são de aspecto negativo ou para o mal... portanto, implicitamente ligados às vibrações negativas de pensamento dos humanos e, logicamente, do astral também. E se eles são postos nas encruzilhadas é porque vêm dos "terreiros" da chamada Quimbanda, porque dos "Candomblés" não podem ser, visto eles não entregarem suas "comidas de santo" ou as oferendas para seus "Orixás" nas encruzilhadas de rua...

Então, o que ressalta claramente disso tudo? É que somente aos espíritos considerados como atrasados, inferiores, se fazem oferendas grosseiras... consideradas reconhecidas, interpretadas, firmadas etc., como elementos de magia negra....

Assim, vamos levantar mais uma incongruência "mágica"...

Nos chamados "Candomblés" ou rituais de nação africana todas as "comidas de santo" ou oferendas para os seus Orixás, são executadas na base do sacrifício de animais de 2 e 4 pés, com sangue etc.

Como se entender, logicamente, que os elementos carne, sangue etc., que implicam em matança, possam servir de oferenda, quer para os espíritos chamados de **EXUS**, quer para os Espíritos Superiores chama dos de **ORIXÁS**???

Esse tremendo absurdo acontece dos "Candomblés" à Quimbanda e com acentuada infiltração na Umbanda propriamente dita... pois no conceito sobre ORIXÁS na Lei de Umbanda, eles são considerados **POTÊNCIAS ESPIRITUAIS, SERES OU ESPÍRITOS ALTAMENTE SITUADOS NAS HIERARQUIAS PLANETÁRIAS, SENHORES DE ELEMENTOS CÓSMICOS OU DA NATUREZA, CABEÇAS DE TODA UMA FAIXA VIBRATÓRIA ESPIRITUAL** e aos quais, absolutamente, não se devem ofertar coisas materiais...

No entanto, nos "Candomblés" ou nos cultos africanos, eles os seus Orixás "comem" e "bebem" sangue, isto é, na concepção ou na interpretação tradicional, eles gostam do sacrifício de animais e para isso têm até os animais particularizados para cada um...

Agora, veja e decore os pontos riscados ns. 1, 2 e 3, que você pode usar a qualquer instante.

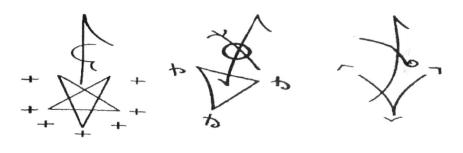

Ponto — riscado nº 1   Ponto — riscado nº 2   Ponto — riscado nº 3

Outrossim: ao leigo ou às pessoas arraigadas ao convencionalismo tradicional dos sistemas religiosos dogmáticos, parecerá que somos primitivos, atrasados, em aplicar estas oferendas. Naturalmente serão pessoas desconhecedoras de que um dos vértices principais da Umbanda é a Magia. Portanto são ignorantes nesse mister. Condenam sem conhecimento de causa.

A propósito: no ano passado (1967) durante os meses de outubro e novembro, estivemos em acalorados debates na Televisão, programa "Show sem limite" (TV-Rio e TV-Tupi, que, por causa desses debates atingiu o maior índice de audição da Guanabara), com parapsicólogo, médico, espíritas, pastor protestante etc. Causou-nos pena ver a ignorância fanática do reverendo pastor que, de Bíblia na mão, esbravejava contra os "terreiros" (da Umbanda), dizendo que, neles, compactuava-se com o "demônio" (para nós, umbandistas, o tal demônio não passa de um mito, uma infantilidade, espécie de "arma psicológica" para manter os religiosos dessa corrente no freio do temor) através de oferendas etc., afirmando sempre que a Bíblia é sagrada, divina, "portadora da palavra de Deus-Jeová. Estávamos aptos de "bíblia na mão", também, para perguntar-lhe (diante de milhares e milhares de telespectadores), se continuava válida a palavra divina desse velho testamento, de vez que continuava ensinando magia negra, com o sacrifício de bode, carneiro, novilho, sangue etc. (enfim, tudo isso que a Umbanda não aceita e combate), conforme está em Êxodo, 29, vers. 2 a 37 e em Levítico 16, vers. 9-10-11-14-15-21-22-27... quando sentimos que o impacto seria muito forte para ele... Tivemos compaixão de tanta cegueira espiritual e deixamos passar...

COLARES ou "GUIAS" CABALÍSTICOS

A "guia", espécie de colar de uso na Umbanda, é um objeto no qual os Guias e Protetores imantam certas e determinadas forças, para servirem de instrumentos em ocasiões precisas.

E, pois, uma "milonga" deles, digamos assim, usando um termo já tão vulgarizado.

As "guias" têm várias finalidades, quer servindo como "armas de defesa" para os aparelhos que são obrigados a entrar em contato com diferentes modalidades de negativos, quer para a Entidade que se serve delas para trabalhos de fixação e eliminação na Magia apropriada pela qual foi preparada e ainda de acordo com os fluidos magnéticos com os quais foram vibradas e imantadas.

A rigor, as "guias" são preparadas obedecendo instruções dadas pelas Entidades que delas necessitam, e não, absolutamente, "preparadas" pela exclusiva "sabedoria" dos aparelhos. Estes apenas providenciam o material necessário à sua confecção, porém o mistério ou o ato da real preparação de uma "guia" fica ao encargo do Guia ou Protetor ou então de um autêntico médium magista Iniciado!

Os materiais utilizados a este fim, tais como plantas, favas, raízes etc., são escolhidos de acordo com as afinidades planetárias, Vibração Original, quer da Entidade quer do aparelho (ver Mapa 6), tudo bem "pesado, medido e contado".

A matéria-prima deve ser virgem de uso e originária das matas, dos mares e dos rios. ou sejam, vegetais e minerais etc., porque o verdadeiro "toque" de força, como dizemos, será dado pela Entidade no momento em que fixar cabalisticamente, pelos sinais riscados, as Vibrações Mágicas.

Desaprovamos estas lindas miçangas de louça e vidro de cores variadas feitas por mãos profanas, porque sabemos e podemos provar não obedecerem a nenhuma "forma real" de preparo, mesmo adquiridas em contas soltas, semelhantes às usadas em fantasias de carnaval, e que muitos penduram ao pescoço em imensa quantidade.

Isso é corriqueiro, chocante e infantil, quando ocorre dentro do meio espiritual. Nenhum Guia ou Protetor, através de seus respectivos aparelhos, pedirá ou aceitará estas "coisas" para serventia real, a não ser que, por uma natural bondade e compreensão, possam tolerar este simbolismo, que tanto atrai a mente ingênua daqueles que, por circunstâncias cármicas, são vínculos na Lei de Umbanda, e queiram pacientemente, esperar que as concepções dos seus aparelhos se elevem a planos de maior realidade.

Temos nossas dúvidas quanto a esta hipótese, pois uma Entidade que se incorpora de verdade e com responsabilidade cármica, não perderá seu tempo em coisas frívolas tais como a aceitação de miçangas corriqueiras, que poderiam suscitar dúvidas e ironias nos sensatos e conhecedores da matéria, pois que assim deixariam patente a sua ignorância.

Este conceito talvez encontre reações e contestações em alguns, mas digam o que disserem, não convencerão nem a si próprios.

Nosso propósito não é ferir a quem quer que seja, mas o de lançar esclarecimentos da verdade aos Umbandistas de fé e coração, conscientes de sua nobre missão, buscando ansiosamente por todos os cantos, através dos livros e da prática, essa verdade que, muitos confessam, ainda não encontraram.

É do conhecimento geral que o meio umbandista aumenta dia a dia, congregando pessoas de cultura e que jamais se contentariam com explicações dogmáticas e muito menos com o eterno chavão, que se tornou lugar-comum dado por muitos "chefes de terreiros" que, quando interrogados sobre questões para eles desconhecidas e que não sabem como responder, escondem-se na afirmação de que a "Umbanda tem milonga" ou "Milonga de Umbanda quem sabe é Congá" ou ainda "Umbanda tem fundamento e fundamento de Umbanda tem milonga"... encerrando assim a questão em que aflitivamente tinham sido colocados.

Assim é que vemos em inúmeras Tendas e Cabanas essa profusão de colares de contas de louça e vidro, intercaladas em cores, que combinadas de certa maneira dizem pertencer a tal ou qual Linha, mas de uso apenas dentro de uma sequência tradicional.

E assim é que sabemos existirem certas **RAÍZES, FAVAS, PLANTAS, OBJETOS INATOS DO MAR, DOS RIOS, DA TERRA, DOS MINERAIS**, aos quais dão preferência na confecção de suas "guias" de trabalho, que obedecem rigorosamente a uma forma especial de serem preparadas, quer na quantidade. qualidade e dia próprio, em relação com o planeta que rege os vegetais e minerais, além da imantação mágica imprescindível pelos sinais riscados que as Entidades militantes da Lei de Umbanda acham adequados, em cada Vibração ou Linha.

Entre estes objetos, citaremos alguns, como: capacete-de-Ogum (espécie de fava de 1 a 2 cm de tamanho), umas contas vegetais, chamadas de favas ou lágrimas-de-nossa-senhora; uma que se chama fava divina, em forma ovalada e comprida com 2 a 3 cm; certas raízes de guiné-pipiu, cipó-caboclo, arruda etc.

Dos objetos de origem aquática temos: corais, búzios etc. Do elemento mineral, temos: "águas-marinhas", cristais de rocha etc.

Jamais vimos, porém, legítimas Entidades expoentes da Lei, em aparelhos de incorporação positiva, solicitarem lindas e corriqueiras continhas multicoloridas. de puro vidro ou louça.

Por essas e por outras, oh! irmão, não é que Você vai deixar de se filiar diretamente à Sagrada Corrente Astral de Umbanda, composta essencialmente dos Guias e Protetores astrais; passe por cima dessa subfiliação que implica em Você se deixar cair ou envolver na faixa vibratória de um médium qualquer, quer seja chefe-de-terreiro, pai ou mãe-de-santo, tata ou lá o que for.

Isso porque as condições reinantes de chefia, doutrina, ritual e magia são dúbias, e Você, sendo uma pessoa que lê, estuda, perquire e compara, na certa que não vai e nem deve submeter-se a um "quiumba" qualquer, arvorado de Caboclo ou Preto-Velho...

Você, sendo um verdadeiro "filho-de-fé" da Corrente Astral de Umbanda, não deve ficar na dependência e no temor dos "caprichos de A ou de B", sabendo que o elemento mediúnico é humano; é "aparelho", sujeito a desgaste, erros, subversão de sua própria mediunidade ou dom...

E mesmo que o médium seja bom, positivo, correto, esclarecido e com bons Guias ou Protetores, está sujeito a morrer, adoecer e a errar também e mesmo a surgir um problema qualquer no terreiro com Você e consequente afastamento; portanto. a filiação direta e tão somente a faixa espirítica moral e vibratória de um "chefe-de-terreiro" não é o bastante para lhe acobertar de eventuais problemas ou decaídas mediúnicas, cisões etc...

Entenda bem: se Você é filho-de-santo ou iniciado por um Guia ou Protetor de um médium, está *ipso facto* ligado essencialmente, quer à sua corrente espirítica-mediúnica, quer às suas condições mentais ou psíquicas, morais etc., isto e, fica envolvido inteiramente em sua orientação, práticas, subpráticas ou rituais...

Se ele morre, erra, ou decai na moral e na mediunidade, lógico que Você fica impregnado, comprometido com todos os fatores mágicos, ritualísticos ou práticos e astrais que o cercavam e dos quais Você participava e, portanto, ficou impregnado.

Então, por que Você não analisa e medita seriamente, nessa Guia que agora mesmo está vendo?

SINTETIZA — REPRESENTA — TRADUZ:

A) Os mistérios da Cruz

B) O Signo Cosmogônico da Hierarquia Crística

C) A Alta Magia da Umbanda e a Identificação do genuíno Adepto Umbandista. (Ver detalhes sobre o objeto e instruções para sua imantação particular.)

(Nota da editora: O leitor poderá encontrar em FUNDAMENTOS HERMÉUTICOS DE UMBANDA de F. Rivas Neto, a tradução completa das inscrições cabalísticas desta guia.)

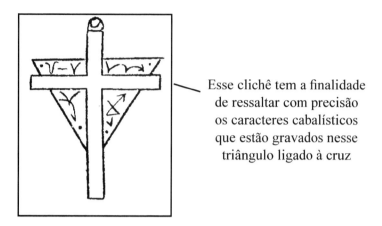

Esse clichê tem a finalidade de ressaltar com precisão os caracteres cabalísticos que estão gravados nesse triângulo ligado à cruz

Olhou bem essa maravilhosa guia? Vamos então detalhar para Você os elementos que a compõem..

A parte do colar é constituída de 57 pedras de águas-marinhas, sendo 28 de cada lado, fechando com 1 no pé, prendendo-se à cruz imantada no triângulo.

Esse colar também pode ser de contas das chamadas de lágrimas-de-nossa-senhora (em número de 57, tendo 28 em cada lado) e 1 na cabeça da cruz (igual ao da figura), sendo ligadas por ganchinhos de arame, para dar tamanho para a entrada do pescoço.

Os que puderem, façam-no de águas-marinhas ou de cristal de rocha, pois sendo elementos da natureza também são indicadíssimas, dado o seu valor vibratório de reação e projeção, de acordo com as correntes eletromagnéticas.

Esse colar vai-se prender ao talismã propriamente dito, quer seja de lágrimas-de-nossa-senhora ou águas-marinhas (a).

Esse talismã é composto (conforme a figura) de uma cruz e de um triângulo (b) com o vértice para baixo (c) e sobre o qual deve-se mandar gravar os caracteres cabalísticos, tal e qual estão na figura, pois, sem isso, essa guia-talismânica deixa de ser consagrada pela Cúpula da Corrente Astral de Umbanda.

a) De princípio parecerá aos leitores interessados que de águas-marinhas ficará muito caro. Exato. Porém, vejam que essas da figura são pedras rústicas não lapidadas e não selecionadas. Se não fosse assim, ficaria caro mesmo. O objetivo não é uma joia. Devem procurar oficina ou agência de lapidação pois lá existem as chamadas pedras roladas que vendem também e por preço acessível e conforme se peça, fazem o colar em foco, chumbando cabeça por cabeça, com outras pecinhas de metal, pedindo-se apenas uma certa uniformidade no tamanho das peças.

b) A cruz no triângulo (soldados, colados etc.) deve ser confeccionada num serralheiro ou torneiro mecânico, pois tem que ser de metal, isto é. uma liga metálica que tenha cobre, pois esse elemento é imprescindível na composição desse talismã. O interessado pode ainda mandar dar um banho de níquel fosco. Depois é só mandar gravar os caracteres da figura, que são as ordenações identificadoras da Cúpula Espiritual da Corrente Astral de Umbanda, abonadoras dessa filiação, dessa cobertura, dessa proteção.

Esse objeto composto dessas duas partes ainda fica mais barato do que certas "guias de louça e vidro" que são vendidas por aí, mais simbolismo do que magia ou fundamento.

As medidas da cruz: haste vertical — 7 cm; haste horizontal (a que cruza) — 5 cm. Medidas do triângulo: 5 cm, de cada linha ou de vértice a vértice. Esse triângulo pode ser colado ou encaixado na cruz. Esta pode ser de tubo fino de cobre, para ficar o mais leve possível.

e) A corrente Rosa-Cruz, o Círculo Esotérico e quase todo ocultismo usam o triângulo em seus brasões mágicos ou simbólicos, com o vértice para cima, significando a ascensão ou a volta do ser espiritual à sua fonte de origem, isto é, no sentido vibratório da projeção de forças de ir ao encontro dos planos superiores. Certo até certo ponto. E com o vértice para baixo dizem significar a descida do espírito ao mundo astral e físico... portanto é essa a condição em que nos encontramos há milênios.

Assim sendo, e como somos eternos pedintes, necessitados de proteção, cobertura etc., raríssimos são aqueles que podem projetar forças para cima, chumbados como estamos às mazelas do plano terreno. Então, a Corrente de Umbanda tem o seu Signo Cosmogônico, Universal, definido com o vértice para baixo e assim traduz e vibra como força e corrente de cobertura, apoio, proteção, de cima para baixo, ou sobre nós. Por isso ei-lo imantado na cruz. Há que compreender as forças mágicas em seus movimentos de correspondência ou relações...

Então, está o leitor adepto ou iniciado com todos os dados sobreo objeto. Agora vamos dizer como deve prepará-lo na alta magia da Umbanda, a fim de que fique corretamente imantado, pronto para sua autodefesa, cobertura e filiação, contra toda e qualquer influência do baixoastral; pronto para sustentá-lo nesse intrincado métier de "terreiro a terreiro", de trabalhos etc.;

pronto até para beneficiá-lo, de acordo até com os outros ensinamentos que vamos especificar...

Preste atenção, muita atenção, porque isso começa com a ligação de seu signo astrológico, com um dos 4 elementos da natureza, uma identificação necessária ao processo mágico de imantação pelo perfume, erva e sítio vibratório.

Para isso, inicialmente, devemos proceder a uma classificação simples, para efeito direto de sua assimilação, pois, aqui, nosso caso não é aprofundar essa operação e sim, simplificá-la, visto querermos que Você entenda como e onde deve prepará-lo. Concentre-se no "fio dessa meada".

A substância-etérica, conforme já explanamos, nos Postulados, em sua 3ª transformação ou 4º estado, gerou os fluidos universais, cósmicos (que já foram o produto de uma coordenação do Poder Criador), básicos, que são compostos de íons ou moléculas, daí admitir-se: o fluido-luminoso, o fluido-calorífico, o fluido-elétrico, o fluido-magnético...

A associação fluídica dessas correntes ou forças que são transmissíveis e estão por dentro de tudo quanto sejam células do macro e do microrganismos produz ainda o que podemos considerar simplesmente como os 4 elementos da natureza física, que são: Fogo ou elementos Ígneos; Ar ou elementos aéreos; Água ou elementos aquosos; Terra ou elementos sólidos.

Assim, tendo Você nascido debaixo de um signo astrológico 6 correspondente a um planeta, e sendo 12 esses signos e de 3 em 3 se correspondendo com um desses citados 4 elementos vitais, façamos uma identificação singela:

a) Signos de **FOGO** — Leão, Áries, Sagitário;

Signos de **AR** — Aquário, Gêmeos e Libra;

Signos de **ÁGUA** — Escorpião, Câncer e Peixes;

Signos da **TERRA** — Touro. Virgem e Capricórnio.

b) Sabendo Você, agora. o seu Signo e o elemento da natureza que lhe é próprio, isto é, que consolidou a estrutura de seu corpo astral, vai saber também as correlações desse elemento da natureza com o perfume, com a erva e com a flor, três coisas indispensáveis a essa operação mágica de imantação de elementos eletromagnéticos ou do fluido cósmico que deve ser "absorvido". Então:

e) Para homens e mulheres dos Signos do Fogo: a flor cravo branco ou vermelho; o perfume o sândalo, a erva raiz da vassourinha-branca (chamada de vassourinha-branca-das-almas; dá muito em beira da linha férrea), só servindo aquela de galhos fininhos que dá uma florzinha branca e que é fácil de conhecer, pois a dita raiz tem cheiro e gosto de cânfora.

d) Para homens e mulheres dos Signos do Ar: a flor o crisântemo (qualquer cor); o perfume gerânio; a erva folha de hortelã.

e) Para homens e mulheres dos Signos da Água: a flor rosas brancas ou vermelhas; perfume a verbena; erva folhas da sensitiva (a mimosa pudica), essa plantinha que ao ser tocada, murcha.

f) Homens e mulheres dos Signos da Terra: flor a dália (qualquer cor); perfume a violeta; a erva folhas do manjericão (roxo ou branco).

Obs.: a natureza do sítio vibratório em que esse objeto deve ser submetido a operação mágica de imantação, exclusivamente para o elemento masculino: uma pedra ou laje de uma cachoeira. Outrossim: Na América do Sul, do Norte, Central etc., qualquer adepto (sim, porque já existem), deve-se pautar, quanto a ervas, perfumes e flores, na identificação esotérica ou oculta relativa ao seu signo, pelos elementos naturais de sua região ou país.

g) Como proceder diretamente:

O elemento masculino tendo-se identificado com o seu signo elemento da natureza perfume flor erva acrescenta 3 luzes de lamparina e uma tigela de louça branca e se encaminha, já com sua guia cabalística, para uma cachoeira, e em cima de uma pedra ou laje, forra parte dela com as pétalas da flor correspondente; depois coloca a tigela em cima, com água pela metade e logo tritura a erva ou a raiz, atritando-as entre duas pedras pequenas (ralando--as); depois coloca dentro da tigela que já contém a água; deixa ficar uns dez minutos, para extrair o sumo; enquanto isso, acende as três luzes de lamparina e distribui em Volta desse círculo de pétalas, em cujo centro está a tigela. Logo a seguir, limpa o melhor possível essa tintura (já contida na água) dos bagaços da erva, para poder adicionar o perfume. A seguir coloca dentro a sua guia cabalística. E atenção:

Tudo isso deve ser operado numa hora favorável do SOL e no primeiro dia da entrada da Lua na fase de NOVA (seja de noite ou de dia).

Assim sendo, Você terá quase uma hora para proceder a essa imantação e, quando tudo estiver corretamente armado, Você se ajoelha, toma a tigela em suas mãos, leva-a na altura do coração, e confiante, sereno, faz a seguinte evocação:

"Em nome do Divino Poder de **TUPAN** — primeiro Nome Sagrado do Deus-Pai — imploro neste instante, que a Cúpula espiritual da Corrente

Astral de Umbanda possa Consagrar, Imantar e ligar-me através desta Guia Cabalística, aos Poderes dos "Sagrados Mistérios da Cruz", com a minha Entidade de Guarda, a mim mesmo, em espírito e verdade, e ao meu corpo astral, a fim de que me seja concedida Proteção, Cobertura e Filiação direta e eterna, enquanto honrar esse sagrado compromisso."

Recitar essa evocação a 1ª vez e, terminando, inspirar o perfume contido na tigela para logo exalar suavemente, pela boca, sobre o mesmo conteúdo, onde está a dita Guia.

Proceder assim mais duas vezes, serenamente, depois colocar a tigela no mesmo local. Assim que transcorrer essa hora favorável do Sol, retirar a Guia, enxugá-la ligeiramente, e colocar no pescoço, para só retirá-la vinte e quatro horas depois.

Cuidados especiais: essa Guia Cabalística não pode ser tocada por mulher, seja ela quem for e mormente se estiver menstruada — suja tudo. Se por acaso isso acontecer, volta-se à cachoeira, lava-se a guia e perfuma-se com o perfume indicado, isto é, com o mesmo perfume que usou.

Para evitar essas e outras, conserve-a num saco de veludo, verde ou amarelo, e guarde-a onde não possa ser visada.

Outrossim: jamais use essa guia de corpo sujo, isto é, depois de ter relações sexuais; tome sempre seu banho após essa ocorrência, com 9 gotas de essência de sândalo ou de alfazema, dentro de um litro de pura água, despejando tudo, da cabeça aos pés. Todas as vezes que a usar no terreiro, em trabalhos, rezas etc., perfume a Guia e guarde-a.

Agora, passemos a orientar essa operação para o lado do elemento feminino: a mulher, adepta ou iniciada, segue tudo exatamente como está especificado em todos os itens: a b, c, d, e, f, g. Somente que o local será no sítio vibratório Mar ou Praia, e também em cima de uma pedra desse elemento da natureza. Não teimar em fazer na cachoeira, porque as vibrações eletromagnéticas do Mar estão em estreita relação com a Lua e o cataménio. Outrossim: essa operação tem de ser feita também no primeiro dia da Lua Nova e numa hora favorável da dita Lua.

Cuidados especiais para a mulher: logo que sentir os primeiros sintomas da menstruação, não pegue mais na sua guia cabalística. Tendo relações sexuais, não pode usá-la nem tocá-la (e nem o seu homem ou marido pode pegar nela), sem antes tomar o seu banho de limpeza ou purificação astral, com as 9 gotas do perfume usado ou de alfazema (essência). No mais, mesmos cuidados já especificados para homens, quer no terreiro, ou trabalhos etc.

Observação final sobre essa Guia: esse objeto assim preparado, o foi dentro de uma imantação astral-espirítica e pela Magia Branca. Não serve para os mal-intencionados. Não servirá para os fins de baixa vibração ou magia negra. É um escudo contra ela. Quem assim proceder será em pouco tempo disciplinado, castigado. Verá tudo reverter ao contrário — a própria Cúpula mandará proceder ao retorno. Em suma, tentar reverter os fatores da Magia Branca para a Negra é suicídio psíquico, mediúnico, astral.

Essa Guia cabalística, com todo seu mistério e força, estará ao alcance de qualquer nativo da América Norte, Sul, Central etc., desde que deseje ser um filiado direto da Corrente Astral de Umbanda.

E se Você, leitor irmão, simpatizante, adepto ou iniciado, seguir tudo o que acabamos de expor, direitinho, ficará na posse de algo que realmente tem valor, pois sabemos que os preparos por ai, sobre "guias ou colares de vidro e louça", não obedecem a essa "técnica"... essa seleção de valores.

O cidadão, quer umbandista ou não, costuma entrar na posse de objetos semelhantes assim "como por cima" do assunto. Compra ou é mandado adquirir um desses colares ou talismãs comuns, já padronizados, numa dessas casas comerciais do gênero, e passa a usá-los apenas com a sugestão da fé, ou leva-o a um terreiro para ser "cruzado", e isso segundo o sistema corriqueiro de cada um. Nada de fundamento. Nada de imantação especial. Há muita gente comodista que pretende as coisas boas e fortes, porém sem muito trabalho. Para esses a Guia cabalística da Corrente Astral de Umbanda não deverá servir. Dá trabalho e parecerá complicada. Amém.

Bem, ainda vamos adicionar mais fundamentos, mais valores a essa Guia.

Ora, de posse desse objeto e de conformidade com o todo exposto, Você ainda pode usá-lo para maiores benefícios e segundo as circunstâncias que possam surgir em sua vida.

Para isso, lembramos mais a Você que os sítios Vibratórios consagrados à Corrente Astral de Umbanda são os locais apropriados onde se devem buscar forças e socorros. E esses locais são: as cachoeiras, as matas, os rios, os bosques, as praias, o mar, as pedreiras etc.

Mas antes de entrarmos nos detalhes subsequentes tenha-se sempre na devida conta de que, para pedidos ou benefícios de ordem material, seja qual for a iluminação usada, a quantidade é par, e para os pedidos ou afirmações de ordem espiritual, mediúnica, moral etc., a quantidade de luzes terá que ser em número ímpar.

Tendo logo isso ficado assente, vamos orientar quanto à natureza vibratória dos sítios consagrados, para reajustamentos, pedidos, preceitos, afirmações, presentes, em relação com as correntes espiríticas e segundo o valor mágico ou astromagnético.

a) O mar ou as praias, rios ou cachoeiras: são núcleos elementais ou eletromagnéticos, cuja força vibratória entra na função de receber, levar e devolver trabalhos de qualquer natureza, isto é, não firma trabalhos duradouros, cujos efeitos podem ser rápidos, seguros etc., porém agem por períodos ou por tempos contados e repetidos, isto é, enquanto não se obtém a melhoria ou ajuda, repete-se o preceito três vezes.

Têm que ser alimentados, isto é, trabalhos mágicos, oferendas simples. certos preceitos etc., ali postos, se não forem aceitos no prazo de 1, 3, 7 semanas ou luas, têm que ser repostos (alimentados).

Especialmente o Mar, pela sua natureza vibratória, devolve tudo. Não se devem fazer trabalhos de magia negra no mar, porque, fatalmente, o infeliz que for fazer isso, pedir o mal, receberá rapidamente o retorno.

b) As matas, os bosques, as pedreiras, os campos: são núcleos vibratórios ou eletromagnéticos, cujas forças espiríticas e mágicas exercem ação de firmar, perseverar, de resistência etc., assim sendo, o efeito é consolidar...

Então, os trabalhos (preceitos, oferendas, batismos, afirmações etc.), ali aplicados são os mais firmes e de natureza efetiva. Esses elementos não devolvem nada.

Toda espécie de afirmação de ordem elevada deve ser aplicada nesses sítios Vibratórios, especialmente à margem das cachoeiras e das pedreiras que fiquem perto de arborização ou mata.

Essas partes estando bem lidas e compreendidas, vamos situar outros elementos:

o) As flores, sendo elementos naturais de grande influenciação mágica superior, convém ao magista conhecer seus reais valores...

Assim temos: para os trabalhos, pedidos ou afirmações de qualquer natureza positiva para o Mar, as Praias, as Cachoeiras, os Rios flores brancas, para que as forças vibratórias invocadas, na ação mágica, em relação com as correntes espiríticas, invisíveis, devolvam aquilo que se está pedindo, dentro naturalmente da linha justa ou de um certo merecimento ou necessidade normal, ou quando não, que deem uma solução qualquer...

1) Sempre com flores brancas a serem postas em cima de pano verde: para fins de melhoria ou recuperação de saúde física ou de doenças nervosas (luzes pares).

2) Com flores brancas em cima de pano de cor amarela (ou tonalidades dela), dourada ou puro: para vencer demanda de ordem moral, astral, ou espiritual (luzes ímpares).

3) Com flores brancas em cima de pano de cor azul: para pedidos ou afirmações de ordem mediúnica espiritual; para vencer concursos, exames, cursos etc. (luzes ímpares).

4) Com flores brancas em cima de pano de cor vermelha: para firmar um trabalho de pedidos para soluções urgentes e que demandam muita magia ou auxílios importantes para vencer, assim como questões judiciárias ou processos etc. (luzes ímpares).

5) Com flores brancas em cima de pano cor-de-rosa: para trabalhos ou pedidos de ordem sentimental amorosa, assim como noivados, casamentos etc. (luzes pares) dentro de uma necessidade normal, não se confundindo isso com o que chamam de "amarração".

6) Com flores brancas em cima de pano de cor rosa: trabalhos ou pedidos a fim de invocar auxílios para uma situação tormentosa, casos de ordem passional etc. (luzes ímpares).

7) Com flores brancas em cima de pano de cor laranja: quando se necessitar que as forças benéficas favoreçam com fartura ou melhoria de vida social, funcional, material (luzes pares).

Obs.: O operador ou a pessoa a quem for interessar os trabalhos não deve jamais esquecer que a iluminação desses preceitos ou oferendas deve ser feita tão somente com lamparinas de conformidade com a natureza do caso, que já frisamos serem pares ou ímpares, bem como também pode acrescentar outras oferendas normais que se queira ou a que já ensinamos em outras obras nossas.

Assim é que, se o operador, o médium ofertante ou mesmo o necessitado desejar, pode robustecer mais ainda essa Magia com as Flores, anexando uma oferenda completa para qualquer Entidade ou Falange de uma Linha do Orixá. Para isso é bastante se pautar pela parte que ensina sobre oferendas para a Banda dos Caboclos, dos Pretos-Velhos e das Crianças, assunto este, constante atrás, em Magia Cabalística. Convém ainda que se inteire dos fatores abaixo descritos:

A MAGIA E A MOVIMENTAÇÃO BÁSICA DE FORÇAS PELA INFLUENCIA LUNAR

Irmão Iniciado: ninguém, ou nenhum operador pode executar uma operação mágica de movimentação de forças pelo seu ângulo correto, através de batismos, afirmações, "amacys", descargas ou mesmo de qualquer espécie de trabalho pela Corrente Astral de Umbanda, sem que conheça a influência oculta das fases da Lua e o que elas podem particularizar...

Nenhum Operador consciente deve-se arriscar com as forças cegas da natureza astral e espirítica, sem se pautar neste dito conhecimento oculto.

Assim, vamos levantar nesta aula, para Você, irmão Iniciado, certo "segredo vibratório" da influência lunar (básica na magia)...

E para o seu perfeito entendimento mágico, comparemos a Lua a uma mulher, isto é, a uma jovem, solteira, que depois fica noiva, casa e é fecundada (fica grávida) e... dá à luz, ou seja, "despeja de seu ventre" o produto ou a seiva vital que recebeu (ou melhor, sugou), acumulou, transformou para, logo a seguir, esvaziar... sobre o planeta Terra, do qual — como deve saber — é o satélite...

Então, é de conhecimento primário que a Lua se manifesta em quatro fases: estado de **NOVA**; estado de **CRESCENTE**; estado de **CHEIA**; estado de **MINGUANTE**... Em cada uma dessas fases ela leva praticamente sete dias...

Dessas quatro fases, Você deve dividi-las em Duas Grandes fases:

De Nova a Crescente, deve considerar como a Quinzena Branca: nessa quinzena ela está sempre em estado positivo. Toda operação mágica de ordem elevada, assim como: preceitos, batismos, afirmações, confirmações diversas, certos trabalhos para fins de benefícios materiais, certos trabalhos que impliquem em descargas, por demandas e que envolvam oferendas, confecções e preparações sobre "guias ou colares", talismãs ou patuás diversos, só devem ser movimentados ou executados dentro dessa dita quinzena...

De Cheia a Minguante, considere como a Quinzena Negra; nessa quinzena deve levar na devida conta que a LUA está sempre com sua influenciação do lado negativo ou no aspecto passivo para todas as coisas.

Isso ficando bem entendido, vamos definir, agora, suas influenciações fundamentais para efeito de Magia ou para uma correta sequência de operações mágicas... dentro de uma especial e particular comparação.

A) A LUA na fase de NOVA está como uma moça saudável, cheia de vitalidade, que irradia desejos e sempre disposta...

Ela assim está acumulada de energia, em estado de expansão e de atração, porque ela tem para dar... E desejada porque ela pode dar sua seiva sexual em condições de pureza, virgindade, pronta para se transformar, enfim, para ser fecundada...

Nessa fase de Nova, a Lua esparrama a sua seiva (os seus fluidos eletromagnéticos) vital sobre todas as coisas, especialmente nos vegetais... que recebem os elementos revitalizadores de sua energia purificadora...

Nessa fase é quando, verdadeiramente, se devem colher os vegetais ou as ervas mágicas terapêuticas. Portanto, é quando se devem preparar os "amacys", os banhos diversos e secar as ervas para os defumadouros (secar à sombra).

Ainda dentro dessa fase, é que, rigorosamente, devem-se movimentar certas operações que impliquem em preparações de médiuns e todos os trabalhos que se enquadrem em confirmações, preparações, batismos, cruzamentos de "congá" e, sobretudo, todas as operações mágicas ligadas a oferendas para fins materiais ou de benefícios pessoais, financeiros etc.

Finalmente: todo trabalho ou operação mágica para ficar firme mesmo ter firmeza duradoura e se conservar em sigilo e na força dessa condição, deve ser feito nessa citada fase. E ainda: todo preparo com as ervas só deve ser feito com as folhas, quer para uso terapêutico propriamente dito, quer para os banhos, defumadouros etc., porque o fluído lunar, nessa fase, puxa e concentra mais a seiva dos vegetais para as extremidades, isto é, para as pontas...

B) A LUA, na fase de CRESCENTE, é como a moça que continua a se expandir, a dar e irradiar energia, porém o seu vigor sexual, ou a sua seiva, já sofreu uma transformação; foi fecundada. Recebeu novas energias de acréscimo e, se bem que continue em estado positivo, os seus fluidos, ou o seu vigor, não está mais naquele estado de pureza inicial...

A rigor não serve mais para nenhuma operação que implique na preparação de médiuns, através de afirmações, "amacys" etc...

Serve para toda e qualquer ordem de trabalhos materiais ou que implique em fazer prosperar um sistema de negócio, uma melhoria comercial etc...

Também é boa para afirmação de terreiro, cruzamento de "congá" com inauguração, bem como também se presta para o preparo de patuás ou talismãs etc.

Nessa fase, todo movimento com o preparo das ervas, para qualquer finalidade, deve-se dar preferência aos vegetais cujo valor terapêutico ou mágico esteja mais indicado ou encontrado nos galhos, nas cascas, nos caules ou nas hastes...

O fluído lunar, na Crescente, puxa e concentra mais a seiva dos vegetais nos meios ou nos elementos intermediários, isto é, nas ditas hastes, talos etc.

Essas são as especificações gerais para as operações mágicas e suas finalidades, dentro da Quinzena Branca (a Lua na fase de Nova e Crescente).

Item especial: Se o médium magista, de acordo com o caso em que vai operar, escolher os dias favoráveis de certos planetas, o sucesso da operação ainda fica mais garantido.

Portanto, vamos dar, segundo a parte oculta da Corrente de Umbanda, qual a influência particular de cada planeta, para os fins desejados, dentro de sua hora planetária.

A) a Lua em sua hora planetária noturna da mais força em qualquer operação ou trabalho para fins de desmancho (neutralizar uma demanda ou um trabalho feito para qualquer coisa ou, que pese numa pessoa, sobre uma casa (lar ou ambiente comercial etc.).

B) Mercúrio em suas horas planetárias dá mais força em qualquer Operação mágica ou trabalho nos quais se pretenda vencer questões relacionadas com demandas na Justiça, assim como apressamento de processos, requerimentos etc.

C) Saturno em suas horas planetárias dá mais força em qualquer operação mágica ou trabalho com a finalidade de segurar qualquer bem terreno, ou firmar questões materiais ou ainda qualquer caso de ordem astral, porque o que for bem feito nessa sua hora, fica firme e dificilmente dá pra trás.

D) Vênus em suas horas planetárias dá mais força em qualquer operação ou trabalho mágico em que se pretenda ajudar alguém a vencer uma questão emocional, sentimental etc. Também favorece muito nas operações em que se queira ajudar alguém em transações de compra e venda de qualquer coisa.

E) Marte em suas horas planetárias dá mais força em qualquer operação ou trabalho em que se pretenda neutralizar uma demanda, seja ela de que natureza for. E também são próprias as horas favoráveis para as operações mágicas em que se queira escorar e favorecer alguém que esteja com grandes responsabilidades ou com negócios de grande vulto.

F) Júpiter em suas horas planetárias dá mais força em qualquer operação ou trabalho para qualquer finalidade, isto é, seja ela de ordem puramente astral, espirítica ou mediúnica, ou seja, ainda, para qualquer trabalho que implique em benefício materiais...

G) O Sol em suas horas planetárias dá mais força em qualquer operação ou trabalho para qualquer finalidade, isto é, astral, espirítica mediúnica e de empreendimentos materiais, principalmente se estiverem relacionados com pedidos, concursos contatos com autoridades ou com pessoas altamente situadas, das quais se pretendam favores diversos.

Obs.: Você pode, Irmão Iniciado, se pautar sobre essa questão de dias favoráveis e horas planetárias pelo "Almanaque do Pensamento" (na falta de uma tabela mais especializada).

Agora, passemos aos esclarecimentos sobre a quinzena Negra (fase da Lua de Cheia a Minguante).

Irmão Iniciado Você deve saber que nessa quinzena, não se faz nenhum trabalho ou operação para fins positives, seja de que ordem for, e muito especialmente na fase dita como de CHEIA. Nessa fase, a Lua já está assim como a mulher que foi fecundada, está em gestação... ficou grávida está cheia mesmo.

Aí a Lua está altamente negativa, pois sua influenciação age como um vampiro, isto é, seus fluidos eletromagnéticos estão sugando, vampirizando tudo o que pode, quer da natureza astral propriamente dita, quer da natureza dos próprios vegetais.

Nessa fase de Cheia, a Lua por causa dessa sua ação vampirizadora enfraquece a seiva dos vegetais e eles perdem o vigor, ou seja, mais de 70% de suas qualidades terapêuticas pelas extremidades, isto é pelas folhas, talos, hastes etc., que se vão concentrar, pela natural reação de seus próprios elementos vitais, na raiz, ou melhor, naquilo que está dentro da terra.

Ervas não devem ser colhidas nessa fase, para uso de qualquer espécie; não produzem os resultados terapêuticos indicados e podem até prejudicar mais ainda, se for caso de doença a tratar, ou na questão dos banhos, defumadouros, "amacys" etc.

Isso, nessa parte, e quanto ao lado que se refere a trabalhos, só se presta para as manipulações da magia negra.

Quase que nas mesmas condições está a Lua na fase minguante. Aí está como a mulher que despejou o produto de sua fecundação, isto é, pariu...

esvaziou todo seu conteúdo. Seus fluidos da Lua além de estarem fraquíssimos, estão assim como que carregados de elementos sutis e deletérios, que se vão purificar nas águas, quer nas que vêm de cima, do éter, quer nas fixas, existentes embaixo, na terra, isto é, nos mares, rios, lagoas etc., a fim de se renovarem e provocar a transformação dita como a fase de Nova.

E é claro que nessa citada fase do minguante da Lua, até os próprios vegetais se ressentem em sua seiva, porque recebem sobre a mesma seus fluidos impuros, carregados, fracos... e para efeito de melhor comparação, envenenados.

Também assim fica compreendido que as ervas terapêuticas ou mágicas nessa fase, não devem ser colhidas e tampouco usadas para nenhuma finalidade mediúnica — são contraindicadas.

E no tocante a trabalhos mágicos positivos de qualquer natureza, quase que se anulam ou se diluem nessas vibrações deletérias, porque, para efeito de Alta Magia, tudo na minguante é nocivo.

SEXTA PARTE

SEGREDOS DA QUIMBANDA OU PLANOS OPOSTOS — A VERDADE SOBRE OS CHAMADOS DE EXUS ESPÍRITOS ELEMENTARES EM FASE EVOLUTIVA... NÃO CONFUNDIR QUIMBANDA COM "QUIUMBANDA"... OS EXUS, A POLÍCIA DE CHOQUE DO BAIXO-ASTRAL, EM GRANDE ATIVIDADE OU NUM TREMENDO TRABALHO DE FISCALIZAÇÃO E FRENAÇÃO SOBRE OS QUIUMBAS OS MARGINAIS DO BAIXO-ASTRAL — AS VERDADEIRAS OFERENDAS QUE EXU RECEBE — OS EXUS DO AR, DO FOGO, DA TERRA E DA ÁGUA E OS SEUS ESCUDOS FLUÍDICOS NA LEI DE PEMBA... ARMAS, LUTAS, PRISÕES E CASTIGO NO ASTRAL

A Quimbanda é uma questão fina, difícil de explicar para os entendimentos comuns. Porque fácil é se dizerem muitas coisas e atribuí-las aos Exus e com isso criar um conceito enganador que ilude e faz com que os fracos de espírito, ignorantes e mesmo os ingênuos as sigam...

Assim, seguem caminhos escusos e tortuosos. Mas a quem caberá, portanto, a responsabilidade disso? É claro que só poderá recair, com mais força, sobre os que a firmaram, escrevendo e portanto propagando uma doutrina perniciosa.

Como ressalta, a questão é fácil, daquela forma enganadora, porém difícil e complexa pelo lado correto, simples, em face justamente dos conceitos e das superstições já tão arraigadas...

Todavia, abordaremos alguns aspectos essenciais que, na certa, irão surpreender. Creio-, dessa forma, prestar um bom serviço aos verdadeiros Exus e aos incontáveis filhos de terreiro que pensam estar tendo contato com eles, mas que em realidade, estão é nas garras dos velhos e matreiros quiumbas esses marginais do astral..

A QUIMBANDA é composta de LEGIÕES de espíritos, na fase de ELEMENTARES, isto é, dos espíritos em evolução dentro de certas funções cármicas e das condições que lhe são próprias. (O carma, filho, tem reajuste e cobrança. Quem faz reajustar? Quem faz ou procede às cobranças? Quem opera, diretamente, para o equilíbrio dessa Lei?) Essas Legiões se entrosam em PLANOS e Subplanos com seus Agrupamentos e Subagrupamentos. Tudo isso opera, trabalha nos serviços mais "terra-a-terra", dentro da justa relação imposta pelo Carma coletivo, grupal e individual. E os espíritos que coordenam todo esse movimento de Planos e Subplanos, grupos e subgrupos da Quimbanda, como "cabeças de legião", são realmente qualificados como Exus, em realidade uma espécie de "polícia de choque" para o baixo-astral.

Esses Exus não são espíritos irresponsáveis, maus, trevosos etc. Os verdadeiros trevosos, maus etc., são aqueles a quem eles arrebanham, controlam e frenam.

Com isso não queremos dizer que esses Exus sejam bons, que só façam o bem etc. Para eles o conceito do Bem e do Mal são variações necessárias ao seu aprendizado: — são aspectos que eles enfrentam, quer para um lado quer para o outro, desde que isso entre na órbita de suas funções cármicas, pois que nunca fazem nada por conta própria. São sempre mandados intervir ou operar em certos reajustes, em certas cobranças. Porque é preciso que se compreenda que nada se processa de cima para baixo, por acaso, como se um reajuste, uma cobrança, ou, melhor, uma noção de equilíbrio cármico, fosse uma coisa espontânea, gerada de moto próprio, sem direção, sem controle, sem leis reguladoras. Ora, e se há leis e subleis para tudo, como não haveriam de existir os veículos apropriados nas suas variações de equilíbrio?

Dentro dessas condições é que eles operam, prestam-se aos trabalhos de ordem inferior, porém necessários, porque tudo tem seus paralelos e seus executores.

Essa classe de espíritos que assim operam, são os Exus intermediários, chamados na Umbanda como "batizados" na linguagem dos "terreiros"... São seres na fase do 3º Ciclo o da libertação ou isenção dessa função cármica.

Fora desse 3º, há os do 2º e 1º Ciclos, mais inferiores ainda e controlados por aqueles já ditos como intermediários ou "batizados" que são os seus "cabeças de legião"...

De sorte que vou levantar alguns segredos da Quimbanda para surpresa dos que pensam ser os Exus uns bichos papões, compadres maus etc.

Os Exus intermediários, do 3º, e os subintermediários, do 2º e 1º Ciclos, se dividem em 4 classes: há os do Fogo, do Ar da Água e da Terra. Por que assim? Porque eles operam por afinidade astral, dentro das variações eletromagnéticas desses elementos criando, também, seus elementais, tema já definido por nós e de como e por que são confundidos pela interpretação dada de "espíritos da natureza". Convém lembrar mais uma vez que esses "espíritos da natureza", ditos elementais de outras Escolas, não são espíritos de verdade, com inteligência, faculdade etc. iguais às nossas de Espíritos encarnados e desencarnados e aos Exus também é claro. Em realidade, a confusão é da literatura ocultista ou dos magistas.

Esses Exus de 1º e 2º Ciclos estão ainda na fase de elementares, e são os que podiam ser, positivamente, denominados de Salamandras, Ondinas ,Silfos e Gnomos.

Porque são eles os Exus que manipulam, também, dentro do aspecto inferior mais terra-a-terra, os elementos ígneos, térreos, aquosos e aéreos nos seus campos ou correntes vibratórias próprias, criando neles formas diversas, que alimentam e mantêm, pelo próprio poder vibratório de seus pensamentos e de suas auras, surgindo, assim o aspecto de elemental mental inferior que é tão-somente uma espécie de larva de um clichê astral que eles, Exus, animam para uso diverso.

No entanto, esses espíritos são obedientes às Entidades Superiores nossos denominados Orixás (liguei os termos Entidade e Superior para designar um Espírito ou Ser Espiritual elevadíssimo, como dono ou senhor dos citados elementos da natureza), bem como aos nossos Guias e Protetores Caboclos e Pretos-Velhos.

Os Exus são arregimentados pelos Orixás intermediários ou por seus enviados (Caboclos, Pretos-Velhos etc.) e formam em obediência a seus escudos fluídicos ou triângulos de força.

De sorte que esses Exus intermediários ao verem um escudo fluídico ser riscado, dentro das evocações correspondentes, por uma Entidade, sabem logo qual a classe que está sendo chamada para operar, de acordo com a qualidade desse escudo ou triângulo, que por sua vez determina o ponto cardeal e a corrente cósmica que vai ser manipulada.

Logo, ao ser riscado um triângulo de Orixá, eles aguardam, apenas, uma certa variação nele, para saberem, dentro da Linha de Força, qual o cabeça de legião intermediária, chamado.

Essas variações, é claro, são de 7 nos 4 triângulos básicos dos Orixás ou das Linhas, porque, em realidade, esses Exus quase nunca operam por conta própria e nem praticam ações maléficas, contundentes, ditas do mal, pelo simples prazer de fazer esse mesmo mal.

Há que se definir para se compreender melhor isso. Porque parecerá incrível o que vamos dizer...

Quem "come" ou quem sente fortíssimos desejos de "alimentar-se" das emanações do sangue, do álcool, do dendê, farofa, carne, pipoca etc., não são os Exus conhecidos na Umbanda como "os batizados" e sim, os espíritos dos subplanos e subagrupamentos da Quimbanda... esses que compõem a "cauda de suas legiões".

São os velhos Quiumbas — espíritos atrasadíssimos de todas as classes, muitas dessas até compostas pelos que ainda não encarnaram uma só vez. Esses formam o duplo aspecto da Quimbanda o do reino da Quiumbanda...

Esses Quiumbas são chamados também de "rabos de encruza". São perigosos quando mistificam os Caboclos, os Pretos-velhos etc., e mesmo os próprios Exus.

Os Quiumbas são os marginais do astral e os Exus são a "polícia de choque" que os vigiam e coordenam, porque, se não fosse assim. a coisa seria muito pior...

De seu "reino" — a Quiumbanda — eles saem como enxames e se acercam da faixa dos "terreiros", dos Centros de Kardec, também atentos, famintos e sedentos, prontos para invadir o ambiente, por qualquer uma brecha que encontrem. É por isso que se usa, em sentido comum, "trancar a gira" com uma casinhola etc., para o Exu tal e tal. Isso significa a guarda de um Exu "cabeça de legião", para que tome conta deles os Quiumbas.

Quais são, portanto esses Exus intermediários, positivos trabalhadores. ordenados da Umbanda para a Quimbanda e dai até o reino da Quiumbanda?

São 7 os principais CABEÇAS DE LEGIÃO:

1º **EXU SETE ENCRUZILHADAS** para a **LINHA OU VIBRAÇÃO DE OXALÁ** (essa Linha opera com entidades de Caboclos)...

2º **EXU POMBA-GIRA** para a **LINHA OU VIBRAÇÃO DE YEMANJÁ** (essa Linha opera com entidades de Caboclas)...

3º **EXU TIRIRI** para a **LINHA OU VIBRAÇÃO DE YORI** (essa Linha opera através das entidades ou espíritos de Crianças)...

4º **EXU GIRA-MUNDO** para a **LINHA OU VIBRAÇÃO DE XANGÓ** (essa Linha opera com entidades de caboclos)...

5º **EXU TRANCA-RUAS** para a **LINHA OU VIBRAÇÃO DE OGUM** (essa Linha opera através de entidades de Caboclos)...

6º **EXU MARABÓ** para a **LINHA OU VIBRAÇÃO DE OXOSSI** (essa Linha opera com as entidades de Caboclos e Caboclas)...

9º **EXU PINGA-FOGO** para a **LINHA OU VIBRAÇÃO DE YORIMÁ** (essa Linha opera através das entidades de pretos e pretas velhas)...

Agora que isso está mais ou menos compreendido, vamos dizer como se firma ou se pedem favores a esses guardiães inferiores os Exus cabeças de legião, para aqueles que têm afinidades com eles e que precisam de defender seus terreiros, seus negócios, seus lares, da invasão ou da ronda dos quiumbas.

Assim procedemos para que saibam lidar com eles de maneira certa, positiva, visto a maioria vir fazendo e usando a coisa errada, pois a orientação direta de uma Entidade de fato, atualmente, é algo difícil.

Já discriminei os "cabeças de legião" e já disse que eles têm seus triângulos próprios, isto é, os mesmos dos Orixás, dentro de certas variações de si.

Para que um aparelho ou um filho-de-fé saiba com qual Exu deve lidar e para fazê-lo de guardião de seu terreiro (caso tenha afinidades com esses espíritos e não o faça de modo diferente, advindo com isso prejuízos ou envolvimentos com outra classe de espíritos) é só consultar o mapa-chave número 6 que mostra pelo seu signo o seu Orixá ou Linha, pois já viu qual pode ser o Exu intermediário dessa Linha. Eis, então, as características de cada um:

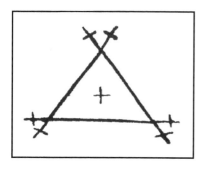

Para os aparelhos ou filhos da **LINHA DE OXALÁ,** o seu guardião terra-a-terra, o "cabeça de legião" sendo o **EXU SETE ENCRUZILHADAS**, este obedece à força desse triângulo fluídico riscado com pemba vermelha, com um vértice ou ponta para o ponto cardeal SUL. O pano sobre o qual é riscado deve ser de cor cinza e também cortado de forma triangular. Leva uma vela em cada ponta de cruz e uma na do centro do triângulo, perfazendo sete, se for para pedidos de ordem espiritual, assim como proteção, descargas, seguranças etc., e seis velas, uma em cada ponta de cruz se for para pedidos de ordem material. Só aceita álcool ou aguardente num copo de barro (não se deixa garrafa nem vidro perto) e charutos de sete a vinte e um, dos bons, num prato também de barro, acesos em forma de leque, lumes para fora. Devem-se, botar também, bastantes flores de trombeta em volta do pano e três dentro.

Essa oferenda pode ser feita aos domingos, perto da meia-noite, sempre numa encruzilhada de quatro saídas ou caminhos, nos campos, nas capoe1ras ou mesmo numa mata e nunca nas encruzilhadas de ruas.

Para os aparelhos ou filhos da **LINHA DE YEMANJÁ**, o seu guardião terra-a-terra, sendo a **EXU POMBA-GIRA**, esta obedece à força deste triângulo fluídico riscado com pemba amarela, com a parte oposta a um vértice ou ponta de frente para o ponto cardeal **OESTE**. O pano sobre o

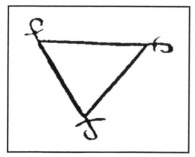

qual deve ser riscado é de cor verde-escura, também cortado em forma triangular. Leva velas ímpares para pedidos de ordem espiritual nas pontas e nos cruzamentos de riscos e velas pares para pedidos de ordem material, todas dentro do triângulo riscado. Aceita álcool ou aguardente num copo de barro e charutos num prato de barro, acesos de lumes para fora, em forma de leque. Aceita folhas de pinhão-roxo ou de trombeta e flores iguais, também em redor de sua oferenda. Estas oferendas devem ser feitas às segundas-feiras entre nove horas e meia-noite, sempre numa encruzilhada de quatro saídas ou caminhos, nos campos, nas capoeiras, matas etc. e nunca nas de ruas.

Para os aparelhos ou filhos da **LINHA DE YORI**, o seu guardião terra-a-terra. sendo o **EXU TIRIRI**, este obedece à força deste escudo fluídico riscado com pemba roxa com um vértice ou ponta para o ponto cardeal LESTE ou NORTE. O pano sobre o qual deve ser riscado pode ser de cor cinza clara cortado em forma triangular. Leva Velas ímpares para pedidos de ordem puramente espiritual, ao longo da linha de saída que corta o dito triângulo; e para pedidos de ordem material, com velas pares dentro do triângulo. Aceita álcool ou aguardente em copo de barro e triângulo. Aceita álcool ou

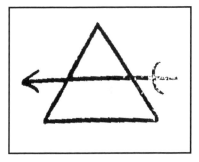

aguardente em copo de barro e charutos em prato de barro, acesos de lumes para fora, em leque. Aceita qualquer espécie de flores miúdas de tonalidade pardas-escuras etc., junto com galhos de vassourinha-branca por cima e ao redor de sua oferenda. Estas oferendas devem ser feitas às quartas-feiras entre nove horas e meia-noite, sempre numa encruzilhada de quatro saídas ou caminhos, nos campos, capoeiras etc., e nunca nas de ruas.

Para os aparelhos ou filhos da **LINHA DE XANGÓ**, o seu guardião terra-a-terra sendo o **EXU GIRA-MUNDO**, este obedece à força deste

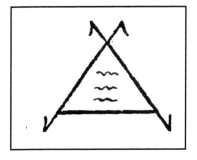

triângulo fluídico riscado com pemba vermelha e com a ponta ou vértice que está dando cruzamento de 2 pontas ou saídas para o ponto cardeal; **SUL** ou **OESTE**. O pano sobre o qual deve ser riscado é de cor verde-escura, cortado, em forma triangular.

Leva velas ímpares nas pontas de saídas do triângulo, distribuídas de acordo, e pares para pedidos de ordem material dentro do triângulo riscado. Aceita álcool ou aguardente num copo de barro e charutos acesos com os lumes para fora dentro de um prato de barro. Aceita folhas e flores de trombeta em redor de sua oferenda, que deve ser feita às quartas-feiras entre nove e meia-noite, sempre numa encruzilhada de quatro saídas ou caminhos, nos campos, capoeiras, matas e nunca nas de ruas.

Para os aparelhos ou filhos da **LINHA DE OGUM**, o seu guardião terra-a-terra sendo o **EXU TRANCA-RUAS**, este obedece à força deste triângulo fluídico riscado com pemba vermelha e com um de seus vértices ou pontas de frente para o ponto cardeal SUL ou OESTE. O pano sobre o qual deve

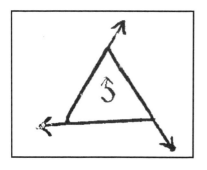

ser riscado é de cor cinza, cortado em forma triangular. Leva velas ímpares para pedidos de ordem espiritual nas pontas de saídas, distribuídas de acordo e velas pares para pedidos de ordem material, dentro do triângulo riscado. Aceita álcool ou aguardente em copo de barro e charutos em prato de barro, acesos, em leque, com os lumes para o exterior do prato. Aceita folhas de trombeta e flores da mesma com espada-de-Ogum em volta de sua oferenda, que deve ser feita às terças-feiras entre nove horas e meia-noite, sempre numa encruzilhada de três saídas ou caminhos, dessas que tomam a forma de um T, sempre nos campos ou capoeiras e nunca nas ruas.

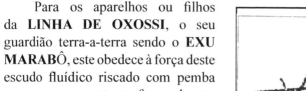

Para os aparelhos ou filhos da **LINHA DE OXOSSI**, o seu guardião terra-a-terra sendo o **EXU MARABÔ**, este obedece à força deste escudo fluídico riscado com pemba roxa e com a ponta em forma de seta que corta o triângulo e fica paralela com um vértice, de frente para o ponto cardeal **LESTE** ou **NORTE**.

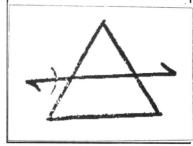

O pano sobre o qual deve ser riscado é de cor cinza clara, cortado em forma triangular. Leva velas ímpares para pedidos de ordem espiritual ao longo desta seta, ou seja, distribuídas de acordo com o desenho que tem esta seta. E para pedidos de ordem material, as velas serão pares e dentro do triângulo riscado. Aceita álcool ou aguardente em copo de barro e charutos acesos, em leque, com os lumes para o exterior do prato de barro. Aceita flores de trombeta e folhas de comigo-ninguém-pode, em torno de sua oferenda, que deve ser feita às sextas-feiras, entre nove e meia-noite. em qualquer encruzilhada do campo, capoeira e matas, e nunca nas de ruas.

Para os aparelhos ou filhos da **LINHA DE YORIMÁ**, o seu guardião terra-a-terra sendo o **EXU PINGA-FOGO**, este obedece à força deste triângulo fluídico ki riscado com pemba vermelha e com uma das pontas da seta riscada que atravessa o triângulo, de frente para o ponto cardeal

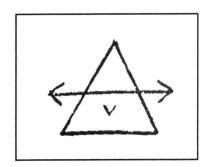

LESTE ou **NORTE**. O pano sobre o qual deve ser riscado é de cor cinza-escura, cortado em forma triangular. Leva velas ímpares para pedidos de ordem espiritual ao longo desta seta que corta o triângulo, distribuídas de acordo e velas pares para pedidos de ordem material, ao correr do risco em forma de V que está dentro dele. Aceita álcool ou aguardente em copo de barro e charutos em prato de barro, acesos, em leque, com os lumes para o exterior. Aceita flores de trombeta e folhas de pinhão roxo, em torno da oferenda que deve ser feita aos sábados, entre nove e meia-noite, nos campos, capoeiras e matas e nunca nas encruzilhadas de ruas. Essa oferenda pode ser feita em qualquer tipo de encruzilhada.

Obs. importante: Não se deixem garrafas ou vidros com essas oferendas, nem objetos cortantes, nem nomes de ninguém e muito menos se deem descargas de fogo. **ESSAS OFERENDAS ESTÃO COORDENADAS PARA PEDIDOS DE ORDEM PURAMENTE POSITIVA E SÓ SURTEM EFEITOS DENTRO DESSA CONDIÇÃO: FAZER AO CONTRARIO É RECEBER DE IMEDIATO UM IMPACTO NEGATIVO E PERIGOSÍSSIMO...** Agora, atenção: essas encruzilhadas de ruas são impróprias para qualquer operação positiva, dado que a maioria das pessoas que as encontram, olham para essas coisas com vibrações negativas de toda sorte, assim como desprezo, deboches, medo, aversões etc., e muitas mesmo as pisam outras tiram materiais etc. Com isso estão, naturalmente, quebrando o encanto mágico que porventura pudesse existir nelas.

Por outro lado, não podem servir para as operações necessárias positivas com os Exus, porque essas encruzilhadas de ruas são mais "moradia" ou "habitat" dos espíritos classificados ou conhecidos como os "rabos de encruza" e de toda sorte de espíritos vadios, almas penadas ou aflitas de toda espécie e que vivem indo sempre na lábia desses quiumbas velhacos e trapalhões, que os procuram envolver de todas as maneiras e para todos os fins...

De forma que um desses tais "despachos ou ebós" ali postos se tornam um perigo mais para os que os botam, porque, via de regra, não obedecem a direção de um Exu e muito menos de um Caboclo ou Preto-Velho etc. Esses filhos que despacham nas encruzilhadas de ruas não sabem que estão alimentando essas classes de espíritos, que imediatamente os cercam, envolvem etc.. para não perderem mais o fornecimento das coisas de que eles gostam. Em realidade eles passam mais a atuar nos que botam os "despachos", do que naqueles para quem, eventualmente, são dirigidos. Então pobres desses filhos que vivem alimentando as "encruzas" de ruas...

Porque. é preciso que se diga: esses quiumbas espíritos viciados, não largam suas presas facilmente. Não querem perder a fonte de seus gozos, prazeres ou sensações várias. Como entender isso diretamente? Vou dar-lhe um exemplo: um indivíduo é viciado num entorpecente qualquer e um outro aquele que fornece é sua fonte, em torno da qual ele gira constantemente atrás de satisfazer o seu vício. No dia em que essa fonte não fornecer, ele se desespera e se torna capaz de tudo... até de matar. Isso está em relação com o caso dos aparelhos dominados por esses quiumbas... e com os que botam "despachos" nas encruzilhadas de ruas.

Pois quem gosta mesmo de pipoca, farofa, dendê, fita preta e amarela, sangue. carnes diversas e outras coisas mais, não é propriamente o Exu-guardião... Quem "come" ou quem faz tudo para se saciar nas encarnações desses "despachos" são os espíritos do "reino da quiumbanda".

Quem "baixa" dando gargalhadas histéricas, grosseiras, fazendo contorções tremendas, jogando o aparelho de joelhos, com o tórax para trás. cheio de esgares e mãos tortas de forma espetacular, dizendo nomes feios ou imorai etc., não são os Exus de lei os batizados, os cabeças de legião! São os velhacos quiumbas, que, nessa altura, já envolveram o infeliz médium que, por certo, criou condições para que eles entrassem na sua faixa neuropsíquica--mediúnica. Já está "amarrado" nas garras deles... Como vai ser difícil a libertação...

E ainda quanto ao caso dos triângulos fluídicos dos Exus, podem servir, também. para a segurança de um terreiro, levando-se em conta que quase todos as têm, como "tronqueira" etc., apenas terão que ser riscados e postos de acordo com os pontos cardeais correspondentes, dentro das características dadas para cada um desses "cabeças de legião"... riscados, é claro, na cor de pemba dada e numa tábua...

Resta ainda lembrar que: sendo 7 os Exus intermediários das Linhas. é claro que eles também operam nas faixas dos 4 Elementos da natureza, citados ou correspondentes.

Ei-los pela ordem dada:

Exu 7 Encruzilhadas opera na faixa dos elementos ígneos e aquosos ou do **FOGO** e da ÁGUA.

Exu Gira-Mundo... *idem... idem... idem...*

Exu Tranca-Ruas... *idem... idem.... idem...*

Exu Tiriri... opera nas faixas dos elementos térreos e aéreos ou da **TERRA** e do **AR**.

Exu Marabô... *idem... idem.. . idem...*

Exu Pinga-Fogo... *idem... idem... idem...*

Exu Pomba-Gira... opera na faixa do elemento aquoso ou da ÁGUA.

Assim, meu filho, creio que tudo está bastante elucidado. Ainda me falta dizer que, sendo esses Exus intermediários a "polícia de choque" do baixo--astral, isto é, do "reino da Quimbanda", não lhe cause surpresa eu revelar que eles empregam até a "força" bruta quando necessitam de frenar ou de exercer uma ação repressiva.

Há lutas tremendas no baixo mundo astral... Acontecem os "corpo--a-corpo", pancadarias etc. Existem também "armas astrais" de ação contundente. Assim como você, leitor, pode, como encarnado que está, bater em outro corpo humano com uma vara, uma espada, uma borracha etc. no astral também esses objetos podem existir confeccionados de "matéria astral", mais rijos do que os grosseiros da terra. Servem para fustigar corpos astrais também grosseiros, como são os dos espíritos atrasados, quiumbas e outros mais... quando necessário.

Com o exposto uma grande claridade deve surgir na mente do leitor umbandista, pois vai subentender que também existem "polícia e marginais" no astral inferior e necessariamente prisões.

O leitor não deve aferrar-se a essa vaga interpretação de que os "espíritos vagam na erraticidade... como se eles andassem por aí, pelo mundo astral, pelo espaço ao léu...

Nenhum ser, no astral, vive assim, como que vagando "aereamente"... todos estão fazendo alguma coisa, de certo ou errado... todos estão empenhados ou ocupados em torno de algo... todos giram na razão e na relação de suas afinidades, isto é, de seus desejos, impulsos, atrações etc., uns conscientemente, e outros, ainda, dentro de suas incompreensões ou perturbações várias. E é em razão e em relação com essas afinidades que os espíritos ou os seres desencarnados são atraídos às zonas cósmicas (que também se chamam planos) apropriadas.

De acordo ainda com essas zonas próprias, é que eles "descem" ou se misturam nas camadas ou nos agrupamentos inferiores. Daí, de dentro desse ambiente astral espiritual grosseiro, é que saem os quiumbas e outros, a fim de darem expansão às suas tendências etc...

São como salteadores, dentro da "noite astral". Infiltram-se por toda parte, visando mais aos ambientes dos encarnados, dadas as emanações materiais que eles tanto desejam enquanto não encarnam... Uns saem em busca de satisfazer seus vícios, vendo e sugando do vício dos encarnados suas satisfações; outros, saem a fim de satisfazer a revolta ou a vingança sobre os que deixaram ou estão na condição humana; e mais outros ainda, perigosíssimos, como "gênios do mal", comandam as incursões daqueles...

Todavia, todos eles estão sob vigilância. Há verdadeiras batalhas, corridas, fugas etc., quando são pilhados diretamente em suas artes ou ações nefastas. Sim, porque eles também são sabidos, organizam-se. Muitos, quando assim pilhados, vão para as Escolas Correcionais ou para as prisões do astral. Sim, porque é certo elas existem. Assim como existem os Hospitais, as Escolas Superiores e Especializadas.

Você sabe, filho, há um castigo tremendo no astral para esses empedernidos... Eles vivem dominados por um desejo voraz: querem encarnar a todo custo. Então são refreados nisso... adiam essa oportunidade. Eles choram, imploram etc. Prometem tudo. Dão-lhes prazos a fim de provarem isso... mas logo se deixam arrastar pelas sensações baixas e pronto... nada feito. E é em relação com tudo isso que os Exus trabalham (numa função cármica) e como trabalham, pois que, para tudo ou para todos os serviços ou operações, existem os veículos apropriados.

É claro que um ser elevado, um espírito de luz, não "desce" a esse mister... ele tem ocupações diversas e superiores, inerentes à sua condição espiritual... Compreendeu, filho?

Que tudo isso que este "preto-velho" falou possa ser assimilado pelos mais vivos de ideia... E que eles possam elucidar, por sua vez, os que não alcançaram ou não entenderam ainda essas verdades simples e utilíssimas para todos cujo carma os situa na faixa ou na Corrente Astral de Umbanda...

SÉTIMA PARTE

A PROFUNDA DOUTRINA INTERNA DA UMBANDA

O carma constituído e o original ou causal — a queda — a passagem pelos reinos da natureza — a transição, pela espécie animal, do pelo para a pena. O papagaio e o gorjeio dos pássaros — A complementação dos chacras ou do corpo astral pelas correntes vibratórias eletromagnéticas ou por todas as forças elementais da natureza livre. A confusão dos magistas, que persiste, sobre o que tentaram definir como "elementais-espíritos da natureza". Os elementares. A ficha cármica original.

Mais uma vez queremos patentear o conceito interno da Escola Umbandista, em face da confusão que os magistas e Outros, reconhecidos como autoridades em matéria de ocultismo, criaram sobre os espíritos na fase de elementares a que denominaram, erroneamente, de "espíritos da natureza ou elementais".

Sabemos que isso é um assunto complexo, de difícil explicação, pois foge bastante aos entendimentos comuns.

Porém, vamos tentar simplificar a questão, e para isso temos que começar a situar os dois aspectos de um carma...

Toda e qualquer ação e reação do espírito, no mundo das formas ou da matéria, isto é, da energia física propriamente dita e reconhecida, seja ela eletromagnética, atômica, etérica etc., ou mesmo (dentro do conceito oculto ou esotérico) da poeira atômica, homogênea, básica, matriz de todas as subsequentes formas dessa energia, se deu, ou se dá, por força de um carma constituído.

Esse carma assim denominado pela Escola Umbandista se constitui e se movimenta em consequência do rompimento do carma original ou causal; portanto, por si é um efeito, derivou de uma causa.

Para esse tipo de carma — denominado Constituído — foi que as Hierarquias Regentes, por ordem Suprema, estabeleceram uma Lei (chamada a lei cármica dos hindus) que o fez dependente de um sistema especial o da encarnação ou das reencarnações.

Esse tipo de carma constituído, sujeito à roda das encarnações, já está bastante definido, esmiuçado, em vastíssima literatura que lhe deu como a própria razão de ser a dor, os sofrimentos vários, as lições, as provas ou as experimentações, como a maneira mais eficaz para o espírito evoluir.

Então, falemos, embora premido por certas limitações, do carma original ou causal, para que se perceba por que se constituiu ou gerou outro aspecto. Simbolizemos, pois sem o símbolo nada se entenderá.

Caro leitor, olhe para esse círculo:

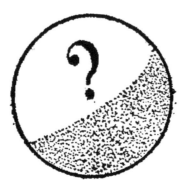

Veja-o como se visse o espaço cósmico, infinito, ilimitado. Considere-o uma natureza neutra, que independe, em sua estrutura íntima, quer de energia física propriamente dita, quer do espírito, como uma entidade cujos atributos são a inteligência, a consciência, a vontade, a ideia etc.

Essas três realidades (natureza neutra, energia física e espírito) são extrínsecas entre si, ou para dar uma ideia mais clara: espaço cósmico, espírito e energia (ou matéria), sempre existiram no seio da eternidade, sem terem sido engendrados um do outro, pelo Poder Supremo. Em suma, nenhum foi extraído ou derivado do outro.

Todavia, preexistem, estão ligados ou entram na dependência um do outro. Dessas três realidades, nem o espaço cósmico nem a energia têm inteligência, consciência, vontade. Elas são atributos intrínsecos do espírito, que é da mesma essência do Pai, ou seja, de Deus.

E quanto a espaço cósmico e energia, são realidades que o Poder Supremo comanda, pode movimentar, desdobrar, dinamizar, imprimir, associar e desassociar, pois são, porque sempre o foram, em toda a eternidade, seus atributos externos.

São ainda os canais por onde o Poder Supremo se manifesta, visto o mistério do Arcano afirmar que Ele — Deus — está por dentro, por fora e acima de todos os poderes e de todas as coisas por Si mesmo geradas e engendradas.

Cremos que conseguimos situar essa questão de forma inteligível; nem tanto ao ar, nem tanto à terra... é só meditar, porque o entendimento clareia...

Bem, voltemos ao circulo desenhado que está simbolizando o espaço cósmico, pois o leitor estudioso o deve estar novamente analisando. Assim, deve estar vendo que quase a metade dele está pontilhada.

Com esses pontinhos queremos localizar as regiões do infinito, espaço cósmico, onde a energia física habita, tem domínio, tem ação vibratória permanente. Representa o Macrocosmos, também chamado Universo.

Nele existem todas as incontáveis (além das observadas pelos estudiosos do assunto) galáxias, vias-lácteas, sistemas planetários, corpos celestes, inclusive o planeta Terra.

Essa parte cheia de pontinhos, que acabamos de assim definir, é onde nós estamos agora enquadrados. E a nossa atual via de ascensão ou de evolução, "que nos faz depender de energia ou matéria, de reencarnações etc. Entendido?

É o *modus operandi* que da sequência a nosso carma constituído. E onde o nosso espírito encontrou a energia, as propriedades e as qualidades da mesma, que facultam o gozo e as sensações diretas, objetivas...

Então, caro leitor, como uma ampla visão para o seu entendimento: essa parte do círculo toda pontilhada representa as infinitas regiões do espaço cósmico onde a energia ou a matéria habita; onde ela conseguiu interpenetrar, morar, ter domínio, viver em turbilhão, em moto contínuo etc. Portanto a outra parte do círculo que não está ocupada pelos pontinhos representa outras regiões desse espaço cósmico, vazias de energia, ou seja, da mais simples partícula de poeira atômica. Agora, quanto ao ponto de interrogação significa a presença do espirito.

Ali o espaço cósmico está apenas interpenetrado ou seja, habitado por uma só realidade, e essa é o espirito, isto é, inumeráveis legiões de seres espirituais, isentos de qualquer agregação sobre si mesmos, de uma só partícula atômica ou mesmo de "matéria mental e astral", como se ensina na Escola Oriental...

Pois bem, caro leitor, são essas legiões de seres espirituais que habitam o puro espaço cósmico, neutro, vazio de energia, que formam o Reino Virginal ou o Cosmos Espiritual; que evoluem por essa Via Original, dentro de seus graus ou vibrações de afinidades próprias e, naturalmente, dentro de um sistema cármico absolutamente impossível de ser compreendido ou lembrado, de vez que a queda ou a descida à natureza cósmica interpenetrada pela energia física implicou o obscurecimento, um esquecimento.

Por isso é que fica perfeitamente patente a existência de um carma original ou causal.

A queda ou descida das legiões de seres espirituais implicou um rompimento desse carma original e consequentemente gerou outro aspecto, que se constituiu como um efeito dessa queda.

É assim que a esse outro aspecto objetivo do carma causal nós denominamos carma constituído, porque esse é o que está afeto direta mente à matéria ou à roda das sucessivas encarnações, Veja-se a figuração anexa, extraída de "**Doutrina Secreta da Umbanda**".

Isso bem compreendido, falemos agora do que o espírito teve que passar para se pôr em relação com a nova natureza cósmica dependente de energia ou da poeira atômica, para dar sequência às injunções desse novo aspecto de seu carma causal.

Simbolizemos agora um copo cheio de fumaça e joguemos, dentro dele um caroço de milho, assim:

O que aconteceu a esse Caroço de milho? Interpenetrou essa fumaça. Portanto, foi envolvido por ela; ficou sujeito à qualidade vibratória de sua natureza.

Tal como o milho, o espírito tinha que se expandir nesse meio, na energia simbolizada por essa fumaça, sobre a qual tudo ignorava, não estava habituado; foi necessário que recebesse o socorro das Entidades Superiores do Reino Virginal a quem foi ordenado descer para ajudá-lo, porque para elas essa natureza não tinha surpresa. Já eram senhores dela.

E foi o que aconteceu quando começaram a encaminhá-los aos sistemas planetários já existentes ou aos diretamente construídos pelos arquitetos divinos para esse fim.

Assim é que a cada número de legiões de espíritos que desceu coube determinado corpo celeste ou planeta, e no nosso caso, o planeta Terra.

E dentro dessa condição, urgia preparar essas legiões de acordo com a natureza eletromagnética da Terra, através de seus reinos mineral, vegetal, animal e daí até o futuro reino hominal...

É quando a literatura magista ou do ocultismo propriamente qualificada nos dá notícia da "passagem do espírito" pelos reinos da natureza e nos fala dos elementais chamados também por eles, impropriamente, como "espíritos da natureza" e... fizeram a confusão que persiste, embora para nós, da Escola Umbandista, ela não exista, que não nos pautamos por "escolas orientais" de quem quer que seja...

Tentemos esclarecer essa questão definitivamente. Passar pelo reino mineral, vegetal e animal foi uma necessidade que se impôs ao espírito, a fim de que pudesse haurir ou agregar em torno de si os elementos vibratórios que iriam formar as suas linhas de força, os seus chacras e logicamente o seu próprio corpo astral, porque sem esse não podia haver a encarnação propriamente considerada.

Ora, quando falamos do copo cheio de fumaça quisemos dar a entender ao leitor que o espírito, caindo nesse meio, foi envolvido pela fumaça, ou seja, pela poeira atômica e, como tinha necessidade de viver segundo essa nova natureza, imantou ou aglutinou em si mesmo os primeiros elementos simples e setessenciados que se transformaram imediatamente nos canais diretos de sua inteligência e de suas primeiras sensações provenientes desse contato.

Dentro dessa lógica, dessa lei, surgiu uma espécie de tela consistente que posteriormente foi denominada corpo mental por várias escolas.

Essa tela, esse envoltório, recebeu as impressões do espírito e, consequentemente, se tornou o veículo de propagação para toda a natureza exterior ou correlata, assim como pelo éter, para todo o espaço cósmico alcançado. Dessa fase é que passou para a da propagação das vibrações que chamamos atualmente de pensamento.

Foi quando aos espíritos, já tendo por força de presença vibratória dentro da natureza atômica essa espécie de corpo mental, os técnicos que desceram do reino virginal fizeram passar pelos reinos mineral, vegetal e animal.

Com **passar** queremos dizer: — haurir da energia própria dessa natureza mineral, vegetal e animal, os elementos Vibratórios primordiais, necessários à formação de um corpo astral já projetado pelos ditos técnicos, para capacitá-lo ao reino hominal segundo ainda o modelo idealizado pelas Hierarquias Regentes do Reino Virginal.

Havendo o espírito se apropriado da energia peculiar a cada um desses reinos, passou a sentir em torno de si a aglutinação de certos elementos que tomavam forma e certos contornos, já produzindo nele uma série de sensações e também vibrando segundo suas próprias impressões.

Nessa altura o controle dos técnicos acusava que o espírito com esse corpo astral já bastante adiantado tinha necessidade de complementá-lo ou de dinamizá-lo ainda mais.

E essa situação se definia quando ele — o espírito — já tendo passado por todas as sensações instintivas da espécie animal de pelo, por via do contato vibratório com o elemento sanguíneo etc.. era encaminhado para sensibilizar os seus chacras, especialmente o laríngeo, à espécie animal de pena. como a última etapa de sua passagem por esse reino animal...

É claro, patente, para os que se dedicam aos estudos esotéricos, ou mesmo científicos, que o chacra laríngeo nos animais de pelo não passou dessa fase rudimentar em que se encontra até hoje.

Por isso os sons que emitem os animais são grosseiros, primam pela falta de variação e de harmonia em suas menores expressões...

Não acontece o mesmo com a maioria dos animais de pena, haja vista que quase todos apresentam uma variação infinita de sons, ricos de harmonia, melodia e beleza, sinal de que o chacra laríngeo neles já se encontra adiantadíssimo, quase pronto para os primeiros ensaios no setor do som articulado, ou seja, da palavra.

Não há que tergiversar, porquanto damos como um dos exemplos o papagaio, que já consegue formular palavras e até frases, chegando a decorar e repetir espontaneamente, quando ensinados pelos humanos, longos trechos... Aqui nos cabe repetir o conceito: na espécie animal de pelo e de pena os seres espirituais participam da vida instintiva deles, assim como indiretamente, ou seja, por força das ondulações vibratórias de suas sensações, através das correntes eletromagnéticas que lhes mantêm a vida física ou orgânica propriamente compreendida.

Diz-se assim, portanto, como "alma grupal" em relação a um meio, porque, na passagem do espírito pelos citados reinos da natureza, mormente na espécie animal, o ser espiritual não está diretamente encarnado em cada animal (nem tampouco numa pedra, nem numa árvore etc.) e nem sequer a seu lado. E como esse ainda é um meio um tanto ou quanto pesado, por onde o espírito tem que haurir o mais possível esse tipo de vida, aí se demora bastante, por isso que a idade de certos animais é longa, justamente para dar o tempo necessário ao espírito, no aprimoramento ou na manifestação de uma certa classe de sensações em relação com o elemento sanguíneo etc...

Já quando o espírito se liberta da última etapa de participação na vida da espécie animal de pelo, é que vai ser impulsionado a passar também pela Vida da espécie animal de pena.

Por quê? Porque nessa espécie ele necessita de sensibilizar, ao máximo, o dito chacra laríngeo (que comanda no corpo humano as cordas vocálicas ou a garganta), de vez que no gorjeio das aves se encontra, de um modo geral, uma variação sem fim de harmonia e beleza.

Após essas etapas pelos reinos da natureza, o ser espiritual fica como que impregnado de vibrações e sensações variadas e confusas. É quando surge a necessidade de se proceder sobre ele a revitalização e o consequente equilíbrio e aprimoramento do seu sistema de chacras.

É quando ele volta a participar diretamente das correntes vibratórias da natureza livre em sua expressão natural dentro do Cosmos. Portanto, há que voltar aos elementos da natureza natural (o *natura naturandis*), assim como à corrente dos elementos aquosos, aéreos, térreos e ígneos.

Está novamente em contato com as forças elementais da mãe natura, em vibrações livres...

São, em virtude disso, espíritos da natureza. porque ainda não participaram de nenhuma encarnação; em realidade, são espíritos elementares cumprindo ciclos de evolução ou de preparação...

Eis por que os magistas e outras autoridades em assuntos esotéricos ou de ocultismo, louvados tão somente na interpretação errônea da Cabala

Hebraica, falsificada, deram-lhes a denominação de "elementais-espíritos da natureza", como dando a entender que a própria natureza engendrava seres, com certas características quase que iguais às do espírito inteligente, consciente etc., aos quais classificaram de salamandras, ondinas, silfos, gnomos e outros mais...

São aqueles seres espirituais que acima definimos como elementares, porém no último estádio do contato com as forças elementais da natureza, que se situam diretamente na órbita vibratória das cachoeiras, das matas, das pedreiras, dos mares, dos campos, dos rios etc., como seus donos, seus guardiães, por injunção dessa complementação ou dessa condição.

É natural que eles se integrem no movimento mágico da Corrente Astral de Umbanda, por lhes oferecer amplos meios de contato e trabalho nessa trajetória evolutiva. de vez que entram em constante relação com o elemento humano, e isso para eles é de vital importância.

Tanto é que na Umbanda, através de certas operações da magia branca, dentro de um sistema de oferendas afins a esses espíritos elementares (chamados impropriamente elementais), lhes é facultada intensa atividade que lhes traz benefícios diversos, mesmo no combate aos espíritos inferiores, atrasados, assim como os quiumbas e outros mais.

Temos que levantar agora uma grande questão: — dado ainda ao grau de entendimento e da grande vontade que esses citados espíritos elementares têm de criar condições para a primeira encarnação ou para adquirirem o "passe" definitivo ao reino hominal, tendem a ser envolvidos com relativa facilidade, mormente por meio dos envolvimentos solertes do baixo-astral, a participarem em trabalhos ou operações da pura magia negra.

Com isso, assumem um peso cármico tremendo, os encarnados e os desencarnados que assim os usarem, porque estão, dessa forma, imprimindo neles um acréscimo de sensações e tendências que lhes serão prejudicialíssimas. quer na protelação do "passe", quer quando encarnarem pela primeira vez.

Em relação com o exposto, é muito possível a inumeráveis seres, numa primeira encarnação, exteriorizarem tendências negativas ou instintos violentos, justamente devido ao que acima expusemos, isto é, terem sido envolvidos nas práticas grosseiras da magia negra, pela inexperiência que lhes é ainda um tanto natural. Porém, esses espíritos, quando esclarecidos, costumam reagir violentamente, ao reconhecer que foram bastante prejudicados e é quando se diz: o feitiço virou contra o feiticeiro"...

E por causa desse envolvimento e dessa inexperiência que os Caboclos e os Pretos-Velhos entram em grande atividade dentro do meio vibratório em que esses espíritos se situam, para orientá-los, conduzi-los para os aspectos que mais os possam beneficiar.

Não confundir esses espíritos elementares, nessa fase de complementação dentro da natureza livre, com os outros espíritos elementares, em seus diferentes ciclos de evolução, assim como os Exus de 2° e 1° ciclos e outros que permanecem sujeitos a outras injunções da lei cármica.

E para que Você — irmão leitor — possa ficar realmente sabendo o que se pode entender como elementais, fora mesmo de qualquer confusão dos magistas e outros, é bastante citarmos a definição que já demos desde 1956 em nossa obra "Umbanda de Todos Nós" (1ª edição): "Os chamados espíritos elementais formam-se dos pensamentos baixos, que se assemelham e se agrupam atraindo por afinidades, nos campos magnéticos e Vibratórios, as substâncias astrais que se condensam com eles tomando aspectos de seres esquisitos, servindo de intermediários entre o mundo astral e o material". Esses elementais são vibrações do pensamento que se atraem, "por serem iguais, no astral inferior, formando conjuntos com determinadas formas, constituídas pela qualidade dos pensamentos emitidos".

"Dessa maneira gravitam em busca de ambientes próprios, mormente quando são gerados e alimentados do ódio, despeito, inveja, de umes, baixos desejos, ambições desmedidas, falsidades etc., sendo comum serem atraídos por umas dessas fontes afins, e é por isso que certos videntes, ou pessoas que por um motivo qualquer estejam com o centro anímico excitado, veem essas figuras feias, esquisitas, de olhos fosforescentes, formas de cão, com pescoço fino e comprido, que se encontram tão bem estampadas nas obras de Papus..."

E é em relação com todo o exposto que, em nome da Corrente Astral de Umbanda, da qual, já o dissemos, somos um porta-voz, estamos autorizados a lançar veemente condenação sobre os praticantes da magia negra, quimbandeiros, catimbozeiros, candomblecistas e similares que continuam a enegrecer cada vez mais a condição cármica desses nossos irmãos em Deus-Uno, que ainda não encarnaram e necessitam urgentemente disso.

E como falamos tanto em carma Constituído e Original, e interessante ressaltar mais uma vez esse ângulo referente a ficha cármica.

Não pense o irmão que nossas ações positivas e negativas, ou seja, nossos méritos e deméritos, de cada encarnação, em diversas personalidades, sejam fatores abstratos que andam perdidos por esse imenso espaço cósmico.

"Nada se perde, tudo se transforma", essa é uma verdade científica.

Bem, se aqui na terra, na condição humana, cada um de nós tem sua ficha nos Departamentos Especializados, desde o nascer ao morrer, quanto mais no mundo astral, que é, justamente, o nosso verdadeiro *habitat*.

Então, é lógico que por lá exista um sistema perfeitíssimo de Arquivo ou de fichas individuais de cada ser consciente, inteligente, desde o princípio do mundo.

Essa ficha cármica astral não é coisa imaginária; existe como uma espécie de tela fluídica, de consistência astromagnética, onde está anotado o nome original de cada ser espiritual, desde quando desceu ao mundo das formas, ou seja, ao planeta ou corpo celeste que lhe foi designado, para cumprir o que já explicamos como o seu Carma Constituído.

Esse nome, essa identificação original é completamente desconhecida da maioria dos seres espirituais, mesmo no estado de desencarnados.

Somente os altos Mentores da Confraria dos Espíritos Ancestrais podem ter esse conhecimento, de vez que governam o Mundo Astral e fiscalizam o Humano.

Abaixo desse Nome Original, vem uma série de registros inerentes a todos os acontecimentos de importância cármica de cada personalidade que o espirito usou, desde quando lhe foi dado o primeiro nome na primeira encarnação.

Porque o Carma de um Ser Espiritual ou da criatura que desencarna não para em ações e reações.

Se dissermos que, pelo Mundo Astral, o ser desencarnado tem tantas possibilidades quanto na vida terrena de melhorar ou piorar suas condições, ou o cama, o leitor é capaz de estar pensando de que forma tal coisa se dá.

Bem, amigo leitor, a vida emocional, sentimental, os desejos, as paixões e as correspondentes sensações com seu imenso rosário de reações boas ou más, de paz ou de desespero, continuam lá por cima, e dentro disso, o ser desencarnado entra em movimento ou atividade nos planos afins ou nos setores que lhe estão afetos.

Pode continuar errando, aprendendo, melhorando etc. Muitas criaturas desprendem-se da vida terrena, com tal soma de sensações, de paixões, e desejos irrealizados, que procuram expandi-los de qualquer forma, e por isso deixam-se atrair pelas correntes negativas de seus semelhantes no astral, caindo, muitas vezes, em piores condições do que aquelas.

Muitos se tornam até de tal rebeldia que passam a ser disciplinados mais duramente do que antes, sendo até castigados severamente, com reencarnações compulsórias em situações ou em raças que lhes são adversas ou antipáticas, embora nos altos desígnios da Sabedoria Divina tal medida seja uma abençoada oportunidade dada ao ser que reencarna em tais condições; mas, para ele, representa mesmo um castigo, duríssima pena disciplinar.

Por exemplo: já dissemos que o Oriente, especialmente a Índia e a China, está servindo, ultimamente, de zonas de drenagem cármica, pois naqueles países os sistemas sociais, ou de castas, são os mais baixos que se possam conceber.

Em suma, estão servindo como verdadeiros pontos de concentração para os espíritos rebeldes, atrasados, endividados e que necessitam passar por condições humanas duras, humilhantes etc...

Assim discriminamos para que o leitor tique ciente de que é por injunção dessa Ficha Cármica Original, com suas respectivas anotações, que a Lei Cármica procede a uma computação entre os méritos e deméritos de cada um, para pautar numa linha de reta justiça aquilo que nós chamamos de sorte ou destino de uma pessoa.

Tudo isso são variações do Carma Constituído, que já explicamos ser uma consequência do Carma Original, de aspecto completamente desconhecido... Apenas procederam a transferência da Ficha Cármica com o Nome Original...

Porque — amigo leitor — se Você é um estudioso das ciências ocultas, deve estar bem viva em sua mente aquela regra do Hermetismo que afirma: "tudo no Universo é medido, pesado e contado".

Irmão Médium ou Iniciado: até aqui Você vem lendo e assimilando toda essa síntese substancial de nossa Umbanda do Brasil...

Cremos que Você está capacitado, assim, a inteirar-se agora de nossos Postulados Internos, ou seja dos conceitos básicos da Corrente Astral de Umbanda, que reputamos de inéditos, conforme estão definidos adiante.

Porque Você sendo — conforme supomos que o seja, de vez que vem lendo até esta altura com toda atenção — já um Iniciado, deve saber que temos a nossa metafísica profunda e esta não é para a massa comum dos "filhos-de--fé". É para Você analisar com outros de igual categoria. Então comece por ir meditando no conceito desses termos, capitais, básicos ao entendimento de qualquer filosofia do mundo. E se ainda tiver alguma dificuldade em assimilar nossos Postulados, procure nossa obra **"Doutrina Secreta da Umbanda"**, que lá existe uma "Preparação Psicológica a esses ditos Postulados", que clareia tudo para Você. E comece entrando, já, pela simbologia do **Arcano Maior**.

SIMBOLOGIA DO ARCANO MAIOR

EVOLUÇÃO PELO　　　　　　EVOLUÇÃO PELO COSMOS
UNIVERSO ASTRAL　　　　　　ESPIRITUAL

AS DUAS VIAS DE ASCENSÃO NO
ESPAÇO CÓSMICO

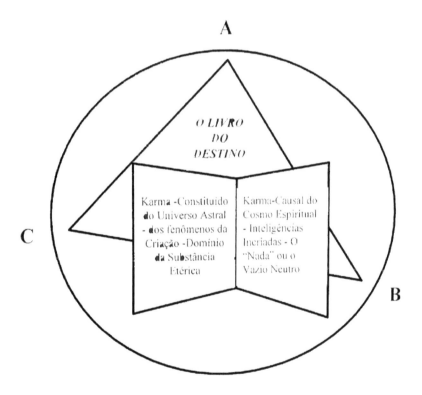

O que está sendo visto então? O que pode revelar essa figuração? Em 1º Plano, o Círculo, simbolizando o Espaço cósmico, infinito, ilimitado, incriado. É na mística do Arcano "A Casa do Pai".

Em 2º Plano, um Triângulo Escaleno (porque não tem os lados iguais: a natureza de um vértice não é igual à dos outros: são distintas e extrínsecas entre si) as três naturezas, simbolizando a Existência Tríplice Incriada, assim compreendida:

> **Vértice A** — a Manifestação do Poder Divino, a Presença do Deus-Pai;
>
> **Vértice B** — a Manifestação dos Seres Espirituais ou dos Espíritos Incriados;
>
> **Vértice C** — a Manifestação da Substância-Etérica Incriada.

Em 3º Plano, a manifestação das Leis Divinas, simbolizadas no Livro do Destino (onde estão arquivadas as fichas cármicas originais de todos os Seres Espirituais, desde quando começaram a usar o direito ao livre-arbítrio), onde estão qualificados os dois tipos de Carma, com os fatores próprios a cada um.

ARCANOS

Como Arcanos[49] devemos entender certas revelações da Lei Divina ou certos fatores de ordem moral-espiritual e cósmica, certas elucidações ou esclarecimentos vedados ao leigo profano ou não Iniciado. Por isso é que se ensina como "mistério, coisa oculta etc..".

A Cabala Hebraica (falsificada e empurrada para o Ocidente) nos fala também dos Arcanos Maiores e dos Arcanos Menores. cuja interpretação correta sempre foi privilégio dos Magos de todos os tempos.

Não estamos infringindo a regra, porque o leigo mesmo, o profano de verdade, isto e, aqueles que não forem possuidores de sólida cultura iniciática,

---

49 Observação especial — Existem 3 Ordens de Arcanos: A) Arcanos Divinos, que tratam dos Princípios, das Causas e das Origens de todas as Realidades e de seus fatores finitos e infinitos da Lei básica do Cosmos Espiritual (*vide* como o definimos no Postulado 5º) etc. Esses Arcanos são do Conhecimento Absoluto da Deidade. B) Arcanos Cósmicos cujos conhecimentos são extensivos às Hierarquias Constituídas, que tratam da mecânica celeste ou dos fatores quantitativos e qualitativos da natureza natural e das Leis gerais e regulativas da Evolução dos Seres Espirituais pelo Universo Astral (*vide* como o definimos no Postulado 7º). C) Arcanos Maiores (21) e Arcanos Menores (57) que tratam diretamente das Leis e subleis regulativas do planeta Terra e dos fenômenos de sua "criação" e da Evolução dos Seres Espirituais através dele. Enfim. das "causas e dos efeitos" inerentes à sua Humanidade.

"quebrarão cabeça" e não chegarão a entender direito o que estamos revelando, inclusive os próprios Postulados da Corrente Astral de Umbanda.

Para esses recomendamos passar de leve e procurar em outros livros elementos ao alcance de suas mentalidades.

Porque cultura é produto da reflexão, da lógica sistematizada, sobre a natureza real das coisas ou dos fatores indutivos e dedutivos. Enfim, cultura iniciática não se aprende ou alcança tão somente pelos livros. O que os livros nos dão é só a erudição, processo em que o intelecto vai acumulando os conhecimentos gerais dos outros... Assim como que mecanicamente".

CRIAR

Ensina-se como: v.t. — dar existência a; tirar do nada; gerar; produzir; originar; inventar; fazer aparecer etc.

CRIAR
(Na interpretação interna do arcano)

Como ato ou ação de dinamizar e transformar a natureza das coisas ou dos elementos; ato ou ação de produzir na substância-etérica os fluidos cósmicos e o fenômeno das associações atómicas, pela Vontade Suprema, pelas Hierarquias Regentes, Magos, Espíritos Superiores, dotados desse poder ou conhecimentos. Criar é também plasmar a ideia nos elementos etéricos, que tomam formas. Criar — em análise rasa é transformar...

NADA

Ensina-se como: s.m. — a não existência; ausência de quantidade; o que não existe; coisa nula; inutilidade etc.

NADA
(na interpretação interna do arcano)

Aquilo que não é (ou não sai) da substância-etérica, nem de um simples átomo; nem de quaisquer estados ditos como da matéria. E o vazio neutro (*vide* explicação sobre espaço cósmico, que o completa, na parte dos Postulados).

SUBSTÂNCIA

Ensina-se como: s.f. — aquilo que subsiste por si; matéria; essência; natureza de uma coisa etc.

SUBSTÂNCIA
(interpretação interna do arcano)

O mesmo acima (*vide* definição básica pelo Arcano, como substância-etérica na parte que situa os Postulados da Doutrina Secreta de Umbanda).

ENERGIA

Ensina-se como: s.f. — atividade; maneira como se exerce uma força; vigor; (Fis.) faculdade que tem um corpo de fornecer trabalho etc.

ENERGIA
(interpretação interna do arcano)

O mesmo acima e ainda mais explicitamente — como aquilo que se pode transformar em peso, densidade, formas e cores diversas; em suma, por um lado a energia tanto pode adquirir o aspecto potencial, como de força física etc., pois o arcano nos diz, também, que a energia é (ou está) a matéria condensada. "A irradiação de um corpo ou de uma massa provém da quantidade de energia interna que o mantém." Dai, pela decomposição ou desintegração dessa massa, essa energia volta a Seu dito estado de "irradiante", puro, sendo, portanto, para nós, o quarto estado mesmo da matéria e o 4º também a partir da substância-etérica, pois a Numerologia Sagrada da Umbanda demonstra a questão certa, do 1 + 7 e não do 1 + 6, como ensinam outras escolas.

MATÉRIA

Ensina-se como: s.f. — tudo que tem corpo e forma ou substância suscetível de receber certa forma em que atua determinado agente (o sentido interno do arcano é o mesmo e no que se relaciona com energia etc.).

ESPAÇO

Ensina-se como: s.m. — extensão indefinida; capacidade de terreno, sítio ou lugar, intervalo; duração etc. (*Vide* definição completa nos Postulados, sobre espaço cósmico etc.).

CRIADOR

Ensina-se como: s.m. — aquele que cria ou criou; Deus etc.

CRIADOR
(interpretação interna do arcano)

Aquele que pode operar com a natureza das coisas, produzir por via de seus elementos (*vide* item dos Postulados referente a Deus-Pai).

INCRIADO

Ensina-se como: adj. que existe sem ter sido criado...

INCRIADO
(interpretação interna do arcano)

O mesmo acima e ainda: Aquilo que existe mesmo sem ter saído ou gerado de outra existência (*vide* itens dos Postulados, referentes a Deus-Pai, Espíritos, Substâncias e Espaço cósmico).

Interpretados assim, em seus pontos essenciais passemos à definição dos Conceitos Básicos da Doutrina Secreta da Umbanda, através de seus legítimos POSTULADOS.

POSTULADO 1º
(No que diz respeito a DEUS-PAI)

Cremos, **inabalavelmente** na Eterna Existência do Deus-Pai, O Supremo Espírito de Absoluta Perfeição.

Cremos e ensinamos que Ele é de fato e de direito. O **INCRIADO ABSOLUTO**, porque é Único e Indivisível: jamais recebeu nenhum sopro, vibração ou irradiação de nenhuma outra realidade, por acréscimo sobre Si Mesmo.

Cremo-Lo como o Único Ser de Suprema Consciência Operante, porque domina e dirige TUDO: a eternidade-tempo, o espaço cósmico, a substância-etérica (a energia, a matéria etc.) e a nós mesmos espíritos carnados e desencarnados e mesmo em evolução em qualquer sistema planetário do Universo Astral...

Cremo-Lo como o Único possuidor do ARCANO DIVINO; como o Único que pode saber a Razão real do "ser ou não ser" dos Princípios, Causas e Origens, do que o Arcano Maior nos revela como das Realidades Incriadas e dos Fatores Criados...

Cremo-Lo como Deus-Criador no sentido direto de TUDO que se relaciona ou no que produziu sobre a Substância-Etérica, no domínio da astralidade, isto é, na formação e desenvolvimento das Vias-lácteas, Galáxias, Sistemas Planetários, Sol, Estrelas, Corpos Celestes etc...

Creme-Lo, realmente, como o Divino Arquiteto; como o "Divino Ferreiro" que malha na bigorna cósmica, com Sua Vontade.

Assim, cremos nos fenômenos da criação, como uma manifestação de Seu Poder Operante, plasmador na substância-etérica, de Sua Ideação; criando nela o Arquétipo ou o modelo original dos organismos astrais e das coisas físicas propriamente compreendidas.

Creme-Lo, também, como o criador das Leis Morais, regulativas da Evolução Espiritual o chamado carma dos hindus e Lei de Consequência por outros.

Portanto, em relação com o dito, cremo-Lo mesmo com o Criador da matemática quantitativa e qualitativa cósmica, ou seja, da lei que regula a dinâmica celeste...

Creme-Lo assim, sem falhas, no processo dito como da "criação das coisas" subentendidas no que está acima definido...

E para fundamentar os conceitos deste Postulado, damos, como exemplo de relação, o Gênese de Moisés, onde ele ensinou: "E Deus criou o homem à sua imagem e semelhança"...

Passemos, de leve, pelo sentido figurado, para ressaltarmos o interno, pois sendo o dito Moisés um iniciado, um mago, devia possuir as chaves de interpretação dos Arcanos ou da Cabala verdadeira.

Sendo o homem propriamente interpretado como um ser humano, composto fisicamente de células, geradoras dos sólidos, líquidos, gasosos e etéricos, os primeiros consolidadores do corpo denso, e o último (o etérico) consubstanciadores de um outro, de matéria astral, denominado de corpo astral mesmo ou perispírito, é claro que essa criação se aplica aos organismos que foram gerados da substância etérica, e que são usados pelo espírito para se manifestar no mundo das formas astrais e materiais, porém não são ele em si...

São, é claro, os veículos que usa, para viver, quer no mundo astral, quer na condição humana...

Assim, quando Moisés ensinou: "Criou Deus, pois, o homem à sua imagem, a imagem de Deus o criou; homem e mulher os criou"[50]velou o sentido oculto e correto, que seria, como é, na chave de interpretação do Arcano: E criando o Arquétipo, como forma etérica e a sua continuidade para o Protótipo das formas astrais e densas"...

O resto foi trabalho subsequente das Hierarquias[51] para o tipo humano. Em suma: criou , a imagem e semelhança do que ideou e não

Dele Deus, pois sendo imaterial, insubstancial, não plasmou a "sua forma" para ser copiada...

POSTULADO 2º
(No que diz respeito à origem e "criação" dos Espíritos)

Cremos e ensinamos que os Seres Espirituais, carnados e desencarnados, quer no planeta Terra ou mesmo de qualquer sistema planetário do Universo Astral e ainda como habitantes do Cosmos Espiritual, em suas condições de Espíritos, puros (isentos de quaisquer veículos ou injunções da substância--etérica), são de uma natureza vibratória que não se desintegra, isto é, não é sujeita a nenhuma espécie de associação ou desassociação (exemplificando: assim como elemento que pode ser composto, decomposto, derivado, enfim, como algo que sai de outro), porque são distintos da própria setessência da matéria...

Cremos que os Espíritos são Incriados, porque a origem dessa dita natureza vibratória de cada um se perde no infinito do tempo. Só quem sabe a razão de sua real origem é Deus... Portanto coeternos com Deus-Pai...

---

50 Gênese, 1º Cap., Vers. 27.
51 Por isso é que a escola Oriental fala dos Construtores Siderais.

Cremos e ensinamos mais que os Espíritos têm copo potência intrínseca esses atributos essenciais que definiu-os como consciência, inteligência, volição, sentimentos etc.

Habitam também o Espaço Cósmico tal e qual a Substância Etérica, porém as naturezas de cada uma dessas Três Realidades são extrínsecas entre si, como também essas três citadas realidades — Espaço Cósmico, Substância e Espíritos são extrínsecas da Natureza Divina...

Cremos ainda que todos os Seres Espirituais se revelam e se expandem em Consciência, Inteligência etc., porque são da mesma natureza vibratória incriada...

No entanto é da origem indefinida, eternal de cada ser espiritual, que surge essa diferença, essa distinção, se bem que na realidade, sejam todos da mesma "essência" virginal, e é precisamente em virtude dessa condição que revelam simultaneamente suas afinidades originais, assim como consciência, inteligência, vontade, sentimentos, tendências etc., porém não implicando assim, absolutamente, que eles se tenham originado da própria "essência" do Espírito Divino — Deus; que tenham sido feitos ou "fabricados" da própria natureza do Pai.

Esse é um dos ângulos fundamentais suscitados a indução e à dedução teológica e metafísica ou à interpretação do iniciado, de vez que terá de encontrar, por si mesmo em sua razão, a lógica para essa distinção entre esses dois termos, dentro da seguinte afirmação: o ter-se originado da **mesma** não é ter-se originado da **própria** de cada um e muito menos da do próprio Deus-Pai.

Você que agora mesmo está lendo isto, tem consciência, inteligência, livre-arbítrio, alcance mental para mais ou para menos e nós (o autor) também temos esses mesmos atributos, mas não somos iguais no modo de pensar, querer, ambicionar, amar, errar, agir e evoluir.

Em suma: as suas aquisições morais e intelectuais que definem o grau de seu estado de consciência são atributos do seu espírito e se distinguem do nosso e de outros quaisquer, porque são independentes cada qual cria livremente as suas próprias condições cármicas ou de destinação.

Entenda-se: essa questão de extrair uma coisa da outra é química, é física, é atômica, porque só se tira algo daquilo que é composto, que está sujeita às associações.

Um eléctron — ou mesmo um próton — é uma das partículas elétricas mais simples do átomo e mesmo que a Física, amanhã, pretenda "dividi-

-lo teoricamente", o fará apenas em outras partículas, que serão sempre, eternamente, as unidades simples da substância-etérica básica.

Portanto, nós — os espíritos evolutivos, inclusive os mais altos mentores espirituais do planeta — o Cristo-Jesus, as Potências espirituais, as Hierarquias Cósmicas, o Deus-Pai, somos todos imateriais, isto é, jamais dependemos do eléctron (e nem mesmo do que a ciência já começa a definir como as partículas contrárias, assim como o pósitron etc., e que já são apontadas como geradoras de uma **antimatéria**), do próton, do nêutron, do átomo, da energia ou da substância elétrica para ter consciência, inteligência, livre-arbítrio etc.

Esses elementos do *Natura Naturandis* nos vêm servindo como canais desses citados atributos nossos e somente porque estamos no Universo Astral, esta 2ª Via de Evolução, visto termos abandonado a 1º o Cosmos-Espiritual — "o outro lado da Casa do Pai" ou seja, ainda, aquelas infinitas extensões do Espaço Cósmico, onde a energia ou a substância jamais interpenetrou.

Todavia, a tônica própria de cada um o faz independente. Cada um vibra, por suas afinidades virginais, como quer e para onde quer: — é o dito como livre-arbítrio, ou o uso da vontade que podia ser cancelado pelo DEUS--Pai e não foi... E assim é que adquirem estados de consciência distintos, um dos outros...

E é por causa disso, dessa distinção consciencional reveladora dos próprios aspectos morais de origem — que os espíritos não podem ter saído, originados da própria Natureza Divina do Deus-Pai...

E foi por via desses fatores que adquiriram a Sua Paternidade Moral, no sentido de educação espiritual, de evolução...

Como imagem singela: nós — os espíritos vibramos como pequeninos centros de consciência em evolução e Ele-Deus — vibra a Consciência Suprema, Integral. Perfeita, que nos dá, por acréscimo, tudo aquilo de que vamos necessitando, na escala evolutiva...

Em suma, somos perfectíveis — sujeitos ao aperfeiçoamento moral — sim, porém no sentido restrito de evolução, principalmente pela Via dependente do Universo Astral, essa que desconhecíamos, ignorando ter tamanhas injunções e tentações, porém, nunca jamais, por termos sido criados imperfeitos moralmente da própria Natureza do Deus-Pai.

Como também cremos que o Deus-Pai, sendo Perfeito, Onisciente etc., não iria criar, também, de SI Próprio — de Sua Natureza Divina, a substância-etérica, para que posteriormente, servisse de tentação e de via ou "campo" de duras expiações ou provações, como se, da Suprema Bondade, pudesse germinar o princípio do bem e do mal ou uma coisa que iria, fatalmente, concorrer para derivar sentimentos ou atributos morais, em aspectos piores, terríveis, imprevisíveis...

Eis por que as religiões dogmáticas e outros sistemas filosóficos concorrem para o positivismo ateu, quando pregam secamente que "os espíritos foram criados simples e ignorantes" por Deus, como se defeitos morais, próprios de estados de consciência, se tivessem originado da Consciência Suprema, Perfeita, do Pai de Eterna Bondade...

POSTULADO 3º
(No que diz respeito à Matéria etc.)

Cremos e ensinamos existir uma substância-etérica, invisível, impalpável, própria do Universo Astral, como básica, fundamental, fonte geradora das transformações e condensações incalculáveis.

Essa substância é preexistente; coeterna do espaço cósmico, porque existe dentro dele.

Incriada, isto é, não foi criada por Deus-Pai, no sentido direto de tê-la extraído, gerado, de Sua Própria Natureza Divina...

Sua origem real é Arcano Divino — domínio da Sabedoria Absoluta do Deus-Pai... Só Ele conhece a razão das coisas finitas e dos fatores infinitos...

Esta dita substância-etérica sempre existiu de moto próprio, em turbilhões indirecionais (isto é, seu estado potencial ainda não produzia o que a Física denomina de "campos de gravitação"), em convulsionamento, sempre a se transformar em elementos de variação inconstante: era o chamado caos das religiões...

E para nos fazer mais compreendidos, na mais singela das relações (porque nosso caso não é de definições de Física nuclear, por essa ou aquela Escola e, sim, estabelecer um conceito metafísico ou filosófico ponto de doutrina): essa substância-etérica, em constante estado de convulsionamento, de explosão, não chegava às condições de gerar ou de se transformar nos ditos como "fluidos universais", esses que produzem a luz, o calor, a eletricidade, o magnetismo etc...

E eis por que Moisés falou da "criação do mundo", no Gênese, assim: "no princípio era o caos", afirmando mais que Deus disse: "haja luz e houve luz" etc. (Gen., Cap. 1º, Vers. 3).

Portanto, cremos e ensinamos que foi o Poder Operante de Deus--Pai que dinamizou essa supracitada substância coordenando[52] sua lei natural, o seu moto próprio, a fim de que ela produzisse, como produziu, os denominados de íons, num sistema molecular, que são os fluidos universais, consubstanciadores dos átomos, com seus eléctrons, prótons etc., positivos e negativos. Daí é que entendemos a escala atômica, com seus átomos de qualidades diferenciadas, porque, se assim não tivesse sido coordenada, não ficaria nas condições apropriadas para receber e plasmar a dupla manifestação dos seres espirituais, ou seja, a sua dupla linha de afinidades virginais (ver origem do sexo).

Ainda podemos esclarecer mais (seguindo nosso conceito metafísico), que esses "fluidos cósmicos ou universais" são os mesmos que a Escola Oriental denomina de tatwas "formadores dos mundos"...

É preciso que esclareçamos mais, que a substância é também considerada por várias escolas como "a matéria cósmica indiferenciada", antes de gerar as condições acima ressaltadas (ver o que definimos a mais, no 2º aspecto do Postulado que trata do espaço cósmico).

Em suma: cremos que essa substância e, por extensão, a matéria, teria que receber, como recebeu, vibrações de acréscimo do Poder Inteligente, visto não ter as mesmas faculdades que são inerentes aos seres espirituais (as nossas), como inteligência, vontade etc., que se englobam como aquilo que sentimos ser da Consciência... Cremos, ainda, que esse dinamismo Divino se impôs sobre a substância, como condição regulativa pela mercê do Pai a fim de proporcionar uma 2º Via de Evolução mais apropriada, dado o uso do livre-arbítrio, dos Espíritos, quando resolveram abandonar o Cosmos Espiritual[53] para descer ou penetrar, no outro lado do espaço cósmico, onde habitava e habita a substância-etérica. Por isso já o dissemos foi que o PAI criou o Universo astral[54].

Em consequência desses fatores é que a Doutrina Secreta da Umbanda define dois aspectos cármicos essenciais: o CAUSAL e o CONSTITUIDO[55].

---

52 Ver Postulado sobre origem do sexo, que aponta uma das razões mais essenciais do porquê dessa coordenação.
53 Na casa de meu Pai há muitas moradas está escrito no Evangelho. As moradas, é claro, são os planetas etc.
54 *Idem.*
55 Ver como os definimos adiante.

POSTULADO 4º
(No que diz respeito ao Espaço Cósmico)

Cremos e ensinamos que o chamado de Espaço Cósmico é o vazio neutro infinito, ilimitado, indefinido na realidade de sua natureza própria... É o meio sutil, neutro, imponderável, que a substância-etérica interpenetra e, consequentemente, onde as partículas desconhecidas e as qualidades como íons, eléctrons, nêutrons etc., se agigantam na forma dos átomos propriamente compreendidos...

A razão de ser desse espaço cósmico é a própria vacuidade, de natureza extrínseca da substância, dos Espíritos e do Deus-Pai. Portanto, é uma realidade. é uma natureza incriada. Sua dita razão de assim ser é Arcano Divino do SER SUPREMO...

Todavia o Arcano Maior nos diz que: "É a Casa do Pai" -Ele habita-a também e é o Único que pode "percorrê-la" em sua totalidade, infinita, ilimitada"... porque "só o Pai é quem pode limitar o próprio infinito". Esse Arcano levanta, em relação com essa vacuidade, um duplo sentido, ou seja, uma "divisão" em seu "meio" sutil:

> a) como o vazio neutro mesmo, onde a substância-etérica não interpenetrou; onde não tem vida própria; onde não habita; onde inexiste quantidade, ou seja, onde nem a mais simples partícula atômica penetrou. Esse aspecto do espaço cósmico é o que a nossa Doutrina aponta como o **COSMOS ESPIRITUAL** (*vide* sua relação direta com o Carma-Causal).

> b) O outro aspecto dessa "divisão" aponta-o como o meio sutil desse vazio neutro, onde a substância interpenetrou, existe, habita...

FIGURAÇÃO RUDIMENTAR DO ESPAÇO CÓSMICO OCUPADO — AS REALIDADES QUE O HABITAM "OS DOIS LADOS DA CASA DO PAI"

Circunferência simbolizando o Espaço-cósmico, infinito, ilimitado, "A CASA DO PAI".

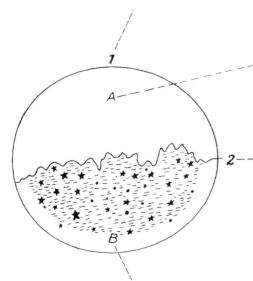

O Vazio-neutro desse Espaço-cósmico. A inexistência da substância-etérica ou da energia. "O Lado da Casa do Pai" que o Arcano define como o Cosmo-Espiritual ou a "Habitação" Original dos Seres Espirituais, 1ª via de Ascensão, ou de Evolução, ligada ao Carma causal.

Figuração da "Linha" Vibratória Espiritual, neutralizadora dos "campos de gravitação" da Energia, isto é, que limita o poder de expansão e interpenetração dos íons da substância-etérea, produzindo uma "divisão", ou separação, dentro do espaço-cósmico.

O Vazio-neutro interpenetrado pelo "moto-contínuo" da Substância-etérica X domínio e dinamismo da energia ou da matéria. Existência da Lei de Gravidade. Atrações e Repulsões. "O Lado da Casa do Pai", onde Ele formou o UNIVERSO ASTRAL, ou seja, produziu os fenômenos da criação, através do dinamismo e transformações da natureza da substância-etérica. 2ª via de Evolução dependente do Carma-Constituído, ou Lei de Consequência.

Onde, no principio dos fenômenos da criação, ela dominava em constante estado de explosão (seu moto próprio se convulsionava somente até os 1º, 2º e 3º estados; era o caos permanente, porque, já — dissemos o 4º estado já foi obra do Poder Operante do Pai, por isso que o Arcano diz que a lei natural da substância ou matéria foi coordenada)...

Daí, dessa condição da substância-etérica, desse 4º estado (dentro desse meio sutil onde dominava e habita) foi que o Pai criou o UNIVERSO ASTRAL (ver Carma-Constituído).

POSTULADO 5º
(No que diz respeito ao Carma-Causal do Cosmos Espiritual)

Cremos e ensinamos existir uma Vida de Ascensão Original, isto é, a 1ª Via de Evolução dos Espíritos, dentro do Espaço Cósmico e que já definimos acima como o vazio neutro ou Cosmos Espiritual, própria do Carma-Causal.

Nessa Via, a EVOLUÇÃO é infinita, isto é, o Arcano não revela que obedece a uma reversão, a um limite, a um ponto final etc. Diz que saímos dela e temos que voltar a ela...

Como o Carma-Causal admitimos ser a Lei básica, fundamental, estabelecida pelo Poder Supremo, de toda Eternidade, a fim de regular, educar, os estados consciencionais dos Seres Espirituais, em relação direta com o uso do chamado de livre-arbítrio...

Como livre-arbítrio, admitimos ser a percepção consciente, própria do Espírito, de poder expandir suas afinidades virginais, ou as vibrações volitivas de sua natureza, sem cerceamento, sem limitações...

Lei Cármica estabelecida frisamos para regular, educar, em relação direta com um sistema evolutivo, completamente vedado, pelo Arcano Maior, quanto ao seu funcionamento essencial.

Revela somente da existência desse Cosmos Espiritual (já o denominamos, em obra anterior, como o Reino-Virginal), dessa 1ª Via de Evolução, dentro de uma linha ou desse dito sistema evolutivo, distinto, desse que vamos definir como Carma-Constituído, isto é, sem tudo isso que já conhecemos como lições, experimentações, provações, reajustamentos etc., próprios do Universo astral, com sua disciplina imposta, posteriormente, a fim de reajustar a trajetória dos espíritos nessa 2ª Via de Evolução, que conscientemente escolheram, quando se deu a queda ou descida para ela.

É bom que lembremos ao leitor que naquele Cosmos Espiritual os ESpíritos "habitavam e habitam" ainda, puros, completamente isentos de quaisquer veículos provenientes da citada substância...

Assim, para que se entenda o porquê dessa queda e ainda o porquê da criação do Universo astral, temos que falar da origem do Sexo...

POSTULADO 6º
(No que diz respeito à origem do sexo dos Espíritos)

Cremos e ensinamos que a Origem do Sexo está na própria natureza vibratória dos seres espirituais como as afinidades virginais de cada um.

São essas afinidades virginais que, vibradas pelo Espírito, foram plasmando, imprimindo sobre a substância o caráter delas e, progressivamente, consolidando suas tendências de origem numa dupla manifestação ou definição...

Essa dupla manifestação de tendências é irreversível, porque é da própria tônica eternal dominante de cada ser espiritual...

Quando os espíritos buscaram a natureza das coisas é porque queriam defini-las, objetivá-las, materializá-las... procuravam as condições para produzir esses aspectos que vieram a ser identificados como o amor ou a tendência sexual de cada um ou o SEXO.

Então, identificamos positivamente que afinidades são atributos intrínsecos dos Espíritos, nasceram neles mesmos, e daí que, ao se definirem, concretizarem, revelaram aquilo que é do macho e aquilo que é da fêmea...

Fácil portanto ao leitor entender por que a Tradição, a Cabala e as obras mais autorizadas do ocultismo oriental e ocidental ressaltam o eterno masculino e o eterno feminino, no sentido mesmo de fatores irreversíveis...

Tanto assim é, que seria absurdo, ilógico, atribuir-se à natureza matéria ter criado no próprio espírito essa tendência, sabendo-se que ele é de natureza distinta, extrínseca à dela, que não tem faculdades criadoras, provenientes da consciência, inteligência, sentimentos etc.; portanto, recebeu tendências nela e não os originou... Os seres espirituais não saíram dela, não tiveram origem nela...

A Doutrina Secreta da Umbanda tem como ponto fechado essa questão: um Espírito foi, porque é e será eternamente da linha do Eterno Masculino; outro Espírito é porque foi e será eternamente da linha do Eterno Feminino.

São ingênuas ou duvidosas as doutrinas que pregam as reencarnações de um espírito, ora como homem, ora como mulher.

Há tão somente os casos excepcionais de desvio moral, trauma sexual etc. Esses casos nós os vemos, particularmente, no homossexualismo. Enfim, surgem como taras os desvios de fundo moral-sexual porém transitórios. Fatalmente todos se integrarão na linha ou vibração afim, certa.

Essa questão do sexo, estando assim definida, desde a origem de seus fatores — digamos — psíquicos ou anímicos, cremos que o leitor já deve ter compreendido que isso que veio a ser o sexo já existia, em estado latente, na ideação original dos espíritos, como suas ditas afinidades e que eles saíram de lá, do Cosmos Espiritual, a fim de concretizá-las, noutra parte... provocando, por causa dessa atitude, a Criação do Universo Astral e uma sublei, que denominamos de carma-constituído... Vejamos outras considerações.

Tendo assim definido a origem anímica do sexo, em duas linhas distintas de afinidades, esse arcano ainda faz revelações sobre a origem física do homem, isto é, de onde veio seu corpo animal.

A nossa doutrina não aceita "as provas" ou as teorias científicas sobre a origem do homem-físico (corpo humano), porque, tendo a mesma certos fundamentos científicos, não convence, porque foge à lógica fundamental.

De um modo geral, a ciência concluiu ou deduziu que o ancestral simples e primitivo do homem é oriundo de uma só espécie de matéria muciforme albuminoide, dita também como o protoplasma ou protoameba primitiva; seria, portanto, o mesmo que as moneras atuais: organismos sem órgãos, unicelulares.

Depois essas moneras evoluíram, numa seriação, ditas como dos ancestrais-invertebrados, até se consolidarem nos ancestrais-vertebrados, que, por sua vez, deram formação, sucessivamente, aos antropoides ou homens-macacos, dai a ciência (antropologia) clássica dizer: "o homo-simius" e outros... Assim, poderemos deduzir simplesmente que:

a) o organismo humano (o corpo físico, animal) deve ter sua "origem real" no protoplasma — espécie de matéria ou tecido germinal, que é a que conserva e transmite os caracteres genéticos, através da cromatina do núcleo da célula;

b) essa cromatina do núcleo da célula contém, essencialmente, os genes (ou cromossomos) que são, exclusivamente, gerados pelas gônadas, únicas reprodutoras da célula sexual e por onde são transmissíveis os ditos caracteres hereditários de uma raça animal irracional ou racional...

c) e como o ancestral comum do homem, dado ou apontado geralmente pela antropologia, teria sido o homem-macaco ou o antropoide, teríamos forçosamente de admitir que as gônadas, os genes, os cromossomos desse antropoide tinham que vir reproduzindo-se dentro de seus caracteres básicos até uma certa altura quando recebeu "o sopro inteligente, consciente", isto é, até quando incorporou ou encarnou na espécie, o espírito ou os seres espirituais.

Isso não tem convencido porque até hoje essa mesma ciência procura o "elo perdido", isto é, a espécie intermediária entre o antropoide e o homem-físico.

Nossa doutrina ou arcano — como já frisamos — rechaça tais conclusões científicas, porque nesse caso provado nas gônadas, da célula sexual reprodutora dos genes com seus caracteres hereditários, a dita ciência teria de procurar não um ancestral comum para o homem, mas, sim quatro ancestrais comuns, porque quatro são as Raças básicas e, assim, quatro têm que ser, forçosamente, seus padrões genéticos, distintos e transmissíveis...

A ciência não prova que o padrão genético do homem de raça negra, com todos os seus caracteres raciais, é igual aos do homem de raça amarela.

A ciência não prova que os cromossomos do homem de raça branca são iguais aos do homem da raça negra, isto é, não prova o porquê ou a razão de a natureza essencial dos genes de cada tipo racial puro conservarem sempre os caracteres físicos — cor da epiderme, cabelos, olhos, conformações próprias etc. — através da reprodução da mesma espécie sem alterações básicas, ou melhor, com aquelas qualidades próprias...

Se não houver mistura de genes entre um homem de raça amarela com uma mulher de raça branca ou negra, o padrão genético de um ou do outro não se altera em suas linhas básicas qualitativas.

A mistura ou a mescla de padrões raciais básicos foi que produziu as sub-raças ou os chamados de caldeamentos.

Veja-se simplesmente que: quando um homem do puro padrão genético ou racial negro junta seus cromossomos com uma mulher do puro padrão racial branco, o que produzem, via de regra? O mulato ou moreno; notando-se mais, que um filho pode sair mais acentuadamente ao pai ou vice-versa, ou seja, ainda, um pode sair com cabelos bons e epiderme mais clara, ou mais escuro e de cabelo ruim, prevalecendo, portanto, a força de um dos padrões genéticos básicos.

Essas considerações simples, o fazemos ligeiramente, para definirmos que, sendo essencialmente, basicamente, quatro os padrões raciais ou genéticos quais seriam os quatro antropoides ancestrais e com padrões genéticos distintos, e em diferentes regiões do planeta, perpetuadores de seus caracteres, se a ciência apenas procurou um ancestral comum? E ainda mais explicitamente: qual teria sido o ancestral antropoide cujo padrão genético e distinto perpetuou-se na raça amarela? E assim façamos *idem* para a raça negra, branca, vermelha.

E ainda mais explícita e profundamente: se os genes, como partes integrantes dos cromossomos, têm propriedades de reprodução natural e por isso transmitem os caracteres hereditários e distintos de cada padrão racial, e ainda sendo originários do protoplasma quantos protoplasmas a ciência teria que classificar, se essa distinção da natureza íntima ou essencial de cada um desses padrões raciais está visível em cada uma dessas quatro raças básicas da humanidade? Sabendo-se que a mesma ciência, estudando o número de células sexuais ou cromossomos das espécies animais irracionais, verificou que variavam em quantidade? E tanto é que a cobaia e o rato têm 16 cromossomos; a rã, 24; o pombo, 16; a galinha, 18; o boi, 37 ou 38; e o "bicho homem" varia de 45 a 48, segundo modernos estudos etc.

Ora, verificando-se ou entendendo-se claramente que essas quantidades são fundamentais e próprias de cada espécie animal, deixemos para a própria ciência oficiosa ou profana descobrir o porquê real dessas distinções e dessas variações de quantidade em cada espécie animal, porque não tem coerência científica se não identificarem também os quatro ancestrais antropoides e todos com o mesmo número de células sexuais ou cromossomos, iguais ao do homem — isto é, de 45 a 48.

Assim, entremos com o conceito de nossa doutrina a respeito desse magno problema. Como já dissemos nos Postulados anteriores, os chamados de "fluidos cósmicos" ou universais foram efeito daquela coordenação do Poder Criador, Operante, Divino, sobre a substância etérica, gerando o 4° estado, que, por sua vez, consolidam-se nos ditos como os quatro elementos da natureza: os ígneos, os aéreos, os aquosos, os sólidos, em cujas naturezas essenciais dominavam, respectivamente, o oxigênio, o azoto, o hidrogênio e o carbônio.

Então queremos que o leitor entenda que esses quatro elementos da natureza física têm íntima relação com os citados padrões genéticos e, naturalmente, com o surgimento das quatro raças básicas da humanidade.

O Arcano nos revela que o protoplasma das espécies animais irracionais não tem a mesma fonte que o da espécie humana. O plasma germinal do organismo humano foi uma ação técnica das Hierarquias e originou-se da especial consolidação etérica e incisiva do elemento ígneo com o seu radical o oxigênio, surgindo assim um "plasma astral" ou uma matéria orgânica astral, que deu formação gradual, progressiva, 21 um corpo astral, a princípio etérico, depois semidenso, denso, rude, sem contornos particulares, condição que foi alcançando com a respectiva consolidação futura. Dentro desse conceito metafísico a primeira Raça que surgiu foi a Vermelha[56].

---

56 A raça vermelha padrão está praticamente desaparecida. Remanescentes dela ainda podem ser identificados, quer nos índios peles-vermelhas da América do Norte, quer também nos

Depois e ainda dentro desse prisma, pela respectiva atuação desses outros elementos azoto, hidrogênio, carbônio, é que foram surgiu, do as outras raças: negra, amarela, branca, com seus padrões genéticos próprios e relacionados com essas ditas atuações mesológicas ou clima, téricas, isto é, uma aclimatação progressiva do quente para o frio com suas duas condições intermediárias (o que veio a se definir como as quatro estações do ano), estritamente relacionadas assim e ainda por causa da conexão com seus outros padrões anímicos, cármicos e morais, isto é, sujeitos à disciplina da Lei Divina, imposta de acordo com seus graus de rebeldia, quanto ao uso que fizeram do livre-arbítrio.

Fusões, caldeamentos, sub-raças ou ramos, não são padrões básicos — são a mescla, que objetiva um padrão único, homogêneo, a fim de extinguir o preconceito racial, o orgulho de raça etc., para se alcançar o arquétipo físico, ou seja, a purificação biológica ou orgânica; porque, vamos convir de que o nosso atual corpo físico, por mais maravilhoso que nos pareça, ainda carrega dentro dele detritos, fezes, vermes, pus etc...

E eis por que na Bíblia (citamos sempre essa obra porque a mentalidade ocidental está muito arraigada a ela, como "livro divino, de revelação" etc., muito embora contendo algumas verdades, no mais conta apenas a história religiosa, social, moral etc. dos hebreus ou do povo de Israel, por sinal, história não muito limpa) na parte do Gênese de Moisés, ele figurou essas verdades do Arcano Maior, quando simbolizou essas quatro Raças, como os quatro Rios que corriam para os quatro pontos cardeais da Terra e ainda os denominou de fluidos, com os seguintes nomes: **Phishon, Gihon, Hiddekel** e **Prath**.

Moisés, assim, baseou-se naturalmente na ciência dos Patriarcas, ensinada por Jetro, guardião da verdadeira Tradição, e disse mais que, ADÃO, isto é, a primeira humanidade, "foi feito de barro" — e o barro todos sabem que é de cor vermelha. Esse conceito da origem do homem no barro vermelho também era professado na antiga Babilônia.

No túmulo de Sethi 1, foram plantadas essas quatro raças, pela ordern da cor inerente a cada uma e com os nomes, ou sejam: a vermelha é Rot

---

nossos aborígines, através desse tipo primitivo que o General Couto de Magalhães tão bem estudou e definiu em sua obra "O Selvagem" (edição 1913) desde 1876 como **Abaúna** para diferenciá-la do outro tipo que considerou cruzado (mestiço) com o elemento branco etc., e que denominou de **Abaju**.

Como **Abaúna** apontou o índio de raça pura, da cor do cobre tirando para o escuro, da qual são tipos, conforme ele mesmo observou diretamente, o índio Guaicuru, em Mato Grosso, o índio Xavante, em Goiás, e o índio Mundurucu no Pará.

(seriam os Rutas da história); a negra — é Halasiu; a amarela — é Amu; a branca — é Tamahu.

Assim, cremos ter definido, neste Postulado de nossa Doutrina Secreta, a origem do sexo, da raça e de seus padrões genéticos básicos... concluindo que não deve ter existido um protoplasma ou um tecido germinal comum a essas quatro raças.

Certos atributos do corpo físico ou do organismo humano, que a ciência julgou ter encontrado em outras espécies animais, assim como o macaco, o peixe etc., são devidos, ou melhor, têm suas origens nas injunções da natureza vital do planeta Terra, obedientes à lei da gravidade, que regula o equilíbrio desses organismos, facultando-lhes as condições de sobrevivência, nos elementos que lhes são próprios, assim como a água, o ar, a terra: o peixe tem cauda e barbatanas; os pássaros têm duas pernas, duas asas e uma cauda; os bichos de pelo têm quatro pernas ou duas e dois braços e caudas.

Diz Griebel (e outros) que "no princípio da vida embrionária, quando o embrião se compõe apenas do sulco primitivo e da corda dorsal, a mais minuciosa observação é absolutamente incapaz de distinguir a individualidade humana de qualquer vertebrado, de um mamífero ou de uma ave, de um lagarto ou de uma carpa".

E, então? A ciência não sabe, a observação não distingue, mas essa distinção é patente, quando de embrião passa a feto e daí vem à luz física, como o produto de sua espécie, pois logo o que é de pelo é pelo, o que é de pena é pena, o que é branco é branco, e o que é preto é preto. Os seus caracteres genéticos de origem ali estão distinguindo a sua hereditariedade, a sua ancestralidade...

POSTULADO 7º
(No que diz respeito ao rompimento do Carma-Causal, para gerar o Carma Constituído ou a Evolução pelo Universo Astral)

Cremos e ensinamos que nosso Carma Constituído é uma consequência do Carma-Causal, próprio do Cosmos Espiritual.

Existe em relação com a Causa. É um efeito e, sendo assim, é justamente o que as diversas Escolas pregam como a Lei de Consequência.

Nosso Arcano Maior revela que essa Lei surgiu mesmo em consequência desse rompimento com a causa e ainda diz mais que foi por causa desse rompimento que o Deus-Pai criou o Universo Astral... imprescindível como uma 2ª VIA de Evolução, para os seres espirituais, quando do início das quedas ou das descidas para o outro lado do espaço cósmico, onde a substância existia e existe.

A Evolução dos seres espirituais por essa via é finita, isto é, obedece a uma reversão, a uma limitação, a um ponto final...

E para que na mente do leitor fique bem claro esse Postulado de nossa Doutrina, convém acentuarmos os seguintes fatores:

a) que os seres espirituais viviam no Cosmos Espiritual nas condições ressaltadas no Postulado 5º (reler), isto é, que esse Cosmos era e é a 1ª Via Evolutiva, sujeita ao Carma-Causal, e com direito ao uso do livre-arbítrio etc.;

b) que lá os seres espirituais não tinham veículos etéricos nem gasosos, nem ígneos etc., não podiam apropriar-se dos elementos oriundos da substância, a fim de criarem formas ou corpos para uso;

e) que tinham estados de consciência distintos, vibrando no que já definimos como suas afinidades virginais, que são irreversíveis;

d) que essas afinidades virginais, ao se imprimirem sobre a substância, definiram esse duplo aspecto que veio a ser identificado como o do macho e o da fêmea.

Então, essas condições bem compreendidas, fica patente que houve, realmente, um rompimento cármico, uma desobediência ao sistema evolutivo original, que redundou por sua vez, nesse sistema de lições, experimentações, provações, reajustamentos e reencarnações a que estamos habituados, porém nunca por termos sido "criados simples e ignorantes" das coisas que o mesmo Pai iria criar, posteriormente, de Si mesmo, também, para nos servir de tentação e sofrimentos mil...

Nunca o Pai, em Seu infinito grau de perfeição, poderia criar condições que iriam, fatalmente, degenerar afinidades ou seja, consciências, inteligências, sentimentos, nos aspectos morais já bastante citados. através da nossa "Preparação Psicológica"...

Então, é quando a nossa Doutrina exalta a excelsa Bondade do Ser Supremo, reafirmando o aspecto correto de Sua Paternidade no sentido amplo de prover a educação moral-espiritual de todos os Seres, com os elementos ou com os fatores indispensáveis dentro da via escolhida livremente...

Portanto, quando nós os espíritos resolvemos, no pleno uso de nosso livre-arbítrio, romper com o carma-causal, abandonando a Via de Ascensão ou de Evolução Original, foi porque desejávamos definir, justamente, nossas afinidades virginais, nossa ideação, em aspectos mais objetivos, concretos; transformá-las, de uma abstração persistente, numa realidade viva, atuante...

E sabíamos — nós, os espíritos que estávamos no Cosmos Espiritual — que somente poderíamos conseguir isso através da substância que existia "do outro lado" do espaço cósmico...

E assim é que se deu a nossa queda ao "reino da substância"... sem sabermos coisa alguma de concreto (por efeito daquilo que já se experimentou) a respeito dela — e mesmo porque não quisemos acreditar nos esclarecimentos dados — ignorando, portanto, o que iria surgir dessa ligação como, por exemplo: as suas terríveis injunções, os seus malditos efeitos, por via, é claro, dessa desejada penetração, dessa função...

Não quisemos acreditar (portanto ignorávamos) que a lei natural dessa substância, o seu moto próprio era o caos, isto é, sua natural manifestação não ia além dos estados de convulsionamento, de explosão etc.

Desconhecíamos, assim, que essa substância não ia além de um 3° estado de transformação — a partir dela; portanto, jamais nos poderia fornecer os elementos que seriam imprescindíveis aos objetivos visados...

Dentro dessas suas condições naturais, porém limitadas, as nossas afinidades virginais jamais poderiam definir-se positivamente; jamais poderiam produzir os elementos positivos e negativos, base dos futuros organismos necessários para provocar "as reações ou sensações" daquilo que visávamos atingir — o orgasmo.

Em suma: a substância ainda não se transformava além desse 3° estado. Ela não produzia a luz, o calor, a eletricidade, o magnetismo, como nós os conhecemos, sentimos e vivemos em relação deles; não existia o 4° estado — o chamado de irradiante; existiam os íons, mas sem serem potenciados como moléculas etc.

Nessa situação, que remonta às origens das causas e dos efeitos, foi que o Deus-Pai agiu...

Diz-nos o Arcano, que o fez, como sempre, movido pela Sua Excelsa Bondade, visto que seus filhos — filhos de Sua Paternidade Moral, Espiritual — desobedeceram aos conselhos, às instruções dadas pelas Hierarquias Divinas sobre a natureza da substância, não acreditando nas consequências dessa ligação. O que fizeram foi romper com o carma-causal, usando do direito ao livre-arbítrio e se projetaram "como abelhas, para o lado onde dominava a outra natureza".

Foi esse rompimento, essa descida, chamada alegoricamente de "queda dos anjos".

E foi — conforme íamos dizendo — quando o Deus-Pai agiu; começou a Sua Obra, promovendo nessa substância as condições que iriam ser necessárias à formação de uma **2ª VIA** de Evolução — já que o fato estava consumado...

E isso o fez, coordenando a lei natural dessa substância, a fim de se transformar num 4.º estado e daí ainda nos 5º, 6º e 7º com as subtransformações próprias de cada um.

Nessa altura, podemos adicionar esse fundamento básico de nossa metafísica ou doutrina: ora já viemos explicando por vários ângulos que a natureza da substância não ia ao 4º estado e que esse foi um produto dessa coordenação do poder Divino, e isso porque essa substância não tinha como dinâmica de sua natureza transformadora o que podemos entender como o eletromagnetismo positivo e negativo. Sem essas condições, como poderia ela transformar-se nos elementos genéticos gerantes e geradores? Ou nos cromossomos X e Y?

E Deus-Pai, vendo que isso era imprescindível, dinamizou a natureza da substância, com a força vibratória de Sua Vontade, a fim de que pudesse, futuramente, fornecer esses ditos elementos genéticos, com a potência vital do que seria próprio do macho e da fêmea.

E assim começou a Sua Obra, com os fenômenos perfeitos da criação de todas as coisas.

Dai foi que plasmou na substância o Arquétipo ou o modelo original de tudo que teria de surgir, "dentro desse lado do espaço cósmico"...

Daí foi que surgiu, consequentemente, o chamado pela nossa Escola de Universo Astral — num incomensurável sistema de corpos celestes, sóis, estrelas, galáxias, vias-lácteas etc., como obra mesmo, da mercê divina, a fim de atenuar e propiciar os meios que tanto desejávamos, nós, os espíritos que já estamos nele há milênios e milênios...

E, atenção, caro leitor: sem essa coordenação, sem essa mercê do Pai, estaríamos, até agora mesmo, até este instante em que você está lendo estas linhas, rolando pela imensidão cósmica, sujeitos aos turbilhões indirecionais, ao estado caótico dessa substância. Não teria havido reino mineral, vegetal, animal e humano propriamente dito...

Eis, portanto, em linhas gerais e essenciais, a origem dessa Lei de Consequência, ou de nosso carma-constituído, que foi estabelecido mesmo, não resta dúvida, para regular um 2º sistema de Evolução, por uma 2ª Via astral e material, a qual teremos que ultrapassar, para o retorno ao Cosmos Espiritual...

Não resta dúvida também de que esse carma constituído, que essa lei de consequência, foi uma disciplina imposta e que se fez necessária não para castigar duramente, implacavelmente, a nossa desobediência, o nosso rompimento com o carma-causal, mas porque, sabendo o Pai que, fatalmente, iríamos derivar nossas afinidades virginais, nossos estados consciencionais, em aspectos terríveis e imprevisíveis para nós (por ocasião da queda) e, não obstante, mesmo, termos sido alertados sobre tudo isso, mesmo assim quisemos e descemos, fazendo questão ao direito do livre-arbítrio essa é que é a verdade nua e crua.

Então — dizíamos — essa disciplina cármica tinha que ser estabelecida, porque o Pai também sabia que iríamos criar, nós mesmos, uma derivação nas afinidades virginais de tal monta, em consequência das injunções do novo meio escolhido, que essa Lei teria que ser adaptada de acordo com o novo sistema de "ações e reações" que iria surgir, como surgiu de uns sobre os outros...

Entendamo-nos melhor: lá no Cosmos Espiritual havia amor sublimado entre os pares; havia "ações e reações", porém completamente distintas das provocadas pela ligação com a natureza-natural...

Os sentimentos naturais dos seres espirituais não vibravam na tônica que foram atingindo, paulatinamente, por força das coisas que a nova natureza penetrada ia facultando, assim como o gozo concreto sob todos os seus aspectos carnais e materiais, geradores, por sua vez, do citado sistema de "ações e reações" de uns sobre os outros... seres, e completamente inexistente naquela Via original do carma-causal.

E foi assim, por via desses fatores, que as lições, as experimentações e as provações surgiram necessariamente como processo de reajustamento disciplinar, através, principalmente, das condições mais desejadas, que a tornaram, naturalmente, nas mais usadas pela Lei Cármica e que são as reencarnações.

Que o leitor nos permita mais esta síntese retrospectiva: assim, cremos ter ficado bem claro que a substância-etérica (ou a matéria) com sua natureza distinta, extrínseca à nossa, de espírito puro, através de suas injunções naturais, ou seja, pela propriedade de poder condensar-se, teria forçosamente de afetar profunda e poderosamente a nossa ideação virginal — o mesmo que dizer, as nossas faculdades...

Tínhamos que sofrer, como ainda está acontecendo, o impacto desse novo meio ou *modus operandi*, porque, ao penetrarmos nesse "lado do espaço cósmico", caímos dentro de uma natureza cujas terríveis injunções... nos eram desconhecidas.

Tão terríveis que provocaram em nossa natureza vibratória uma grande agitação e uma série de impressões novas, consequência desse contato, dessa ligação inicial.

E assim foi que, quanto mais vibrávamos, mais imprimíamos na substância nosso atordoamento, atraindo e imantando condensações etéricas disformes, isto é, sem obedecerem a uma aglutinação sistematizada.

Tanto é que fomos obrigados a passar por um outro sistema especial de aprendizado, quando as Hierarquias Superiores, obedientes à Vontade do Pai, criaram mais sistemas planetários e, no nosso caso direto, o planeta Terra.

Neste planeta tivemos que passar (muitos ainda estão passando), ou melhor, estagiar nos "campos eletromagnéticos" próprios dos chamados de reinos mineral, vegetal, para depois animar, mais diretamente, a Vida instintiva da espécie animal, dada a existência do elemento sanguíneo, que nos foi de vital importância, pois à proporção que íamos vibrando na corrente sanguínea dos animais, íamos também sentindo determinados tipos de reações em nosso corpo astral, já em formação, para que as Hierarquias estabelecessem um padrão sanguíneo, distinto daquele e apropriado à consolidação de um organismo especial, que veio a ser o nosso — na condição humana.

Esperamos ter situado bem este Postulado da Doutrina Secreta da Umbanda.

Todavia ainda temos que ressaltar o seguinte: os Livros Védicos e outros do Ocidente falam de dois modos de evolução para os espíritos, porém deixam implicitamente compreendido nesses conceitos, que um modo se processa pela via carnal, humana, material, e o outro modo é fora dela, ou seja, pelo astral do planeta Terra.

E ainda que fosse por qualquer sistema planetário no Universo, queremos que fique claro que mesmo assim estaria dentro do que já definimos como o

Universo Astral. Portanto, ninguém fez referência, em livro nenhum, ao que também já definimos como o Cosmos Espiritual ou 1ª Via de Evolução...

No entanto, devemos confirmar também existirem esses dois modos de evolução pelo Universo Astral e, no caso, pelo planeta Terra, porém da seguinte forma: mesmo que um ser espiritual se isente da reencarnação, pode continuar prestando serviços diversos no plano astral do planeta Terra ou mesmo de qualquer sistema planetário do dito Universo, no que redunda, de qualquer forma, em evolução...

Que o leitor não confunda esses dois modos de Evolução que pregam, como sendo os mesmos de nossa Doutrina, inerentes ao que já situamos como do carma-causal e do carma-constituído. Há que ver a distinção entre elas.

Então, dentro desses aspectos que vimos ressaltando como o carma constituído, admitimos três condições para a reencarnação:

a) espontânea;

b) disciplinar;

e) sacrificial.

Então situemo-las: na condição espontânea, estão incluídos todos os seres que têm "passe-livre", sujeitos apenas ao critério das vagas, dentro de uma certa seleção ou coordenação de fatores morais, pelo mérito e demérito, na linha da ignorância que rege os simples de espírito dos que não têm alcance mental, intelectual etc.

Nessa condição cármica está uma maioria que encarna e reencarna nasce e morre tantas vezes quantas possa, impulsionada, via de regra, apenas pelo seu mundo de desejos, que conserva e anseia por expandir no plano material...

Como condição disciplinar, podemos situar aqueles seres altamente endividados, conscientes e repetentes das mesmas infrações, como sejam: os velhacos e tripudiadores sobre a condição humana e mesmo astral de seus semelhantes; os hipócritas e fariseus de todos os tempos como políticos e religiosos, falsos profetas e falsos mentores, homens da indústria, das letras e da justiça terrena que, conscientemente, usaram do intelecto com arrogância, orgulho, vaidade etc., como instrumento de opressão física e moral...

Esses não têm a ignorância dos simples de espírito a pautar-lhes o direito cármico pelo mérito e demérito de suas ações...

Esses entram no âmbito de uma coordenação disciplinar especial, não têm "passe-livre" para a reencarnação. nas condições relativas e desejadas...

Tanto é que, muitos e muitos não querem aceitar essa disciplina, rebelam-se e até usam de mil ardis, para não descerem à forma humana debaixo de tais ou quais reajustamentos. Inúmeros são os que preferem as Escolas de Correção do Astral, por tempos e tempos, até quando sucumbem ao desejo das coisas carnais e materiais e pedem para encarnarem assim mesmo...

Ainda é necessário que situemos esse problema cármico assim:

a) quando são obrigados mesmo a encarnar, nas condições adversas que não desejavam, a fim de sofrerem reajustamentos duros dessa ou daquela forma (dentro do dito como "semeia e colhe"), moral e fisicamente... Nós os vemos nos miseráveis de hoje, como os poderosos de ontem. Eles estão por aí, por toda parte, é só observar...

b) quando, já arrependidos, escolhem livremente essas citadas condições.

E, finalmente, como condição sacrificial, podemos situar essa minoria, já evoluída, já isenta da provação individual pela vida humana, isto é. livre das reencarnações...

Dentro dessa minoria, se fossem identificados, na certa que os veríamos como os missionários de todos os tempos, como os mentores e reformadores morais e religiosos e ainda em duras tarefas, escolhidas livremente, dentro da tônica fraternal elevada que lhes é própria...

Enfim, podem reencarnar sem injunções do Tribunal Astral competente, obedecendo tão somente a linha de amor e caridade que trilham...

Acresce dizer mais ser sacrificial voltar à condição humana, porque. no plano astral, essa minoria evoluída desempenha tarefas importantes em vários setores; lidera movimentos de alto significado astral sobre a vida humana. coordena escolas, grupos de socorro de toda ordem etc...

Agora, irmão, que Você acabou de ler este Postulado 7º, estude as figurações apresentadas, que elas lhes darão uma imagem mental objetiva, acrescida das quatro explicações resumidas.

Depois disso, volte a reler os Postulados 6º e 5º, com mais calma, que sua ideação se integrará em nosso pensamento, em nossa Doutrina...

BIBLIOGRAFIA

Apesar de termos apontado as fontes literárias de que nos utilizamos para confrontos e comprovações das revelações ou das elucidações científicas de nossas obras ("Umbanda de Todos Nós" — "Sua Eterna Doutrina" — "Doutrina Secreta da Umbanda"), isto é, de todo aquele material que calcamos nos fatores gráficos, linguísticos, filosóficos, cabalísticos etc., mesmo assim, alguns daqueles nossos despeitados — invejosos tradicionais — andaram apregoando não termos apresentado fontes comprovadoras. É muito descaramento ou burrice... Ora, enfiem o nariz por dentro desta Bibliografia e comprovem, se é que têm capacidade para tanto. Outrossim: o título "Umbanda de Todos Nós" está registrado. Não adianta querer "roubá--lo" e nem mesmo plagiá-lo.

A BÍBLIA (a Gênese Mosaica Êxodo, Apocalipse etc.).

ABEL REMUSAT. *Mémoire sur Lao-Tsé.*

AFONSO A. DE FREITAS. *Vocabulário Nheengatu.*

ALFREDO BRANDÃO. *A Escrita Pré-Histórica do Brasil.*

ALLAN KARDEC. *Livro dos Médiuns.*

O Livro dos Espíritos.

ANNIE BESANT. *O Homem e seus Corpos.*

ARTHUR RAMOS. *O Negro Brasileiro.*

BASÍLIO DE MAGALHÃES. *Curso Tupi Antigo.*

C. PENNAFORT. *Brasil Pré-Histórico*, 1900.

Cel. A. BRAGHINE. *O Enigma da Atlântida*, 1937.

DIAS SOBRINHO (J.). *Forças Ocultas, Luz e Caridade.*

DOMINGOS MAGARINOS. *Mistérios da Pré-História Americana*, 1938; *Amerriqua,* 1939; *Muito Antes de 1500,* 1940

DONALD PIERSON. *Brancos e Negros da Bahia*, 1945.

Dr. A. DE CARVALHO. *Pré-História Sul-Americana.*

EDGARD ARMOND. *Mediunidade.*

EDOUARD SCHURE. *Os Grandes Iniciados.*

EDSON CARNEIRO. *Religiões Negras 1937*; e *Candomblés da Bahia,* 1948 e 1954.

ELIFAS LEVI. *Dogma e Ritual da Alta Magia e História da Magia.*

FABRE D'OLIVET. *Histoire Du Genre Humain.*

FAUCHÉ (H.). *La Ramayana,* 1864.

FLÁVIO JOSEFO. *Guerra dos Judeus.*

FRANCISCO CÂNDIDO XAVIER. *Nos Domínios da Mediunidade.*

FRAZER (S. J. G.). *La Rama Dorada.*

FRITZ KANT. *O Átomo.*

Gen. COUTO DE MAGALHAES. *O Selvagem,* 1913.

GEORGES LAKORSKI. *L'Universion.*

GILBERTO FREYRE e col. *Estudos Afro-Brasileiros.*

GONÇALVES FERNANDES. *Xangôs do Nordeste,* 1937.

HELI CHATELAIN. *Folks Tales of Angola,* 1894.

HENRI DURVILLE. *A Ciência Secreta.*

IGLESIAS JANEIRO (J.). *La Cabala de Predicción,* 1947.

JAGUARIBE. *Brasil Antigo.*

JOÃO DO RIO (PAULO BARRETO). *As Religiões no Rio,* 1904.

LETERRE (A.). *Jesus e Sua Doutrina.*

MANOEL QUERINO. *A raça africana e seus costumes na Bahia,* 1917.

MEREJKOWSKY. *Les Mystéres de L'Orient.*

MICHEL MANZI. Le Livre de 1'Atlantide.

MOREUX (Pde.). *Cosmogonie de Moisés,* 1922.

NEWLAND DORLAND. *The American Ilustrated Medical Dictionary.*

NINA RODRIGUFS (R.). *L'Animisme Fetichiste des Nêgres,* Bahia, 1900 e *Os Africanos no Brasil,* 1995.

OSSENDOWSKI. *Homens, Bestas e Deuses.*

P. D. DE MORAIS. *Biosofia.*

PAPUS. *Magia Prática.*

PEDRO GRANJA. *Afinal, Quem Somos? (Do Faquirismo Ocidental, de Paul Gibier).*

RAMALHO (J. A. C.). *A Pequena Síntese.*

ROGER BASTIDE. *Imagens Místicas do Nordeste,* 1945.

SAINT-YVES D'ALYEYDRE. *L'Archeometre Theogonie des Patriarches Mission des Juifs Mission de l'Inde en Europe* etc.

T. SAMPAIO. *O Tupi na Geografia Nacional.*

SANSON WRIGHT. *Fisiologia Aplicada.*

SWEDENBORG. *A Escritura Santa.*

WALDEMAR BENTO. *A Magia no Brasil.*

— Apocalipse

— Apocalipse revelado (EL) — Ordem Kabalistica de la Rosa Cruz

— Congresso Brasileiro do Espiritismo de Umbanda, 1942

— Enciclopédia Espaza Escola Ortental a Yoga Éxodo Gênese Livro Védico

— Magia Teúrgica (A) — Col. Ciências Herméticas

— Medicina (A) — *Idem.*

E dezenas de outras mais, correlatas.

INSCRIÇÕES ESTUDADAS E COMPARADAS NO BRASIL PRÉ-HISTÓRICO E OUTRAS

A. BRANDÃO. Conjunto de Inscrições das Estampas de 1 a 9 e signos esparsos em número de 80 de "*A Escrita Pré-Histórica do Brasil*".

LUCIANO JAQUES DE MORAES. *Inscrições Rupestres do Brasil,* 1924.

M. VOGUÉ. *Estampas de Gravuras de 1 a 37,* de Inscriptions Sémitiques.

Essas ditas Inscrições petroglíficas de que nos servimos, extraídas desses quadros citados, foram encontradas e copiadas do original, em diversas regiões do Brasil assim como: na Ilha de Marajó inscrições na cerâmica, louça, com 44 variações de sinais; margem do Amazonas; nas margens do Riachão e nos rochedos, em Viçosa, Alagoas: Rio Grande do Norte e Paraíba nos sertões do Nordeste conjunto dos mais valiosos Copiado pelo padre Telles de Menezes; certos caracteres na Gávea Guanabara; inscrições da povoação abandonada no interior da Bahia, onde predominava o signo cruz ligado a dezenas de outros sinais, e ainda em outras regiões que uma farta literatura especializada aponta e comenta, como essas que o engenheiro Flot, francês, e o naturalista Miguel dos Anjos recolheram, isto é, copiaram, em cavernas da Bahia é Minas em número de 3.000, isso há mais de 40 anos.